21世纪
高等院校法学系列精品教材

刑法解释学

魏 东 著

中国人民大学出版社
· 北京 ·

作者简介

魏东，法学博士，四川大学法学院教授、博士研究生导师，四川省学术和技术带头人，兼任中国刑法学研究会常务理事，四川省刑法学研究会常务副会长兼学术委员会主任。主要研究领域：中国刑法学、比较刑法学、法律解释学、刑事政策学。出版《中国刑法解释学理论体系的本土化构建》《刑法教义学的中国自主知识体系：刑法基础论与犯罪论》《刑事政策原理》《刑法理性与解释论》《教唆犯研究》《刑法分则解释论要》《案例刑法学》等专著和教材15部，主编《刑法解释》（第1～9卷）、“经济犯罪认定与侦查丛书”（8卷本）等著作50余部，在CSSCI期刊等重要核心期刊上发表学术论文100余篇，由《新华文摘》《高等学校文科学术文摘》《刑事法学》（人大报刊复印资料）等权威刊物转载论文20余篇，获省部级以上奖励10余次。

内容提要

本书分为上编“导论”和下编“本体论与方法论”，共计9章。上编“导论”包括2章，依次阐述刑法解释学的研究对象与范畴体系、刑法解释学与相关学科的关系、刑法解释学的研究方法与刑法解释学的重要性，以及中西方刑法解释（学）的历史沿革；下编“本体论与方法论”分为7章，依次论述刑法解释的概念与特点、刑法解释的类型与功能、刑法解释的基本原则、刑法解释方法、刑法解释方法体系化、刑法解释过程与结论、功能主义刑法解释论。

本书的特色在于：(1) 适当兼顾刑法解释学理论知识的周全性、深刻性和逻辑体系性，在学术观点上尽量采用通识的、前沿的和先进的刑法解释学理论，在论述方式上尽量做到理论抽象和实证分析相结合，以使读者能够通过阅读获得较为系统的刑法解释学理论知识，掌握较为全面的刑法解释技艺，有效提升刑法解释能力。(2) 重点针对刑法解释学研究范式、系列命题进行学术批判、法理检讨和实证分析研究，力图在批判早期功能主义刑法解释论的基础上提出创新发展理论，证立整全论功能主义刑法解释学理论体系的“整体有效性”。(3) 突出中国特色和时代特点，在借鉴吸纳中国刑法解释学传统文化和中西方刑法解释学最新研究成果的基础上，通过阐释中国语境下的结果与方法并重整全论、整体有效性原则、刑法解释方法确证功能体系化、刑法解释结论整体有效性、司法公正相对主义、法官决策有效性、判例释法指引功能、刑法解释有限功能等核心命题组成的理论系统，重构并系统阐释崭新的、具有中国特色的整全论功能主义刑法解释学的基础理论。

前　言

刑法解释学既是解释学（诠释学）、法律解释学的一个分支，也是刑法学的一个分支，是研究刑法解释活动的规律与方法的一门学科，是在刑法原理、刑事政策原理、法秩序统一原理以及法律解释学原理的指导下，对刑法立法规定进行解释适用的理论知识体系。作为理论知识，刑法解释学博大精深，各种理论学说纷呈，既充满哲学思辨，又富有实践理性，徜徉其间可以博古通今，可谓引人入胜。作为方法论和技艺知识，刑法解释学好似身怀绝技的魔术师，习得者不但可以获得魔法、“活的法”，还可以登高望远，遍览世间疑难奇案，遍数人间司法冷暖，能够在法律理论研究和实践工作中“指点江山，激扬文字”。

作为高等院校法学类专业教材，本书在编写风格上尽量照顾刑法解释学理论知识的周全性、深刻性和逻辑体系性，在学术观点上尽量采用通识的、前沿的和先进的刑法解释学理论，在论述方式上尽量做到理论抽象和实证分析相结合，以使读者能够通过阅读获得较为系统的刑法解释学理论知识，掌握较为全面的刑法解释技艺，有效提升刑法解释能力。

魏　东
2024 年 10 月 1 日

目　录

上编　导论

下编　本体论与方法论

细　　目

上编　导论

下编　本体论与方法论

上编 导论

第一章　刑法解释学概述

“法律解释”是法学方法论的一个子领域。法律解释将陪伴法律人整个职业生涯，因此初学者就应当开始学习。①

——［德］罗尔夫·旺克

解释学是一门艺术，即从文本中得出其中没有的东西。问题在于：既然有了文本，还要解释干什么？②

——［德］奥多·马克瓦德

因为法学至少也涉及文字内容（例如：法律、法官的裁判、私人的契约及意思表示）的理解，因此，诠释学（即：关于理解的理论）对于法学家这部分活动的理解，至少具有重大意义。③

——［德］卡尔·拉伦茨

第一节　刑法解释学的研究对象、基本范畴与理论体系

一、刑法解释学的研究对象

刑法解释学，是研究刑法解释活动的规律与方法的一门学科，是指在刑法原理、刑事政策原理、法秩序统一原理以及法律解释学原理的指导下，对刑法立法规定进行解释的理论知识体系。因此，刑法解释学的研究对象，是刑法解释活动的规律与方法。

刑法解释学既是解释学、法律解释学的一个分支，也是刑法学的一个分支，因此必须遵循解释学、法律解释学、刑法学的基本原理。法律解释学是以法律解释活动的一般规律、方法及其适用为研究对象的一门学科，是解释学与法学的交叉学科。法律解释学能够成为一门独立的学科，最主要的原因是其具有自身的研究对象和方法，或者说，法律解释学的研究对象和方法的独立性与特殊性决定了法律解释学可以成为一门独立的学科。一般认为，法律解释学的研究对象具体包括以下两个方面：（1）法律解释活动的规律及其一般原理。法律解释活动一般包括三种类型：一是狭义法律解释；二是价值补充，即不确定概念（如《民法典》第1176条中的“重大过失”）和一般条款（如《民法典》第8条中的“公序良俗”）的具体化；三是漏洞填补。对这些解释活动的规律总结和一般原理概括，如法律解释的原则、法律解释的主体及其权限、法律解释的对象、法律解释的方法、法律解释的过程及其结论等具体内容，就形成了法律解释活动的一般原理。法律解释活动的规律不同于一般解释学、哲学解释学以及艺术解释学等，具有法律解释活动自身的特殊性和相对独立性，这就使得法律解释学成为一门独具特色的

① 旺克. 法律解释. 6版. 蒋毅，季红明，译. 北京：北京大学出版社，2020：1.

② 魏德士. 法理学. 丁小春，吴越，译. 北京：法律出版社，2003：311.

③ 拉伦茨. 法学方法论. 陈爱娥，译. 北京：商务印书馆，2003：21.

解释学。(2) 法律解释方法的确定与运用。传统法律解释学所要研究的核心问题是法律解释的各类方法及其运用，传统法律解释学旨在为法官提供一套狭义法律解释和漏洞填补的方法。广义的法律解释方法包括狭义的法律解释方法、不确定概念和一般条款的具体化（价值补充）、法律漏洞填补。狭义的法律解释方法包括文义解释、体系解释、历史解释、目的解释和社会学解释等各种方法。不同的法律解释方法各具特点，有不同的运用技巧、适用对象和条件，既可以独立使用又可以配合使用，既有技艺性又有论证性，通过各种法律解释方法的综合运用和法律论证以求得合法、合理、合目的的有效解释结论。① 这些原理对我们理解刑法解释学的内涵和特点具有重要意义。

刑法解释学的对象与刑法解释的对象是不同的。如果说刑法解释学的对象是刑法解释活动的规律与方法，那么，刑法解释的对象简单来讲（狭义）就是刑法文本。刑法文本，即刑法立法文本、刑法立法规范文本、刑法立法规定，具体包括刑法典（以及刑法修正案和立法解释）、单行刑法、附属刑法等。刑法解释的对象是刑法文本，这是传统刑法解释学的见解；现代刑法解释学认为，刑法解释的对象包括刑法文本、案情事实以及刑法立法规定与案情事实之间的关联关系。② 刑法解释学的对象当然包括刑法解释的对象，而刑法解释的对象却不能包括刑法解释学的对象。

二、刑法解释学的基本范畴与理论体系

刑法解释学的理论体系，是围绕刑法解释的规律与方法这一研究对象所建构起来的理论系统。刑法解释学的理论体系要秉持当下时代的刑事法治理性，借鉴吸纳法理学意义上的法律解释学与其他部门法解释学的理论体系，在确立刑法解释学范畴体系的基础上，才能构建起具有中国特色和时代理性的刑法解释学的理论体系。

（一）刑法解释学的基本范畴

刑法解释学与法律解释学的关系可以简单描述为：法律解释学是一般原理、指导原理，刑法解释学是受法律解释学指导的特殊原理。因此，刑法解释学应当遵行法律解释学的一般原理，通过观察法律解释学的基本问题，可以较为合理地确定刑法解释学的基本问题。

考察我国法律解释学论著的理论体系可以发现，法律解释学原理所设置的基本问题通常包括以下内容：法律解释、法律解释学、法律解释价值目标、法律解释立场、法律解释原则、法律解释主体、法律解释权、法律解释体制、法律解释对象、法律解释方法、法律解释过程、法律解释结论等等。关于法律解释学的基本问题到底有哪些，不同学者有不同的见解。例如陈金钊等人认为，法律解释学的主要问题有法律解释学、法律解释的对象、法律解释的立场、法律解释的目标、法律解释的特征、法律解释的原则、法律解释权、法律解释方法、法律解释的方式、法律解释的结果等等。③ 张志铭认为，“法律解释的原理问题”包括法律解释、法律解释的主体、法律解释权与法律解释体制、法律解释的对象、法律解释的目标目的、法律解释方法、法律解释的理论模型等等。④ 周永坤认为，法律解释学的主要问题包括：法律解释学、法律解释、法律解释的对象、法律解释的客观性、法律解释方法、法律解释规则、法律解释体

① 王利明. 法律解释学导论：以民法为视角. 2版. 北京：法律出版社，2017：11-14.

② 法理学界较多学者主张：法律解释的对象只有文本对象和事实对象。参见陈金钊. 法律解释的哲理. 济南：山东人民出版社，1999：56-57.

③ 陈金钊，焦宝乾，桑本谦，等. 法律解释学. 北京：中国政法大学出版社，2006：1-3.

④ 张志铭. 法律解释原理//朱景文. 法理学专题研究. 2版. 北京：中国人民大学出版社，2010：435-478.

制。[①] 严存生认为，“法律解释”中值得重点思考的问题是：法律解释，法律解释的性质、特点和目的，法律解释的构成要素、标准或者根据。[②] 通观这些法理学者所作的各有特色的具体论述，关于法律解释学的基本问题的归纳还是有许多共同见解的，这些共同见解可以作为刑法解释学的重要参考。

考察我国法律解释学论著的理论体系还可以发现，法律解释学的理论体系通常是依次安排绪论（或导论）、本体论与方法论两大部分，或者依次安排绪论（或导论）、本体论与方法论、实证论三大部分。例如陈金钊、焦宝乾、桑本谦等学者合著的《法律解释学》一书共有十二章，其中第一至四章安排了“绪论”性质的内容，依次是“导论：法律解释（学）的矛盾与选择”“法律解释学的概念”“法律解释学的历史发展”“当代法律解释理论”，当然这其中也融入了不少刑法解释学的本体论与方法论的内容；第五至十章紧接着安排的是比较纯粹的刑法解释学的本体论与方法论的内容，依次是“法律解释的目标”“法律解释权研究”“文义解释方法”“目的解释方法”“法律概念解释”“法律事实解释”；第十一、十二章则是实证论的内容，依次是“法律解释方法的应用”和“结语：法律解释学的困境”。[③] 再如陈金钊独著的《法律解释学——权利（权力）的张扬与方法的制约》一书，因其理论研究的重点和策略考虑只安排了“绪论”和“本体论与方法论”的内容而没有安排“实证论”的内容，其中第一、二章主要是“绪论”性质的内容，依次包括“当代法律解释学研究的境遇”和“对法律解释学的诠释”；第三至十七章主要是“本体论与方法论”性质的内容，包括“法律解释（学）的对象”、“法律解释（学）的特性”、“法律解释（学）的功能”和“法律解释的目标”等。[④] 再如，作为部门法解释学的民法解释学，也主要采用法理学意义上的法律解释学的这种体例结构。例如梁慧星教授所著的《民法解释学》一书分为三编，依次安排的内容是“第一编：民法解释学的沿革”“第二编：民法解释学的理论”“第三编：民法解释学的方法”。[⑤] 这些法律解释学、民法解释学的理论体系安排，对我们确定刑法解释学的理论体系安排均有参考价值。

我国既有的刑法解释学论著的理论体系，大体都是遵行法理学意义上的法律解释学与民法解释学的理论体系，即通常依次安排绪论（或导论）、本体论与方法论两大部分，或者依次安排绪论（或导论）、本体论与方法论、实证论三大部分。例如李希慧教授所著的《刑法解释论》分为“导言”和七章，内容依次为“刑法解释的历史考察”“刑法解释概述”“刑法解释的基本思想和原则”“刑法解释的方法”“刑法立法解释”“刑法司法解释”“刑法学理解释”。[⑥] 再如徐岱所著的《刑法解释学基础理论建构》共七章，其中第一至三章属于“绪论”性质的内容，包括“刑法解释的历史渊源”、“刑法学与刑法解释学”和“刑法解释学基础论”；第四至六章属于“本体论与方法论”性质的内容，第四章的标题和内容是“刑法解释学本体论”，第五、六章属于“方法论”性质的内容，依次论述了“刑法的立法解释”和“刑法的司法解释”；第七章属于实证论内容的“刑法的学理解释论”，重点针对未成年人犯罪、吸收犯、犯罪所得之物、故意伤害罪和虚拟财产刑法保护等问题进行了刑法的学理解释。[⑦]

刑法解释学必须以法律解释学的基本原理为法理基础，正视和解决法律解释学的“一般

① 周永坤. 法理学：全球视野. 4版. 北京：法律出版社，2016：292-306.
② 严存生. 西方法哲学问题史研究. 北京：中国法制出版社，2013：583-587.
③ 陈金钊，焦宝乾，桑本谦，等. 法律解释学. 北京：中国政法大学出版社，2006：1-3.
④ 陈金钊. 法律解释学：权利（权力）的张扬与方法的制约. 北京：中国人民大学出版社，2011：1-3.
⑤ 梁慧星. 民法解释学. 北京：中国政法大学出版社，1995：1-5.
⑥ 李希慧. 刑法解释论. 北京：中国人民公安大学出版社，1995：1-4.
⑦ 徐岱. 刑法解释学基础理论建构. 北京：法律出版社，2010：1-2.

性”问题，进而提出并解决刑法解释学自身所特有的“特殊性”问题。按照这一思路，参照法律解释学原理所提出的基本问题，刑法解释学的法理基础可以界定为针对以下十二个基本问题（基本范畴）的法理阐释：刑法解释、刑法解释原则、刑法解释的功能、刑法解释类型、刑法解释目标（立场）、刑法解释限度、刑法解释主体、刑法解释权、刑法解释对象、刑法解释方法、刑法解释过程、刑法解释结论。

1. 刑法解释

刑法解释，是指对刑法规定含义的理解、释明和具体适用。

刑法解释概念中的“解释”，包括“解”“释”“具体适用”三个关键词。一是“解”，即理解。理解以前理解（前见）为基础，前理解对理解具有基础价值和重大影响，因此，理解是解释者在前理解的基础上所建立起来的对刑法规定含义的理解。二是“释”，即释明、阐明、说明、诠释、阐释。这表明，解释需要在理解文本的基础上对文本的具体含义进行释明。三是“具体适用”，即具体适用于个案的过程以及得出的解释结论。例如，法官对个案的审判（审理及其判决结果），就是法官对刑法规定和个案事实的刑法解释，或者说是法官将刑法规定具体适用于个案的刑法解释（活动）。

在有的论著中，刑法解释概念中的“刑法规定”被表述为，“刑法规范”“刑法条文”“刑法文本”“刑法立法文本”“刑法立法规范文本”等，它们的基本含义是一致的，只是表述的角度有所不同。

刑法解释是刑法解释学的基本范畴中具有奠基意义的范畴，可谓基石范畴。刑法解释（范畴）的基本含义表明：刑法解释既包括解释过程，也包括解释结论，是解释过程与解释结论的有机统一体。关于刑法解释（范畴）的概念、特点、类型、功能等方面的具体内容，本书后面将进行专门论述，这里仅对刑法解释（范畴）的基本含义作简要介绍。

2. 刑法解释原则

刑法解释原则，是指贯穿于刑法解释活动过程始终，指导和制约刑法解释活动全过程的基本准则。刑法解释原则有以下四项（刑法解释的四项基本原则）：合法性原则、合理性原则、合目的性原则、整体有效性原则。刑法解释的合法性原则，是指刑法解释必须符合宪法和法律的明文规定与基本精神，不能违宪和违反法律。刑法解释的合理性原则，是指刑法解释必须符合宪法和法律规定的实质法理、刑法教义学原理和常识情理。刑法解释的合目的性原则，是指刑法解释必须符合刑事政策目的之价值目标，具体包括防控犯罪价值意义上的“秩序”目的性、保障人权价值意义上的“自由”目的性、社会发展意义上的“效率”目的性与“公正”目的性四项价值目的性及其权衡整合。刑法解释的整体有效性原则，是指刑法解释必须同时符合合法性原则、合理性原则、合目的性原则，是在合法性底线基础价值范围内以“可包容的优化价值”规则整合的“三性统一体”。

3. 刑法解释的功能

刑法解释的功能，是指刑法解释在刑事法治实践中所具有的价值与功用。刑法解释的功能主要有确证功能、推动功能、促进功能等三项功能。刑法解释的确证功能，是指刑法解释具有确证刑法解释结论有效性的功能。刑法解释的推动功能，是指刑法解释具有推动刑法规范文本成长的功能，其具体内容是通过甄别发现真正的刑法立法漏洞以推动刑法立法的修订和完善。刑法解释的促进功能，是指刑法解释具有促进刑法学理论知识创新的功能，有利于繁荣整体刑法学理论知识体系。刑法解释的主要功能是确证功能。

刑法解释的任务，是一个同刑法解释的功能紧密相关的问题。刑法学界仅有少数学者提及刑法解释的任务，例如，有学者指出，“法律解释的任务在于探求与把握法律意旨，并帮助它的实现，即在正义及其衍生价值的指引下，以衡平的、可以被理解的方式去满足人类共同生活所发生的法律上的需要"①；还有学者指出，"法律解释的任务是创造（而非发现）法律的意义"，而"刑法意义具有无限性"②，但是其语焉不详，深意难察，从而使得"刑法解释的任务"成为刑法解释学上的谜团。刑法解释的功能是一个在学术界获得了较多理论共识的概念，但是刑法解释的任务与刑法解释的功能之间的关系为何，以及是否需要提出"刑法解释的任务"这一概念，这些问题仍存在争议。通过初步的理论观察可以发现，刑法的任务（《刑法》第2条）有赖于刑法立法的任务与刑法解释的任务来诠释。如果说针对刑法立法文本进行刑法解释，通过充分发挥刑法解释的确证功能获得刑法解释结论有效性，有利于完成刑法解释的任务（以及刑法的任务）；那么，针对司法实践中具体个案进行刑法解释，刑法解释结论的多样性存在本身却在相当意义上表明其并没有完成刑法解释的任务，只有通过刑法解释的确证功能体系化地对刑法解释结论多样性进行甄别遴选和合理整合，并且体系化地确证具体个案"唯一正确的"刑法解释结论整体有效性，才能对具体个案作出正确裁判——要么无罪，要么有罪（并且确定具体的定罪量刑等处理结果），这时才能说完成了刑法解释的任务。由此可见，刑法解释的功能和结论本身并不能代替刑法解释的任务。通过初步的理论观察还可以发现，法理学上的法律解释论提出了"解释的任务"这一概念。卡尔·拉伦茨在讨论法律解释时首要论及的问题恰恰是"解释的任务"，他指出："司法裁判及法学以如下的方式来分配各自的解释任务：后者指出解释上的问题，并提出解决之道，借此为司法裁判做好准备；前者则将法学上的结论拿来面对个别案件的问题，借此来检验这些结论，并促使法学对之重新审查。"③ 拉伦茨从区分司法裁判者与法学家的立场来观察"解释的任务"，并提出了解释的任务与解释的结论之间的关联关系问题。法理学者魏治勋指出："法律解释的基本任务在于通过对作为法律解释对象的法律文本意义的阐发为司法判决提供规范前提。"④ 同时，民法解释论、诉讼法解释论等部门法解释论均提出并研究了"解释的任务"这一概念。民法学者黄茂荣指出："法律解释的任务在于探求法律意旨，而这个意旨即追求正义在人类共同生活上的体现。即在正义及其衍生价值的指引下，以衡平的、可以被理解的方式去满足由人类共同生活所发生的法律上需要。"⑤ 诉讼法学者宋小海指出：法律解释的任务，是基于客观主义的解释立场"重述"法律文本的公开性内容。⑥ 这些关于"解释的任务"的学术研究表明："刑法解释的任务"应当成为刑法解释学必须反思和讨论的学术"任务"（学术使命），而深化刑法解释方法体系化及其确证功能命题的理论研究无疑将有助于完成这一学术"任务"。

4. 刑法解释类型

刑法解释类型，是指刑法解释的分类，即根据不同标准对刑法解释进行类型的划分。刑法解释可以分为以下四种：一是刑法解释的方法论类型，二是刑法解释的目标论类型，三是刑法解释的正义论类型，四是刑法解释的效力论类型。

刑法解释的方法论类型，是指以刑法解释方法为标准对刑法解释进行类型的划分。西方大陆法系国家刑法解释学的传统观点认为，根据刑法解释的方法进行分类，刑法解释方法有文义解释（语义解释）、体系解释（逻辑解释）、历史解释、目的解释四种。中国刑法学者历来推崇

---

① 劳东燕. 功能主义刑法解释论的方法与立场. 政法论坛，2018，36（2）：13.

② 聂立泽，庄劲. 从"主客间性"到"主体间性"的刑法解释观. 法学，2011（9）：71.

③ 拉伦茨. 法学方法论. 陈爱娥，译. 北京：商务印书馆，2003：195.

④ 魏治勋. 法律解释：在对象与目标的张力中探寻规范含义. 南通大学学报（社会科学版），2017，33（1）：41.

⑤ 黄茂荣. 法学方法与现代民法. 5版. 北京：法律出版社，2007：301.

⑥ 宋小海. 程序自然法视域中法律解释的任务. 浙江社会科学，2011（6）：69.

刑法解释方法的二分法和三分法，即将刑法解释方法划分为刑法解释的文义解释方法与论理解释方法（二分法），或者将刑法解释方法划分为刑法解释的文义解释方法、论理解释方法、法社会学解释方法（三分法）。刑法的文义解释，是指根据语言学知识阐释刑法文本规定的具体含义的解释方法。（狭义的）论理解释，是指“按照立法精神，联系有关情况，对刑法条文从逻辑上所作的解释”①。（广义的）论理解释，是指运用法规范内和法规范外的理论知识来解释刑法的方法，具体包括法规范内的论理解释（狭义的论理解释）和法规范外的论理解释，法规范外的论理解释（法社会学解释、刑事政策解释）是指运用社会学方法、统计学方法、经济学方法、伦理学方法等非法学方法来解释法律。

根据刑法解释的解释目标（立场），刑法解释可以分为刑法的主观解释与客观解释（二分法），此外还有刑法的折中解释（刑法的主观解释与客观解释的折中论）。② 刑法的主观解释，又称为意志论、主观论、主观说、立法者意思说，主张在解释立场上坚持以探求立法者制定法律时的真实意思、立法原意与立法本义为解释目标，并将此解释目标作为判断解释结论的正当性的标准。刑法的客观解释，又称为客观论、客观说、法律客观意思说，主张在解释立场上坚持以探求法律规定在解释适用时的客观意思和规范意义为解释目标。刑法的折中解释，又称为折中说、折中论与综合解释论，是一种试图将主观解释论和客观解释论进行折中调和的解释立场。

根据刑法解释的正义标准，刑法解释可以分为刑法的形式解释与实质解释。刑法的形式解释，是指以罪刑法定原则为核心，主张对法条进行解释时，先进行形式解释，即先对刑法条文字面可能具有的含义进行解释；然后再进行实质解释，即对刑法条文规定的行为在性质上是否属于具有严重社会危害性的行为进行实质解释。刑法的实质解释，是指刑法解释应以处罚的必要性为出发点，主张对法条进行解释时，首先应直接将不具有实质的处罚必要性的行为排除在法条范围之外，即先实质地判断某种行为是否属于具有处罚必要性的社会危害性行为，然后再进行形式解释并审查刑法条文的可能含义是否涵盖了该行为方式。

根据刑法解释的主体及其效力，刑法解释可以分为刑法的有权解释与刑法的无权解释（学理解释）。刑法的有权解释，又称为有法律效力的刑法解释，是指由国家法律规定或者认可的、具有法律效力的刑法解释，包括刑法的立法解释（文本）、刑法的司法解释（文本）、法官的刑法解释（过程和结论）。刑法的无权解释，又称为无法律效力的刑法解释、刑法学理解释，是指由无法定解释权的主体作出的、不能直接产生法律效力的刑法解释（行动和结论）。

5. 刑法解释目标（立场）

刑法解释目标，又称为刑法解释立场，是指解释者通过解释活动所力图达到的结果③、目标④，所欲探求的法律意旨、规范意思，所欲回答的“为什么解释”⑤ 的问题。如前所述，刑法解释目标在理论上有主观说、客观说、折中说的不同主张，主观说主张以探求立法者制定法律时的真实意思、立法原意与立法本义为解释目标，客观说主张以探求法律规定在解释适用时的客观意思和规范意义为解释目标，折中说则主张将主观解释和客观解释进行折中调和的解释立场。

---

① 贾宇. 刑法学：上册：总论. 北京：高等教育出版社，2019：53.

② 王政勋. 刑法解释的语言论研究. 北京：商务印书馆，2016：60－210；徐岱. 刑法解释学基础理论建构. 北京：法律出版社，2010：138－140；赵运锋. 刑法解释论. 北京：中国法制出版社，2012：117－131.

③ 陈金钊，焦宝乾，桑本谦，等. 法律解释学. 北京：中国政法大学出版社，2006：4.

④ 魏治勋. 法律解释的原理与方法体系. 北京：北京大学出版社，2017：47.

⑤ 张志铭. 法律解释原理：上. 国家检察官学院学报，2007（6）：50－61；魏治勋. 法律解释的原理与方法体系. 北京：北京大学出版社，2017：47.

6. 刑法解释限度

刑法解释限度，即刑法解释的合法限度，是指刑法解释不能超出法律文本规定的界限和程度，以确保刑法解释结论的合法性。刑法解释限度主要是指文义解释的限度，所要解决的主要问题是刑法解释结论的合法性问题，而不是解决刑法解释结论合理性与合目的性的问题。刑法解释结论的合理性、合目的性应当分别通过论理解释与刑事政策解释来实现，合理性和合目的性属于优化价值，是在文义解释合法性限度内进行合理性和合目的性的进一步价值优化，越优化越好，而不存在独立于文义解释结论合法性限度之外的解释限度问题。如果说刑法的论理解释和刑事政策解释还有解释限度的话，那么这个解释限度只能是文义解释合法性限度，而不存在独立于文义解释合法性限度的合理性限度或者合目的性限度。刑法解释限度的判断标准，应当以法律规范用语的语用论可能确定的、符合同行专家预测可能性的语言意义为标准，判断刑法解释的限度范围。这种刑法解释限度的判断标准，可以被称为“语用意义的同行专家预测可能性说”。

7. 刑法解释主体

刑法解释主体，是指刑法解释者，具体包括刑法解释的作出者、发布者、决定者、行动者以及其他所有参与刑法解释的组织与个人。这是一种较为广义的刑法解释主体论，也是现代刑法解释学对刑法解释主体的基本理解。

在法理上，刑法解释主体可以分为两类：一类是有权解释主体，在我国包括国家立法机关（立法解释权）、最高司法机关（司法解释权）、法官（在审判活动中所享有的法律解释适用权），这些有权解释主体作出的刑法解释具有法律效力；另一类是无权解释主体，指无法定解释权的主体，包括除有权解释主体以外的学者、其他公民和组织，这些无权解释主体作出的刑法解释不能直接产生法律效力。

8. 刑法解释权

刑法解释权，广义上是指刑法解释主体具有的进行刑法解释的权力与权利，狭义上是指刑法解释主体所具有的进行刑法解释的权力。狭义的刑法解释权是指国家法律赋予的、能够产生法律效力的刑法解释权力，在我国包括国家立法机关的立法解释权、最高司法机关的司法解释权、法官在审判活动中享有的法律解释适用权，拥有刑法解释权（力）的解释主体作出的刑法解释具有法律效力。

在现代民主法治社会里，任何公民和社会组织均具有刑法解释权利，这里的刑法解释权（利），又可以称为学理解释权利。刑法的学理解释，又称为无法律效力的刑法解释、刑法的无权解释，是指由无法定解释权的主体作出的、不能直接产生法律效力的学理探讨性的刑法解释（行动和结论）。学理解释形成的刑法解释（结论）可以供有权解释主体参考，甚至可能被吸纳，进而间接影响国家刑法解释活动。

9. 刑法解释对象

刑法解释对象，是指刑法解释活动指向的对象、客体、标的。因此，刑法解释对象又称为刑法解释的对象、客体、标的。① 如前所述，传统刑法解释学认为，刑法解释的对象是刑法文本；而现代刑法解释学认为，刑法解释的对象包括刑法文本（文本对象）、案情事实（事实对象）②，甚至还包括刑法立法规定与案情事实之间的关联关系（关系对象、涵摄对象）。本书认为，刑法解释的对象包括以下三个方面：一是文本对象，即刑法文本，包括刑法典（以及刑法

---

① 王利明. 法律解释学导论：以民法为视角. 2版. 北京：法律出版社，2017：96，112.

② 陈金钊. 法律解释的哲理. 济南：山东人民出版社，1999：56－57.

修正案和立法解释)、单行刑法、附属刑法；二是事实对象，即案情事实（法律事实）；三是关系对象（涵摄对象），即刑法立法规定与案情事实之间的关联关系（涵摄性）。因此，刑法解释对象的具体含义有狭义的、中间意义的（中义的）、广义的不同内涵，应注意根据不同语境进行具体判断，有时是指狭义的刑法解释对象（对象文本），有时是指中间意义的刑法解释对象（文本对象和事实对象），有时是指广义的刑法解释对象（文本对象、事实对象和关系对象）。

如果认为刑法解释的对象是刑法立法规范文本（文本对象）的话，那么刑法司法解释文本是不是刑法解释的对象（文本对象）呢？对此，在严格意义上讲，刑法司法解释文本是由最高人民法院和（或者）最高人民检察院依法对刑法立法规范文本作出的法律解释性规定，也就是，刑法司法解释文本仍然以刑法立法规范文本为解释对象，因此，刑法司法解释文本在实质上不应作为刑法解释的对象。不过，刑法司法解释文本作为我国较为特殊的司法解释现象，以一种抽象规范的文本形式对刑法解释的对象（刑法规范文本）作出解释性规定，刑法司法解释文本本身是刑法解释性质的规定（而不是刑法立法规定本身），对于我们研究刑法解释具有重要意义。有学者认为，尽管刑法司法解释文本不是严格意义上的刑法解释的对象（不是刑法立法规定），但是，“司法官进行刑法解释的时候，必须注意我国刑法有权解释的多元化特点，司法解释具有法律规范的一般性特征，司法解释也需要解释”①。因此，本书认为，刑法解释的对象是刑法立法规定（刑法规范文本），而不包括我国的刑法司法解释文本。本书同时认为，刑法司法解释规定也需要解释，对刑法司法解释规定的再解释仍然应当以刑法立法规定（刑法规范文本）为刑法解释的对象，通过具体审查刑法司法解释规定本身是否符合刑法立法规定来判断解释结论的有效性。

例如，2007 年 7 月 8 日公布的《关于办理受贿刑事案件适用法律若干问题的意见》（简称《意见》）第 9 条规定：“国家工作人员收受请托人财物后及时退还或者上交的，不是受贿。国家工作人员受贿后，因自身或者与其受贿有关联的人、事被查处，为掩饰犯罪而退还或者上交的，不影响认定受贿罪。”这一条应该如何被解释和适用？对此，学术界有三种观点：（1）有学者（如储槐植）认为，该司法解释显然是关于既遂后出罪的规定，“既遂之后不出罪”存在例外情况，原则并不排除例外的存在。②（2）有学者（如张明楷）认为，在理解上述《意见》第 9 条关于收受财物后退还或者上交的规定时，必须以刑法关于受贿罪的犯罪构成规定为指导，而不是将《意见》第 9 条的规定，作为刑法条文予以适用。罪刑法定主义是刑法的基本原则，其中的“法”是指由国家立法机关制定的成文法，而不包括司法解释。换言之，虽然司法解释具有法律效力，但它只是对刑法的解释（而且不得类推解释），并非刑法的渊源。刑法没有规定为犯罪的行为，司法解释不可能将其解释为犯罪；反之，刑法明文规定为犯罪的行为，司法解释也不能没有根据地将其解释为无罪。如果不将刑法规定的犯罪构成当成理解司法解释的指导，而是将司法解释当成独立的法律渊源的话，那么必然会出现违反罪刑法定原则的现象。《意见》第 9 条的表述是，“收受”请托人财物后及时退还或者上交的，不是受贿，该条并没有将“索取”包含在内。《意见》第 9 条第 1 款的宗旨与精神是将客观上收受了他人财物，主观上没有受贿故意的情形排除在受贿罪之外，亦即没有受贿故意的“及时退还或者上交”才能适用《意见》第 9 条第 1 款的规定。③（3）还有其他学者认为，《意见》第 9 条第 1 款包含两种情形：一是收受他人财物并不具有受贿故意的情形，二是虽有受贿故意但基于刑事政策的理由不以受贿罪论处的情形。持这种观点的学者指出：“司法解释对于收受财物后及时退还或上

① 曲新久. 刑法解释的若干问题. 国家检察官学院学报，2014，22（1）：159-167.
② 储槐植，闫雨.“赎罪”：既遂后不出罪存在例外. 检察日报，2014-08-12.
③ 张明楷. 受贿罪中收受财物后及时退交的问题分析. 法学，2012（4）：131-139.

交的行为以非犯罪化论处，当然也适用于收受请托人财物的当时就有受贿故意，其行为已经构成受贿罪的情形。因为司法解释没有区分收受财物者在当时是否具有受贿故意的情形，应当认为无论当时是否就有受贿故意，收受后只要及时退还的，就不再认为是受贿。但司法解释如此规定并非对故意收受财物行为的肯定性评价，也不是确认这类当时就有受贿故意的行为不具有受贿罪的性质，而是以非犯罪化处置来鼓励那些受贿的人及时改正错误。这是宽严相济刑事政策在这一问题上的具体贯彻，因为宽严相济政策的要点之一就是区别对待。”① 还有人指出，司法解释之所以认为收受财物后及时退还或者上交不是受贿罪，是因为《刑法》第13条规定“情节显著轻微危害不大的，不认为是犯罪”。不认为这种行为是受贿罪，有利于鼓励国家工作人员悬崖勒马，及时自行纠正错误，正所谓在犯罪的道路上“架设一条后退的黄金桥”。② 在以上三种观点中，本书认为，张明楷的观点更具有合理性。理由在于：刑法解释学原理认为，刑法解释的对象只能是刑法立法规定（刑法典以及刑法修正案、单行刑法、附属刑法），而“刑法”以外的其他法律文本以及全部“软法”文本（其中当然包括我国最高司法机关出台的各种“司法解释”规范文本），均不属于刑法解释的对象。刑法司法解释规定（文本）对刑法解释具有极其重要的意义，尤其是对解释者“前见”以及“效果历史、视域融合、对话、事物的本质、诠释学循环”之形成，对“常识、常情、常理”之确证等诸方面，均具有刑法解释论价值，但是这种刑法解释论价值仅限于刑法立法规定（刑法立法规范文本），而不是将司法解释规定——尽管司法解释规定客观上也需要进行解释——自身也等同于“作为刑法解释对象的刑法立法规定”。因此，张明楷强调，在理解上述《意见》第9条关于收受财物后退还或者上交的规定时，也必须以刑法关于受贿罪的明确规定为依据，而不是将《意见》第9条的规定直接作为刑法条文予以适用，这一见解是十分精当的。③ 当然，从立法论立场看，笔者认为，可以参照行贿罪的规定——行贿人在被追诉前主动交代行贿行为的，可以从轻或者减轻处罚（《刑法》第390条第2款）——进行刑法立法修订，由法律明确规定“受贿人在被追诉前主动交代受贿行为并全部退赃的，可以从轻或者减轻处罚。其中，犯罪较轻的，可以免除处罚”等内容，这大致相当于行贿罪“特别从宽”的情节规定（“特别从宽”处罚原则规定），对于体现宽严相济的刑事政策、震慑行贿犯罪也是有益的，也体现了对受贿人在被追诉前就积极认罪悔罪态度的公正对待，有利于实现刑法的功能。当然，这只是一种立法建议，因为我国现行刑法只有行贿罪“特别从宽”的情节规定，而没有受贿罪“特别从宽”的情节规定。

作为刑法解释对象的案情事实，必须是符合我国《刑法》和《刑事诉讼法》规定的法定标准的具体案情事实，即“案情事实清楚，证据确实、充分”并且“已排除合理怀疑”的具体案情事实，这是作为刑法解释对象的案情事实的特殊要求，其不同于作为民法解释对象的案情事实。因此，我国《刑事诉讼法》第200条规定：“（一）案件事实清楚，证据确实、充分，依据法律认定被告人有罪的，应当作出有罪判决；（二）依据法律认定被告人无罪的，应当作出无罪判决；（三）证据不足，不能认定被告人有罪的，应当作出证据不足、指控的犯罪不能成立的无罪判决。”这里的有罪判决与无罪判决，实质上就是对作为刑法解释对象的犯罪事实、刑法立法规定以及二者之间关联性的刑法解释（结论）。

还应注意的是：将刑法立法规定与案情事实之间的关联关系作为刑法解释的对象，将抽象的刑法规定与具体的案情事实进行对照，以确定二者之间是否具有正关联的对应关系（涵摄关系）。确定二者之间的对应关系就可以确定刑法规定的适用，否定二者之间的对应关系就可以

---

① 李建明. 收受他人财物后退还或者上交对受贿罪构成的影响. 人民检察，2007（16）：6-8.

② 张明楷. 受贿罪中收受财物后及时退交的问题分析. 法学，2012（4）：131-139.

③ 魏东. 论在“打虎拍蝇”中的法治理性. 法治研究，2014（10）：70-81.

否定刑法规定的适用。这体现了刑法解释既是一种动态的解释过程，也是一种具体的解释结论。因此，刑法解释是解释过程和解释结论的有机统一体，是将纸面上的刑法规定运用于活生生的案情事实并进行法律适用的“活的法”。

需要说明的是，现代刑法解释学认为，刑法解释的对象不再局限于刑法规范文本（文本对象），还包括案件事实（事实对象），以及刑法规范文本与案情事实之间的关联关系（关系对象或者涵摄对象）。这种见解逐渐成为刑法解释学界多数人的共识。但是，民法解释学界仍然有学者认为，法律解释对象只能是法律文本，而不包括案情事实和关系对象，认为：“法律解释是法律适用中大前提确定的过程，它仅仅包括对法律文本的解释，不应当包括对案件事实的认定。在界定法律解释对象时，必须界定客观事实和法律文本。事实的认定属于‘发现’的问题，而不是‘解释’的问题。在诉讼中，就是要通过证据来发现、再现事实。而法律的适用才是‘解释’的问题。对于事实的发现，裁判者只能以中立的立场来客观地判断，而不能掺入主观判断的成分。而在法律的解释过程中，裁判者可能需要运用其主观价值判断。”① 本书认为，作为部门法解释学的民法解释学和刑法解释学，都应在遵行法律解释学的一般原理的基础上与时俱进，将法律解释活动指向的客体——法律文本、案件事实、法律文本与案件事实之间的涵摄关系——全部纳入法律解释对象，这样才更符合法律解释“事物本质”，更符合法律解释学的发展方向。

10. 刑法解释方法

刑法解释方法，是指在刑法解释中具体运用的各种法律解释方法的总称。法律解释学认为，通常所说的法律解释方法是指狭义的法律解释方法。凡是在可能的文义范围内进行法律解释的方法，都是狭义的法律解释方法②，主要有文义解释、体系解释、历史解释、目的解释、当然解释、反对解释、补正解释、比较解释、软法解释、扩张解释、限缩解释、合宪性解释、法社会学解释等多种方法。广义的法律解释方法，是指法律解释的思路、方式和程序，既包括准确阐释法律的具体方式和路径，也包括完善法律的具体方式和路径；既包括狭义的法律解释方法，也包括解释性填补和价值补充（不确定概念和一般条款的具体化）。应当说，刑法解释方法是刑法解释学中至关重要的基本范畴，具体内容详见后文的专题研究。

11. 刑法解释过程

刑法解释过程，主要是指在刑法司法活动中司法人员（如法官）发现、解释、适用刑法的司法逻辑展开的过程，具体包括法律的发现（找法）、解释（释法）、涵摄（以及论证等）过程。刑事案件的司法裁判要经过这样的三个阶段，“就是根据一般性的法律规范（大前提）与事实认定（小前提），按照符合演绎的方式将判决从一般性的法律规范之中演绎出来。法律规范具有抽象性和概括性，因此需要借助法律解释这一桥梁，将法律规范适用于具体个案”③。前面所列刑法解释过程中的每一个过程都需要进行法律论证（法律的论证过程），唯有通过法律论证才能证立找法、释法、涵摄的正当合理性（有效性）。

12. 刑法解释结论

刑法解释结论，即刑法解释的结果，是指解释者通过运用刑法解释方法和法律论证方法获得的法律文本含义、裁判依据与裁判结果。刑法解释结论有两种含义：一是法律文本含义，即针对法律文本（文本对象）进行法律解释得出的法律解释结论；二是裁判依据与裁判结果，即针对具体个案中的事实对象及其与文本对象的涵摄关系得出的法律解释结论。刑法解释结论具

① 王利明. 法律解释学导论：以民法为视角. 2 版. 北京：法律出版社，2017：116.

② 同①220.

③ 同①152.

有多样性、有效性、相对性、可证成性等特点。

（二）刑法解释学的理论体系

如前所述，刑法解释学，是以研究刑法解释活动的规律与方法为对象的一门学科，是对刑法立法规定进行解释适用的理论知识体系，它本身含有刑法解释、刑法解释原则、刑法解释功能、刑法解释类型、刑法解释目标（立场）、刑法解释限度、刑法解释主体、刑法解释权、刑法解释对象、刑法解释方法、刑法解释过程、刑法解释结论等十二个基本范畴，是对这些基本范畴进行体系化统合后形成的范畴体系和理论体系。

参照法律解释学、其他部门法解释学以及既有刑法解释学的理论体系，我们可以将刑法解释学的理论体系（范畴体系）依次安排为："导论"（刑法解释学概述与历史沿革等内容），分为两章（第一章和第二章）；"本体论与方法论"（刑法解释、刑法解释原则、刑法解释功能、刑法解释类型、刑法解释立场、刑法解释限度、刑法解释主体、刑法解释权、刑法解释对象、刑法解释方法、刑法解释过程、刑法解释结论等基本范畴），分为七章（第三章至第九章）。至于"实证论"（刑法解释学实证分析），本书将其内容融合于"本体论与方法论"之中随机展开论述和演练，而不再专设章节进行例证演练。按照上述思路，本书将刑法解释学理论体系（范畴体系）依次设置为如下两编九章：

"上编：导论"的内容包括以下两章：刑法解释学概述（第一章）；刑法解释（学）的历史沿革（第二章）。

"下编：本体论与方法论"的内容包括以下七章：刑法解释的概念与特点（第三章）；刑法解释的类型与功能（第四章）；刑法解释的基本原则（第五章）；刑法解释方法（第六章）；刑法解释方法体系化（第七章）；刑法解释过程与结论（第八章）；功能主义刑法解释论（第九章）。

第二节　刑法解释学与相关学科的关系

一、刑法解释学与刑法教义学

作为规范刑法学的重要内容的刑法解释学，在学科定位上需要解决的根本问题是：刑法解释学与刑法教义学之间的关系是什么。对此，有必要首先厘清刑法教义学的基本含义，然后合理阐释刑法解释学与刑法教义学的关系问题。

刑法教义学，是指以现行有效的刑法规范和刑事法治理念为根据构建起来的，具有最大通识性和权威性的法律概念、法律原则、法规范命题的刑法学方法论范式与知识体系。但是理论界普遍认为：法教义学——其中当然包括刑法教义学——的范围难于被精准界定。法理学研究表明，当下中国学界未就"什么是法教义学"这一前提性问题达成明确共识，法教义是围绕现行实在法展开的一般性权威命题或原理，与此相应的法教义学则具有双重含义，即知识与方法的统一，作为知识的法教义学是围绕一国现行实在法构造的"概念-命题"体系，而作为方法的法教义学是一种受一般权威拘束的思维形式（教义法学），任何对法教义学本身有意义的讨论乃至批评，都必须也只能回到这种观念上来。① 而刑法学界目前也称刑法教义学为刑法信条学。例如，有学者指出，刑法教义学是指以刑法规范为根据或逻辑前提，主要运用逻辑推理的方法将各种相互区别而又相互联系的法律概念、规范、原则、理论范畴组织起来，形成的具有

---

① 雷磊. 什么是法教义学?：基于19世纪以后德国学说史的简要考察. 法制与社会发展，2018，24（4）：100-124.

逻辑性最大化的知识体系。① 另有学者以刑法信条学概念代替刑法教义学概念，认为："刑法信条学是关于刑法基础理论的学问。刑法信条学中的基本概念是各种刑法理论都必须讨论的内容，构成了现代刑法学的基本支柱。""通过分析和总结来认识刑法信条学中的基本概念，不仅有利于降低法治建设的成本，而且有利于加快法治发展的速度。"② 不过应当承认的是，学界有关法教义学、刑法教义学与刑法信条学的较为典型的定义，与本书对刑法教义学的概念界定具有共通的法理观念，均强调"教义学是以自身已经确定而无须再作任何检验的信条为前提的，而且通过对这些前提的深入思考可以进一步认识教义学"③，同时还强调"刑法教义学是对刑法的一种体系性的研究，具有一套完整的分析工具和话语体系"④。就我国刑法的学术研究而言，刑法教义学的引入不意味着学术主体性的丧失，应当区分法教义学知识与法教义学方法，要仔细甄别域外教义学知识与中国刑法语境的兼容性，积极引入没有语境障碍的教义学知识，并运用教义学的一般方法创造立足本土的新教义。⑤ 这些学术议论表明，刑法教义学是一种可以意会和言传的概念。

那么，刑法解释学与刑法教义学之间是什么关系？对此，有学者认为，二者是同质关系（同质论），即刑法解释学与刑法教义学二者都是规范刑法学原理，二者相对于刑法社科法学（以及刑法哲学）而言在强调"规范性"上具有较大的相通性，主要解决刑法立法文本的规范诠释、理解和适用问题。而刑法社科法学更强调社科知识与法学知识的综合运用，相对于刑法解释学和刑法教义学，刑法社科法学并不仅仅局限于"规范诠释"这一特点，正是在此意义上，同质论才具有合理性。

同质论内部存在偏重刑法教义学与偏重刑法解释学的不同主张。有的学者主张偏重刑法教义学，例如陈兴良认为："刑法教义学与刑法解释学具有性质上的相同性。刑法教义学只是与刑事政策学、犯罪学、刑罚学以及刑法沿革学之间具有区隔性，但与刑法解释学则是一词二义而已。因此，并不存在一种刑法解释学之外的刑法教义学。""不要试图在刑法教义学之外再建立一门刑法解释学"⑥，刑法教义学的核心是刑法解释，刑法教义学属于司法论的范畴而不是立法论的范畴。⑦ 有些德国学者主张偏重刑法教义学的概念，并且认为刑法教义学应当包含刑法解释学的内容，例如古斯塔夫·拉德布鲁赫认为："法教义学是一门探究法的客观意义的科学，而非探究法的主观意义的科学。它确定法应当被如何理解，而未必是确定法被期望如何。""狭义的法科学（教义性、体系性的法科学）的作业主要包括三个层级：解释、建构与体系化。"⑧ 应当说，陈兴良继受了拉德布鲁赫主张的这一刑法学术传统。有的学者主张偏重刑法解释学，例如张明楷认为，刑法教义学就是刑法解释学，不要试图在刑法解释学之外再建立一门刑法教义学。⑨

冯军也认为刑法解释学与刑法教义学之间是同质关系。他认为："在我国刑事法律体系已经基本建成之后，我国不少刑法学者把主要精力转向理解刑法、解释刑法，也就是说，从刑事立法学转向了刑法教义学。""一种规范论的刑法教义学，要重视解释者个人的先见，更要重视

---

① 周详. 教义刑法学的概念及其价值. 环球法律评论，2011，33（6）：79-88.
② 王世洲. 刑法信条学中的若干基本概念及其理论位置. 政法论坛，2011，29（1）：27-39.
③ 弗里希. 法教义学对刑法发展的意义. 赵书鸿，译. 比较法研究，2012（1）：143-154.
④ 陈兴良. 中国刑法学研究 40 年：1978—2018 年. 武汉大学学报（哲学社会科学版），2018，71（2）：31-41.
⑤ 车浩. 理解当代中国刑法教义学. 中外法学，2017，29（6）：1405-1429.
⑥ 陈兴良. 教义刑法学. 2 版. 北京：中国人民大学出版社，2014：2-3.
⑦ 陈兴良. 刑法教义学的逻辑方法：形式逻辑与实体逻辑. 政法论坛，2017，35（5）：117-124.
⑧ 拉德布鲁赫. 法教义学的逻辑. 白斌，译. 清华法学，2016，10（4）：197-207.
⑨ 张明楷. 也论刑法教义学的立场：与冯军教授商榷. 中外法学，2014，26（2）：357-375.

解释者群体的经验，要让解释结论符合实践理性的要求，使解释结论建立在不可辩驳的法律基础之上。”① 可以说，这些论述均坚持了同质论的基本立场。

除同质论之外，有的学者主张刑法教义学与刑法解释学之间是并行并重论的关系。这种观点认为，刑法教义学与刑法解释学之间的关系不能简单地用同质论来概括，而应当承认二者之间具有一定差异，进而主张二者应并行不悖（并行论）、并重发展（并重论），可谓是一种“并行并重论”的观点。例如车浩认为，刑法教义学是当代中国刑法理论发展的方向，“刑法教义学与刑法注释学的区分，关乎学术方向，绝非无足轻重的概念游戏。注释研究的前提，是存在作为注释对象的法条文本。以往的刑法注释学，与狭义上的刑法解释学的意义接近，即以特定的文字作为解释对象，进而完成妥当解释的任务。这种研究的理想状态，主要是文义解释、历史解释、体系解释和目的解释等几种解释方法的娴熟且适当的运用。但是，刑法解释方法，只是法学方法论中的一部分；通过具体解释来寻求刑法条文本意，这也只是法教义学工作的一部分”②。因此，“综上可知，从刑法注释学（或狭义上的刑法解释学）向刑法教义学的转变，在方法论层面上，意味着超越法条注释，创造法理概念，从而丰富法之形态，拓展法之范围。在研究方法上，法教义学以法律文本为出发点，包括狭义上的解释，但是不止于解释”③。李凯认为：“刑法教义学在刑法学之下更多地做着刑法知识的概念化、理论化、体系化工作，这其中包含对刑法概念的创建、阐释，对刑法原理的推进，以及对刑法知识体系的调整、填充等工作，以上工作对于形成刑法的职业共同体举足轻重；而刑法解释学在刑法学之下则更多关注对刑法文本的解释工作，这其中包含对刑法解释的对象、目的、原则、立场和方法等内容的研究，并将研究成果运用到文本解释和司法适用的工作上，这对于刑法职业共同体实现刑法的安全和公正来说至关重要。简言之，前者具有更多的‘理论意义’，侧重于解决‘为什么’的问题；后者则更具‘实践意义’，侧重于解决‘是什么’的问题。”虽然“要严格区分刑法教义学与刑法解释学，在很多情况下并不容易做到，二者在很多时候呈现出‘你中有我、我中有你’之情况，但将二者等同、混淆，却与它们的各自内涵确有不符，也会误导刑法学研究的基本方向。是故，刑法学之下应有刑法解释学和刑法教义学之界分，二者不可相互替代，而是一种互动、互补且相对独立之关系，刑法学研究应当走向刑法解释学与刑法教义学并重的格局”④。

本书认为，刑法解释学与刑法教义学二者之间的关系，应当坚持“同质互补关系论”（简称“同质互补论”），即宏观同质论与微观互补关系论的有机统一体。理由有以下两点：

第一，从宏观上看，刑法解释学与刑法教义学之间的关系应当坚持宏观同质论。一方面，可以将刑法解释学作为刑法教义学的重要组成部分，亦即，刑法解释学本身也应当追求刑法解释学教义化，刑法解释学教义化是刑法学教义化的应然内容之一。在此意义上，狭义的刑法解释学是刑法教义学（以及诠释学）的分支学科，广义的刑法解释学实质上就是刑法教义学。陈兴良在针对凯尔森所论纯粹法理论即“本理论乃是法律科学而非法律政策”⑤ 发表评论时指出，“凯尔森之所谓法律科学与法律政策学的区分，就相当于在刑法学中刑法解释学与其他刑法学的区别”⑥，这种见解是有道理的。另一方面，也可以将刑法教义学作为（广义的）刑法解释学的重要组成部分，亦即，广义的刑法解释学本身可以将刑法教义学原理作为法规范内的

① 冯军. 刑法教义学的立场和方法. 中外法学，2014，26（1）：172-197.

② 车浩. 刑法理论的教义学转向. 检察日报，2018-06-07（3）.

③ 车浩. 理解当代中国刑法教义学. 中外法学，2017，29（6）：1405-1429.

④ 李凯. 刑法解释学与刑法教义学的关系. 中国社会科学报，2018-02-07.

⑤ 凯尔森. 纯粹法理论. 张书友，译. 北京：中国法制出版社，2008：37.

⑥ 陈兴良. 教义刑法学. 2版. 北京：中国人民大学出版社，2014：8.

论理解释方法，以此获得刑法解释结论的合理性（不违背刑法教义学原理）。与此相对应的是，刑法解释学还将文义解释方法和刑事政策解释方法作为与刑法论理解释方法相并列的刑法解释方法。在此意义上，张明楷主张“刑法教义学就是刑法解释学”的观点也是有理有据的。宏观同质论的学术价值在于，刑法解释学研究必须全面融入刑法教义学研究，反之，刑法教义学研究也必须全面融入刑法解释学研究，由此实现刑法解释学（以及刑法教义学）的深刻理论化、教义学化、一体化，并在根本意义上摒除学科之间的学术壁垒与鸿沟。

第二，从微观上看，刑法解释学与刑法教义学之间的关系应当坚持微观互补论。在坚持宏观同质论的前提下，之所以应当确认微观上刑法解释学与刑法教义学之间的同质互补关系与“并行并重论”立场，是因为二者在具体的方法论上还“可以”存在一定的特色性差异，并且法律解释学和部门法解释学被作为独立的法学学科的做法已经成为一种学术传统。（1）从方法论特色的角度看，刑法解释学更重视、更突出法规范的诠释学方法论特色，而刑法教义学更重视、更突出法规范的理论模型建构特色。诠释学方法论在通常的刑法教义学原理中尽管得到了一定的关注和运用，但是并没有获得全面、充分、一以贯之的重视，例如，解释学的诠释循环和“事物本质”的合法性原理、“前结构”（“前理解”）与“效果历史”原理、论证过程与说服（修辞学）原理、三个向度原理（探求作者之原意、分析文本之原义、强调读者所领悟之意义）①、用法律解释事实和用事实解释法律的两面性原理、刑法解释的双向性（双相性）与主体间性原理、刑法解释的视域融合与“对话”② 原理等，这些诠释学方法论的特色——通常是刑法解释学的必备理论工具并且需要重点展示、深刻阐释和具体运用——在某种意义上，使得刑法解释学“成为一个独立的学科，构成一个独立的知识体系”③，可以确认刑法解释学与刑法教义学之间的同质互补关系与“并行并重论”立场。（2）从学术传统的角度看，有学者指出，“从我国法制发展时间来看，部门法学在今后很长一段时间的任务之一就是立法论的研究，研究‘应然’状态”，这足以说明，“法律解释学与部门法学是不同的学科，它们之间必定存在明显的差别”④。还有学者指出，“刑法解释学亦属于较为典型的交叉学科”，并且“刑法解释学以其独特的学科研究方法即解释方法、刑法解释权、刑法解释行为和刑法解释结论而形成独立的学科品格”⑤。可见，刑法解释学在学术传统意义上是被作为法律解释学的分支对待的，其当然可以成为作为部门法学有机组成部分的刑法学的一个重要分支；法律解释学在学术传统上也是以区别于法教义学的独立学科面目呈现于世的，相应地，刑法解释学作为法律解释学的一个重要分支也可以被当成区别于法教义学有机组成部分的刑法教义学的独立学科对待。由此，可以相对地确认刑法解释学的独立学科品格。

应当说，刑法解释学与刑法教义学之间的关系论，是宏观同质论与微观互补论的有机统一体（同质互补论）。这种同质互补论有利于确定刑法解释学的相对独立的学科特色，因为“法律解释学的研究对象的独立性和特殊性决定了其可以成为一门具有体系性的学科”⑥。基于深化刑法解释学（以及刑法教义学）的学术理想，秉持同质互补论是比较合理的学术立场。基于这种学术立场，一方面，在刑法解释学中要有意识地吸纳刑法教义学原理并促进刑法解释学教

---

① 潘德荣. 西方诠释学史. 2版. 北京：北京大学出版社，2016：1-15；姜福东. 法律解释的范式批判. 济南：山东人民出版社，2010：50-62.

② 魏东. 刑法解释学基石范畴的法理阐释：关于“刑法解释”的若干重要命题. 法治现代化研究，2018，2（3）：111-134.

③ 王利明. 法律解释学导论：以民法为视角. 2版. 北京：法律出版社，2017：18.

④ 同③21.

⑤ 徐岱. 刑法解释学基础理论建构. 北京：法律出版社，2010：27.

⑥ 同③113.

义化，从而能更进一步充实刑法解释学的理论包容性和诠释有效性；另一方面，在刑法教义学中要有意识地吸纳刑法解释学原理，以进一步增强刑法教义学的诠释学方法论内容和动态的阐释力。

二、刑法解释学与刑事政策学

刑事政策学，又叫刑事政治学、刑事政策科学，是指以刑事政策为研究对象的科学。刑事政策学既是公共政策学的一门分支学科，也是刑事法律科学的一门分支学科。有学者指出："以刑事政策为对象的学问便是刑事政策学或是作为学问的刑事政策。"① 刑事政策，是指国家政治系统和社会公共权力组织以一定社会公共价值目标为基础，以防控犯罪为个性价值目标而有组织地采取的一系列方略。② 例如，宽严相济刑事政策、扫黑除恶政策、反腐败政策、死刑政策等，都是当下我国重要的刑事政策。刑事政策还有狭义与广义的观点分歧。狭义的刑事政策观（狭义说）认为，刑事政策是指同刑事法律措施相关的所有刑事法律政策，包括刑法政策、刑事诉讼法政策、刑事执行法律政策、犯罪人处遇政策等。广义的刑事政策观（广义说）认为，刑事政策是指同犯罪防控相关的所有社会公共政策，包括以刑事法律为表现形式、以刑事类措施为手段特征的社会公共政策，还包括不具有刑事法律的表现形式或者不具有刑事类措施的手段特征，但是具有防控犯罪价值内容的所有社会公共政策。③ 我国有的学者指出：现代西方国家研究刑事政策问题的基本趋势是从广义上认识和把握刑事政策，"从认识论的角度看，刑事政策是对犯罪现象的综合分析，对犯罪现象以及与违法犯罪行为作斗争的方法措施的解析；它同时也是建立在一定理论基础之上的旨在解决广义的犯罪现象的打击与预防所提出的问题的社会和法律的战略"，"近些年来，广义的刑事政策观也慢慢地被人们接受"④。本书亦认为应当采用广义的刑事政策观（广义说）。

刑法解释学是规范法学的重要内容，属于"规范"意义上的刑法学，而刑事政策学是"非规范"意义上的刑事法律科学，二者之间的关系是规范法学与"非规范法学"的政策科学的关系。有的学者将二者的关系概括为"规范与事实"的关系，认为，刑事政策学的内容与其他以法律条文为解释重点的刑事法学有很大的差异，"刑事政策学的使命，乃是在调和规范与事实间的差距，以达到更合理且更有效防治犯罪的目的"⑤。本书认为，刑事政策（学）与规范刑法（学）之间的关系可以具体概括为三个方面：一是在价值取向上，刑事政策与刑事法律是指导与被指导的关系；二是在对策系统上，刑事政策与刑事法律是整合与被整合的关系；三是在具体措施上，刑事政策与刑事法律是校正与被校正的关系。⑥ 这些关系论表明，刑法解释学作为规范法学的一个分支，需要运用刑事政策学原理来指导、整合、校正刑法解释活动。因此，对于刑法解释学而言，刑事政策学具有方法论意义，通常可以称之为刑事政策解释方法。值得注意的是，在刑法解释学中，刑事政策解释方法一般来讲是刑法社科法学方法和刑法社会学方法——两者的具体内容基本上可以转化为刑事政策学方法——在刑法解释学中的具体运用，它们的共同特点是不同于法规范内的刑法论理解释方法，因此我们也可以将刑事政策解释方法称为刑法社科法学解释方法、刑法社会学解释方法。例如，有学者认为，法社会学解释，或者非

---

① 大谷实. 刑事政策学. 黎宏，译. 北京：法律出版社，2000：5.

② 魏东. 论广义刑事政策的基本内涵. 清华法学，2011，5（2）：9-23.

③ 魏东. 刑事政策学范畴研究：考量因素与技术路线. 现代法学，2008（3）：30-38.

④ 卢建平. 刑事政策与刑法. 北京：中国人民公安大学出版社，2004：5，131.

⑤ 许福生. 刑事政策学. 北京：中国民主法制出版社，2006：1.

⑥ 魏东. 刑事政策原理. 北京：中国社会科学出版社，2015：44.

法学解释，是指运用社会学方法、统计学方法、经济学方法、伦理学方法等非法学方法来解释法律。① 基于罪刑法定原则和刑事政策原理——这是除刑法外的其他部门法所不具备的内容——的特殊立场，在刑法解释学中，可以将"法社会学解释方法"（以及社科法学解释方法）转化成"刑事政策解释方法"，这种称谓上的转换更加符合刑法解释论的特质，更加具体而贴切。②

刑事政策学的"三大一小理念""两个至上理念""单向校正理念"对刑法解释学具有重要的指导意义。犯罪防控、人权保障、社会发展、社会公正四个价值目标之间经常存在冲突。其中最突出、最典型的冲突为犯罪防控与人权保障这两个价值目标之间的冲突：过分偏重犯罪防控价值，就可能严重侵犯人权保障价值；反之，过分偏重人权保障价值，必然会严重妨害犯罪防控价值！因此，就涉及价值权衡与取向的问题，即刑事政策的价值理念。（1）三大一小理念。价值理念与价值取向的问题，在根本上是指，针对具有矛盾和冲突的多种价值目标，如何处理它们之间的关系和如何实现它们之间的整合与有机统一的问题。本书认为，随着人类社会的进步和政治文明的发展，现代刑事政策的基本价值取向（价值理念）可以概括为现代刑事政策的谦抑宽容价值理念，其具体内容为"三大一小"理念，即：最大限度地保障人权、最大限度地促进社会发展、最大限度地体现相对公正、最小限度地维持秩序（必要秩序）。（2）两个至上理念。现代刑事政策理念还可以归纳为两组价值选择：一是强调"人权保障至上"、反对"犯罪防控至上"的价值选择，二是强调"公正至上"、反对"效率至上"的价值选择。这就是"两个至上理念"的基本内容。（3）单向校正理念。在现行罪刑法定原则所确认的刑事政策精神下，刑事政策与刑事法律在犯罪防控的具体措施上具有的这种校正与被校正的关系具有相当的特殊性，这种特殊性表现为一种"单向校正"，即只能表现为一种情形：当现行刑事法律规定为犯罪的行为在实质上不符合特定刑事政策精神时（如不具有社会危害性或者不利于保障人权），就可以根据刑事政策精神不对该行为作犯罪追究。这些刑事政策理念对刑法解释学研究具有十分重大的方法论价值，当我们运用刑事政策解释方法时必须要遵循刑事政策原理。

三、刑法解释学与刑法社科法学

刑法社科法学，又称为社科刑法学，是指综合运用社会科学方法和原理对刑法展开全方位研究的刑法学。可见，刑法社科法学研究更强调社会科学知识与法学知识的综合运用，包括立法学、犯罪学、政治学、经济学、社会学、统计学、教育学甚至心理学等理论知识的综合运用。因而可以说，刑法社科法学相对于刑法解释学并不仅仅局限于规范解释适用的问题，还应超越刑法规范深刻研究刑法哲学、刑法政治学与刑法社会学、刑法经济学、刑法实证科学、犯罪学、刑法立法发展学等更为广泛的刑法问题，并且这些研究内容更突出强调客观事实、发展规律、哲学思辨等特点。有的学者指出，"社科法学"的相关概念有"法律的交叉学科研究""法律的社会科学研究""广义的法律社会学""法律与社会科学""法律社会科学""法律的社会学理论""社会-法律研究""法律实证研究或法律经验研究"等名称，相对合理的名称应该是"法律的社会科学研究"，以此来指称法社会学、法经济学、法人类学等法律与其他社会科学的交叉学科研究。"法律的社会科学研究采取的是事实中心范式，在此意义上，与法律的诠释或解释学研究所秉持的规范中心范式相分殊。规范中心范式的理论展开所坚持的是合法性的一维结构，其研究重点是对社会关系的法律评价；事实中心范式则侧重法律运行现象的合规律性考

① 赵秉志. 刑法解释研究. 北京：北京大学出版社，2007：413.

② 魏东. 刑法解释学基石范畴的法理阐释：关于"刑法解释"的若干重要命题. 法治现代化研究，2018，2（3）：111－134.

察，更加关注法律主体、法律行为、法律关系等范畴的事实面向。”① 还有学者指出，“教义法学和社科法学都可以被称为实证法学，教义法学遵循分析实证主义，而社科法学坚持社会学实证主义。虽然教义法学和社科法学都坚持实证，但所指向的实证对象不同，教义法学的实证对象是实在法，社科法学的实证对象是社会现实。由于教义法学的实证对象是实在法，法律是规范，所以教义法学或实证分析法学也被称为规范法学”，“通过对社科法学与教义法学在立法与司法中功能的揭示和对霍姆斯两个命题的解读，可以得出五个命题：法律的生命是经验，法律的成长靠逻辑；法律的生命是现在的经验，不是过去的经验；法律的生命是本国的经验，不是他国的经验；法律的生命应该遵循探效逻辑，法律的成长应该遵循演绎逻辑；社会稳定时期，教义法学占主导地位；社会变革时期，社科法学称雄”。“当前关于教义法学与社科法学的争论只有放在中国特定历史条件下来理解才具有意义，因为法学毕竟是一种实践科学，离开主体和语境来讨论无异于纸上谈兵。”② 这些论述尽管是针对法教义学与社科法学的特点和关系论展开的，但是其与本书这里所要讨论的“刑法解释学与刑法社科法学”的关系论是相关联的，因为刑法解释学与刑法教义学——作为法教义学的一个分支——本来就具有同质性，刑法社科法学本来就是社科法学的一个分支，所以，刑法解释学与刑法社科法学的关系论可以从前述有关法教义学与社科法学的关系论中获得理论智识和有效确证。由此可以发现，刑法解释学是规范法学意义上的刑法学（或者刑法教义学），其实证对象是实在法，其采取规范中心范式的理论展开的研究重点是对社会关系的法律评价并获得解释结论有效性的研究，主要解决刑法规范的解释适用问题；而刑法社科法学的实证对象是社会现实，刑法社科法学采取事实中心范式的理论展开侧重法律运行现象的合规律性考察的研究，更加关注法律主体、法律行为、法律关系等范畴的事实面向，主要解决刑法的立法、司法和执法的客观规律与发展方向等超法规问题。可见，刑法解释学与刑法社科法学的关系是规范法学意义上的刑法学与非规范法学意义上的刑法学的关系。

刑法解释学是刑法学的主体内容，不可忽视刑法社科法学的独特价值及刑法社科法学对刑法解释学的价值。如前所述，刑法社科法学在刑法解释学中的具体运用，表现为刑法的社科法学解释方法、法社会学解释方法、刑事政策解释方法，不同语境下上述三种刑法解释方法有不同叫法；也可以在某些特殊语境下将上述三种刑法解释方法归纳起来——作为区别于法规范内的论理解释方法（狭义的论理解释方法）的统一体，统称为法规范外的论理解释方法。这样，作为法规范外的论理解释方法的刑法的社科法学解释方法、法社会学解释方法、刑事政策解释方法在某种情形下是可以“等值互换”的。

四、刑法解释学与解释学

刑法解释学是法律解释学的分支学科，法律解释学是解释学的分支学科，因此，刑法解释学与法律解释学、解释学之间的关系是特殊与一般的关系。一方面，刑法解释学必须遵循法律解释学和解释学的一般原理，法律解释学必须遵循解释学的一般原理；另一方面，解释学指导法律解释学和刑法解释学。刑法解释学要同时接受解释学、法律解释学的理论指导，要借鉴吸纳解释学、法律解释学的理论智识成果。

解释学，又称为诠释学、阐释学，是一门独立学问。有的学者主张诠释学概念，认为诠释学是关于理解与解释的理论，而所有的理解与解释都是指向“意义”的，“意义”乃诠释学的

---

① 郭栋. 法律社会科学的研究范式、问题与出路. 人大法律评论，2019 (1)：303-328.

② 柯华庆. 法律变革的逻辑：社科法学与教义法学的较量. 桂海论丛，2014，30 (4)：2，20-23.

核心概念，追寻“意义”的理解是诠释学理论各种体系的共同出发点，因此可以用“理解与解释”来界定诠释学的定义，即：诠释学，是（广义上的）文本意义的理解与解释之方法论及其本体论基础的学说。① 解释学经历了局部解释学、一般解释学（传统认识论、方法论的解释学）、本体论解释学（存在论解释学与哲学解释学）的发展历程，现代解释学主张从本体论解释学转向本体论的解释学、认识论和方法论的解释学相结合的解释学，有的学者称其为解释学的第三次转向②、解释学的方法论回归。③ 解释学有着十分丰富的理论资源可供刑法解释学从中“汲取营养”，例如前面所提到的，解释学的诠释循环和“事物本质”的合法性原理、“前结构”（“前理解”）与“效果历史”原理、论证过程与说服（修辞学）原理、三个向度原理（探求作者之原意、分析文本之原义、强调读者所领悟之意义）④、用法律解释事实和用事实解释法律的两面性原理、刑法解释的双向性（双相性）与主体间性原理、刑法解释的视域融合与“对话”⑤ 原理等，都是法律解释学和刑法解释学需要遵循和吸纳的重要理论智识。

刑法解释学遵循和吸纳解释学的理论指导，逻辑上是通过直接遵循和吸纳法律解释学的理论指导来实现的。从法律解释学与解释学的关系论看，法律解释学具有不同于解释学的特殊性。我国有的学者指出，法律解释学不同于一般解释学和其他解释学的特殊性表现在以下六个方面：一是研究对象的特殊性，法律解释学主要以法律解释活动、法律解释方法为中心，而一般解释学的研究对象是一般的文本、文艺作品、历史或者宗教典籍等；二是研究方法的特殊性，法律解释学具有较强的实践性和技艺性，其是关于解释者发现法律、理解与阐释法律、论证与检验解释结论有效性的方法论和知识论；三是研究目的的特殊性，法律解释学的目的是为法律的解释适用提供科学的方法，使得“文本上的法律”变成“活的法”，确证法律解释结论有效性；四是评价标准的特殊性，法律解释学的价值是获得可接受性和有效性，促进司法公正和法治秩序的有效实现；五是研究主体的特殊性，法律解释学主要是法律共同体研究和运用法律思维方法，解决法律适用问题；六是研究活动的开放性，法律解释学是综合运用多学科研究成果，归纳法律人为准确把握法律文本含义所采用的技艺，不断发展和丰富法律解释理论的过程。⑥ 那么，刑法解释学也具有法律解释学的上述特殊性。

刑法解释学遵循和吸纳法律解释学的理论指导，还要注意刑法解释学具有不同于一般法律解释学和其他部门法律解释学的个性。例如，罪刑法定原则强调刑事法治理性区别于一般法治理性的特殊性，其目的就在于有效防范人权保障风险，这是刑法解释不同于民法、行政法等其他部门法法律解释的特别规定性，即刑法解释更具保守性；再如，我国《立法法》关于“犯罪和刑罚”立法权限的特别规定，也宣示了刑法解释（刑法司法）的保守性意蕴⑦；此外，刑法解释学明确反对类推解释⑧，法律漏洞的填补、不确定概念和一般条款的具体化等方面的解释

---

① 潘德荣. 西方诠释学史. 2 版. 北京：北京大学出版社，2016：4.

② 何卫平. 西方解释学的第三次转向：从哈贝马斯到利科. 中国社会科学，2019 (6)：45 - 62，205.

③ 姜福东. 法律解释的范式批判. 济南：山东人民出版社，2010：13.

④ 潘德荣. 西方诠释学史. 2 版. 北京：北京大学出版社，2016：1 - 15；姜福东. 法律解释的范式批判. 济南：山东人民出版社，2010：50 - 62.

⑤ 魏东. 刑法解释学基石范畴的法理阐释：关于“刑法解释”的若干重要命题. 法治现代化研究，2018，2 (3)：111 - 134.

⑥ 王利明. 法律解释学导论：以民法为视角. 2 版. 北京：法律出版社，2017：14 - 17.

⑦ 魏东. 中国当下刑法解释论问题研究：以论证刑法解释的保守性为中心. 北京：法律出版社，2014：4 - 10.

⑧ 魏东，田馨睿. 刑法解释方法：争议与检讨//赵秉志. 刑法论丛，2018 年第 3 卷. 北京：法律出版社，2019：119 - 151.

论原理①，均具有不同于其他部门法解释的特殊性。

五、刑法解释学与法理学

法理学，是指以法的普遍适用的原理、范畴、原则、规律、价值等为研究对象的一般理论②，是研究法律制定、实施、遵守等法律现象的一般规律的学科③，是法学的一般理论、基础理论、方法论、意识形态论。④ 由此可见，法理学一般都会研究法律解释学，并将其作为法理学的一个分支学科，法理学（以及其中内含的法律解释学）指导部门法理学和部门法律解释学。因此，刑法解释学可以说是法理学——其中包括法理学意义上的法律解释学——的具体运用，刑法解释学与法理学之间的关系也是特殊与一般的关系，法理学指导刑法解释学，刑法解释学必须遵循法理学的一般原理。

刑法解释学必须遵循和运用法理学关于法学的一般理论、基础理论、方法论、意识形态论，这是刑法解释学的重要理论基础，也是具体确定刑法解释学的基本原理、原则、方法的重要依据。刑法解释学遵循和运用法理学是全方位的，其中论理解释方法集中体现了对法理学及其指导下的刑法学原理的运用，具体而言包括对法理学关于法的本质和特征、法的分类和体系、法的要素和规则、法律行为和法律关系、法的价值和权利义务、法的实施和法律方法等内容的充分运用。

第三节　刑法解释学的研究方法

刑法解释学从某种程度上来说是一门方法论，因此必须重视刑法解释学的研究方法。现代解释学主张，从本体论解释学转向本体论的解释学、认识论和方法论的解释学相结合的解释学，有的学者称其为解释学的第三次转向、解释学的方法论回归。这些都强调了刑法解释学的研究方法本身的极端重要性。

一、诠释学方法

拉伦茨认为，整个法学都离不开诠释学方法。他指出："因为法学至少也涉及文字内容（例如：法律、法官的裁判、私人的契约及意思表示）的理解，因此，诠释学（关于理解的理论）对于法学家这部分活动的理解，至少具有重大意义。"⑤ 诠释学具有非常丰富的哲学思辨和方法论意蕴，诠释学原理是传统认识论、方法论的法律解释学和本体论的法律解释学的重要理论基础与智识资源，因此，诠释学方法是深刻研究刑法解释学的重要研究方法。例如，诠释循环和"事物本质"的合法性原理、"前结构"（"前理解"）与"效果历史"原理、论证过程与说服（修辞学）原理、三个向度原理（探求作者之原意、分析文本之原义、强调读者所领悟之意义）⑥、用法律解释事实和用事实解释法律的两面性原理、刑法解释的双向性（双相性）

---

① 王利明. 法律解释学导论：以民法为视角. 2版. 北京：法律出版社，2017：487-703.

② 徐显明. 法理学. 北京：中国政法大学出版社，1994：4.

③ 同①17.

④ 张文显. 法理学. 4版. 北京：高等教育出版社，2011：15-18.

⑤ 拉伦茨. 法学方法论. 陈爱娥，译. 北京：商务印书馆，2003：21.

⑥ 潘德荣. 西方诠释学史. 2版. 北京：北京大学出版社，2016：1-15；姜福东. 法律解释的范式批判. 济南：山东人民出版社，2010：50-62.

与主体间性原理、刑法解释的视域融合与“对话”① 原理，古典诠释学的“语言学与文学以及修辞学”“隐喻”“解经方法论”“自然解释方法”“情感诠释学”“符号诠释学”，现代诠释学的“一般诠释学”“体验诠释学”“此在诠释学”“语言诠释学”“伽达默尔诠释学与理解的读者中心论”、贝蒂“作为精神科学一般方法论的诠释学”、利科“文本诠释学”、赫施“诠释的有效性”、阿佩尔“先验诠释学”、哈贝马斯“批判诠释学”、马克思“唯物主义诠释学”、德里达“解构主义诠释学”、罗蒂“新实用主义视野下的诠释学”②，以及哈贝马斯和利科开启的“可以将存在论、认识论、方法论的统一和结合”③ 的（法律）解释学，都具有方法论意义④，均可以成为研究刑法解释学的重要方法。

可以说，诠释学方法总体上是刑法解释学最重要、最根本、最独具特色且不可或缺的研究方法，是刑法解释学证立自身特质——主要是诠释学方法论特质——这一“事物本质”的基本理据和根本特色，也是刑法解释学区别于刑法学其他分支学科的方法论标签。在此意义上，没有诠释学方法的运用，就谈不上刑法解释学，至少不算是真正的刑法解释学。

二、逻辑学方法

刑法解释学经常运用逻辑学的概念、原理、原则、规则，如演绎与归纳、概念界定与法条的逻辑结构、涵摄模型与逻辑模式、司法三段论等逻辑原理。这些逻辑原理在刑法解释学中具体体现为逻辑解释方法、体系解释方法以及解释融贯性和整全性原理等，刑法解释方法的体系化命题本身也是逻辑学方法的重要内容。应当说，逻辑解释方法主要强调刑法解释对逻辑学原理的运用，但是逻辑学原理在严格意义上尚不能完全取代体系解释方法以及解释融贯性和整全性原理的运用，因此，本书在逻辑解释方法之外还将进一步讨论体系解释方法——但是在有的语境下体系解释方法（系统思维方法）也被称为逻辑解释方法——以及解释融贯性和整全性原理的运用。诠释学方法的部分内容已经包含了逻辑学方法，这里只是强调必须要更加周全地运用逻辑学方法。

例如，司法三段论中“大前提—小前提—结论”的演绎模式可谓刑法解释学对逻辑学方法的典型运用，尽管有学者指出，“目前法律适用还存在诸多涵摄难题，单靠形式逻辑显然不够，要使法律适用同时经受法教义学和法律逻辑的双重评价和检验，还需要法学家和逻辑学家协力，发展更为精致、实用的逻辑操作技术”⑤，但是这种质疑在实质上仍然肯定了逻辑学方法的重要性，只不过是要求“发展更为精致、实用的逻辑操作技术”而已。这一点，正如科赫及吕斯曼基于对法律拘束力与涵摄模型之间关系的关切，为了维持法律的拘束力，希望能尽可能坚守古典的涵摄模型（演绎的说理模式）并使之更精致化的立场一样。⑥ 实际上，刑法解释学的概念逻辑、解释结论有效性逻辑、解释方法体系化逻辑、解释限度逻辑和解释过程逻辑等，均离不开逻辑学方法的充分运用。

---

① 魏东. 刑法解释学基石范畴的法理阐释：关于“刑法解释”的若干重要命题. 法治现代化研究，2018，2（3）：111-134.

② 潘德荣. 西方诠释学史. 2版. 北京：北京大学出版社，2016：1-4.

③ 何卫平. 西方解释学的第三次转向：从哈贝马斯到利科. 中国社会科学，2019（6）：45-62，205.

④ 所谓“方法论意义”，是指包括本体论诠释学在内的所有诠释学理论均具有方法论启发性和价值功能，如“伽达默尔诠释学与理解的读者中心论”，尽管其本意是消解“真理与方法”间的关联关系，但是在方法论上仍然具有反思和启迪的价值功能。

⑤ 徐雨衡. 法律原则适用的涵摄模式：基础、方法与难题. 甘肃社会科学，2020（2）：21-28.

⑥ 拉伦茨. 法学方法论. 陈爱娥，译. 北京：商务印书馆，2003：33-38.

三、系统思维方法

系统思维方法，又称为系统论方法。系统论原理认为，系统思维科学的体系结构包括系统科学哲学、基础科学、技术科学、工程技术四个层次，其中系统科学哲学的内容包括系统本体论、系统认识论和系统方法论，基础科学包括简单巨系统学和开放的复杂巨系统学，而技术科学包括信息学、控制学、运筹学和事理学，工程技术包括系统工程、控制工程和信息工程；系统则是指两个或者两个以上的元素相互作用而形成的统一整体，它具有多元性、相关性、整体性、等级结构性、动态平衡性、自组织性等基本特征。① 钱学森指出：系统思想是进行分析与综合的辩证思维工具，它在辩证唯物主义那里取得了哲学的表达形式，在运筹学和其他系统科学那里取得了定量的表述形式，在系统工程那里获得了丰富的实践内容。② 系统思维作为一种哲学方法，强调系统性、体系性、类型性、子系统与（复杂）巨系统的关系性、部分与整体关联的关系性等，是刑法解释学的重要研究方法。

刑法解释学运用系统思维方法，强调将刑法规范体系的系统思维、刑法规范和全体法律规范的系统思维、法律与社会治理系统的体系性思维充分运用于刑法解释活动，从而获得正确的解释结论。刑法的体系解释方法和融贯性理论，可谓刑法解释学运用系统思维方法的重要体现。刑法的体系解释方法，又称为刑法的逻辑解释、系统解释，是指根据刑法用语在刑法典中所处的位置及其与其他法条、整体法体系的相关性，系统地、逻辑地阐释刑法用语含义的解释方法。刑法的体系解释（逻辑解释）强调，刑法解释整体只能通过对其各部分的理解获得，但是获得对其各部分的理解又只能通过对其整体的理解而获得，意在防止对刑法用语的断章取义和整体结构上的不协调。

刑法解释的融贯性问题仅有少数刑法学者关注。尽管理论界对法律解释的融贯性概念尚未给出一个大家公认的定义，但是这一概念的基本含义还是比较明确的，即指法律解释必须具有整体法秩序上的一致性、贯通性和协调性，各部门法之间、部门法内部各要素之间必须具有协调一致性、贯通性和相互证立性，而不至于出现无法解决的矛盾。一般认为，法律领域的融贯论可以分为三种，即：法律论证中的融贯论、法律体系内的融贯论、法律融贯主义。③ 那么，参考法理学者和宪法学者的研究成果，本书认为：刑法解释的融贯性，是指刑法解释基于整体法秩序的一致性和协调性，协调一致的解释原则、目标、立场以及解释方法的体系化，确保刑法解释方法、过程和结论的逻辑一致性、协调性和相互证立性。有的学者指出，刑法解释要达到法律体系的内在协调、论证过程和结果的一致才能实现融贯性，当前无论文本解释还是案例解释都尚未达到融贯性的要求，因此，应当将文本解释拉回刑法适用的原有位置。具体的做法是：结合刑法特有的严谨风格以及符合法理和人情的案例，二者合力达到刑法解释之间和内部的一致性和总体协调性，最终实现刑法解释的融贯性。④ 可以说，刑法解释的融贯性，较为充分地体现了系统思维方法的运用，具有十分重大的方法论价值。

---

① 苗东升. 系统科学精要. 北京：中国人民大学出版社，1998：11-12，26-50；许秀中. 刑事政策系统论. 北京：中国长安出版社，2008：6.

② 苗东升. 系统科学辩证法. 济南：山东教育出版社，1998：281.

③ 蔡琳. 融贯论的可能性与限度：作为追求法官论证合理性的适当态度和方法. 法律科学（西北政法大学学报），2008（3）：63-73.

④ 范玉，刘畅. 论刑法解释的融贯性：从刑法解释内容切入//魏东. 刑法解释：总第4卷. 北京：法律出版社，2019：43.

四、比较法学方法

比较研究古今中外的刑法解释思想、理论与实践，既是刑法解释学本身十分重要的研究内容（刑法解释史研究与刑法解释比较研究），也是刑法解释研究中一种十分重要的研究方法，应当被高度重视。刑法的比较解释方法，是指在解释刑法的具体规定时，将刑法的其他相关规定或者外国立法例作为参照资料，借以阐明刑法具体规定的含义和内容的解释方法。有比较才有利弊得失的权衡，才有借鉴后的发展，刑法解释学要充分运用历史比较、国家间法律比较、法律方法论比较、解释结论比较等比较法学方法，这样才能有利于获得更加有效的解释结论。

比较法学方法运用于刑法解释学研究，要特别重视中外比较、大陆法系与英美法系的刑法解释理论的比较，并从中吸取有益启发。按照李希慧的归纳，大陆法系国家在19世纪早期和中期奉行严格解释主义，但是“19世纪晚期以后，随着目的法学和利益法学的先后问世，法律的严格解释主义受到了严厉的批判，实践中对法律严格解释的做法也逐渐为对法律的灵活解释的做法所取代”①。英美法系国家制定法产生之后即出现了制定法解释（英美法系国家的法律解释包括普通法解释和制定法解释），其中英国制定法开始于1215年的《大宪章》，自此拉开了制定法解释的帷幕。② 英国制定法解释起初就呈现出灵活解释的历史面貌，19世纪的英国制定法解释受大陆法系国家奉行法律严格解释主义的影响呈现出严格解释主义的倾向，20世纪以来逐渐转向法律的灵活解释主义。美国建国于西方法律较为发达、法律解释较为活跃的历史时期，其本身较多地承继了英国法传统并体现了普通法自由灵活解释法律的传统特点，美国制定法解释也经历了早些时期的严格解释到后来乃至当今的灵活解释的变化。③ 尽管西方国家刑法解释的历史源远流长，在其古代也有一些有关刑法解释的思想观点，但是刑法解释学术史却主要发端于古罗马帝国时期，刑法解释的方法论传统形成于近代，刑法解释的“客观说”转型于现代，刑法解释的“本体论”转型于当代。焦宝乾等人认为，西方法律解释学术史可以分为以下六个历史时期：一是古希腊时期法律解释思想的萌芽，二是古罗马时期法律解释学的产生，三是中世纪的法律解释思想，四是近代法律解释的方法论传统，五是现代法律解释思想，六是当代法律解释理论；而“从解释的技艺发展到关于理解的一门科学或理论，乃至与哲学的结合，无论如何是近代以来的事”④。值得注意的现象是，当代西方国家法律解释学的本体论转型在20世纪60年代基本完成，至今仍在产生深刻影响，但自20世纪70年代开始即伴随着反思批评并延续至今。西方解释学在经历了具有哥白尼式革命性质的两次转向——从局部解释学到一般解释学，从方法论解释学到存在论解释学——之后，现在已从存在论解释学转向存在论与认识论、方法论相结合的解释学，“我们也许可以将存在论、认识论、方法论的统一和结合的道路称为解释学的第三次转向”⑤。法律解释学学者也持有相同的看法，认为，“西方解释学从特殊解释学（如神学解释学、法学解释学）发展到一般解释学（方法论解释学），再从方法论解释学、认识论解释学转向本体论解释学（哲学解释学），旋即又从哲学解释学的存在论、本体论返回解释学认识论、方法论”，“这一解释学发展轨迹背后所蕴含的规律性，对于法律解释学研究范式的确定具有十分重要的启示和借鉴意义”⑥。当下，功能主义刑法解释论是我国

---

① 李希慧. 刑法解释论. 北京：中国人民公安大学出版社，1995：30－32.
② 同①32.
③ 同①35－36.
④ 陈金钊，焦宝乾，桑本谦，等. 法律解释学. 北京：中国政法大学出版社，2006：54－133.
⑤ 何卫平. 西方解释学的第三次转向：从哈贝马斯到利科. 中国社会科学，2019（6）：45－62，205.
⑥ 姜福东. 法律解释的范式批判. 济南：山东人民出版社，2010：13.

学者新近引入并备受关注的一种学术新见，有的学者认为，“在一定程度上，功能主义刑法解释论是对积极一般预防主义的回应，也是安全刑法观在解释论上的反映”，“是功能主义刑法观在解释论上的表征”①，其“有助于解决在复杂社会中刑法如何有效回应社会需求的问题”②，因而具有重要价值，在我国刑法学界引起了较大的学术反响。从学术史的视角看，功能主义刑法解释论是在反思传统刑法解释学并借鉴吸纳哲学解释学、功能主义刑法观和目的理性的刑法体系的基础上发展起来的重要理论，可能预示着刑法解释学发展的新方向。这些内容，可谓刑法解释学对比较法学方法的成功运用，由此发现和获得的关于刑法解释学理论的启迪对构建并发展我国刑法解释学具有十分重大的理论价值。

五、历史学方法

历史法学、文化传统、民族精神、法律解释学说史等，都是刑法解释学必须运用的解释方法，可谓历史解释方法的应有内容。刑法的历史解释方法，又称为沿革解释方法，是指根据刑法制定与实施的历史背景、演进沿革来阐明刑法条文的含义的解释方法。因此可以说，刑法解释学必须重视历史解释方法的运用，从刑法史、立法史、司法史、社会政治文化发展史的视角解释刑法规定，由此有利于得出符合历史法文化和地方性法律知识特点的解释结论。

还有的学者指出：“通过历史研究，我们也可以探求法律解释学的起源和发展，并掌握其发展趋势。另外，历史研究的方法还可以开阔法律解释学研究的视野，了解各个国家、各个历史时期的法律解释学。”③ 通过历史学方法，我们可以仔细斟酌刑法解释源流与学术史，厘清刑法解释知行意义上的既有见解，梳理刑法解释学的既有理论体系，权衡其利弊得失，搭建更佳、更美的刑法解释学体系，展开更具理论解释力和逻辑妥当性的刑法解释学术研讨，为研讨刑法解释的本体论诸问题提供历史经验方面的有益借鉴。在中国历史上，各个时期都有数量颇多、内容丰富的刑法解释学术研究，其间既有值得认真总结的辉煌成果，也有值得认真对待的学术思想。因此，中国刑法解释史的理论研究和方法论运用，有利于充分发挥中国传统刑法解释文化的积极因素，有利于实现中国刑法解释学的本土化和现代化发展，有利于更加科学、合理地解决中国刑法解释学的问题。

六、实证分析方法

著名经济学家约翰·梅纳德·凯恩斯指出，科学门类大致有三种：一是实证科学，探讨“是什么”的系统知识体系；二是规范科学，探讨“应该是什么”的标准的系统知识科学；三是人文科学，为了达到特定目标而设立的规则体系。④ 刑法解释学可以说是同时具备实证科学、规范科学、人文科学特质的一本学问，因此必须重视实证分析方法。

实证研究就是经验研究，实证研究的重要功能是发现事实真相和客观规律。⑤ 针对客观真实的刑法解释实践展开大数据分析、传统的统计学分析，归纳总结既有做法的经验教训、发展规律和未来发展方向，检验既有理论和待证理论的利弊，确证相关解释理论的科学合理性，是实证分析方法的基本内容。

---

① 赵运锋. 功能主义刑法解释论的评析与反思：与劳东燕教授商榷. 江西社会科学，2018，38（2）：183-191.

② 劳东燕. 能动司法与功能主义的刑法解释论. 法学家，2016（6）：13-28，175.

③ 王利明. 法律解释学导论：以民法为视角. 2版. 北京：法律出版社，2017：30.

④ 弗里德曼. 实证经济学方法论//弗里德曼. 弗里德曼文萃. 胡雪峰，武玉宁，译. 北京：首都经济贸易大学出版社，2001：119.

⑤ 白建军. 法学研究中的实证发现：以刑事实证研究为例. 政治与法律，2019（11）：2-15.

实证分析方法中非常重要的一个实证方法是判例研究方法或者案例研究方法。有的学者将刑法学案例研究方法进一步限定为刑法学判例研究方法，可见，刑法学案例研究方法与刑法学判例研究方法是有一定区别的。具体而言，前者并不局限于既有判例的研究，还包括尚未进入法院审判或者尚未生成生效判决的案例的研究，甚至研究者可以直接“编撰”一个非真实的教学案例来展开刑法学理论研究；而后者只能针对真实判例，尤其是生成生效判决的案例展开学术研究，反对研究者在真实判例之外“编撰”教学案例的做法。在研究中，研究者可以根据自己的研究需求，灵活采用刑法学案例研究方法或者刑法学判例研究方法，只要有利于研究刑法学论题即可。刑法学案例研究方法（判例研究方法）具有总结刑法解释适用经验、催化刑法改革和刑法修订的作用。① 案例研究方法必须重视问题意识的抽象化深刻性与理论方案的体系化深刻性。越是个案、具体的法理阐释，越能检验阐释者的理论知识体系化程度和创新阐释能力。笼统地叙说刑法理论知识可能仍停留在纸上谈兵的阶段，只有在具体个案中恰当地提出解决法律问题的具体方案，深刻地阐释法理根据，合理地运用法理知识，方能彰显法律学人的“英雄本色”。应当说，案例刑法学研究应当具有这种个案法理阐释的深刻性，其深刻性主要体现在两个方面，即问题意识的深刻性和法理阐释的深刻性。案例研究方法要突出刑法解释论的问题性研究与建构性研究。案例刑法学研究的重要特色是刑法解释性、司法面向性与对司法论的思考②，学者基于刑法解释论和一定的司法公正观立场得出的刑法解释结论及其对个案裁判结果的法理评判，有利于审验刑法教义学原理的妥当性和刑法解释论原理的阐释力，意义非凡，价值重大。案例研究方法要强调法理阐释的融贯性与语境性。个案的案情事实、证据状况都是既定的，换言之，个案的语境、情境是特定的，因此针对个案提出的法律问题与法理阐释必须具有融贯性和语境性。

实证分析方法中还应当特别强调法理论证与实证分析相结合。如果仅有法理论证，那么可能局限于概念逻辑的演算分析，往往缺乏可信度——这是实证主义学者反复批评的现象；如果仅有实证分析，那么也可能局限于一些数字游戏的演算分析，容易缺乏法理厚重感，甚至还可能得出一些错误的或者不当的结论。只有将这两种研究方法有机结合起来，才可能产出高质量的研究成果。在刑法解释研究中，法理正当性与合理性的论证推敲不能被忽视，在实证分析研究中也是如此。当我们搜集到的案例（其中包括非指导性案例）出现两种相互矛盾的解释结论或者其中存在明显错误的解释结论时，应当展开有理有据的、有建设性的批评甚至批判，然后再进行解释性建构（建构合乎法治理性的解释结论）。如果不对案例展开批判性的研究，那么仍然有失实证分析理性，最终甚至会得出错误结论。法学理论研究需要时刻警惕并防范简单粗糙的实证分析可能存在的一些缺陷与弊端。由于实证分析方法涉及作为研究主体的“人”的价值立场问题，因此，“调查分析者的主观认识、价值都对调查结果有重大影响，这不仅反映在诸如问卷调查的设计方面，而且也反映在调查对象的选择上，也包括人为地对调查数据的取舍、修饰等主观行为”。“当前有不少文章只是把实证分析作为一种讨巧的方法，把实证调查的数据作为文章的装饰，许多数据的获得是相当随意的。在研究中，实证分析所存在的问题是，实证调查很难复查，由此很难确定调查的真实性，调查结果完全以调查者的诚信作保障。在当前浮躁的学术生态环境中，调查者的学术忠诚度是很难把握的。就如人们所言，数字不会说谎，但说谎者在使用数字”，“这是实证调查的局限性所致的”。因此，我们必须认识到：“实证分析的消极方面主要在于，容易使人们消极、被动地承认现实的合理性，而不是以应然的、价

① 这方面的代表作有陈兴良所著的《判例刑法学》、罗可辛所著的《德国最高法院判例：刑法总论》，这些专著所研究的刑法案例主要是真实判例，因而更具有现实针对性和实践操作性。

② 陈兴良. 教义刑法学. 2 版. 北京：中国人民大学出版社，2014：2.

值要求的，以法的基本原理为出发点，改革、修正现有制度，从而走向‘现实就是合理的’保守主义的立场。以这种立场出发，则所有的法律构建、法治建设都可能是没有意义的，这对于法治建设和推动社会转型都会造成消极影响。因此，在这一点上我们必须加以注意。实证分析的结果虽然使人保持一种冷静、反省、反思的姿态，但同时也会使人形成缺乏激情、保守、消极、宿命的心理结构，这对于认可社会进步、持社会改造论的人而言是无法认同的。”① 美国学者弗兰克·费希尔也指出：“实证主义的政策评估受到广泛的批评，因为它既是‘专家治国论者的世界观’的产物，又是其代理者。……实证主义者的研究用高度精确和数学抽象的符号来表示，目的在于回避党派政治利益。”“实证主义的失败在于没能抓住这样的事实：社会行动‘本身是有好坏标准的’，包括好的生活标准或理想社会标准。”② 因此，实证主义方法论可能导致研究的失败甚至误导研究学者，这就需要实证科学之指导。总而言之，这些问题值得我们审查和防范，同时我们也应当保持适当的批判性反思立场。

第四节　刑法解释学的重要性

刑法解释学的重要性，可以说源于刑法解释活动本身的重要性和不可或缺性，是由刑法解释学理论的方法论价值和功能论价值决定的。具体来讲，刑法解释学的重要性可以归纳为以下三个方面：有效化解刑法司法适用中的解释性疑难、妥当协调刑法规范文本的稳定性与适应性、深刻回应刑法学“方法意识的觉醒”。

一、有效化解刑法司法适用中的解释性疑难

刑法规范文本语义的模糊性与不明确性以及刑法规范文本与案情事实之间的关联性，经常容易导致出现解释性疑难和争议，这种解释性疑难和争议需要借助刑法解释来正确适用刑法并获得公众认同。例如，现在许多有重要影响的案件的司法审判（结果）引发了较多争议，引起了全社会的广泛关注和热烈讨论，如四川孙某铭醉驾致人死亡案③、山东于某防卫案等，这归根结底是刑法解释的问题，需要借助刑法解释学的理论阐释来有效解释问题。

案例 1-1　**四川孙某铭醉驾致人死亡案**

2008 年 5 月，上诉人（原审被告人）孙某铭购买了车牌号为川 A×××66 的别克轿车。在未取得合法驾驶资格的情况下，孙某铭长期无证驾驶该车，并有多次交通违法记录。2008 年 12 月 14 日中午，孙某铭与其父母在酒楼为亲属祝寿，大量饮酒。16 时许，孙某铭驾驶前述轿车送其父母到成都市火车北站搭乘火车，之后驾车折返至城东成龙路向成都市龙泉驿区方向行驶。17 时许，行至成龙路“蓝谷地”路口时，孙某铭驾车从后面冲撞与其同向行驶的车牌号为川 A×××32 的比亚迪轿车尾部。之后，孙某铭继续驾车向前超速行驶，并在成龙路“卓锦城”路段违章越过道路中心的黄色双实线，与对面车道正常行驶的车牌号为川 A×××72 的长安奔奔轿车猛烈碰撞，后又与车牌号分别为川 A×××69 的长安奥拓轿车、川 A×××41 的福特蒙迪欧轿车、川 A×××37 的奇瑞 QQ 轿车发生碰撞及擦刮，致车牌号为川 A×××72 的长安奔奔轿车内的张某全、尹某辉夫妇和金某民、张某秀夫妇死亡，另一名乘客代某秀重伤，造成公私财产损失共计 5 万余元。交通警察接群众报案后赶至现场将孙某铭抓获。经鉴

① 张卫平. 在“有”与“无”之间：法学方法论杂谈. 法治研究，2010（1）：3-10.

② 费希尔. 公共政策评估. 吴爱明，李平，等译. 北京：中国人民大学出版社，2003：11，14.

③ 参见最高人民法院印发的《关于醉酒驾车犯罪法律适用问题的意见》。

定，孙某铭驾驶的车辆碰撞前瞬间的行驶速度为134～138公里/小时；孙某铭案发时血液中的乙醇含量为135.8毫克/100毫升。本案一审和二审均认定孙某铭构成以危险方法危害公共安全罪，一审判处孙某铭死刑，二审改判孙某铭无期徒刑。

就四川孙某铭醉驾致人死亡案中孙某铭的行为定性而言，理论界存在以危险方法危害公共安全罪与交通肇事罪的争议。以危险方法危害公共安全罪的刑法解释适用难点在于“危险方法”“故意”的解释和限定。从理论上讲这里涉及兜底条款（“兜底规定”“兜底罪状”“兜底罪名”）的同类解释（以及同质解释）、间接故意与有预见的过失之间的区分界限等刑法解释论和刑法教义学原理。孙某铭的醉驾发生在人口密集的城市闹市区，孙某铭不仅超速还逆行，“危害公共安全致人死伤”客观上成为一个高概率事件，甚至在相当程度上成为不可避免的结果，这是普通人均能够认识的一个“常识”性现象，但是孙某铭仍然如此行事，其主观心态上是有认识并且持有放任态度的，构成间接故意犯罪，而并非过失犯罪，因此，孙某铭醉驾致人死亡的行为应当被认定为以危险方法危害公共安全罪。这里除刑法解释方法原则和方法的运用之外，还涉及刑法解释学中主体间性、解释性循环、融贯性、沟通理论、法律论证理论等原理的有效运用，尤其是本案刑法适用中“危险方法”与“故意（放任故意）”之间的解释性循环原理的运用，非常有利于解决本案涉及的疑难和争议问题：针对孙某铭醉驾致人死亡的行为，既要注意运用特定语境中的各种客观要素来解释“危险方法”“放任故意”，也要注意运用解释性循环原理在“危险方法”和“放任故意”之间进行往返循环，还要注意运用融贯性、沟通理论和法律论证理论，以有效确证（证立）本案孙某铭行为与以危险方法危害公共安全罪之间的涵摄关系，确保刑法解释结论的有效性，增强判决的说理性。通过上述刑法解释学原理的运用和分析，本书认为，人民法院认定孙某铭构成以危险方法危害公共安全罪并判处无期徒刑是恰当的。这里还涉及刑罚的解释适用问题，本案一审法院判处孙某铭死刑，二审法院改判孙某铭无期徒刑，那么，为什么说判处孙某铭无期徒刑是恰当的？这是因为，尽管以危险方法危害公共安全罪的最高法定刑是死刑，孙某铭的行为客观上造成了多人死伤和重大财产损失，但是，当其主观方面是放任故意（间接故意）时，按照我国刑法教义学和“慎用死刑”的政策精神，依法不宜判处死刑（尤其是不宜判处死刑立即执行）。因此，孙某铭案二审改判孙某铭无期徒刑是比较合理的判决。可见，四川孙某铭案涉及交通肇事罪、以危险方法危害公共安全罪、死刑等规定的刑法解释适用问题，其中有关定罪量刑问题的争议在实质上就是刑法解释学相关理论的理解与运用问题，足见刑法解释学的极端重要性。

当然，四川孙某铭醉驾致人死亡案的定性处理中最具有争议性的问题还是定罪问题，除了上述初步分析，还有一个现象（疑问）也需要进行刑法解释学分析：在孙某铭案同一时间段发生的其他醉驾致人死亡案、飙车致人死亡案为什么又有不定以危险方法危害公共安全罪，而定交通肇事罪的情况呢？这个现象（疑问）在刑法解释学上应当如何理解和释明呢？本书认为，这些疑问的回答，主要涉及刑法解释学中融贯性理论和法律论证理论（以及刑法教义学原理）。本书以杭州胡某飙车致人死亡案①为例对该现象（疑问）进行分析。

案例1-2　　杭州胡某飙车致人死亡案

2009年5月7日晚，被告人胡某驾驶经非法改装的红色三菱轿车，与同伴从杭州市江干区机场路出发，前往西湖区文二西路西城广场，想看看该广场是否还在放映名为《金钱帝

① 杭州飙车案被告胡斌一审获刑3年. 中国新闻网，2020-11-29.

国》的电影。在途经文晖路、文三路、古翠路、文二西路路段时，被告人胡某与同伴严重超速行驶并时有互相追赶的情形。当晚20时08分，被告人胡某驾驶车辆至文二西路德加公寓西区大门口人行横道时，未注意观察路面的行人动态，致使车头右前端撞上正在人行横道上由南向北行走的男青年谭某。谭某被撞弹起，落下时头部先撞上该轿车的前挡风玻璃，再跌至地面。事发后，胡某立即拨打了120急救电话和122交通事故报警电话。谭某经送医院抢救无效，于当晚20时55分因颅脑损伤死亡。事发路段标明限速为每小时50公里。经鉴定，胡某当时的行车速度在每小时84.1至101.2公里之间，胡某对事故负全部责任。案发后胡某亲属与被害人亲属已就民事赔偿达成协议，胡某亲属已赔偿并自愿补偿被害人亲属经济损失共计人民币113万余元。杭州市西湖区人民法院认为，被告人胡某违反道路交通安全法规，驾驶机动车辆在城市道路上严重超速行驶，造成一人死亡并负事故全部责任，其行为构成交通肇事罪。

在杭州胡某飙车致人死亡案中，胡某驾车严重超速行驶具有危险驾驶性质，其行为造成了致人死亡的严重后果，构成交通肇事罪。在本案定性中，有人认为，胡某的行为与四川孙某铭醉驾致人死亡的行为具有相当性，因此主张对胡某定以危险方法危害公共安全罪。本书不同意这种观点，刑法解释学融贯性理论和法律论证理论的运用应当注意语境性。在讨论杭州市胡某飙车致人死亡的语境中，胡某的严重超速行为发生在交通要道上（而并非城市闹市区），在经过十字路口时没有尽到谨慎注意义务和结果回避义务，导致交通肇事致人死亡，事后胡某在案发现场履行了救助义务，其行为定性属于较为典型的交通肇事，其主观心态是过失，因此只构成交通肇事罪。可见，杭州胡某飙车致人死亡的行为与四川孙某铭醉驾致人死亡的行为是存在较大差异的，将他们的行为分别定性为交通肇事罪与以危险方法危害公共安全罪是符合刑法解释学原理的。

那么，从刑法解释学立场分析，交通肇事罪与以危险方法危害公共安全罪的界限在哪里？四川孙某铭醉酒驾车致人死亡案发生后，最高人民法院及时组织召开了专家研讨会。媒体报道与会专家的一致见解为“两罪症结：故意过失难分”①。

应当说，交通肇事罪与以危险方法危害公共安全罪之间的界限确实主要是“故意过失难分”。故意包括直接故意（希望故意）和间接故意（放任故意），而间接故意与过于自信的过失（有预见的过失）并不好区分，从而导致事实认定难、法律适用难，需要解释者正确运用刑法解释学原理谨慎作出刑法解释。从逻辑、更加客观的立场上来说，间接故意与过于自信的过失应当是可以区分的：行为人对客观上是否存在避免危害结果发生的可能性以及可能性的大小具有明确认识，如果行为人认识到存在避免危害结果发生的可能性或者危害结果发生的可能性不大，就成立过于自信的过失；相反，如果行为人认识到不存在避免危害结果发生的可能性或者危害结果发生的可能性极大，则成立间接故意。

根据风险社会刑法理论，行为人只要认识到危害结果将不可避免或者发生的可能性极大，但是仍然实施此行为的，则应认定为间接故意（风险升高与概率提升理论）；而对于一般的违章驾车行为，应当说行为人认识到避免危害结果发生的可能性较大，或者认识到危害结果发生的可能性不大（过于自信的过失），或者因为疏忽大意而没有预见到危害结果发生（疏忽大意的过失），就仅认定为过失（交通肇事罪）。四川孙某铭醉驾致人死亡案就属于前者，因此可以认定孙某铭在主观上存在间接故意（放任故意），所以以危险方法危害公共安全罪进行定罪量刑是合理的。

---

① 魏东. 刑法分则解释论要. 北京：北京大学出版社，2020：222.

山东于某防卫案的争议，归根结底也可以说是刑法解释问题，需要通过刑法解释学的理论阐释才能有效解决问题。

案例 1-3 **山东于某防卫案**①

2014 年 7 月，山东某工贸公司负责人苏某向赵某 1 借款 100 万元，双方口头约定月息 10%。2016 年 4 月 14 日 16 时许，赵某 1 以欠款未还清为由纠集郭某 1、程某、严某等十余人先后到该工贸有限公司催要欠款。当日 21 时 50 分，杜某 2 等多人来到苏某及其子被告人于某所在的办公楼一楼接待室内催要欠款，并对二人有侮辱言行。约 22 时 10 分，冠县公安局经济开发区派出所民警接警后到达接待室，询问情况后到院内进一步了解情况，于某、苏某欲随民警离开接待室，杜某 2 等人阻拦，并强迫于某坐下，于某拒绝。杜某 2 等人卡于某项部，将于某推拉至接待室东南角。于某持刃长 15.3 厘米的单刃尖刀，警告杜某 2 等人不要靠近。杜某 2 出言挑衅并逼近于某，于某遂捅刺杜某 2 腹部一刀，又捅刺围逼在其身边的程某胸部、严某腹部、郭某 1 背部各一刀。杜某 2 因失血性休克于次日 2 时许死亡，严某、郭某 1 伤情构成重伤二级，程某伤情构成轻伤二级。

原审法院认为，被告人于某面对众多讨债人的长时间纠缠，不能正确处理冲突，持尖刀捅刺多人，致一人死亡、二人重伤、一人轻伤，其行为构成故意伤害罪。于某捅刺被害人不存在正当防卫意义上的不法侵害前提，其所犯故意伤害罪后果严重，应当承担与其犯罪危害后果相当的法律责任。鉴于本案系由被害人一方纠集多人，采取影响企业正常经营秩序、限制他人人身自由、侮辱谩骂他人的不当方式讨债引发，被害人具有过错，且于某归案后能如实供述自己的罪行，可从轻处罚。原审法院以故意伤害罪判处被告人于某无期徒刑，剥夺政治权利终身。

二审法院认为，于某持刀捅刺杜某 2 等四人，属于制止正在进行的不法侵害，其行为具有防卫性质；其防卫行为造成一人死亡、二人重伤、一人轻伤的严重后果，明显超过必要限度造成重大损害，构成故意伤害罪，依法应负刑事责任。鉴于于某的行为属于防卫过当，于某归案后能够如实供述主要罪行，且被害方有以恶劣手段侮辱于某之母的严重过错等情节，对于某依法应当减轻处罚。故二审法院改判于某犯故意伤害罪，判处有期徒刑五年。

在本案中，于某的行为属于防卫行为，这一刑法解释结论尽管在本案一审期间可能存在争议，但自本案二审以来已经成为不存在争议的问题了，这一行为性质判断在阶层论犯罪论中直接关系到行为违法性与违法阻却事由的判断，因为正当防卫是一项重要的违法阻却事由。但是，对于于某的防卫行为应认定为正当防卫还是防卫过当的问题，目前理论界尚存在较大争议。争议的具体内容涉及正当防卫的正当化根据论、成立条件论以及防卫过当论等刑法教义学原理，更涉及刑法解释学原理的运用。本书倾向于认为，本案中于某的防卫行为构成防卫过当，本案二审法院的判决是恰当的。可见，山东于某防卫案涉及正当防卫、防卫过当、有期徒刑与无期徒刑等法律规定的刑法解释学问题，由此也印证了刑法解释学的极端重要性。

二、妥当协调刑法规范文本的稳定性与适应性

刑法规范文本的稳定性与适应性之间存在紧张关系，刑法解释能够有效权衡稳定性与适应性。稳定性是刑法规范文本的一个基本要求，刑法规范文本不可能朝令夕改，否则就会缺乏严肃性和可预测性，国民也就会无所适从；但是，社会生活总是时刻发展变化并且是丰富多彩

---

① 参见山东省高级人民法院（2017）鲁刑终 151 号于欢故意伤害案二审刑事附带民事判决书。

的，因此就形成了某种“法有限而情无穷”的社会生活常态。这种社会生活常态，必然导致刑法规范文本的稳定性与适应性之间存在紧张关系，必然需要刑法解释的有效权衡，由此彰显了刑法解释学的极端重要性。

在处理协调刑法规范文本的稳定性与适应性之间的紧张关系时，应特别警惕司法续造与法官造法的问题。在相当意义上讲，司法续造、法官造法甚至还包括能动司法，在刑事法治领域是难以成立的，除非这种做法并不直接侵犯被告人人权。为什么呢？因为刑法具有不同于民法与行政法的特殊性，刑法动辄剥夺被告人的自由、生命、财产，它的基本特性就是保守性，反对过度张扬、过度解释。司法续造与法官造法的前提，往往是法律漏洞，这时才可能提出司法续造与法官造法。但是，这种做法在法律体系上存在法律障碍以及刑事法治理性障碍。从法律障碍来看，《立法法》第 11 条专门对此作出了规定：“下列事项只能制定法律：……（四）犯罪和刑罚；（五）对公民政治权利的剥夺、限制人身自由的强制措施和处罚……”可见，该规定使得“刑法漏洞由立法填补”成为一个基本的法治原则。当然，原则肯定也有例外存在，但是这个例外只能是个别的、特殊的、有理有据的例外，不能成为常态。如果刑法研究到处都强调或者实际上可以任意作出司法填补、司法续造、法官造法的话，那就不是个别与例外，而是必定存在问题。相应地，立法法并没有对民法与行政法作出像刑法一样的特别规定。这就表明，民法与行政法在一定意义上是可以主张司法续造与法官造法的，但是刑法不能。这是我们在研究刑法解释学，尤其是在处理协调刑法规范文本的稳定性与适应性之间的紧张关系时必须谨慎思考的重要问题。

三、深刻回应刑法学“方法意识的觉醒”

现代刑法学特别重视“方法意识的觉醒”，刑法解释学（刑法教义学）已经成为中西方法学的显学之一。首先，在中国，刑法解释学已经逐渐融入刑法学乃至法学“方法意识的觉醒”这一时代理性之中，例如法理学界强调的“方法意识的觉醒”①“对法律方法的探寻”②，刑法学界赵秉志强调的“多元研究方法”③，陈兴良主张的刑法教义学和刑法形式解释论④，张明楷主张的刑法实质解释论⑤，陈忠林主张的“三常”刑法观（常识、常理、常情刑法观）⑥，以及其他一些刑法学者主张的综合的方法、折中的方法、常识主义刑法解释论⑦、“刑法学研究方法的一般理论”⑧、实质出罪论的法教义学解释原则⑨和功能主义刑法解释论⑩等，都在法学理论界和司法实务界产生了深刻影响。

其次，西方出现了一大批法律解释学大家，其中有论著引入中国的西方法律解释学著名学者有：德国学者如考夫曼、拉伦茨、哈马贝斯、伽达默尔（又译为加达默尔）、魏德士、阿列

---

① 雷磊. 主题的拓展与方法意识的觉醒：四十年来规范法学的发展. 北京航空航天大学学报（社会科学版），2019，32（1）：1-8.

② 陈金钊，焦宝乾，桑本谦，等. 法律解释学. 北京：中国政法大学出版社，2006：1.

③ 赵秉志. 中国刑法哲学发展面临新机遇. 人民日报，2015-12-13（8）.

④ 陈兴良. 中国刑法学研究 40 年：1978—2018 年. 武汉大学学报（哲学社会科学版），2018，71（2）：31-41.

⑤ 张明楷. 实质解释论的再提倡. 中国法学，2010（4）：49-69.

⑥ 陈忠林. 刑法散得集. 北京：法律出版社，2003：9；陈忠林. 如何让法学成为科学：走向科学的法学变革与理论重构. 学术论坛，2019，42（5）：57-66.

⑦ 周光权. 论常识主义刑法观. 法制与社会发展，2011，17（1）：82-94.

⑧ 曾粤兴. 刑法学方法的一般理论. 北京：人民出版社，2005：226-275.

⑨ 刘艳红. 实质出罪论. 北京：中国人民大学出版社，2020：165-180.

⑩ 劳东燕. 功能主义刑法解释论的方法与立场. 政法论坛，2018，36（2）：10-27.

克西、耶赛克，英国学者如梅因、霍布斯、哈耶克、哈特，美国学者如梅利曼、伯尔曼、卡多佐、庞德、博登海默、波斯纳、德沃金，其他国家和地区的学者如福柯（法国）、达维德（法国）、凯尔森（奥地利）等。因此，“方法意识的觉醒”“解释论觉醒”均意味着我们必须高度重视刑法解释学。

几乎所有的刑法理论和实践问题都可以归结为刑法解释，由此决定了刑法解释学的极端重要性。有一种比较通行的观点认为，“一部西方法学史，就是一部法律解释史”①，依此论断也可以说人类刑法学史就是一部刑法解释史。这种观点格外强调刑法解释的重要性，在已经生成刑法规范文本的大前提下是能够成立的，因为人类刑法实践的终端就是对刑法的解释适用。所以，我国有学者指出：刑法学的本体是解释论，亦即在妥当的法哲学原理、刑事政策的指导下，基于社会生活、联系具体案例，对刑法规范作出解释（实定刑法的解释学），发现刑法的真实含义；“解释学永远是刑法学的本体”，德国、日本以及其他国家的学者撰写的刑法学教科书，就是刑法教义学的载体，当然也是刑法解释学的载体。② 由此可见，历史上的刑法理论和实践问题都可以归结为刑法解释学，中外法学史就是一部法律解释史，由此可见刑法解释学的极端重要性。

---

① 陈金钊，焦宝乾，桑本谦，等. 法律解释学. 北京：中国政法大学出版社，2006：54.

② 张明楷. 刑法学：上. 5 版. 北京：法律出版社，2016：1-3.

第二章　刑法解释（学）的历史沿革

法学者将许多同时代的人视作真正的法律解释的杂技演员。[①]

——［德］伯恩·魏德士

第一节　西方国家刑法解释（学）的历史沿革

研讨刑法解释的本体论问题，需要仔细斟酌刑法解释源流与学术史，厘清刑法解释知行意义上的既有见解，梳理刑法解释学的既有理论体系，权衡其利弊得失，搭建更完善的刑法解释学体系，展开更具理论解释力和逻辑妥当性的刑法解释学术研讨。

有一种比较通行的观点认为，“一部西方法学史，就是一部法律解释史”[②]，依此论断也可以说，人类刑法学史就是一部刑法解释史。这种观点格外强调刑法解释的重要性，在已经生成刑法规范文本或者刑法习惯法的大前提下是能够成立的，这是因为人类刑法实践的终端就是对刑法的解释适用。当然，在刑法实践的整体意义上，刑法实践应当包括刑法立法（含刑法典文本和刑法习惯法的形成与确认）和刑法解释两个有机组成部分。刑法解释仅属于刑法实践的一个有机组成部分而非刑法实践整体，无法替代或者否定刑法立法的特殊意义。因而，仅在强调刑法实践的终端意义时，“人类刑法学史就是刑法解释史”这一命题才可以成立。

人类刑法史上之刑法解释有两大追问（“何为”与“为何”）需要解决。关于“何为”之追问，主要是通过刑法解释源流之考察，阐明刑法解释在本源意义上“是什么”的问题。关于“为何”之追问，主要是通过刑法解释学术史之考察，诠释刑法解释学如何阐明刑法解释的本源意义（为什么说其“是什么”、如何说明其“是什么”）、基本原理、原则与方法。

为了突出考察问题的典型性以及考虑到学术研讨的策略性、技术性，本书选取西方大陆法系国家和英美法系国家作为研究中国刑法解释（“中国问题”）的重要参照对象，展开刑法解释的历史考察与学术史分析，以期得出某种合理的论断。至于西方两大法系国家以外的其他“外国”和地区的刑法解释及其学术史[③]，本书在论述中可能偶有涉及并以此作为佐证性素材，后文对此不再作专门说明。

一、西方国家刑法解释的实践历史

（一）大陆法系国家

按照比较成熟的看法，大陆法系国家刑法解释的历史沿革，大致可以分为古代与近现代

---

① 魏德士. 法理学. 丁小春，吴越，译. 北京：法律出版社，2003：19.

② 陈金钊，焦宝乾，桑本谦，等. 法律解释学. 北京：中国政法大学出版社，2006：54.

③ 例如苏俄刑法解释及其学术见解在有的论著中也有较为系统的介绍。参见苏联科学院法学研究所. 马克思列宁主义关于国家与法权理论教程. 北京：中国人民大学出版社，1995：511－517；朱景文. 比较法导论. 北京：中国检察出版社，1992：253－254；李希慧. 刑法解释论. 北京：中国人民公安大学出版社，1995：36－38.

（广义上包括当下）两个宏观的历史阶段。[①] 大陆法系国家主要是通过考察历史上乃至当下既存的刑法解释现象，从历史实证的维度“例证”刑法解释的本源意义。

古代大陆法系国家的刑法解释主要体现为古罗马的刑法解释和中世纪大陆法系国家的刑法解释。一般认为，古罗马的法律解释（包括刑法解释）是大陆法系国家法律解释的开端。古罗马自公元前5世纪颁布其历史上第一部成文法《十二铜表法》开始，即开启并经历了“从严解释到自由解释再到严格解释”的法律解释活动[②]：在《十二铜表法》颁布初期，解释者只能就法条作严格的字面意义上的说明与注释，如该法第8表第11条规定“不法砍伐他人树木的，每棵处25阿司的罚金”，关于“树木”的解释就十分严格，如不得将“葡萄蔓”解释为本法条中的“树木”；中期，自公元前242年开始，古罗马开始任命专门的裁判官（法官），裁判官利用“告令”开始对法律进行超越字面意义的解释，罗马法学家也从仅对《十二铜表法》作字面意义上的注释逐步发展到进行创制新的法律内容的解释，因此，“裁判官和法学家的共同努力，促进了古罗马法从严格解释到灵活解释的过渡”；中后期，随着《查士丁尼法典》、《学说汇编》和《法学阶梯》的编撰完成，古罗马统治者严令司法活动只能以这三部法律文件的规定为准，并禁止对它们的规定作任何评议和改变原意的解释，从而，古罗马的法律解释又从灵活解释回归到严格解释。

而中世纪对古罗马法的法律解释则表现为“从严格解释到灵活解释的历程”，这一历程的突出表征是，公元12世纪至16世纪意大利研究罗马法的注释法学派和后注释法学派的相继形成[③]，前者以意大利法学家伊尔内留斯为鼻祖，着眼于对古罗马法文字的考证与释义，采取十分严格的拘泥于字面含义的方法；后者在对罗马法进行文字上的注释的同时，还对罗马法的规定进行评议（故而又称为评论法学派），采用逻辑和论理的方法探求罗马法的原则和规则，使古老的罗马法条文能够面向社会实际并为处理社会现实问题服务，因此，后注释法学派时期堪称中世纪大陆法系法律的灵活解释时期。

按照学者的归纳，大陆法系国家的刑法解释在19世纪早期和中期奉行严格解释主义，而从19世纪晚期开始直到20世纪逐渐转向灵活解释主义。自19世纪早期开始直到中期，欧洲资产阶级革命派和启蒙主义者逐步成功走上历史舞台，大陆法系国家在三权分立制衡思想和罪刑法定主义的指导下开展了（成文）法典编撰运动，制定颁布了法条数量较多、体系较完备的刑法典，如1810年《法国刑法典》和1871年《德国刑法典》。这一时期特别强调立法与司法的界限分明和各行其道，制定法律是立法机关行使立法权的结果，适用法律则是司法机关行使司法权的活动，对法律的解释只能限制在法条字面含义的范围之内，这体现了鲜明的严格解释主义立场。但是，“19世纪晚期以后，随着目的法学和利益法学的先后问世，法律的严格解释主义受到了严厉的批判，实践中对法律严格解释的做法也逐渐为对法律的灵活解释的做法所取代”[④]。应当说，自20世纪以来直到当下，随着犯罪防控方面众多新课题和新挑战的不断涌现，灵活解释主义作为一种刑法解释立场已经越来越能被接受。例如，针对网络时代出现的新

---

① 例如，严存生主张西方大陆法系国家的法律解释可以“分古代、近现代两个阶段来介绍”。参见严存生．西方法哲学问题史研究．北京：中国法制出版社，2013：563．再如，李希慧和董皞对西方大陆法系国家的法律解释的历史考察也是依次按照古代的法律解释（包括古罗马的法律解释和中世纪大陆法系的法律解释）、现代大陆法系的法律解释来具体展开的。参见李希慧．刑法解释论．北京：中国人民公安大学出版社，1995：25－32；董皞．司法解释论．北京：中国政法大学出版社，2007：76－84．

② 李希慧．刑法解释论．北京：中国人民公安大学出版社，1995：25－29．

③ 李希慧．刑法解释论．北京：中国人民公安大学出版社，1995：29－30；杨仁寿．法学方法论．台北：文太印刷企业有限公司，1987：21－22．

④ 同②30－32．

型犯罪，大陆法系国家的刑法解释表现出一种明显的实质化扩张解释的倾向，“诸如扩大传统盗窃、诈骗、敲诈勒索等犯罪的内涵，把这些新型犯罪包括进去，或者扩大对刑法上‘财产’的解释，使其最大限度地包括新的无形财产”，再如“日本法院的判例把窃电解释为构成盗窃罪，把伪造信用卡解释为符合伪造文书罪的构成要件”①，这无不体现了灵活解释主义的刑法解释立场。

（二）英美法系国家

英美法系国家制定法产生之后即出现了制定法解释（而英美法系国家的法律解释包括普通法解释和制定法解释），其中英国制定法开始于 1215 年的《大宪章》，自此拉开了制定法解释的帷幕。② 当时大陆法系国家已有 1 600 余年的成文法解释历史并且正处于“从严格解释到灵活解释的历程”中（当时后注释法学派与评论法学派占据主导地位），受此影响以及普通法实践中法官所实际拥有的较为自由的解释法律的传统特点所致，英国制定法解释起初即呈现出法律的灵活解释的历史面貌。在 18 世纪的英国，“法规频繁地被扩大适用于它们不曾明确规定的情形。……14 世纪初叶，普通法法官在对待法规方面具有很大的自由，这种自由之大，乃至由司法机关对成文法进行实质性的修改，已成家常便饭”，并且“法官也可以体面地得出结论说，议会在当时并未预见那种结果，从而法官们有权按公平原则来解释该法规”③。19 世纪的英国制定法解释受大陆法系国家奉行法律严格解释主义的影响也呈现出严格解释主义的倾向，“法官的目标乃是从法规所运用的词语中探寻立法机关的意图，即使这种解释的后果是具有危害的”④，法官也不得进行法律的自由解释。“法官的职责仅仅在于确定议会在其法规中所表述的内容是什么，并将法规语词适用于他所受理的案件。在疑难案件中，法官给法规补充遗漏要点（如果不作这种补充，该法规就会变得毫无意义）或附加衡平法上的例外，都被认为是越权行为”⑤，由此可见，19 世纪英国的制定法解释体现了鲜明的严格解释主义立场。20 世纪以来，英国法律解释同样受大陆法系国家奉行法律灵活解释以及其自身普通法传统的影响而逐渐回归转向法律的灵活解释主义。

美国立国于西方法律较为发达、法律解释较为活跃的历史时期，其本身较多地承继了英国法传统，并体现了普通法自由灵活解释法律的传统特点。在早些时期，“每当一条法规包含一种背离普通法的立法性改革时，法院不仅可以拒绝将它作为类推推论的依据，而且还可以用最为狭义的和最具限制的方式解释该法规的术语”；而现在，“美国法院，特别是美国最高法院，在对待那些赋予为普通法所不知的权利的补救性法规（如最低限度工资法规、社会治安法规或劳工赔偿法规等）时，往往持有一种慷慨豁达的态度”，并且“当今最高法院判例中的趋势是倾向于朝侧重目的的法规解释政策的方向发展”⑥。这表明，美国制定法解释更多地体现了法律的灵活解释的特点。

二、西方国家刑法解释学的理论沿革

尽管西方国家刑法解释学的历史源远流长，在其古代也有一些有关刑法解释的思想观点，但是刑法解释学术史却主要发端于古罗马帝国时期，刑法解释的方法论传统形成于近代，刑法

---

① 何勤华，夏菲. 西方刑法史. 北京：北京大学出版社，2006：527－530.

② 李希慧. 刑法解释论. 北京：中国人民公安大学出版社，1995：32.

③ 博登海默. 法理学：法哲学及其方法. 邓正来，姬敬武，译. 北京：华夏出版社，1987：508－509.

④ 丹宁勋爵. 法律的训诫. 杨百揆，刘庸安，丁健，译. 北京：群众出版社，1985：11.

⑤ 同③510.

⑥ 同③506－513.

解释的“客观说”转型于现代，刑法解释的“本体论”转型于当代。不过，理论界对法律解释学术史的源起时间有一定分歧。严存生认为，“西方的法律解释思想的发展可分为两个大阶段，以萨维尼为界，之前只使用而没有从理论上进行阐述，之后开始研究并有许多人从理论上进行论述”。具体而言，萨维尼之后“又可分为两个小阶段，以现代解释哲学的产生为标志，产生之前其理论坚持传统的解释哲学的基本观点，产生之后则广泛吸收现代解释哲学的观点”①。而焦宝乾等人认为，西方法律解释学术史可以分为以下六个历史时期：一是古希腊时期法律解释思想的萌芽，二是古罗马时期法律解释学的产生，三是中世纪的法律解释思想，四是近代法律解释的方法论传统，五是现代法律解释思想，六是当代法律解释理论；而“从解释的技艺发展到关于理解的一门科学或理论，乃至与哲学的结合，无论如何是近代以来的事”②。对此，笔者认为，根据既有史料，焦宝乾等人关于西方法律解释学术史的判断可能更为精准、合理。本书在简要介绍西方古代的刑法解释思想的基础上，重点归纳介绍了西方近现代和当代的刑法解释学术发展史。

（一）古代西方国家刑法解释思想（理论）的产生

古希腊已有刑法解释思想的萌芽，逐渐形成了一些影响深远的法律解释观点。其主要思想成果可以概括为以下三点③：其一，“在法的起源初期，法主要是通过解释得以呈现的。当时法律话语的最初垄断者——牧师、祭师、僧侣、占卜官等，在一定意义上也是最初的立法者与阐释者”，因此，“法律解释一开始与宗教解释、语文解释、历史解释等共同构成解释学前史”。其二，在词源上，解释学源于古希腊神话中上帝的信使赫尔默斯，是“作为一种实践技艺”并“带着理解进入解释的”，并且“与古希腊的修辞学渊源甚深”，“不能忽略希腊修辞术包含了法律解释的文化基因”。“从亚里士多德《修辞学》中所保存的法庭语录也显示出，当时对纯粹的法律问题往往是采用可能影响法官心理的各种理由进行辩论的”，解释学曾经被隶属于作为古代三种技术学科之一的逻辑学（另两门技术学科是修辞学和语法学），也就是，“西方法律解释传统依赖于古希腊逻辑学的知识支援”。其三，法律解释思想中有关自由裁量的观念和公平正义的观念也滥觞于古希腊。柏拉图主张，法官应当拥有很大的自由裁量权，并且不希望法官受法定的固定且呆板的规则的约束。亚里士多德主张，裁判者是“矫正正义”和“公正合理”的化身。亚里士多德在论述法律解释问题时提到了“衡平法”，提出法官应当本着公平的精神解决特殊问题，通过“弥补成文法的特别法的缺陷”，使纠纷得到合理解决，在已有法律没有相关规定的时候，法官只能依据内心对正义的理解来判定纠纷的性质和寻找解决的办法。④“这种观点在西方法律解释传统中的影响主要在于：一是公平、正义的高级法观念在法律解释中具有核心地位，法律解释合法性的观念即源于此。二是法学家所用的解释方法，无不受到‘衡平法’或多或少的影响。”在英美法系，文本与目的解释的问题也一直困扰着制定法解释，其最早亦可追溯至亚里士多德的这种理论。

法律解释学则早已“肇始于古罗马帝国时期”，当时已形成法学家阶层并成为刑法解释学产生的重要标志，最杰出的法学家还会被赋予司法解答权，并且“由法学家垄断法律解释，这种情形一直持续到近代”⑤。古罗马盖尤斯、乌尔比安、保罗、莫迪斯蒂努斯、伯比尼安“五大法学家”，古希腊亚里士多德，中世纪意大利注释法学派和后注释法学派的法学家，均归纳

---

① 严存生. 西方法哲学问题史研究. 北京：中国法制出版社，2013：563.

② 陈金钊，焦宝乾，桑本谦，等. 法律解释学. 北京：中国政法大学出版社，2006：54－133.

③ 同②55－57.

④ 亚理斯多德. 修辞学. 罗念生，译. 北京：生活·读书·新知三联书店，1991：58－60.

⑤ 同②57.

或者提出了一些有关刑法解释方面的思想、观点与论断。自古罗马五大法学家形成以来，古罗马的法律解释已经由初期严格拘泥于成文法字面含义的注释，发展为“通过推测”、归纳或者引申的“解释原则”对成文法条文进行创造性的注解和法律解答。英国历史法学家梅因对此得出了如下观察结论，即古罗马法学家“不断地变更、扩大、限制或在实际上废弃‘十二铜表法’的规定”，“通过把原文凑在一起，通过把法律加以调整使其适应于确实发生的事实状态以及通过推测其可能适用于或许要发生的其他事实状态，通过介绍他们从其他文件中看到的解释原则，他们引申出来大量的多种多样的法律准则，是‘十二铜表法’的编撰者所想不到的，并且这些引申出来的法律准则在实际上是很难或者不能在原文中找到的”①。这里，古罗马法学家强调了法律解释拟制和衡平的方法，强调“通过推测其可能适用于或许要发生的其他事实状态，通过介绍他们从其他文件中看到的解释原则，他们引申出来大量的多种多样的法律准则”的思想，已经具有近现代法律解释学之客观解释论的雏形。梅因指出，法律拟制的方法是“用于表示掩盖，或目的在掩盖一条法律规定已经发生变化这事实的任何假定，其时法律的文字并没有被改变，但其运用已经发生了变化”并且“藏在其外衣里面的则是新的规定”；衡平的方法是指，“由于这些原则所固有的一种无上神圣，他们竟然可以代替民法”②，即离开法律规定径直依据法的精神处理社会纠纷的技术，其与法律拟制方法的不同在于其抛开法律文本，参照更高的权威和内心对正义观念的理解来解决法律规则无法解决的法律问题。③ 对此，焦宝乾等人总结强调：“罗马法学对法律解释学的重要贡献在于具体方法层面。罗马法明显带有决疑论的性质与特征。因为罗马人从不偏离具体的案件，而同具体的法律生活保持永恒的联系。他们拥有并完善着精湛的法学技艺。现代西方法律解释与个案的关联性，自罗马时期开始被引入。罗马法中，真正的解释，是根据法学理论进行的学理解释，而由立法者自己发布的解释不是真正的解释。从解释方法的角度来说，古代罗马侧重于文字解释而轻论理解释。……自罗马帝政以来，逐渐以论理解释为主。用塞尔苏士的话说：‘罗马法学最盛时代，凡解释法律者，不拘文字，而侧重法律之精神。’这样，原来对少数情形有效的成文法规，通过法学家的扩大解释就能够适用于那些司法中不断出现的新情况。”④

欧洲中世纪中叶以来的法学家强调，法律解释的目的在于归真和弄清法律的本来面目，法律解释的基本方法是语义学的方法，如考证、注释、概括、推断等，中世纪后期的法学家则强调，法律解释从更多地尊重文本转向尊重实践，即从单纯的注释转为加进解释者自己的理解的注解。⑤ 尤其是意大利后注释法学派进一步强调法律解释要面向社会的实际和为处理社会现实问题而服务的思想，并主张采用逻辑和论理的方法探求罗马法的原则和规则⑥，应当说这也是与古罗马法学家法律解释之客观解释论思想一脉相承的，并进一步彰显了该思想。尽管中世纪欧洲的“法律解释学也大体上依附于神学解释学”，但是“自 11 世纪晚期，法律开始作为一门独立的科学被予以讲授和研究”，其中“罗马皇帝查士丁尼治下所编纂的法律作品的发现，对之加以分析与综合的经院主义方法以及欧洲大学中对于法律的讲授——都属于西方法律传统的根本成因”，并且经院主义方法“使一种在整个西方占优势的法律思维模式存留至今”⑦。中世

① 梅因. 古代法. 沈景一，译. 北京：商务印书馆，1959：20.

② 同①15 - 17.

③ 严存生. 西方法哲学问题史研究. 北京：中国法制出版社，2013：564.

④ 陈金钊，焦宝乾，桑本谦，等. 法律解释学. 北京：中国政法大学出版社，2006：57 - 58.

⑤ 同③565.

⑥ 杨仁寿. 法学方法论. 台北：文太印刷企业有限公司，1987：21 - 22.

⑦ 伯尔曼. 法律与革命：西方法律传统的形成. 高鸿钧，张志铭，等译. 北京：中国大百科全书出版社，1993：147.

纪注释法学家将法律制度概念化，将法律系统化，使法律成为融合的知识体系。基于分析和综合的经院主义方法，西方法学历史的解释品格形成，因而中世纪对于塑造西方法律解释的传统来说是一个非常重要的历史阶段。①

相较于古代大陆法系国家关于刑法解释的较为丰富的思想（萌芽），古代英国的制定法解释在实践中也萌生了有关刑法解释的思想端倪，诸如“毋须遵循该法规的语词含义”“法规的公平释义原则”“准许在适度的限制范围内运用类推方法”② 等，这些思想带有普通法传统倾向于自由解释和灵活解释的突出特点。

（二）近代西方国家法律解释学的方法论传统

近代西方国家法律解释粗略的学术史轨迹可以作出如下概括：首先是诠释学转向，即从特殊诠释学转向普遍诠释学，其显著特点是诠释学的对象从《圣经》和罗马法这样的神圣卓越的文本转为一般世俗文本③；其次是随着法律的世俗化、理性化尤其是法典化的发展，法律解释也开始同传统的人文与神学解释传统相分离，而日渐成为一门独立和专门的学科④，19 世纪西方法律解释的方法论传统正式形成，法律解释方法论乃至法律方法和技术由此成为西方法学的显学。

近代西方法律解释的方法论传统，与近代哲学采取理性主义与科学主义的认识论并扬弃中世纪注释法学所依赖的经院辩证法密切相关。理性主义传统的关键在于精神与肉体、主体与客体的分离，世界被区分为主观世界与客观世界，由此“在现象与本体、现象界与物自体、思维与存在、主体与客体、理想与现实、应然与实然之间截然二分”。而“规范与事实相分离”的原则成为近代西方法学在理论证成上的关键一环，事实是客观的，以是否“真”作为判断标准，规范是主观的，以是否“善”作为判断标准，这种思维模式建立在主体与客体、主观与客观严格区分的认识论和世界观的基础上。理性主义的自然法学派绝对地认为，通过理性的努力，法学家便能够塑造出一部作为最高立法智慧而由法官机械应用的完美的法典；实证主义法学（法律实证主义）将主观价值判断因素排除在客观法的体系之外，主张追求自然科学意义上的客观性、法律的客观性和科学性以及法律解释的客观性、确定性和稳定性。⑤

相较于英美法系国家法官具有当然的法律解释权传统，大陆法系国家法官的法律解释权却经历了坎坷，尤其是在近代国家主义、理性主义、民族主义、三权分立观念的影响下，大陆法系国家法官释法的合法性曾经被严格限制在“逐字遵守”的形式主义层面，甚至有的大陆法系国家否定法官释法的合法性。在 18 世纪中后期，贝卡里亚出于反对欧洲中世纪罪刑擅断和保障人权的立场，主张严格罪刑法定主义，主张“刑事法官根本没有解释刑事法律的权利，因为他们不是立法者”，认为“当一部法典业已厘定，就应逐字遵守，法官唯一的使命就是判定公民的行为是否符合成文法律”，强调“法官对任何案件都应进行三段论式的逻辑推理。大前提是一般法律，小前提是行为是否符合法律，结论是自由或者刑罚”⑥。此外，霍布斯、孟德斯鸠、罗伯斯庇尔等也持有排斥法官释法的见解，霍布斯主张，“法律的解释取决于主权当局”并且只能是“立法者的看法”⑦；孟德斯鸠主张，法官仅仅是“宣布法律语词的喉舌，仅仅是

---

① 陈金钊，焦宝乾，桑本谦，等. 法律解释学. 北京：中国政法大学出版社，2006：58-60.

② 博登海默. 法理学：法哲学及其方法. 邓正来，姬敬武，译. 北京：华夏出版社，1987：508.

③ 洪汉鼎. 诠释学：它的历史和当代发展. 北京：人民出版社，2001：27.

④ 同①60.

⑤ 同①60-63.

⑥ 贝卡里亚. 论犯罪与刑罚. 黄风，译. 北京：中国大百科全书出版社，1993：12-13.

⑦ 霍布斯. 利维坦. 黎思复，黎廷弼，译. 北京：商务印书馆，1985：214-217.

被动的存在"[①]；罗伯斯庇尔（又译为罗伯斯比尔）主张，"法律的解释权属于创制法律者"[②]。直到后来法国"上诉制"和德国"复审制"的出现才逐步确立了法官释法的合法性，并且使得法律解释具有了与个案之关联性。[③] 而且随着近代法官解释法律传统的形成以及法律现代性知识的发展，法律的职业化、专业化与技术化水平日益加深，由此导致社会生活不断被"司法主宰"，体现了学者所谓的法律解释中的"大众话语"和"精英话语"的对立。[④]

法律解释的对象，主要是立法机关制定的法典文本。但是，"随着17、18世纪古典自然法学派的兴起，以《国法全书》作为法律解释对象的权威地位逐渐被自然法取代。换言之，自然法成了法学解释的对象。不同于《国法全书》的是，自然法没有统一的、书面化的固定文本……作为西方渊源的自然法学毕竟有一些超越时空的共同的要素，如抽象的理性、正义、自由等"。可以说，自然法在司法裁判中充当了补充性法源的角色，这显然有助于克服国家制定法一元化的缺陷，由此可见，自然法已经从抽象的理论原则转化为各国法律制度的具体实践，在西方法律文化中法官成为法律和正义的化身。而"到19世纪后期，各国大体上建立起体系完备、结构严谨、和谐统一、具有形式合理性的法律体系"，其结果是在"无形中，司法适用的法律渊源被一元化了。法律与立法的界限被模糊了"。对近代法律解释对象问题的反思检讨，有助于我们明白这样一个道理：在个案中，法律解释的对象除了作为"文本"的法律，还应该包括经过解释主体选择并与成文法相关的事实，这与法律解释之个案关联性相一致；法律解释的文本不应该只包括国家制定法，而应该是多元的、开放的，而非单一的、封闭的。[⑤]

19世纪的法律解释学试图从司法中排除人的因素和所有的个体化因素，呈现出一种严格解释并且追求法律解释客观性的独断型解释特点。这种解释学在作者、文本和解释者之间突出了作者的核心地位，认为作者的意义即作者的意图，解释作品的意义只能发现作者的意图，作品的意义是一意性的，解释工作就是通过"文本"努力去体会作者的原意，理解就是从思想上、心理上和时间上设身处地地体验作者的意思。施莱尔马赫认为，解释学是一门避免误解的学问，寻求重建作者原意的合法途径主要是语义解释和心理解释（心理转换），强调读者"能够比作者理解他自己理解得更好"。狄尔泰把理解视为人的心灵生活的重建，并且注重"移情"对解释学的意义。施莱尔马赫和狄尔泰共同的思想基础是客观主义，都力图使解释者摆脱自己的偏见和时代的拘束，由此达到像自然科学那样的客观性。法律解释的客观性成为法律解释的最高理想，因而法律解释的目标是探求历史上立法者的意图、想法和价值观（主观说），解释结论正确与否的标准在于解释是否正确表达了立法者的主观意图。[⑥]

为了达到探求"立法者的主观意图"的法律解释目标，法律解释方法尤为重要，其中以立法者为中心的法律解释方法论在大陆法系国家产生了具有决定性的持久影响，奠定了近代法律解释方法论的基本格局。因此，法理学认为，"西方法律的理性化"和法律解释的方法史开始于近代，最早可以追溯到萨维尼在其《当代罗马法体系》中所提出的被奉为经典的法律解释四要素说，即语法的、逻辑的、历史的和体系的解释；英国法官形成了一种保守的、限制性的解释制定法的传统，美国继受了英国的这一法律传统。[⑦] 而在此历史时期，大陆法系国家强调以

① 维尔. 宪政与分权. 苏力，译. 北京：生活·读书·新知三联书店，1997：82.

② 罗伯斯比尔. 革命法制和审判. 赵涵舆，译. 北京：商务印书馆，1965：28.

③ 陈金钊，焦宝乾，桑本谦，等. 法律解释学. 北京：中国政法大学出版社，2006：65-66.

④ 刘星. 法律解释中的大众话语与精英话语//梁治平. 法律解释问题. 北京：法律出版社，1998：106-111.

⑤ 同③66-67.

⑥ 同③68-70.

⑦ 同③70-71.

立法者为中心的法典法与英美法系国家强调遵循先例并注重形式化程序的普通法，都具有强调某种形式的理性法和“西方法律的理性化”的共同特点。

（三）现代西方国家法律解释学的客观说转向

现代西方大陆法系国家法律解释论的客观说转向始于19世纪后期并延续至今，而此前长期占主流地位的是法律解释目标的主观说。法律解释的客观说主张，法律解释的目标是为满足法律解释时的正义要求而诠释法律规范的客观意思。法律的客观解释，“亦即在法律解释时，不考虑其历史渊源，不问原立法者的意图，而是赋予今天显得满足正义要求的意义”。如拉德布鲁赫认为，法律解释“是对被思的透彻思考”；科勒认为，法律解释是“择取”最合理最有利的意思；耶林认为，法律解释是依照现存的目的和利益进行解释（目的论解释）。① 我国有学者指出，现代西方法律解释学“更多是对前期法律解释理论的批判性的修补和完善”。社会学与司法视角的法律观以及功能性的研究方法取代了传统的概念分析方法，在司法上，“容许法院不仅仅适用法律条文，而且可以根据社会上的各种利益要求和国家的实质性判断从现实中归纳和创造出法律规范来”②。法律解释的对象业已超越了制定法一元论的局限，而应该包括习惯、传统、司法判决与学说探究、规范与事实，法律解释方法引入了利益衡量（价值权衡）和社会学的解释方法，强调自由裁量、具有合理的实质内容和价值判断的司法观念，这些内容成为这一时期法学在知识论上的重要贡献。③

相应地，美国自20世纪以来占主导地位的法律解释论观点是目的论解释（现代目的论解释）和读者决定论，如庞德的假借诠释论（法院可以原有法律为根据而自立新例）、霍布斯和格雷的读者决定论（法律的意义存在于并且取决于读者的解读）以及卡多佐的社会福利观念和法官诠释论（法官是社会观念的诠释者）。④ 英国制定法解释的灵活解释传统在经历了“否定之否定”之后完成了某种具有衡平法性质的折中嬗变，其带有客观解释立场特点的目的论解释形成了如下制定法解释之“语言规则”：（1）同类规则。如果概括词只是把某一种或某一类的人或物进行归类，而不是概括所有种类，那么对概括词的解释应限制在事物的特定种或类上，除非立法的上下文或立法的总范围与权限清楚地表明了国会有意要扩大它的含义。（2）从上下文求字义规则。立法用语，即使不像有特指词在先的“诸如此类”或“其他”的概括词，也易受与它们相联系的其他词的影响，因此解释法律时必须适当地关注词语的上下文。（3）明示其一规则。也就是说，如果在某一法规中明示某一特定种类的一种或多种成分，那么便默认该法规排除了其他成分。例如，“土地”一词通常把全部矿山包括在内，但是如果法律采用了“土地、房屋和煤矿”的表述，则意味着“矿山”被排斥在“土地”之外。（4）级别规则。也就是说，下一级事或人的法规，不能通过概括词扩充到上一级。⑤

现代法律解释论的客观说转向在理论上形成了两种分支或者说是两种传统：一是读者决定论，认为鉴于解释者的主体身份和解释过程中解释者自身的主观性，传统理论将客观解释理解为“解释者中心论”（读者决定论）；二是文本中心论，认为客观解释之客观含义应当立足于文本，解释主体只能在刑法规范文本与客观事实的结合中寻求文本之具体含义。⑥ 应当说，无论

① 陈金钊，焦宝乾，桑本谦，等. 法律解释学. 北京：中国政法大学出版社，2006：77.

② 季卫东. 法治秩序的建构. 北京：中国政法大学出版社，1999：93.

③ 同①71-79.

④ 同①77.

⑤ 克鲁斯. 法律解释. 孔小红，等译. 重庆：西南政法学院，1986：148-154；李希慧. 刑法解释论. 北京：中国人民公安大学出版社，1995：34-35.

⑥ 李红. 刑法客观解释研究. 成都：四川大学，2020：45.

是“读者决定论”还是“文本中心论”，都已初露本体论法律解释学的细微端倪。19 世纪后期以来，西方社会学、心理学、生命哲学、精神分析学、实用主义哲学、新康德主义哲学深刻影响着法学研究，传统自由主义和国家观念、立法和司法权力界限观念受到新的思想观念的冲击，法学认识论和方法论出现了许多新的观点。例如，庞德把法理学当作一门社会工程科学，认为社会工程是一个过程、一种活动，而不只是一种知识体系，或是一种固定的建筑秩序①，并断言整部西方法学史就是在宽松的自由裁量和严格的具体规则、无法司法和严格司法之间不断循环往复的过程。再如，韦伯突破法学固有的局限性，将法律纳入社会理论的分析框架，并且由于像韦伯这样的思想家的不懈努力，社会科学最终没有被自然科学完全“吞噬”，而是发展出一套以“理解”和“解释”为核心的独特研究方法。②

（四）当代西方国家刑法解释学的本体论转型与新动向

20 世纪中叶以来，西方国家法律解释学又出现了本体论转型，即从方法论意义上的法律解释转向本体论意义上的法律解释，并影响至今。

焦宝乾等人对当代西方国家法律解释学的本体论转型进行了较为系统的归纳和总结。他们指出，在新的哲学和社会思想的背景下，当代西方法律解释理论逐渐摆脱了传统理论框架与西方思维模式的局限，在“解释的转向”的基础上实现了“本体回归”。③ 哲学在 20 世纪初发生了继古代本体论、近代认识论之后的第三次转向，即“语言的转向”（语言哲学）。在 20 世纪中叶，哲学解释学盛行，1960 年伽达默尔所著的《真理与方法》出版，法律解释学将语言哲学、分析哲学和哲学解释学运用于法律解释研究之中，这直接导致西方法理学和法解释学的“语言的转向”（以及“法律的语言运动”）、“法学的哲学转向”、“法学的解释学”转向、从方法论到本体论的转向。这是“当今西方法律解释理论区别于传统解释理论的一个重要方面，但总的说来，基于哲学解释学和语言哲学的本体论上的法律解释大有超越传统科学方法论上的法律解释的趋势”。“解释学的转向”深刻影响着法哲学研究的范式和研究路向，本体论意义上的法律解释，即立足于哲学领域的转向及其所依托的范围更广泛的“语言的转向”，认为，解释并非认知者不带任何主观成分去认识客观的对象，而是借着前理解才成为可能，人总是带着既有的经验和知识或“合法的偏见”进行理解和解释。解释就是解释者进入解释对象，通过辩证和对话，通过在部分与整体之间进行循环往复的“解释学循环”，从而在解释者和解释对象之间达致一种“视域融合”。哲学解释学将理解、解释和应用三者合一，理解同时就是解释和应用，理解、解释和应用同是这一存在过程的各个时刻。对于立足于本体论的法律解释学，法律解释的文本或对象不再是封闭、固定的，而是存在于人和人、人和物的相互关系当中的开放的体系，否定了规范性文本的独立性和客观性，而肯定了主体间性。“理解一直同时是客观与主观的，理解者总是带着客观与主观进入‘理解视界’，他不是纯消极地反映要被理解的现象，而是构建被理解的现象”④，通过法律论证，即在各方主体（包括法律精英和一般大众）的对话和论辩过程中，达致各方均可接受的裁判结果，裁判的过程是案件事实与法律规范的调适和对应。解释结果不再是“非此即彼”，而是“不仅……而且……也是……”⑤，并且认为这是法律论证理论的重要理论前提。⑥

---

① 庞德. 法律史解释. 曹玉堂，杨知，译. 北京：华夏出版社，1989：149.

② 陈金钊，焦宝乾，桑本谦，等. 法律解释学. 北京：中国政法大学出版社，2006：71－72.

③ 同②81.

④ 考夫曼，哈斯默尔. 当代法哲学和法律理论导论. 郑永流，译. 北京：法律出版社，2002：145.

⑤ 郑永流. 出释入造：法律诠释学及其与法律解释学的关系. 法学研究，2002（3）：21－36.

⑥ 同②81－89.

不过值得注意的现象是，当代西方国家法律解释学的本体论转型在20世纪60年代基本完成并至今产生了深刻影响，但自20世纪70年代开始便伴随着反思、批评并延续至今。焦宝乾等人指出：自20世纪70年代以来，法解释学的思考方式开始受到一些学者的批判。颜厥安将其归纳为如下几点：第一，一个好的法学见解或裁判的标准不再是某种自然法的秩序或总体的法的内在价值体系，而是一个合理论证过程的结果。第二，基于此一理论转向，学者重新肯定了逻辑分析的重要性，如凯尔森对埃塞尔的批判意见。第三，在逐步脱离了总体性法秩序的预设后，新的理论发展便逐步转向规范论的解析。20世纪70年代中期以后，继受伽达默尔解释学的法学方法论学派开始受到新理论的挑战，其中影响力较大的一支学派以分析哲学和商谈理论为方法基础，侧重对法学商谈结构进行理论分析的法律论证理论。颜厥安揭示的后两点实际上体现了哲学解释学和英美分析哲学融合的趋势。① 焦宝乾等人指出，西方法治遭遇现代哲学解释学时，确曾面临诸多理论上的困惑，认为“就此对本体论的法律解释取代方法论上的法律解释做一个完全肯定的判断，恐怕亦为不妥”。“在此仍需追问的是，本体论上的法律解释观的正当性价值何在?”“就方法论法律解释与本体论法律解释的关系而论，二者固然属于不同层面的知识谱系，但更应当是和谐共存、彼此包容的。法律解释将由此从‘独断型解释’走向‘探究型解释’。”② 姜福东也指出，哲学诠释学的前理解、效果历史、诠释学循环、事物的本质、视域融合、对话以及解释的普遍主义、读者中心论、反对方法等基本概念、特征和原理，存在诸多问题，并不适合进入法律解释的教义学范式。因此，我们必须要高度警惕哲学诠释学向法学及法律解释范式的不当渗透。③

在对法律解释学本体论转型的反思、批评中出现了以下理论新动向：一是主张法律解释学第三次转向和方法论回归，二是倡导功能主义刑法解释论。

1. 法律解释学第三次转向和方法论回归

西方解释学在经历了具有哥白尼式革命性质的两次转向——从局部解释学到一般解释学，从方法论解释学到存在论解释学——之后，现在已从存在论解释学转向存在论与认识论、方法论相结合的解释学，“我们也许可以将存在论、认识论、方法论的统一和结合的道路称为解释学的第三次转向”④。法律解释学学者也持有相同的看法，认为，“西方解释学从特殊解释学（如神学解释学、法学解释学）发展到一般解释学（方法论解释学），再从方法论解释学、认识论解释学转向本体论解释学（哲学解释学），旋即又从哲学解释学的存在论、本体论返回解释学认识论、方法论”，“这一解释学发展轨迹背后所蕴含的规律性，对于法律解释学研究范式的确定具有十分重要的启示和借鉴意义。”⑤

应当说，解释学第三次转向与法律解释学研究范式“返回解释学认识论、方法论”的预设前提，并未完全否定本体论解释学立场，而是在承认本体论解释学的前提下强调重视方法论，真正构建一种“可以将存在论、认识论、方法论统一和结合”的（法律）解释学，从而使得方法论回归成为（法律）解释学第三次转向的重心。因此可以说，重视方法论（解释方法确证论）不仅在传统的认识论、方法论的法律解释学中获得了充分确证，而且在哲学解释学的反思和转向中也逐渐获得了充分确证。伽达默尔尽管强调“理解不属于主体的行为方式，而是此在

① 陈金钊，焦宝乾，桑本谦，等. 法律解释学. 北京：中国政法大学出版社，2006：81-82.

② 同①82-92.

③ 姜福东. 法律解释的范式批判. 济南：山东人民出版社，2010：49.

④ 何卫平. 西方解释学的第三次转向：从哈贝马斯到利科. 中国社会科学，2019（6）：45-62，205.

⑤ 同③13.

本身的存在方式”，“也是一个先于理解科学的方法论及其规范和规则的问题”①，因而“反对方法”② 或者“对方法的轻视”③ 成为哲学诠释学的必然逻辑结果。但是在哲学解释学“反对方法”或者“对方法的轻视”观念的本体论立场上，“为了澄清自己并未陷入别人所诟病的主观主义、相对主义的泥淖，伽达默尔不得不回过头来求助于传统的理解方法论”④。伽达默尔的解释理论由原先内在地包含读者中心论与文本中心论的冲突、消解方法论与建构新方法论的冲突，到后来承认，“就人们有意识的理解活动而言，首要的以及根本的任务仍然是努力获得某种相对正确的理解，而普遍有效的方法论就是其必要的前提，诠释学的认识论意义便在于此”⑤。作为哲学解释学的集大成者，伽达默尔在后期的反思中“被迫”承认了“消解方法论与建构新方法论的冲突”以及“普遍有效的方法论就是其必要的前提”，亦承认了“普遍有效的方法论”是“努力获得某种相对正确的理解”的前提，在笔者看来，这确证了方法论重要性的基本立场。自伽达默尔之后，哈贝马斯和利科开启了解释学第三次转向，这一解释学转向的根本特点是“从存在论向认识论、方法论的回归”⑥。在法律解释学界，可以说，认同方法决定论已然成为某种学术共识。例如有学者指出，“以为方法论诠释学是被本体论诠释学所超越的、扬弃了的、没有生命力的旧有传统，因而只具有思想史的价值，才是对诠释学的真正误解”⑦，实际上在西方国家，本体论诠释学并不具有压倒性的优势，传统方法论的诠释学仍然受到高度重视；那种对方法的简单改革或者对方法论予以解散的做法都是欠妥的，哲学诠释学反对方法、消解方法、抛弃方法是错误的。⑧ 正是认识到这种错误，哈贝马斯和利科才提出了新的学术见解并实现了解释学第三次转向。利科“主张真理与方法是可以并存的，方法也可以对真理作出重大贡献”，强调“方法问题才是真理问题的核心”，“法律解释学返回以法律文本为中心的认识论和方法论的立场与范式，是十分重要的”⑨。

2. 功能主义刑法解释论

功能主义刑法解释论是功能（机能）主义刑法理论的重要内容，它较早由德国学者罗克辛、雅科布斯以及日本刑法学者平野龙一于20世纪60至70年代提出，后经由日本、德国众多刑法学者近半个世纪的共同努力，在20世纪末21世纪初获得较大发展，成为当代德日刑法学的一个重要理论流派。⑩ 一般认为，功能主义刑法解释论是在反思传统的认识论、方法论的刑法解释论的基础上，运用功能主义刑法理论及其内含的功能主义社会学分析方法与刑事政策分析方法、现实主义法学与经验法学的利益衡量论等理论智识，从法哲学根基上对传统刑法解释学进行理论改造所重塑的新的刑法解释论，提出了从“体系性思考”转向“问题性思考”⑪，以及“刑法机能的可替代性、刑法的谦抑性、法官决策行动论、判例的立法机能论、国民参与

---

① 加达默尔. 真理与方法：哲学诠释学的基本特征：上卷. 洪汉鼎，译. 上海：上海译文出版社，2004：4.

② 姜福东. 法律解释的范式批判. 济南：山东人民出版社，2010：69.

③ 何卫平. 西方解释学的第三次转向：从哈贝马斯到利科. 中国社会科学，2019（6）：45－62，205.

④ 同②72.

⑤ 潘德荣. 理解方法论视野中的读者与文本：加达默尔与方法论诠释学. 中国社会科学，2008（2）：42－53，205.

⑥ 同③.

⑦ 同⑤.

⑧ 严平. 走向解释学的真理：伽达默尔哲学述评. 北京：东方出版社，1998：252－253.

⑨ 同②71，74－75.

⑩ 劳东燕. 能动司法与功能主义的刑法解释论. 法学家，2016（6）：13－28，175；赖正直. 机能主义刑法理论研究. 北京：中国政法大学出版社，2017：1－2；张庆立. 德日机能主义刑法学之体系争议与本土思考. 华东政法大学学报，2018，21（3）：126－136.

⑪ 关哲夫. 论机能主义刑法学：机能主义刑法学的检讨. 刑法论丛，2009，17（1）：256－299.

司法论等一系列主张”①，其中“法官决策行动论与问题性思考以及实质犯罪论互为表里，构成了机能主义刑法理论的法哲学基础”②。

应当说，法律解释学的上述理论新动向值得高度重视和深入研讨。

第二节 中国刑法解释（学）的历史沿革

新中国刑法解释的实践活动和学术研究历史可谓源远流长，其中既有值得认真总结的辉煌成果，也有值得认真对待的学术思想。近现代中国刑法解释学的理论研究曾经历坎坷，但是知耻而后勇的当代中国刑法学人并没有退步，而是满怀大国崛起的时代使命奋起直追，勇攀刑法解释学术高峰。

一、中国刑法解释的实践历史

中国古代农业社会较早出现了大量刑法规范文本（其整体内容相当于刑法典、单行刑法和附属刑法之文本总和），因而在刑法实践活动中刑法解释现象逐渐出现，包括针对个案的刑法解释适用活动、针对文本的刑法解释文本制作，并形成了作为中国古代刑法解释理论的律学。③ 中国古代第一部成文刑法正式诞生后，中国古代的刑法解释活动也相继产生，一般认为是自公元前536年郑国的执政卿子产“铸刑书”开始。中国古代的刑法解释，在学理上可以从中国古代刑法的立法解释、司法解释、学理解释以及解释方法四个方面进行考察、总结。中国古代刑法立法解释与司法解释的重要特点是，国家没有设立专司立法解释与司法解释的机构，仅由皇帝诏令国家官吏进行刑法解释活动或者直接采用民间达人的刑法解释意见。例如，湖北云梦秦简中的《法律答问》是由高级官员作的刑法解释；东汉末年郑玄对《汉律》进行章句解释；西晋张斐、杜预应皇帝诏令对《晋律》进行注解；唐朝长孙无忌等应唐高宗诏令解释《永徽律》而作《永徽律疏》。上述刑法解释均是在皇帝下旨认可后获得权威性的。同时，中国古代刑法的立法解释文本可以独立颁行也可以附录于律文之中颁行，如自《永徽律疏》之后形成的《宋刑统》《大明律》《大清律》等都在律文之后附有注释疏解律文以阐发律文“难明之义”，补充其“未足之语”。而中国古代民间达人进行的刑法解释活动大致经历了秦朝被禁锢到秦朝之后逐步开放、发展和鼎盛的过程，西晋至明朝为中国古代刑法学理解释的深化时期，清朝以来的刑法学理解释在集历代经验之大成的基础上达到了中国古代刑法学理解释的鼎盛状态，并最终形成了中国古代蔚为壮观的律学。④

中国近现代的刑法解释实践大致可以分为清末、北洋政府时期、国民党政府统治时期三个阶段。⑤ 清末，国家开始明确规定有权进行司法解释的主体，有权解释主体统一行使司法解释权，例如光绪三十二年（1906年）颁布的《大理院审判编制法》第19条规定“大理院之审判，于律例紧要处表示意见，得拘束全国审判衙门”，1910年颁布的《法院编制法》第35条规定“大理院卿有统一解释法令必应处置之权”，以维护国家法律的统一适用。由此国家赋予有权解释主体统一行使司法解释权的传统自清末形成，并且这一司法解释传统至今仍被沿袭采用。北

---

① 赖正直. 机能主义刑法理论研究. 北京：中国政法大学出版社，2017：2.

② 同①170.

③ 魏东. 中国当下刑法解释论问题研究：以论证刑法解释的保守性为中心. 北京：法律出版社，2014：12-13.

④ 李希慧. 刑法解释论. 北京：中国人民公安大学出版社，1995：1-7.

⑤ 基于历史原因，这里所述中国近现代的刑法解释仅截至1945年中国的刑法解释，而中华人民共和国的刑法解释则纳入“中国当代的刑法解释”进行阐述。同时，本自然段所引用文献除特别注明出处的以外，均参考引自：李希慧. 刑法解释论. 北京：中国人民公安大学出版社，1995：11-15.

洋政府时期的刑法解释继续规定由大理院统一行使司法解释权，其中在民国二年（1913 年）至民国十六年（1927 年）的 15 年间作出的刑法解释例达 2 000 余件，汇编的判例达 3 900 多件①；其解释内容包括了刑法总则规定和分则条文，其解释方法有文理解释和论理解释两类（其中论理解释兼有扩张解释和缩小解释两种）。国民党政府统治时期的刑法解释，依“中华民国宪法”规定由司法院行使，民国十八年（1929 年）至民国三十四年（1945 年）期间司法院作出的刑法解释例有 698 件，此外“最高法院”也有权作出法律解释和公布判例。这一时期刑法解释以文理解释为主并辅以论理解释，刑法学理解释则因开始学习借鉴西方刑法理论而有了重大进步，有的刑法学专著对刑法的解释达到了很高的水准。国民党政府统治时期的刑法解释理论和实践，为当代中国台湾地区的刑法解释实践和理论研究奠定了良好基础，对于当代中国大陆地区的刑法解释实践和理论研究来说也具有特殊的借鉴意义。

当代中国的刑法解释活动沿袭了近现代中国刑法解释传统。大体可以这样描述当代中国的刑法解释活动：在 1979 年刑法颁行之前的刑法解释活动比较活跃，而在 1979 年刑法和 1997 年刑法颁行之后的刑法解释文本则异常丰富。

在 1979 年刑法颁行之前，作为刑法解释对象的刑法规范文本比较有限，当时仅有《惩治反革命条例》《妨害国家货币治罪暂行条例》《惩治贪污条例》等几部单行刑法规范文本，在国家刑法立法和国家法治体系极不健全的情况下，较多的有权解释文本存在解释主体繁多混杂、解释内容实质立法化的突出特点。② 具体如下：其一，随着 1954 年《宪法》和 1955 年《关于解释法律问题的决议》的颁布施行，当代中国刑法解释的有权主体实现了从法无明文规定向法有明文规定的转变，但是释出多门现象长期普遍存在。在 1955 年 6 月 23 日《全国人民代表大会常务委员会关于解释法律问题的决议》颁布之前，由于法律没有明文规定刑法解释的有权主体，刑法的司法解释性文本出自多门，如最高人民法院、最高人民检察署、公安部、政务院、中共中央、中央法制委员会、司法部、最高人民法院分院、中央节约检查委员会、政务院政法委员会等；而即便在 1955 年《全国人民代表大会常务委员会关于解释法律问题的决议》颁布施行之后，虽然法律明文规定司法解释权由最高人民法院行使，但是实际上仍然是释出多门，如最高人民法院、最高人民检察院、公安部、国务院、中共中央、中央十人小组、司法部、中央监委、中央政法小组、中国人民解放军军事法院等。其二，全国人大的立法解释很少，而其他国家机关和部门的司法解释较多但是存在解释内容实质立法化（司法解释立法化）的现象。1954 年《宪法》规定全国人大常委会行使解释法律的职权，赋予全国人大常委会刑法立法解释权，但据史料可查的当期进行的刑法立法解释只有 1 件，即 1956 年 5 月 8 日公布的《全国人民代表大会常务委员会关于被剥夺政治权利的人可否充当辩护人的决定》③；而同期的司法解释文本却有 300 多件（其中最高人民法院单独或者参与制定发布的司法解释性文件有 184 件④）。当时，司法解释立法化现象广泛而突出地存在，如 1956 年公布的《最高人民法院关于处理精神病患者犯罪问题的复函》（法研字第 5674 号）明确规定：“精神病人在不能辨认或者不能控制自己行为的时候实行对社会有危险性的行为，不负刑事责任……间歇性的精神病人，在精神正常时候的犯罪，应当负刑事责任。醉酒状态中的犯罪，应当负刑事责任。”⑤ 像这种

① 杨堪，张梦梅. 中国刑法通史：第八分册. 沈阳：辽宁大学出版社，1987：172.

② 李希慧. 刑法解释论. 北京：中国人民公安大学出版社，1995：15－18. 本自然段所引用的文献，除特别注明出处的以外，均引自李希慧所著此书。

③ 北京大学法律系刑法教研室. 刑法参考资料选编：3. 1978：163.

④ 周强. 最高人民法院司法解释汇编：1949～2013：上. 北京：人民法院出版社，2014：1.

⑤ 同③111.

借刑法司法解释之名行刑法立法之实的情况在我国1979年刑法颁行之前大量存在，这既反映了我国当时的刑法实践需要刑法司法解释立法化，也加重了当代中国刑法司法解释立法化的情况。

在1979年刑法和1997年刑法颁行之后，我国的刑法解释活动十分活跃，刑法解释文本异常丰富。其突出特点可以概括为以下五个方面：

第一，以立法形式明确有权解释的刑法解释主体是全国人民代表大会常务委员会（简称“全国人大常委会”）、最高人民法院和最高人民检察院（简称“两高”）三个国家机关（简称“三机关”）。1982年《宪法》第67条明确规定，解释法律是全国人大常委会的职权之一。1981年公布的《全国人民代表大会常务委员会关于加强法律解释工作的决议》规定：“凡属于法院审判过程中具体应用法律、法令的问题，由最高人民法院进行解释。凡属于检察院检察工作中具体应用法律、法令的问题，由最高人民检察院进行解释。”由此可以看出，全国人大常委会是法定的刑法立法解释机关，最高人民法院和最高人民检察院是法定的刑法司法解释机关。

第二，作为最高权力机关常设机构的全国人大常委会的立法解释文本逐渐受到重视并偶有作为。据资料介绍，在1979年刑法颁行后的第一个15年期间（1980年至1995年），全国人大常委会除了在有的“法律草案说明”中对有些刑法规定作过解释外，并未单独并且根据正当程序作过刑法立法解释，而全国人大常委会的职能部门（如全国人大常委会办公厅和法制工作委员会等）为回答有关机关的咨询就刑法有关规定作过解释，以及全国人大常委会的职能部门与其他国家机关联合制发过刑法解释或者解释性文件，但是“上述两种情形的解释，由于是全国人大常委会的职能部门单独或者与其他国家机关联合作出的，而不是以全国人大常委会的名义制定和公布的”①，因而不能认为是完全规范意义上的刑法立法解释。当然应当承认，虽然上述两种情形的解释不是完全规范意义上的刑法立法解释，如1981年7月16日全国人大常委会办公厅就最高人民法院提出的关于死刑的核准问题所作的复函、1984年3月24日公布的《全国人民代表大会常务委员会法制工作委员会、最高人民法院、最高人民检察院、公安部、司法部、民政部关于正在服刑的罪犯和被羁押的人的选举权问题的联合通知》、1986年7月10日公布的《全国人民代表大会常务委员会法制工作委员会、最高人民法院、最高人民检察院、司法部关于劳教工作干警适用刑法关于司法工作人员规定的通知》等，但这些解释在实质上具有刑法立法解释的价值和功能。此后，尤其是在1997年刑法颁行后，全国人大常委会依法规范制作发布的刑法立法解释（文本）逐渐形成、逐渐增多，截至2016年12月已有规范的刑法立法解释（文本）13件②，包括2000年4月29日通过的《全国人民代表大会常务委员会关于〈中华人民共和国刑法〉第九十三条第二款的解释》、2014年4月24日通过的《全国人民代表大会常务委员会关于〈中华人民共和国刑法〉第一百五十八条、第一百五十九条的解释》等；除此之外还出现了一些不规范的刑法立法解释，如2002年1月14日发布的《全国人民代表大会常务委员会法制工作委员会关于对“隐匿、销毁会计凭证、会计账簿、财务会计报告构成犯罪的主体范围”问题的答复意见》、2002年7月24日发布的《全国人民代表大会常务委员会法制工作委员会关于已满十四周岁不满十六周岁的人承担刑事责任范围问题的答复意见》等，但是从总体上看，刑法立法解释的数量仍然远远少于刑法司法解释的数量。

---

① 李希慧. 刑法解释论. 北京：中国人民公安大学出版社，1995：21-22.

② 全国人民代表大会常务委员会法制工作委员会刑法室. 中华人民共和国刑法：2016年审编版. 北京：中国民主法制出版社，2016：223-237.

第三，作为最高司法机关[①]的最高人民法院和最高人民检察院的刑法司法解释文本（“两高”司法解释文本）大量出台，甚至刑法司法解释文本的规模远超刑法及其修正案、单行刑法规范文本的规模，从而刑法司法解释文本成为刑法司法适用的重要依据和实质法规范依据。据资料介绍，仅最高人民法院单独或者联合制定发布的司法解释（文本）就有很多：1980 年 1 月至 1997 年 6 月期间有 1 520 件，1997 年 7 月至 2011 年 12 月期间有 1 647 件。[②] 2012 年 1 月以来五年多时间里的司法解释文本数量现在尚无法准确统计。更加值得注意的现象是，“两高”独自制作或者联合其他国家机关以各种名义制作的“非法定的”规范性刑法司法解释性文本大量存在，而且有的文本对外公开，有的文本则不对外公开，因此，具体数量无法准确统计。有学者认为统计刑法适用方面的规范性文件数量“几乎是一个不可能完成的任务，其中，最主要的障碍是很多规范性文件不对外公开，因而无法收集”。例如，仅 2011 年，“最高人民法院研究室答复高级人民法院法律适用问题的请示就高达 114 件”，而“公安部及其职能部门每年也会就公安机关办理刑事案件如何适用刑法规定作出各种批复”，然而“这些数量惊人的规范性文件，多数在报刊、互联网上是查询不到的”[③]。应当说，“两高”发布的“座谈会纪要”、“纪要”、“答复”和“意见”等非法定的司法解释性文本（文件）[④] 逐渐具有了司法解释的普遍性指引功能。

第四，“两高”指导性案例逐渐成为刑法解释的新形式。最高人民法院于 2010 年 11 月 26 日发布《关于案例指导工作的规定》，自 2011 年 12 月 20 日发布第一批指导性案例以来，截至 2023 年 12 月 7 日共发布了 39 批指导性案例，其中多批指导性案例中包含刑事指导性案例；而最高人民检察院自 2010 年 12 月 31 日发布第一批指导性案例以来，截至 2024 年 4 月 23 日共发布了 52 批指导性案例，其中绝大多数是刑事指导性案例。对于这些指导性案例，最高人民法院在发布指导性案例的通知中通常要求各地人民法院在审判实践中对这些指导性案例加以“参照”运用，即“供在审判类似案件时参照”。当前，最高人民法院发文明确要求法院在司法审判中必须进行类案检索、类案同判，可以说是对指导性案例制度的进一步发展。

第五，地方各级司法机关尤其是省级司法机关制定发布的地方性司法解释性文本（文件）和地方性指导案例逐渐成为司法解释性质的地方性法律知识。大致可以说，全国省、自治区、直辖市高级人民法院都有制定发布（或者制定之后不对外发布）地方性司法解释性文本的做法，从各种媒体资料中可查阅的情况来看，这类地方性司法解释性文本数量较多。以西部某省为例，当地非法集资犯罪较为突出并且处理难度较大，因此，该省高级人民法院在省委政法委、省检察院、省公安厅的深度合作之下制定并在机关内部发布了《关于当前我省办理非法集资案件若干问题的会议纪要》，其内容涉及“工作机制和办案指导原则”“非法吸收公众存款罪与非罪的认定”“刑民交叉案件的程序衔接与处置”“跨区域案件的管辖”“证据收集的范围及金额的认定”“非法吸收公众存款罪与集资诈骗罪的界限”“刑事追究人员的范围”“漏罪处理问题”“犯罪数额认定”“查封、扣押、冻结措施”“赃款赃物追缴范围”“涉案资产统一处置”

---

① 按照我国有关法律规定和法理界说，我国的最高司法机关是指最高人民法院，同时也包括作为法律监督机关和公诉机关的最高人民检察院。

② 周强．最高人民法院司法解释汇编：1949～2013：上．北京：人民法院出版社，2014：1.

③ 李立众．刑法一本通．12 版．北京：法律出版社，2016：1.

④ 根据 2007 年《最高人民法院发布关于司法解释工作的规定》第 6 条的规定，司法解释的形式分为“解释”、“规定”、“批复”和“决定”四种。据此，“两高”发布的非法定的司法解释性文本（文件），是指除“解释”、“规定”、“批复”和“决定”四种法定的司法解释形式之外的文本，主要包括“座谈会纪要”、“纪要”、“答复”和“意见”等形式的文本。参见李立众．刑法一本通．11 版．北京：法律出版社，2015：1；孟庆华，王法．“意见”是否属于刑法司法解释表现形式问题探析．临沂师范学院学报，2010，32（5）：72－74.

等，字数将近5 000字，涉及定罪量刑、资产处置和程序性规定的内容十分具体。再如，全国部分省级人民法院制定发布的《〈关于常见犯罪量刑指导意见〉实施细则》，应当说也是比较典型的地方性司法解释性文本，其对当地所属法院的刑事司法审判具有直接的法规范效力。

二、中国刑法解释学的理论沿革

如前所述，中国古代刑法实践活动中逐渐出现了较为普遍的刑法解释现象，包括针对个案的刑法解释适用活动、针对文本的刑法解释文本制作，也较早地出现了针对这些刑法解释现象的学术研究活动，形成了中国古代刑法解释理论，即律学。而中国古代律学运用的刑法解释方法包括文理解释与论理解释，尤其是论理解释中的扩张解释、缩小解释、比较解释、历史解释与类推解释等。① 同时，中国古代律学的发达与中国古代儒学和经学的发达相得益彰。有学者指出，中国古代律学的精髓是以经注律（以儒家经义注释律学），因此，"律学是中国古代特有的一门学问，是秦汉时期随着成文法典的出现，统治阶级为了使法典得以贯彻实施对其进行注释诠释因而形成的一个学术研究领域，它是中国法学的一个重要组成部分"②。而由于中国古代法律的主体内容是刑法，因而也可以说，中国古代律学不但可以被笼统地称为法律注释学，而且可以被具体地称为中国古代的刑法解释学。因此可以说，律学是我国古代封建社会法律解释理论的最高峰，其已具有反思以往的和当时的法律解释现象并且已经逐渐呈现追求某种科学合理性的特点，尽管其中还明显存在欠缺现代法治要旨（主要欠缺现代刑事法治之罪刑法定和人权保障观念）之不足。正如有学者所指出的那样，"中国古代以经注律的诸事活动，不是单纯的、机械的注释法学，而是带有浓厚的论理、说理和学理的成分和色彩，为达到注释的结论能够被人接受特别是能够上升为官方判案的依据的目的，注释学家采用了多种形式进行解释"，从而使得中国古代律学"成为中国法文化最具特色的标签与识别标识"。同时，中国古代以经注律的活动及律学因无近代意义上的罪刑法定原则的限定，而在很大程度上仍然是皇权和吏权的一种恣意适用，并导致法外用法、因人而异的恶果。③ 尽管如此，我们还是应当看到，中国古代律学以经注律的文化传承，有助于避免随意阐释法律规范，表明其对于刑法规范的法律解释（刑法解释）已经具有某种意义上的保守性趋向。④

中国近现代刑法解释学术活动，可以对应前述我国清末、北洋政府时期、国民党政府统治时期三个阶段的刑法解释实践的描述，进行某种概括性的讨论。其一，刑法解释的对象分析。刑法解释的对象只能是刑法规范文本和相应法律事实，作为刑法解释对象的刑法规范文本有《大清新刑律》、《暂行新刑律》和《中华民国刑法》等，从而有利于确保刑法解释适用的合法性。其二，刑法解释的权力分析。按照刑法解释主体的权威性可以将刑法解释划分为有权解释与学理解释两类，其中前者作为具有法律效力的刑法解释，其解释主体必须要有法律授权。有权解释主体所作解释有利于维护国家刑事法律的统一适用。其三，刑法解释的立场分析。当时的刑法解释学已经借鉴吸纳西方大陆法系国家的刑法解释理论，在刑法解释学上注意区分和讨论刑法的主观解释和客观解释。尤其是国民党统治时期的刑法解释学，关于刑法解释立场的主观解释、客观解释和折中解释的学术争议较为突出。其四，刑法解释的方法论分析。当时学术界已经提出了刑法的文理解释和论理解释的解释方法的区分，并且"刑法司法解释所采用的方法也是以文理解释为主，辅之以扩张解释和缩小解释等论理解释方法"，并"开始自觉地运用

---

① 李希慧. 刑法解释论. 北京：中国人民公安大学出版社，1995：1-11.

② 何勤华. 秦汉律学考//何勤华. 律学考. 北京：商务印书馆，2004：37.

③ 徐岱. 刑法解释学基础理论建构. 北京：法律出版社，2010：5-8.

④ 魏东. 中国当下刑法解释论问题研究：以论证刑法解释的保守性为中心. 北京：法律出版社，2014：13-14.

刑法的基本原理来解释刑法的规定”，因而“解释往往具有很强的论证性”[①]。其五，刑法解释的学术成果分析。国民党统治时期出现了王觐《中华刑法论》和郗朝俊《刑法原理》等刑法学专著，其“由于受西方刑法理论的影响，较之以前各个时期的刑法学理解释有了重大的进步”，这一时期“对刑法的解释达到了颇高的理论水平”[②]。

当代中国刑法解释学术研究渐入佳境。1979 年刑法颁行之前的当代中国刑法解释活动尽管比较活跃，但是“这一时期内部印行和公开出版的涉及刑法解释的教科书、普及读物仅有屈指可数的 9 本”，“刑法学专著仅有为数可怜的两本小册子”，这些专著以及期间发表的绝大多数论文“都难以被认为是刑法学理解释之作”，可以说“新中国成立后至《刑法》颁布施行前长达 30 年的时间内，刑法学理解释是十分贫乏的”[③]。及至 1979 年刑法和 1997 年刑法颁行之后的刑法解释文本、刑法学术研究活动均空前活跃和十分丰富，甚至可以说“1979 年《刑法》颁布后的 15 年，刑法学理解释的繁荣大概是中国历史上前所未有的，大量的学理解释对于刑法的正确适用以及刑法的修改补充起了重要的作用”[④]。然而，我们发现，尽管早在 20 世纪 80 年代中后期中国法理学界已经开始较为系统地关注法律解释学的引介和研究，如西南政法学院法学理论教研室 1986 年印制了英国学者鲁伯特·克罗斯著的《法律解释》（孔小红等译）、华夏出版社 1987 年出版了美国学者博登海默著的《法理学——法哲学及其方法》等不少法律解释学著作，但是当代中国在 1995 年以前的刑法解释理论仍然停留在仅有一些碎片化的刑法解释学知识的水平，不但没有针对刑法解释学进行专题理论研究的学术专著，而且当时刑法学专著中所论及的刑法解释学知识十分有限且根本达不到刑法解释学知识体系化的基本要求，如当时全国统编教材《刑法学》也仅仅在第四章第二节简单介绍了“刑法的解释”的概念和分类。[⑤] 文献检索表明，刑法学界和民法学界对相应的部门法解释理论的系统化研究均大致始于 1995 年。例如，民法学界当时仅有《民法基本原则解释：成文法局限性之克服》（徐国栋，中国政法大学出版社 1992 年版）、《民法解释学》（梁慧星，中国政法大学出版社 1995 年版）等屈指可数的民法解释学论著。刑法学界的情况是：直到 1995 年，当代中国才有了真正意义上的较为系统的刑法解释学研究，其标志性事件是李希慧的同名博士学位论文《刑法解释论》的公开出版，高铭暄为该书作序并指出，“《刑法解释论》一书不仅对刑法解释作了古今中外的历史考察，而且对刑法解释的基本思想、概念、特征、功能、分类、原则、方法等都作了详尽的分析和探讨”，相信中国刑法学者阅读该书后，“将会对刑法解释这样一个科学领域和实践活动，获得更深一层的认识”[⑥]。

可以说，1995 年对于当代中国的刑法解释学而言是一个真正开始走向学术化系统研究的新起点，自此以后中国刑法解释学的理论研究逐步繁荣并取得了辉煌成就。笔者通过中国知网，以“刑法解释”为关键词，以“中文社会科学引文索引”（cssci）为来源，检索到的自 1995 年至 2023 年底的相关中文文献有：公开出版专题研究刑法解释学原理的重要专著 50 余部，完成博士学位论文答辩的专题研究刑法解释学原理的重要博士学位论文 20 余篇、重要硕

---

① 李希慧. 刑法解释论. 北京：中国人民公安大学出版社，1995：14 - 15.

② 同①14 - 15.

③ 同①19 - 20.

④ 同①25.

⑤ 高铭暄. 刑法学. 北京：法律出版社，1982：46 - 48.

⑥ 同①1 - 2.

士学位论文100余篇[①]，专题研究刑法解释学原理的重要学术论文200余篇。[②] 从这一粗略统计可以看出，刑法解释学的专题研究专著和博士学位论文总数达70余部（篇），其研究成果不可谓不丰硕，其研究的广度和深度不可谓不令人刮目相看。综合观察当代中国最近20余年刑法解释学的理论研究成果，大致可以概括为以下诸方面：

第一，刑法解释学的基本原理体系化。

中国刑法解释学理论研究已经触及世界范围内法解释学和刑法解释学所论及的全部基础理论与前沿理论诸问题，其主体内容是刑法解释学的基本范畴与重要原理。除此之外，还有数量巨大的刑法具体问题（包括刑法总则规定和分则规定）的解释适用研究成果，其中包括刑法解释学基本原理问题研讨的研究成果。

关于刑法解释学的基本范畴问题，既有研究成果所论及的刑法解释学的基本范畴目前可以归纳为以下12个，即：刑法解释、刑法解释价值（原则）、刑法解释功能（任务）、刑法解释类型、刑法解释立场、刑法解释限度、刑法解释主体、刑法解释权、刑法解释对象、刑法解释方法、刑法解释过程、刑法解释结论。上列12个基本范畴，依据一定逻辑关系可以组成刑法解释学范畴体系并构建刑法解释学的基本原理。针对刑法解释学的12个基本范畴及其组成的范畴体系展开理论研讨，有利于形成较为完备的刑法解释原理。

例如，我国有学者提出了刑法解释权、刑法解释行为和刑法解释结论的三范畴体系理论，认为，“刑法解释权是刑法解释学的基石范畴，刑法解释行为是刑法解释学的逻辑中介，而刑法解释结论及其运用则是刑法解释学的逻辑终点”。其中只有刑法解释权是刑法解释学的基本范畴（基石范畴、核心范畴与关键范畴），刑法解释权作为刑法解释学的学科开端或逻辑起点，使得刑法解释主体得以实施刑法解释行为。[③] 解释权（刑法解释权）是法律解释学的重要范畴，法律解释史以及法律解释学术史上均对其予以特别关注，但是在西方近现代法律解释（学）中，解释权问题应当说逐渐呈现出宽泛化和淡化的趋势。其原因可能是多方面的：既是民主政治论（司法民主）的内在要求，也是法律解释学诠释学化和哲学解释学化的内在逻辑，更是法律解释学科学论规范化的必然结果，法律职业共同体乃至全体公民均有遵从法治理念的“解释权”，均有发表法律解释意见，进行解释性交谈、解释性沟通和意见交换、解释性论证的“解释权”。然而，一方面，应当承认法官（以及其他执法人员）具有独断的、权威的、“有效力的”法律解释权，其法律解释（结论）具有确定司法裁判结论（裁判结果）的“活的法”效果；另一方面，中国所客观存在的公布司法解释文本（以及司法解释性质的文本）的传统至今强势发展的现状，客观上也要求中国刑法解释学必须持续关注和认真对待“解释权”问题，以及与此相关的“（司法）解释体制”问题，这可以说是中国特色的刑法解释学必须予以特别考量的问题。从而可以说，“刑法解释权”应当成为刑法解释学的一个重要范畴。有学者在刑法解释学专著的体系安排中隐含指出了刑法解释学的基本范畴包括刑法解释（以及刑法解释的主体、刑法解释的对象/客体、刑法解释的目的和刑法解释的态式等四个方面的内容）、刑法解释的基本思想和原则以及刑法解释的方法（以及刑法立法解释、刑法司法解释和刑法学理解释）等。[④] 有学者提出，“刑法解释基本原理就包括刑法解释的理念、刑法解释的基本方法以及刑

---

① 以“刑法解释（学）”为主题的硕士学位论文数量增长较快：2016年6月仅有80余篇，但在2019年5月3日增为100余篇。也就是说，2017年至2018年，平均每年有大约10篇硕士学位论文的选题是“刑法解释（学）”专题，这一现象值得关注。

② 魏东. 中国刑法解释（学）的学术考察//魏东. 刑法解释：总第6卷. 北京：法律出版社，2021：37.

③ 徐岱. 刑法解释学基础理论建构. 北京：法律出版社，2010：16－18.

④ 李希慧. 刑法解释论. 北京：中国人民公安大学出版社，1995：1－3，40－41.

法解释的运用规则三个有机组成部分”[①]，即认为刑法解释学的基本范畴包括刑法解释的理念、刑法解释的方法、刑法解释的运用规则。还有学者“从权力角度分析了刑法解释本身这一范畴”，明确提出了刑法解释权的范畴，深入分析了刑法解释中“最为关键的那些要素”，如刑法解释对象、刑法解释主体、刑法解释场景、刑法解释形式、刑法解释结论，并专题讨论了刑法解释方法等问题[②]，由此可以认为该学者提出的刑法解释基本范畴包括以下八个：刑法解释、刑法解释主体、刑法解释权、刑法解释对象、刑法解释场景、刑法解释形式、刑法解释方法、刑法解释结论。这些学者提出和讨论刑法解释学的基本范畴，有利于刑法解释学的基本范畴体系化，进而有利于刑法解释学原理的逐步成熟、深化和体系化。尽管这方面的学术努力还有待进一步强化并进一步形成学术共识，但是仍然可以说这是中国刑法解释学的基本原理体系化的最重要表征。

第二，刑法解释学的知识论本土化与适用论中国化。

刑法解释学的知识论本土化，指的是刑法解释学的基本范畴与原理内化为中国刑法学整体理论的有机组成部分。刑法解释这一基本范畴目前已成为我国全部刑法学教科书和刑法解释学论著的基本概念，尽管其在内涵阐释上还存在差异，但是其已内化为我国传统的和革新的刑法学与刑法解释学的最为基础性的刑法知识。例如，刑法解释价值（功能）、刑法解释立场、刑法解释限度和刑法解释原则，作为四个关联性十分紧密的概念亦成为中国各种刑法解释理论与实践中的“常客”，如刑法的主观解释与客观解释之争、刑法的形式解释与实质解释之争，都经常运用刑法解释价值（功能）与刑法解释立场为其各自解释行为及结论提供理论支撑。刑法解释主体、刑法解释权、刑法解释对象、刑法解释行为（过程）、刑法解释方法、刑法解释结论（论证性和可接受性），业已成为中国刑法立法解释、司法解释和适用解释之理论研讨和实践应用中最为常用的“关键词”，而无论其使用者采用中国传统的四要件犯罪论体系还是德日阶层论体系，均能够毫无障碍地把这些关键词充分地运用于具体的解释论阐释之中。

刑法解释学的适用论中国化，指的是刑法解释学基本原理的实践应用旨在有效解决中国刑法适用问题和中国刑事法治建设问题（“中国问题”），其最主要的内容是对刑法总则和分则的解释适用。这方面的例证比较多。例如，关于刑法总则问题的解释适用，针对罪刑法定原则、犯罪成立和形态、刑罚及其具体运用等的理解适用，就其出现的解释结论的一致性分析与分歧性批评，关于刑法分则问题和具体个案的解释适用中出现的解释结论的一致性分析与分歧性批评，论证中均充分体现了刑法解释学的适用论中国化特征。

刑法解释学的知识论本土化与适用论中国化的研究成果中，有以下两个重要命题值得特别提及：一是功能主义刑法解释论命题，二是刑法解释保守性命题。

其一，功能主义刑法解释论命题。在当下“互联网＋人工智能”时代，人类社会面临着复杂的社会风险，在积极预防刑法观和刑法立法观盛行的背景下，中国刑法学界积极开展功能主义刑法解释论的学术研究，有利于推动和实现中国刑法解释学的知识论本土化与适用论中国化。功能主义刑法解释论是新引入我国并备受关注的一种学术新见，有学者认为在“一定程度上，功能主义刑法解释论是对积极一般预防主义的回应，也是安全刑法观在解释论上的反映”，“是功能主义刑法观在解释论上的表征”[③]，其“有助于解决在复杂社会中刑法如何有效回应社会需求的问题”[④]，有利于我国刑法在社会转型新时代背景下应对智能化和网络化的重大社会

① 王海桥. 刑法解释的基本原理：理念、方法及其运作规则. 北京：法律出版社，2012：34.

② 林维. 刑法解释的权力分析. 北京：中国人民公安大学出版社，2006：1，18，50－81，82－144.

③ 赵运锋. 功能主义刑法解释论的评析与反思：与劳东燕教授商榷. 江西社会科学，2018，38（2）：183－191.

④ 劳东燕. 能动司法与功能主义的刑法解释论. 法学家，2016（6）：13－28，175.

风险。劳东燕指出："将刑事政策的目的性思考整合其中的解释论，注重解释结论的政策与社会效果，注重刑法所发挥的社会功能。就此而言，这样的一种刑法解释论完全是功能主义导向的，故可称之为功能主义的刑法解释论。"① "倘若将传统刑法解释论的特点归纳为逻辑性、形式性、封闭性与回溯性，那么，功能主义的刑法解释论的特点便是目的导向性、实质性、回应性（或开放性）与后果取向性（或前瞻性）。在某种意义上，当前我国刑法学中方兴未艾的形式解释论与实质解释论之争，可谓处在传统刑法解释论与功能主义的刑法解释论之争的延长线上。功能主义的刑法解释论的前述特点，从根本上而言乃是缘于，包括刑法解释在内的法解释，已不再被视为寻找与发现法律之真实含义的方法，而是作为法的实体而存在。"② 按照劳东燕的理解，功能性刑法解释论是指功能主义导向性、刑事政策目的导向性、回应性（或开放性）与后果取向性（或前瞻性）、实质正义导向性、哲学诠释学本体论导向性的刑法解释论，以此区别于"逻辑性、形式性、封闭性与回溯性""方法论"的传统刑法解释论。当然，刑法解释学的功能主义范式还有一些重要的基础理论问题值得进一步研究。

其二，刑法解释保守性命题。刑法解释保守性有效契合了刑法所特有的罪刑法定原则和刑法谦抑性的基本要求，有利于合理权衡刑法的秩序维护与人权保障之间的价值紧张关系，具有十分重大的学术价值和实践意义③，有利于准确把握当下中国刑法的主观解释与客观解释之争、形式解释与实质解释之争的实质内核，也体现了中国刑法解释学的知识论本土化与适用论中国化的特点。法理学一般认为，法学在总体上看是一门比较保守的学科，保守性是法学的一种重要性质。④ 刑法解释保守性命题获得了较多刑法学者的认同⑤，因为罪刑法定原则的基本含义就是适当限制国家刑罚权以充分保障人权，其基本要求是刑法解释必须保守和内敛，反对过度解释，反对国家刑罚权的过度张扬。而"刑法谦抑性究其实质，无非是限制刑法的扩张，使其保持在一个合理的范围之内，其可以通过刑事立法上的犯罪圈的划定、刑罚处罚范围、处罚程度和非刑罚处罚方式的适用、刑法解释等方面加以体现，其中刑法解释因是动态的刑法适用第一层次的问题，最能够体现刑法谦抑的精义"⑥。有的刑法学者强调了刑法解释的从属性、严格性等特征。例如有的学者明确指出，刑法解释的特征之一是"解释性质的从属性"，认为刑法解释具有从属于刑法立法的性质，刑法解释的任务只是对已有刑法规范的含义进行阐明，不能突破刑法立法所确立的刑法规范。⑦ 有的刑法学者指出，刑法解释的从属性是指刑法解释必须充分尊重和严格遵从刑事立法的内容、精神和权威，并且严格遵从刑法规定的字面含义、刑法立法的目的、刑法的效力等；刑法解释的严格性是指进行刑法解释时必须格外慎重，需要谨慎操作、严格解释。⑧

第三，刑法解释学的学术之争与有限教义化。

21世纪初以来，中国刑法解释学研究出现了难能可贵的三个维度学术之争：刑法的形式

---

① 劳东燕. 功能主义刑法解释论的方法与立场. 政法论坛，2018，36（2）：10-27.

② 劳东燕. 能动司法与功能主义的刑法解释论. 法学家，2016（6）：13-28，175.

③ 魏东. 刑法解释保守性命题的学术价值检讨：以当下中国刑法解释论之争为切入点//陈金钊，谢晖. 法律方法：第18卷. 济南：山东人民出版社，2015：220-236.

④ 苏力. 反思法学的特点. 读书，1998（1）：1-8.

⑤ 魏东. 中国当下刑法解释论问题研究：以论证刑法解释的保守性为中心. 北京：法律出版社，2014：7.

⑥ 徐岱. 刑法解释学基础理论建构. 北京：法律出版社，2010：75.

⑦ 赵秉志，陈志军. 论越权刑法解释. 法学家，2004（2）：69-81.

⑧ 王季秋. 论刑法解释的若干问题. 武汉：武汉大学，2004：9-18；杨艳霞. 刑法解释的理论与方法：以哈贝马斯的沟通行为理论为视角. 北京：法律出版社，2007：182-186.

解释与实质解释之争（解释限度之争）①、主观解释与客观解释之争（解释立场之争）②、传统刑法解释论与功能主义刑法解释论之争（解释范式之争）。③ 如何看待当下中国刑法解释学的三维学术之争？目前较有影响的学术观点认为，通过刑法的形式解释与实质解释之争，较有折中色彩的刑法解释学命题逐渐形成：刑法的形式解释论者声称，其在先审查刑法规范条文文义的前提下并不反对实质化审查；刑法的实质解释论者则主张，在实质化审查刑法规范条文规范目的和行为的可罚性的条件下，应限定刑法规范条文语义的射程范围④，从而在刑法的"保守的实质解释"与"开放的形式解释"之间形成某种具有共识性的刑法解释结论，由此形成了中国刑法解释学的大体一致的有限教义化。该刑法解释学命题体现出"我们对中国大陆当下司法样态的判断基本一致，给出的解决方案也大体一致"⑤。通过刑法的主观解释与客观解释之争，刑法学界逐渐形成了统一认识并走向刑法的客观解释论。⑥ 正如陈兴良指出："在刑法解释的立场上，我是主张客观解释论的，但在刑法解释的限度上，我又是主张形式解释论的，两者并行不悖。其实，主观解释论与客观解释论的问题，在我国基本上已经得到解决，即客观解释论几成通说。我国最高人民法院在有关的指导性案例中，也明显地倡导客观解释论。"⑦ 因此也可以说，传统刑法解释论范式具体包括刑法解释限度范式（形式解释与实质解释）、刑法解释立场范式（主观解释与客观解释），它们均与作为刑法解释范式的功能主义刑法解释学范式相对应。通过传统刑法解释论与功能主义刑法解释论之争，我们应当认为，"在某种意义上，当前我国刑法学中方兴未艾的形式解释论与实质解释论之争，可谓处在传统刑法解释论与功能主义刑法解释论之争的延长线上"⑧。但是，"以往将二者理解为此消彼长的关系模式并不可取。按照该种模式处理，要么损耗刑法体系自主性的一面，从而危及法的客观性乃至规则之治的价值，现有倡导实质论范式的相关研究都或多或少存在这方面的问题；要么对刑法体系的应变性

---

① 典型表现是《中国法学》2010 年第 4 期同时发表了著名刑法学家陈兴良和张明楷的争鸣文章．陈兴良．形式解释论的再宣示．中国法学，2010（4）：27－48；张明楷．实质解释论的再提倡．中国法学，2010（4）：49－69．此外还参见刘艳红．走向实质的刑法解释．北京：北京大学出版社，2009：2；刘艳红．实质刑法观．北京：中国人民大学出版社，2009：254；劳东燕．刑法解释中的形式论与实质论之争．法学研究，2013，35（3）：122－139；魏东．刑法解释保守性命题的学术价值检讨：以当下中国刑法解释论之争为切入点//陈金钊，谢晖．法律方法：第 18 卷．济南：山东人民出版社，2015：220－236；魏东．中国当下刑法解释论问题研究：以论证刑法解释的保守性为中心．北京：法律出版社，2014：122－123．

② 许发民．论刑法客观解释论应当缓行．刑法论丛，2010（3）：165－191；魏东．刑法解释保守性命题的学术价值检讨：以当下中国刑法解释论之争为切入点//陈金钊，谢晖．法律方法：第 18 卷．济南：山东人民出版社，2015：220－236．

③ 劳东燕．能动司法与功能主义的刑法解释论．法学家，2016（6）：13．

④ 魏东．刑法解释保守性命题的学术价值检讨：以当下中国刑法解释论之争为切入点//陈金钊，谢晖．法律方法：第 18 卷．济南：山东人民出版社，2015：220－236．

⑤ 邓子滨．中国实质刑法观批判．2 版．北京：法律出版社，2017：15；陈兴良．刑事法评论：第 28 卷．北京：北京大学出版社，2011：2－3．

⑥ 陈兴良．形式解释论的再宣示．中国法学，2010（4）：27－48．

⑦ 陈兴良．形式解释论的再宣示．中国法学，2010（4）：27－48．陈兴良在该文中明确提出了"在刑法解释的限度上，我又是主张形式解释论的"的观点，即主张刑法解释限度之形式解释论（可能类似于刑法解释限度之"法文语义说"），这是值得关注的学术见解。理论上，关于刑法解释限度的理论争议，主要有以下三种学说之争：一是法文语义说（语义可能含义说、语义可能说、文义射程说），主张从法律条文的语义中寻求法文语义；二是法律逻辑含义说（犯罪定型说），主张在符合立法原意并在原有法律条文的逻辑含义内确定其含义，或者从法的犯罪定型中去寻求犯罪定型；三是预测可能性说（国民预测可能性说、明显无突兀感说），主张从一般人的预测可能性中寻求符合国民预测可能性的含义。参见付立庆．刑法扩大解释与类推适用的区分标准：明显突兀感说的提出及其展开//魏东．刑法解释：总第 5 卷．北京：法律出版社，2020：1－14．

⑧ 同③．

一面置若罔闻，根本不考虑或者很少考虑刑法体系如何根据外部环境进行适应性调整的问题，现有倡导形式论范式的相关研究，其根本性的缺陷即在于此”①，因此应当肯定刑法解释范式的发展方向是功能主义刑法解释论。② 应当说，这些学术观察结论是比较客观的、基本成立的。中国刑法学界通过学术讨论逐渐统一认识并走向刑法的客观解释、功能主义解释，应当说这也是我国逐渐形成较有中国特色的刑法解释学的有限教义化的例证。

第四，刑法解释学的发展方向。

要想对刑法解释学进行源流梳理和理论观察，就要首先简要归纳刑法解释的实践发展方向，这种实证性的观察总结有助于恰当开展刑法解释的学术分析；在此基础上，刑法解释学术史的考察分析才可能更有意义，才有条件审查相应历史时期刑法解释实践学术活动的根基，才使得分析刑法解释学术史从而提出基本问题的理论研讨有理有据。

刑法解释的发展方向应该如何判断？这是我们在观察论述刑法解释学术史的时候需要审查思考的一个重要的实践问题和实证依据。

如前所述，西方国家的法律解释实践经历了严格解释与灵活解释的交替反复之后，最终在当今走向了法律的灵活解释，可以说适当的灵活解释是当今刑法解释的基本面貌。古罗马开启并经历了“从严格解释到自由解释再到严格解释”的法律解释活动③，而中世纪对古罗马法的法律解释则表现为“从严格解释到灵活解释的历程”④；及至近现代，大陆法系国家的刑法解释在 19 世纪早期和中期奉行严格解释主义，从 19 世纪晚期开始直到 20 世纪逐渐转向了灵活解释主义；自 20 世纪以来直到当下，灵活解释主义作为一种刑法解释立场已经越来越被普遍接受。就英美法系而言，19 世纪的英国制定法解释受大陆法系国家奉行法律严格解释的影响，则呈现出法律的严格解释的倾向，但自 20 世纪以来英国法律解释逐渐回归转向了法律的灵活解释主义，美国制定法解释也经历了早些时期的法律的严格解释到后来乃至当今的法律的灵活解释的变化。

中国历史上的法律解释实践也是在经历了严格解释与灵活解释的交替反复之后，最终在当今也走向了法律的灵活解释、客观解释和实质解释。古代中国的法律注疏活动始终体现了阐发律文“难明之义”、补充其“未足之语”的基本特点，近现代中国刑法解释也是在借鉴吸纳西方国家刑法解释实践做法的基础上经历了逐渐发展探索的过程；及至当代中国，不但全国性的法律解释性文本大量出现，地方各级司法机关制定发布的地方性司法解释性文本（文件）和地方性指导案例逐渐成为司法解释性质的地方性法律知识，而且法律适用解释活动也逐渐体现了较为灵活的客观解释和实质解释的特点。

可以说，中国刑法解释实践活动的基本面貌体现了与西方国家的刑法解释逐步倾向于灵活解释的发展方向上的一致性。换言之，中国和西方的刑法解释的发展方向具有趋同性，都表现为：反对机械的严格解释，主张适当的灵活解释、适当的客观解释和适当的实质解释，并且当前共同趋向都是逐步走向功能主义刑法解释。相应地，中国刑法解释学和西方刑法解释学的共

① 劳东燕. 功能主义的刑法解释. 北京：中国人民大学出版社，2020：9-10.

② 劳东燕. 能动司法与功能主义的刑法解释论. 法学家，2016（6）：13；赖正直. 机能主义刑法理论研究. 北京：中国政法大学出版社，2017：1-2；劳东燕. 功能主义刑法解释论的方法与立场. 政法论坛，2018，36（2）：20；张庆立. 德日机能主义刑法学之体系争议与本土思考. 华东政法大学学报，2018，21（3）：126；赵运锋. 功能主义刑法解释论的评析与反思：与劳东燕教授商榷. 江西社会科学，2018，38（2）：183；劳东燕. 刑事政策与功能主义的刑法体系. 中国法学，2020（1）：126；劳东燕. 功能主义刑法解释的体系性控制. 清华法学，2020，14（2）：22.

③ 李希慧. 刑法解释论. 北京：中国人民公安大学出版社，1995：25-29.

④ 李希慧. 刑法解释论. 北京：中国人民公安大学出版社，1995：29-30；杨仁寿. 法学方法论. 台北：文太印刷企业有限公司，1987：21-22.

同发展倾向，都是功能主义的刑法解释学以及“将存在论、认识论、方法论的统一和结合”的刑法解释学。因此，当代中国刑法解释学必须尽快实现由原初的功能主义到结果与方法并重整全论的功能主义的范式转型，以结果与方法并重整全论、刑法解释方法确证功能体系化、司法公正相对主义为重要创新维度，以“宏观同质、微观互补”的刑法教义学与刑法解释学关系论为基础，维持刑法解释学的学科独立性，强化刑法解释学的方法论特色。

下编

本体论与方法论

第三章　刑法解释的概念与特点

假使认为，只有在法律文字特别“模糊”、“不明确”或相互矛盾时，才需要解释，那就是一种误解。全部的法律文字原则上都可以，并且也需要解释……只要法律、法院的判决或契约不能全然以象征性的符号语言来表达，解释就始终必要。①

——［德］卡尔·拉伦茨

第一节　刑法解释的概念

刑法解释，是指对刑法规定含义的理解、释明和具体适用。

如前所述，刑法解释概念中的“解释”，包括“解”“释”“具体适用”三个关键词。一是“解”，即理解。理解是以前理解（前见）为基础的，前理解对理解具有基础价值和重大影响。二是“释”，即诠释、阐释、解释、释明、阐明、说明。这表明，解释需要在理解文本的基础上对文本的具体含义进行释明。三是“具体适用”，即具体适用于个案的过程以及得出的解释结论。例如，法官对个案的审判（审理及判决结果），就是法官对刑法规定和个案事实的刑法解释，或者说是法官将刑法规定具体适用于个案的刑法解释（活动）。刑法解释概念中的“刑法规定”，在有的论著中被表述为“刑法规范”“刑法条文”“刑法文本”“刑法立法文本”“刑法立法规范文本”等，应当认为它们的基本含义是一致的，只是表述的角度有所不同。

一、关于刑法解释的概念逻辑

概念界定在本质上是一种形式逻辑方法。刑法解释在形式逻辑上是法律解释的下位概念，因此刑法解释的概念界定必然遵从法律解释的概念逻辑，应当以法律解释的概念逻辑分析为起点。法理学认为，法理学上对于法律解释是否必要这一问题存在争议，“而要回答法律解释及法律解释学的必要性，我们就必须对法律解释或法律解释学是什么搞清楚”②；再者，法律解释是法律解释学的一个十分重要的、奠基性的基本范畴，因此有必要首先对其加以概念界定，这是深入展开法律解释学的理论研究需要解决的首要问题。关于法律解释的概念，西方学者对此主要有以下四种用法或理解：一是解释性活动说或者“泛解释论”。如德沃金认为，法律是一种解释性活动，是通过解释的方法解决新的法律问题和使法律自身不断得到发展的法的运用，包括立法解释和司法解释等。二是执法活动说或者司法活动说。该理解认为，解释是法律运作过程的一个阶段，是与立法有别的执法活动，主要是司法或裁判活动。三是司法技术说。该理解认为，法律解释是一种与填补漏洞有别的司法技术，它是通过扩大或者缩小法律规定的文字内含的办法解决所要处理的案件。四是学理解释说。该理解认为，法律解释是法学家

---

① 拉伦茨. 法学方法论. 陈爱娥，译. 北京：商务印书馆，2003：85.

② 陈金钊，焦宝乾，桑本谦，等. 法律解释学. 北京：中国政法大学出版社，2006：19.

对法律文本或社会事实进行研究，以阐述法律真实含义的活动。其中，第二种和第三种认识，即执法活动说或者司法活动说、司法技术说是西方法解释学关于法律解释的含义的主流见解。①

而我国法理学界关于法律解释的见解，经历了一个从与上列西方法理学见解不一致到接近一致的过程。我国的权威性文件中只承认立法机关、最高司法机关和最高行政机关有权进行法律解释，“是不允许或不承认一般的司法行政机关的工作人员所进行的‘执法’活动为‘法律解释’的”，对此意义上的“法律解释”，学界一般称之为“解释性立法”；我国法律解释学者后来逐步认识到“应该认真研究和科学地吸纳西方占主流观点的‘法律解释’理解”，即认为，法律解释的含义所指在总体上不是以“立法”而是以“执法”或处理社会纠纷为对象，讲的是审理案件中法律的“适用”问题，是“适用”法律的一种方式或技术，即侧重于司法活动并且认为这一领域才是真正的“法律解释”。② 因此，有学者指出，作为一种具有普适性的理解，法律解释一般是指在具体个案中或者与法律适用相联系的一种活动。③ 有鉴于此，一方面，我国法理学者针对中国法律解释的概念界定与西方法理学者视野里的法律解释的概念界定之间的大异其趣，感叹，“如果要和国外学者去交流，就请记住这句话，他们讲的法律解释必然是在个案裁判中适用法律这样一种解释，而不是我们国内所讲的法律解释。因为我们的法律解释概念是个抽象的概念，而他们的解释是在个案中法官的解释，这种分歧是非常非常大的。当然要承认他们的这种理解是更具普适性的，而我们的理解是关起门来的自我欣赏的理解”④。另一方面，我国法理学者还主张吸纳中西方两种不同的法律解释理论与实践经验，将法律解释分为广义的和狭义的两种，即“将西方针对个案的解释称为狭义的法律解释，将中国式的法律解释归入广义的法律解释。广义的法律解释指对法律内容的说明。狭义的法律解释仅指与个案相关的对法律内容的说明与选择、确定适用规范的推理过程”，“西方的法律解释是经审法官的行为，而在中国法官这类行为没有正当性；中国的法律解释在西方人看来又不是法律解释。也就是说，以西方的概念，中国没有法律解释；以中国的概念，则西方没有法律解释。为了求得一个可以用来描述东西方不同行为的‘法律解释’概念，只能以此‘偷懒’的办法”⑤，这样，法律解释不仅包括对法律文字的理解，也包括对立法者意图的探究，还包括对社会利益的平衡、对社会公理的认同。

综合中西方法理学界的学术见解，笔者认为法律解释不仅包括对法律文字的理解，也包括对立法者意图的探究、对社会利益的平衡、对社会公理的认同，因此对法律解释的概念作出以下界定比较合理：法律解释是指对法律规定含义的理解、阐明和具体适用。借助法理学对法律解释的概念界定方式，笔者认为，对刑法解释的概念作出如下界定是合理的：刑法解释，是指对刑法规定含义的理解、释明和具体适用。

二、关于刑法解释的概念争议与回应

中国刑法解释学者对刑法解释的概念界定也有一个逐步摸索、借鉴吸纳中西方法律解释学尤其是西方刑法解释学原理、臻于完善的发展过程。李希慧认为，我国学者提出的刑法解释概念可以归纳为以下五种：一是规范含义阐明说，如认为“刑法的解释就是对刑法规范含义的阐

① 严存生. 西方法哲学问题史研究. 北京：中国法制出版社，2013：583-585.

② 同①587-589.

③④ 张志铭. 法律解释原理//朱景文. 法理学专题研究. 2版. 北京：中国人民大学出版社，2010：435-478.

⑤ 周永坤. 法理学：全球视野. 4版. 北京：法律出版社，2016：294.

明"①；二是规范含义及其适用阐明说，如主张"刑法解释就是阐明刑法规范的含义及其适用"②；三是规范的内容、含义及其适用原则阐释说，如认为刑法解释"是对刑法规范的内容、含义及其适用的原则等所进行的阐释"③；四是刑事法律意义、内容及其适用说明说，如提出"刑法的解释，就是对刑事法律的意义、内容及其适用所作的说明"④；五是规范、概念、术语、定义说明说，如主张刑法解释是"对刑法规范的含义以及所使用的概念、术语、定义等所作的说明"⑤。对上述五种定义，李希慧认为其均存在以下缺陷：都未对刑法解释的主体加以描述，均没有对刑法解释的态式作全面的揭示，均未准确地反映刑法解释的对象范围，均未能准确地确定刑法解释的目的。在此基础上，李希慧提出了刑法解释的"第六种定义"，即：刑法解释，是指国家权力机关、司法机关或者其他机关、社会组织、人民团体、法律专家、学者、司法工作者或者其他公民个人，对刑法规定的含义进行阐明的活动，或者这些主体对刑法规定含义进行阐明的结论。⑥

李希慧关于中国学者提出的刑法解释概念的学术归纳较为客观、全面，其个人提出的有关刑法解释概念的学术见解在相当长一段时间内具有一定的代表性，获得了一些刑法学者的支持。例如，陈志军认为，"刑法解释是指国家机关、组织或者个人，根据有关法律规定、法学理论或者自己的理解，对刑法规范的含义等所作的说明"；刑法解释具有以下三个基本特征：解释主体的广泛性（包括刑法解释的权力主体和权利主体）、解释对象的特殊性（解释的对象是刑法规范）、解释性质的从属性（刑法解释具有从属于刑法立法的性质）。⑦ 再如徐岱也认为，刑法解释的概念必须反映刑法解释的主体、刑法解释的对象、刑法解释的目的、刑法解释的样态等四要素，因而刑法解释的概念应当被界定为，"刑法解释是指国家权力机关、司法机关、社会组织及公民对法律文本的意思，基于立法目的所进行的理解与说明"⑧。

自 21 世纪之交开始，中国刑法学者对刑法解释的概念界定逐渐走向简明、科学，高铭暄、马克昌、陈忠林、张明楷等著名学者均给出了较为一致的简明而合理的刑法解释概念，并对刑法解释的"真相"予以深刻揭示。例如，高铭暄、马克昌等主张，刑法解释是对刑法规范含义的阐明⑨；张明楷认为，刑法解释是对刑法规定意义的说明⑩，刑法解释的对象是刑法规定，刑法解释的目标应是存在于刑法规范中的客观意思，刑法解释必须同时适应保护法益和保障人权的需要⑪；陈忠林和袁林指出，刑法解释不仅限于对刑法规范意义的说明这种结果或行为，也包括对刑法规范的理解过程，因此刑法解释不一定要采用书面或口头言辞进行阐释的形式，解释者"将自己的理解付诸行动"同样是一种"解释"⑫。除这些刑法学者之外，最高人民法院刑事审判法官牛克乾提出的相关见解也值得关注。牛克乾认为，法理学界关于法律解释范畴

---

① 高铭暄. 中国刑法学. 北京：中国人民大学出版社，1989：41.

② 胡新. 新编刑法学：总论. 北京：中国政法大学出版社，1990：20.

③ 金凯，章道全. 中华人民共和国刑法简明教程. 济南：山东人民出版社，1987：20.

④ 杨春洗，甘雨沛，杨敦先，等. 刑法总论. 北京：北京大学出版社，1981：71.

⑤ 杨敦先，张文. 刑法简论. 北京：北京大学出版社，1986：29.

⑥ 李希慧. 刑法解释论. 北京：中国人民公安大学出版社，1995：39-49.

⑦ 赵秉志，陈志军. 论越权刑法解释. 法学家，2004（2）：69-81.

⑧ 徐岱. 刑法解释学基础理论建构. 北京：法律出版社，2010：119.

⑨ 高铭暄，马克昌. 刑法学：上编. 北京：中国法制出版社，1999：20-25.

⑩ 张明楷. 刑法学. 2 版. 北京：法律出版社，2003：39.

⑪ 张明楷. 刑法学：上. 5 版. 北京：法律出版社，2016：28-30.

⑫ 陈忠林. 刑法的解释及其界限//赵秉志，张军. 中国刑法学年会文集：2003 年度：第 1 卷：刑法解释问题研究. 北京：中国人民公安大学出版社，2003：39-57；袁林. 以人为本与刑法解释范式的创新研究. 北京：法律出版社，2010：21.

的纷争对刑法学界关于刑法解释的概念界定影响不大，并且刑法解释的概念尽管存在分歧但是并没有成为学术研究的热点，大量刑法教科书对刑法解释有两种主张：一种主张刑法解释是对刑法规范含义的阐明①，另一种主张刑法解释是对刑法规定意义的说明。② 牛克乾指出，关于刑法解释的概念及其内在意蕴，刑法学界大体有四点共识，即刑法解释的主体并无特别限制、刑法解释的效力可做有效和无效以及正式解释和非正式解释的区分、刑法解释的场合和目的并不做特别限定、刑法解释是动态解释活动和静态解释结论的统一。在刑法学界，刑法解释概念界定的最大分歧点在于对刑法解释对象的认识不同，即刑法解释究竟解释的是刑法规范还是刑法条文。牛克乾认为，法律解释的对象应该是法律条文（法律规定）而非法律条文所体现的法律规范，刑法解释是对刑法规定意义的说明。牛克乾还强调说，我国刑法解释学基于刑法解释分类的共识仍然存在两个明显的不足：一个是将立法解释和司法解释归结为正式解释的全部，而同样具有法律效力的适用性刑法解释，尤其是法官的个案刑法解释未能得到体现；另一个是将学理解释等同于非正式解释，但忽略了理应受到关注且对维持刑法解释范畴体系完整性和系统性至关重要的任意解释。③

笔者认为，尽管刑法解释的主体、权力、目标和目的、体制以及刑法解释方法和结论等问题均可以成为刑法解释需要关注的要素，但是可以在刑法解释的概念涵摄下对这些要素进行具体讨论，而无须在刑法解释的概念界定中予以特别列举，否则有违概念界定的形式逻辑，也有违概念界定的简明性和抽象性要求。刑法解释的概念界定应当尽可能简明扼要地揭示其抽象性的共性特征，而刑法解释的这些抽象性的共性特征只能是“对刑法规定含义的理解、释明和具体适用”。刑法解释的这一概念界定充分说明了刑法解释主要有两项抽象性的共性特征：其一，刑法解释的性质是对刑法规定含义的“理解、释明和具体适用”，既包括作为动态的“理解、释明和具体适用”行动过程，也包括作为静态的“理解、释明和具体适用”结论；其二，刑法解释的对象是“刑法规定”（以及具体案情事实、文本对象与事实对象之间的关系）。至于刑法解释的主体、权力、目标和目的、体制以及刑法解释方法和结论等要素，其本身就是具体的多样性存在，由于这些具体的多样性存在本身可以被刑法解释概念所涵摄，因此理应在刑法解释概念之下对这些具体的多样性存在进行具体的多样性的讨论，而不应当将其纳入刑法解释的概念界定之中，否则将导致刑法解释的概念界定过于繁杂冗长。

第二节　刑法解释的特点

刑法解释属于法律解释，刑法解释既具有法律解释的特点，又有其自身的特殊性，因此，了解法律解释的特点（特性）对恰当地认识和把握刑法解释的概念内涵和基本特点具有重要意义。

一、刑法解释的特点归纳

法理学界对法律解释的特点有多种描述角度。例如，有学者指出，从法律解释自身固有属性来看，法律解释有以下六个特点：一是主体特征（法律解释的主体主要是法官），二是对象特征（法律解释的对象主要是法律文本），三是目的特征（法律解释的目的是确定个案中的裁

① 高铭暄，马克昌. 刑法学：上编. 北京：中国法制出版社，1999：20-25.

② 张明楷. 刑法学. 2版. 北京：法律出版社，2003：39.

③ 牛克乾. 刑事审判视野中的刑法解释与适用. 北京：法律出版社，2010：4-8. 其中，牛克乾指出，适用性刑法解释可进一步分为侦查人员适用性刑法解释、公诉人员适用性刑法解释与法官适用性刑法解释。

判规则)，四是方法特征（法律解释是法律人运用特有的专业化思维和解释方法阐明法律活动)，五是价值判断特征（在法律解释中法官要采取一定的价值判断)，六是效力特征（法律解释具有拘束力)。从法律解释与一般解释的区别来看，法律解释的特点可以概括为以下五个：一是法律解释的职业解释活动性，二是解释结论的唯一性，三是解释结论的目的特定性（服务于法律适用的目的)，四是解释方法的规范性，五是价值判断的特殊性（需要着重考虑法的安定性与妥当性的关系并寻找一个平衡点)。①

再如，有的法理学者在"法律解释的性质、特点和目的"的标题下将西方法律解释（理论）的特性归为以下六个方面：一是法律解释的本质是法律运作的一个阶段，法发展或法令续造的一种方式。二是法律解释的方式是裁决或者法的适用，即从性质上来说，法律解释不是立法活动而是执法活动或者适用法律的活动。三是法律解释的两面性包含着用法律解释事实和用事实解释法律两个方面。四是法律解释的双向性（双相性）是解释者与法律文本（及其作者）之间的对话，即解释者带着自己的"前见"并站在新时代的立场上谈对原法律文本的新理解，解释者在这过程中有很大的主观能动性。五是法律解释具有二重性，即既有主观性又有客观性。其主观性表现在解释者带着"前见"和目的进行解释，解释的结果具有个性和倾向性；其客观性表现在解释活动不能离开法律文本，并且必须以文本为基础和解释对象，解释者的"前见"和目的不是纯个人的和偶然的，而是与时俱进的并且受制于"法律解释共同体"的，解释的标准是客观的，并且要遵守相关规则。六是法律解释的目的是解决社会纠纷，建立和维护法律秩序，续造法律并使法律获得新生。② 可见，法理学界归纳出的法律解释的特点涵盖了法律解释的本质、法律解释行为过程、法律解释对象、法律解释主体、法律解释立场、法律解释结论、法律解释目的等内容。

此外，还有法理学者将法律解释的特点归纳为两种态度：一是将法律解释的突出"特征"简要归纳为独断与探究③；二是将法律解释的基本"特性"梳理为四组，即解释的独断性与客观性，解释的探究性与创造性，解释的循环性与自主性，解释的正当性、有效性及其语境。④这种观点认为，法律解释采取的是独断的形式、探究的过程，因为从司法过程的形式性来看，针对案件的法律解释只能是独断型解释，这是法律解释区别于文学解释的显著特征；但是，独断型解释并不意味着法律解释是专断或任意的，独断的解释形式并不排斥法律解释过程的探究性，法官独断地解释法律是建立在审判过程中不断探究的基础上的，法官独断的意见是对诉讼参与人的各种意见整合的结果。其中，法律解释的这种独断性至少有两层意思：一是根据法律教义学原理，法官在个案中所释放出来的法律意义，被假定是早已存在于法律之中的应有之义，即个案中法官所表达的法律意义不是个人的意思，而是法律中的意义；二是（法官）在法律解释过程中，只能由一个独断的主体（法官）来确定法律的意义。因此有法理学者强调指出：法律解释的独断性也许是当然的，"以法官为主体的法律解释，其最根本的特征就是解释的独断性"，而其探究性也是不能缺少的，没有探究的独断很可能是专断，没有独断的探究也可能走向任意。⑤

综上可见，法律解释的主要特点可以概括为：法律适用性、立法漏洞甄别性、主客体性、主体间性、主客观性、解释循环性、结论性、目的性、方法性等。值得注意的是，法律解释的

---

① 王利明. 法律解释学导论：以民法为视角. 2版. 北京：法律出版社，2017：41-48.

② 严存生. 西方法哲学问题史研究. 北京：中国法制出版社，2013：585-586.

③ 陈金钊，焦宝乾，桑本谦，等. 法律解释学. 北京：中国政法大学出版社，2006：6-8.

④ 陈金钊. 法律解释学：权利（权力）的张扬与方法的制约. 北京：中国人民大学出版社，2011：108-132.

⑤ 同③.

这些特点必须结合法律解释价值、法律解释目标、法律解释原则、法律解释主体、法律解释权、法律解释对象、法律解释行为过程、法律解释方法、法律解释结论等法律解释范畴进行理解和循环阐释。

我国刑法解释学者在较为充分地借鉴吸纳法理学者有关法律解释特点的理论知识的基础上，对刑法解释的特点（特性或者特征）已有一些归纳。例如李希慧认为，刑法解释的特征应分为动态刑法解释的特征与静态刑法解释的特征，动态刑法解释的特征有三个，即解释主体的广泛性、解释对象的特定性（只能是“刑法规定”）、解释目的的唯一性（仅限于“阐释刑法规定的含义”）；静态刑法解释的特征也有三个，即与动态刑法解释的相联性、表现形式的多样性、作用重要性。[①] 再如徐岱认为，刑法解释的特征可以归纳为四个，即刑法解释主体的广泛性、刑法解释对象的特定性、刑法解释效力与解释主体的关联性、刑法解释目的的明确性(刑法解释要以实现法律正义与法律的人文关怀为导向，必须摒弃偏离这一目标的刑法解释)。[②] 应当说，在这些归纳中，有的看法比较接近刑法解释的“本质特征”的提炼，有的看法则比较接近中国刑法解释的“现象特征”的描述，值得进一步审查和研究。

笔者认为，按照法律解释学对法律解释的特点归纳，参照刑法解释学者的既有研究成果，刑法解释的特点主要包括以下四个方面：司法适用性与立法漏洞甄别性、主客体性与主体间性、主客观性与互动循环性、结论性与方法性等。

二、司法适用性与立法漏洞甄别性

司法适用性与立法漏洞甄别性，可以说是刑法解释的两大功能性特点。

司法适用性，在法律解释学中又称为法律适用性，是法律解释的突出特点。法律适用，是指国家机关及其工作人员依法将法律适用于具体事项的活动。[③] 司法适用，是法律适用的重要领域和典型表现，是指国家司法机关及其工作人员（主要指法院与法官）依法将法律适用于具体案件的司法活动。因此，严格来讲，法律适用的含义更广泛，法律适用包括司法适用；司法适用仅是法律适用的一种典型表现，既具有法律适用性质，又具有司法性质。刑法解释的司法适用性，是指刑法解释具有刑法司法适用的性质，它必须主要围绕着司法适用展开，使得刑法文本成为司法实践中“活的法”。当然，刑法解释只能说主要具有司法适用性，除此之外一些非刑法方法、刑罚执行等内容仅属于广义的法律适用性质，而并非严格意义上的司法活动。如前所述，法理学界认为，法律解释的本质是法律运作的一个阶段、法发展或法令续造的一种方式，是法律解释适用的方式，是裁决或者法的适用；从性质上说，法律解释不是立法活动，而是执法活动或者适用法律的活动。这些论点的核心即在于确认法律解释的司法适用性这一特性[④]，由此可以较为充分地证成“刑法解释的司法适用性”这一命题。在中国语境之下，刑法解释包括司法解释（文本）、立法解释（文本），应当认为这些刑法解释（文本）都具有司法适用性，其起因于、服务于司法适用的需要；法官针对个案审判时的刑法适用解释，当然围绕着司法适用展开。尽管其中部分问题还值得做进一步探究，如立法解释（文本）到底是否可以归为“法律解释”[⑤]、是否具有“司法适用性”，以及立法解释（文本）和司法解释（文本）是否

---

① 李希慧. 刑法解释论. 北京：中国人民公安大学出版社，1995：49-54.

② 徐岱. 刑法解释学基础理论建构. 北京：法律出版社，2010：122-125.

③ 王利明. 法律解释学导论：以民法为视角. 2版. 北京：法律出版社，2017：67-68.

④ 严存生. 西方法哲学问题史研究. 北京：中国法制出版社，2013：585-586.

⑤ 张明楷. 立法解释的疑问：以刑法立法解释为中心. 清华法学，2007（1）：19-36.

可以“再解释”[①] 等，但是这些疑问的客观存在仍然不能否定刑法解释具有司法适用性的特点。

“刑法解释的司法适用性”命题具有区别于其他部门法解释适用的特殊性，这就是刑法解释所应当具有的适当保守性。刑法解释的保守性命题具备法律解释学意义上的正当性[②]，法理学一般认为，法学总体上看是一门比较保守的学科，保守性是法学的一种重要性质[③]；而更重要的是，刑法解释的保守性命题有效契合了刑法所特有的罪刑法定原则和刑法谦抑性的基本要求，有利于具体恰当地解决刑法疑难案件的定罪量刑问题，获得了较多刑法学者的认同，从而获得了刑法解释学意义上更为充分的正当性。[④] 这是因为罪刑法定原则的基本含义就是适当限制国家刑罚权以充分保障人权，其基本要求当然是刑法解释必须要保守和内敛，反对过度解释和国家刑罚权的过度张扬。而“刑法谦抑性究其实质，无非是限制刑法的扩张，使其保持在一个合理的范围之内，其可以通过刑事立法上的犯罪圈的划定，刑罚处罚范围、处罚程度，非刑罚处罚方式的适用，刑法解释等方面加以体现，其中刑法解释因是动态的刑法适用第一层次的问题，最能够体现刑法谦抑的精义”[⑤]。因此，部分刑法学者强调刑法解释的从属性、严格性等特征。例如赵秉志指出，刑法解释的特征之一是“解释性质的从属性”，认为刑法解释具有从属于刑法立法的性质，刑法解释的任务只是对已有刑法规范的含义进行阐明，不能突破刑法立法所确立的刑法规范，否则罪刑法定主义和刑法的人权保障机能必将成为空谈。[⑥] 再如有学者指出，刑法解释具有从属性和严格性特征。刑法解释的从属性是指刑法解释必须充分尊重和严格遵从刑事立法的内容、精神和权威，并且严格遵从刑法规定的字面含义、刑法立法的目的、刑法的效力等；刑法解释的严格性是指刑法解释必须格外慎重，当然需要严格操作、严格解释。[⑦] 再进一步观察还可以发现，客观来说，刑法解释的保守性命题还有利于准确把握当下中国刑法的主观解释与客观解释之争、形式解释与实质解释之争的内核，有利于合理权衡刑法的秩序维护与人权保障之间的价值紧张关系，以最终达至在适当照顾刑法的秩序维护价值机能的前提下尽力实现刑法的人权保障价值机能（以及个别公正、实质公正）的最佳价值权衡状态[⑧]，具有十分重大的学术价值和实践意义。

刑法解释的立法漏洞甄别性，是指在刑法解释活动中甄别发现真正的刑法立法漏洞，以有利于完善刑事立法。“任何法律秩序都有漏洞”[⑨]，法律漏洞是法理学上一个十分重要的、异常纠结的理论问题，对其如何进行恰当界定、逻辑划分以及其可否填补以及如何填补等问题，均存在理论争议。法理学认为，法律漏洞是某种“违反立法计划的不圆满状态”[⑩]，是指由于立法者在立法时未能充分预见待调整的社会关系，或者未能有效协调与现有法律之间的关系，或者由于社会关系的发展变化超越了立法者立法时的预见范围等导致的立法缺陷。这种缺陷表现

---

① 曲新久. 刑法解释的若干问题. 国家检察官学院学报，2014，22（1）：159-167.

② 魏东. 中国当下刑法解释论问题研究：以论证刑法解释的保守性为中心. 北京：法律出版社，2014：6-7.

③ 苏力. 反思法学的特点. 读书，1998（1）：1-8.

④ 同②7.

⑤ 徐岱. 刑法解释学基础理论建构. 北京：法律出版社，2010：75.

⑥ 赵秉志，陈志军. 论越权刑法解释. 法学家，2004（2）：69-81.

⑦ 王季秋. 论刑法解释的若干问题. 武汉：武汉大学，2004：9-18；杨艳霞. 刑法解释的理论与方法：以哈贝马斯的沟通行为理论为视角. 北京：法律出版社，2007：182-186.

⑧ 魏东. 刑法解释保守性命题的学术价值检讨：以当下中国刑法解释论之争为切入点//陈金钊，谢晖. 法律方法：第18卷. 济南：山东人民出版社，2015：220-236.

⑨ 魏德士. 法理学. 吴越，丁晓春，译. 北京：法律出版社，2005：348.

⑩ 黄茂荣. 法学方法与现代民法. 5版. 北京：法律出版社，2007：377.

为调整特定社会关系的具体法律规范的缺失，或者既有法律规范之间存在矛盾，或者既有法律规范在今天的适用明显违背了法律对公平正义的基本要求。法律漏洞按照不同的分类标准可分为明显漏洞与隐藏漏洞、自始漏洞与嗣后漏洞、全部漏洞与部分漏洞、碰撞漏洞与非碰撞漏洞。尽管法律漏洞首先要通过立法来解决而不是通过司法来解决，但是在实践中通常要求法官在个案裁判中必须进行漏洞填补，其填补的方法包括类推适用、目的性扩张、目的性限缩以及基于习惯法和比较法填补漏洞、基于法律原则填补漏洞。① 但是，法理学以及非刑事法律意义上的法律漏洞填补原理，由于刑法及其罪刑法定原则的特殊性，通常需要刑法解释学予以特别审查和特殊处理。刑法解释学认为，刑法立法上的“法律漏洞”应当根据其规范功能属性，将其划分为真正法律漏洞与非真正法律漏洞②，并分别做出不同处理。真正法律漏洞属于规范功能性法律漏洞，因其缺失堵截性法律规范为刑法解释提供指引，在法律上难以找到任何明确的扩张解释依据，因而原则上不允许以类推解释等法律解释技术加以填补，而只能予以立法完善；非真正法律漏洞则属于非规范功能性法律漏洞，因其终究有某种明确的堵截性法律规范提供解释指引，故允许以扩张解释或者限缩解释等法律解释技术对其加以填补（司法填补）。③对于真正的刑法立法漏洞，刑法解释依法不应通过解释入罪，而是确认其为真正的“刑法立法漏洞”并作为问题展现给社会公众和立法者，从而有利于完善刑法立法。可见，刑法解释可以甄别出刑法漏洞，尤其是真正的刑法立法漏洞，然后通过修订完善刑法立法以填补真正的刑法立法漏洞，秉持着“解开实然与应然冲突的途径只能从立法技术入手”④ 的严谨态度，最终有利于完善刑事立法并实现刑事法治领域的良法之治。

例如，针对教唆自杀、帮助自杀、相约自杀的行为的刑法解释，就较为充分地体现了司法适用性与立法漏洞甄别性的特点：在有条件予以“依法”定罪处罚时，刑法解释必将不辱使命，必将在确保刑法解释结论有效性的基础上予以“依法”定罪处罚；在甄别出真正的立法漏洞而无法进行“依法”定罪处罚时，刑法解释也有利于提出有理有据的立法完善建议。具体可以进行如下分析：

第一个刑法解释结论：单纯的教唆、帮助他人自杀，依法不应认定为“杀人”的行为（行为定型）。

案例 3-1 电影《非诚勿扰Ⅱ》剧情中的秦奋教唆、帮助自杀案⑤

剧中人物李香山身患绝症、病入膏肓，他的朋友秦奋表示同意要让他“有尊严地死去”。在为李香山举办了一场“人生告别会”后，秦奋用轮椅推着李香山到船头看海，李香山拍了拍秦奋搭在自己肩上的手，秦奋心领神会，转身进了船舱。接着，秦奋听见舱外“扑通”一声，出来就只见轮椅不见人了。

这是一个剧情介绍，艺术地展示了实际生活中偶有发生的教唆、帮助他人自杀行为，这些行为应当如何解释、如何定性呢？

---

① 王利明. 法律解释学导论：以民法为视角. 2版. 北京：法律出版社，2017：546-566.

② 任彦君. 论我国刑法漏洞之填补. 法商研究，2015，32（4）：106；魏东. 从首例“男男强奸案”司法裁判看刑法解释的保守性. 当代法学，2014，28（2）：38-46；邹治. 法律漏洞的认定与填补：司法的研究视角. 北京：中国政法大学，2008：24.

③ 魏东. 从首例“男男强奸案”司法裁判看刑法解释的保守性. 当代法学，2014，28（2）：38-46.

④ 王勇. 论我国《刑法》第147条的罪过形式：基于刑法立法的解读. 法学杂志，2011，32（3）：107-110.

⑤ 贺岁片《非诚勿扰》剧情涉嫌故意杀人引争议. 中国日报网，2021-11-10.

教唆自杀，是指唆使他人产生自杀念头的行为。帮助自杀，是指对于他人自杀给予精神帮助的意思表示或者物质帮助的具体行为。可见，电影《非诚勿扰Ⅱ》中所出现的案情，是比较典型的教唆、帮助自杀的行为。

对于剧中李香山的自杀，有的认为属于安乐死，有的认为不属于安乐死。比如，北京大学法学院王世洲认为，《非诚勿扰Ⅱ》中李香山跳海的死亡方式，就不能简单地等同于“安乐死”，因为“‘安乐死’一般表现为一个人因为病痛等原因实在没办法结束自己的生命，由别人以某种方式，比如注射毒性药物、枪击等来结束其生命”。因此，王世洲认为，《非诚勿扰Ⅱ》中李香山跳进海里自杀是由其本人完成的，因此这能否算作“安乐死”是有待商榷的。① 相应地，就有人认为秦奋的教唆、帮助自杀的行为涉嫌故意杀人罪。例如北京律师徐勇认为：依李香山当时的身体状况，他自己是不可能雇渔船的，而且自己也上不了船，而秦奋告诉李香山会让其“死得有尊严”，这代表秦奋是整个自杀事件的方法提供者；而李香山坠海后，秦奋痛苦地挥拳击打船舱壁，可以看出秦奋早就知道具体怎么回事了，显然李香山跳海是秦奋一手策划的。因此，徐勇认为，秦奋教唆、帮助他人自杀的行为涉嫌故意杀人。② 这是媒体针对电影剧情所作的一些讨论。

那么，从刑法解释论上分析，教唆、帮助他人自杀行为到底是否属于“剥夺他人生命”之行为呢？对此，笔者有以下三点意见：（1）教唆、帮助他人自杀行为本身无法直接被认定为“剥夺他人生命”之行为，但是，教唆、帮助之后当场不予以救助的行为可以“解释”为“剥夺他人生命”之行为（不作为）。（2）对于单纯教唆、帮助他人自杀的行为，当他人自杀时教唆者、帮助者并不在现场，由于无法履行作为义务，因而应当“解释”为不属于“剥夺他人生命”之行为。（3）就帮助他人自杀而言，如果行为人所提供的物质上的帮助行为本身构成其他有关犯罪的话，则应依法认定为其他有关犯罪，如非法买卖枪支、弹药、爆炸物罪等。

部分学者提出，刑法应当增设“教唆自杀罪”“帮助自杀罪”等，并明确规定其法定刑。③ 本书认为这个建议值得立法机关采纳。

第二个刑法解释结论：相约自杀的行为，依法不应认定为“杀人”的行为。

案例 3-2　**广西符某夫妇相约自杀案④**

广西一位自由摄影师符某，与妻子覃某在广西柳州市从事个体摄影，夫妻感情较深。但符某患病十多年，一直痛苦不堪且多次流露轻生念头。2006 年 2 月 6 日凌晨，符某在家中准备自杀，被覃某发现，覃某苦劝无果。无奈之下，覃某表示愿意同丈夫一起了断人生。于是，符某先杀死妻子后再用折叠刀朝自己身上刺了两刀，但没有死亡。当日下午 4 时许，符某到公安机关投案。后来法院对本案进行了审理，法院认为，符某经法医鉴定患有抑郁症，但案发时未发病，具有部分刑事责任能力；符某已经构成故意杀人罪，念其能主动投案自首，属于自首行为，依法可以从轻处罚，判处其有期徒刑 14 年。

---

①② 贺岁片《非诚勿扰》剧情涉嫌故意杀人引争议. 中国日报网，2021-11-10.

③ 魏东. 刑法各论若干前沿问题要论. 北京：人民法院出版社，2005：59.

④ 约妻殉情丈夫“偷生”相约自杀应否承担法律责任. 法制文萃报，2006-11-06.

案例3-3 **全国首例QQ相约自杀案**[①]

22岁的丽水人张某通过QQ发出死亡邀请，上海大学生范某应邀前往丽水与张某一起自杀。张某中途放弃自杀，而范某自杀身亡。死者范某的父母将张某以及深圳市腾讯计算机系统有限公司（简称“腾讯公司”）一起告上了法庭，索赔范某死亡造成的损失。法院经审理认为，死者范某是一个有独立民事行为能力的成年人，在没有强迫、威胁的情况下自主地选择了以自杀的方式来结束自己的生命，从预备到实施自杀的整个过程中，一直表现出积极追求死亡结果的主观意志，对结果的发生有支配性的作用，应自负主要责任。张某在QQ群上发布自杀邀请，与范某相互联系，在范某到达丽水后共同购买自杀用具，去酒店开房，实施自杀，中断自杀后未采取有效的措施制止范某继续自杀并独自离开，这一系列行为是范某死亡的直接原因之一。故张某有过错，应承担20%的赔偿责任，共计赔偿人民币111 225元。腾讯公司一直未采取措施停止传输“相约自杀”这一可能危害他人生命健康身体权的信息，长期放任违法行为和有害信息的存在，不履行监控、事后处理的法定义务，对死亡事件发生也有过错，应承担10%的赔偿责任，共计赔偿人民币55 612.50元。2010年12月4日，丽水市莲都区人民法院对此案作出一审判决：张某承担20%的赔偿责任，共计赔偿人民币111 225元；腾讯公司承担10%的赔偿责任，共计赔偿人民币55 612.50元。一审判决作出后，腾讯公司和张某不服法院判决，提起上诉，丽水市中级人民法院依法公开开庭审理后作出改判，驳回范某父母对腾讯公司的诉讼请求（因张某在二审中撤回上诉，丽水市中级人民法院对一审法院判定的张某的实体权利义务未予审查，维持一审对张某部分的判决）。[②]

相约自杀又称为共谋自杀，是指相约共谋共决一起自杀的行为。相约自杀一般可以分三种情况来分析：第一，单纯相约自杀行为依法不应解释为杀人行为。如果相约者各自实施单纯相约自杀行为，则相约自杀而未自杀成功者不应当负故意杀人的责任。第二，如果相约自杀者的一方依约受嘱托先杀死对方，继而相约自杀者未自杀成功的，则相约自杀者的行为应当构成故意杀人罪，但是在量刑时可以从宽处罚。生活中这种例子发生不少，前述“广西符某夫妇相约自杀案”便是一例。第三，如果相约自杀者还有教唆或者帮助他人自杀的行为，且教唆者或者帮助者未自杀成功的，则其行为是否应当构成故意杀人罪？笔者过去曾经提出原则上应当认定为故意杀人（但是量刑时应当从宽处罚），但是，笔者发现过去的这种观点有必要予以适当限制。因为对于那些真心相约自杀的人来说，由于相约自杀而未遂者当时所处的特别心神状况足以影响其刑事责任能力，且能直接导致其作为义务进一步减弱，因而应当尽量考虑将此种行为解释为不属于“剥夺他人生命”之行为；而对于那些并非真心相约自杀而是有意胁迫、迷惑他人自杀的人，才可以被依法认定为故意杀人。

第三个刑法解释结论：胁迫、迷惑他人自杀（达到精神强制的程度），以及教唆未成年人和精神病人等无刑事责任能力者自杀，依法应认定为“杀人”的行为。

我国过去曾经发生过的邪教练习者教唆自杀案等案例，均涉及胁迫、迷惑他人自杀（达到精神强制的程度）的定性处理问题；此外，教唆未成年人和精神病人等无刑事责任能力者自杀的定性处理也值得特别讨论。

应注意区分“胁迫、迷惑”行为不同于一般的“教唆”行为，前者达到了对他人施加精神强制的程度，后者则没有达到这种精神强制的程度而仅仅是引起他人某种“精神上的意念”

---

① 首例网友QQ相约自杀案：腾讯被判担责引发争议. 中国新闻网，2021-11-10.

② 大学生利用QQ相约自杀 法官详解腾讯不担责原因. 中国新闻网，2021-11-10.

（但是仍有意志自由）。因此，由于胁迫、迷惑他人自杀达到了对自杀者施加精神强制的程度，其不同于"教唆"行为仅仅是引起自杀者某种"精神上的意念"，因而可以"解释"为"剥夺他人生命"之行为。

这种解释结论具有合理性，理由如下：（1）法理依据。在法理上，因为胁迫者、迷惑者的行为导致他人受到精神强制，胁迫者、迷惑者再利用这种状况胁迫、迷惑他人自杀的行为整体，可以"解释"为"剥夺他人生命"之行为。因此，应注意的问题是，胁迫、迷惑他人自杀的行为在性质上并不同于一般意义上的教唆他人自杀行为，因为"教唆"行为仅仅是引起某种"精神上的意念"而非导致"精神上的强制"，二者在精神受影响的程度上有质的差异。（2）有关司法解释（文本）的明确规定。2001 年 6 月 4 日公布的《最高人民法院、最高人民检察院关于办理组织和利用邪教组织犯罪案件具体应用法律若干问题的解释（二）》第 9 条规定："组织、策划、煽动、教唆、帮助邪教人员自杀、自残的，依照刑法第二百三十二条、第二百三十四条的规定，以故意杀人罪、故意伤害罪定罪处罚。"这个司法解释虽然是针对邪教组织的，但是它反映出最高司法机关对于教唆他人自杀构成故意杀人罪是基本认可的，因为这种行为在实质上是胁迫与迷惑他人自杀的行为。（3）有关司法判例。民警邵某国案①应当说并非属于单纯的教唆、帮助自杀的行为，而是带有胁迫、迷惑他人自杀性质的行为，因而，有关司法机关认定其行为构成故意杀人罪（放任）并判处较轻刑罚（有期徒刑 7 年），具有刑法解释论上的合理性。

三、主客体性与主体间性

刑法解释的主客体性，是指刑法解释具有主体解释客体的性质，刑法解释者是解释主体，刑法文本是解释客体（解释对象），因此刑法解释者与刑法文本之间的关系在性质上是一种主客体性。这是传统认识论、方法论的法律解释学所主张的观点。

刑法解释的主体间性，是指刑法解释者作为实在的人（解释主体）与刑法文本作为拟制的人（解释对象）之间进行平等的"主体间"对话的性质，以及多元解释主体之间进行平等对话、互动和法律论证的性质。前者是诠释学范式意义上的主体间性，后者是方法论范式意义上的主体间性，刑法解释的主体间性是诠释学主体间性和方法论主体间性的有机统一体。这是哲学解释学以及存在论、本体论的法律解释学所主张的观点。

传统刑法解释学认为，解释主体（解释者）与解释客体（解释对象）之间的关系是主客体关系，这种主客体关系又被称为主客体性。因此，传统刑法解释学主张刑法解释具有主客体性。而现代刑法解释学认为，根据哲学解释学（诠释学）原理，解释对象实际上也可以作为一种"解释主体"来看待，这样，不但解释者是解释主体，而且解释对象（如刑法典文本）也是解释主体，从而刑法解释实质上就是解释者与刑法典文本之间的平等对话、双向对话（双相对话），具有两个平等的解释主体之间双向（双相）对话的性质（双向性或双相性），这就是主体间性的基本含义（诠释学范式意义上的主体间性）。

诠释学范式意义上的刑法解释主体间性（命题），意味着"刑法意义是使用者与文本'主体间'对话的产物，使用者天然是刑法意义的创造者"，"法律解释就是读者与法律文本商谈的过程，法律意义是二者在商谈中达成的共识"。刑法意义生成的主体间性特征可以作如下归纳："其一，刑法意义不是客体，而是读者意识和文本主体间关系的产物"；"其二，法律解释的过

① 民警邵某国明知其妻王某有轻生念头而为王某提供枪支，并将子弹上膛，对王某的自杀在客观上起了诱发和帮助的作用，在主观上持放任的态度，其行为已构成故意杀人罪，应负刑事责任。参见最高人民法院中国应用法学研究所. 人民法院案例选：刑事卷：1992 年—1996 年合订本. 北京：人民法院出版社，1997：279-283.

程就是法律意义生成的过程"；"其三，法律解释的任务是创造（而非发现）法律的意义"；"其四，刑法意义具有无限性"。因此，"刑法的解释目标应是：在文本的意义界限内，立足于读者全部的案例经验，最大化地实现社会主流价值观认可的罪刑等价关系"①。可见，诠释学范式意义上的主体间性，同时也揭示了刑法解释的双向性（命题），其重要内容是将刑法文本予以拟人化并带有浓烈的思辨性质：刑法解释者作为实在的人（解释主体）与刑法文本作为拟制的人（解释对象）之间进行平等的"主体间"对话（主体间性），充分体现了刑法解释者与刑法文本之间的双向互动性（双向性、双相性），刑法解释通过主体间性和双相性的互动对话，最终获得的"法律意义是二者在商谈中达成的共识"。

可见，传统刑法解释的主客体性，在诠释学视野中也表现出了主体间性和双向性，即刑法解释者（解释主体）与刑法文本（解释客体）之间的主体间关系和双向互动关系。解释者理解和解释刑法文本，刑法文本限定解释者的理解和解释根据，这样来理解，刑法解释的主体间性就有利于确保刑法解释合法、合理、合目的。解释者与刑法文本之间的对话就是解释者带着自己的"前见"并站在新时代的立场上谈他对刑法文本的理解，解释者在其中有很大的主观能动性，如选择与确定解释立场、解释限度。解释者与刑法文本之间的对话既是刑法解释的主体间性和双向性（或者双相性）互动的体现，也是刑法解释的主客体性和二重性（主观性和客观性）交织的体现。

刑法解释主体，是指刑法解释者，具体包括刑法解释的作出者、发布者、决定者、行动者以及其他所有参与刑法解释的组织与个人。值得注意的是，关于刑法解释主体的理论研究有时还涉及刑法解释权和刑法解释体制的问题。刑法解释权，广义上是指刑法解释主体所具有的进行刑法解释的权力与权利，狭义上是指刑法解释主体所具有的进行刑法解释的权力。狭义的刑法解释权是指国家法律所赋予的、能够产生法律效力的刑法解释权力，在我国包括国家立法机关的立法解释权、最高司法机关的司法解释权、法官在审判活动中所享有的法律解释适用权。对于刑法立法解释权和司法解释权的这一制度性安排，我国学术界同时又将其归为"刑法解释体制"问题加以研讨。我国有学者指出，把法律单列为一种权力，并在不同的国家机关之间对这种权力进行分配，构成了当代中国的法律解释体制。② 刑法学者林维认为，刑法解释权力体制在我国的历史演变，可以分为一元单极刑法解释体制（1949 年至 1954 年）、二元单极刑法解释体制（1954 年至 1981 年）和二元多级刑法解释体制（1981 年至今）。③ 对此，陈兴良指出，不仅法官没有司法解释权，除最高人民法院以外的各级人民法院也没有司法解释权，然而最高人民检察院却具有司法解释权，这是中国特色之一。"在这种情况下，我国的司法解释更是一种权力之行使，在某种意义上甚至是一种准立法权。因而司法解释也就具有司法法的性质。""称司法解释为司法法，即司法机关制定的法"，也就是，"我国司法解释是一种亚法"。在"刑法解释是一种权力运用"的视域下，学者"对刑法解释作出如下界定：一是作为法律活动或者行为的刑法解释，二是作为特定结论的刑法解释，三是作为技术或者方法的刑法解释，四是作为制度及其运作的刑法解释"④。因为在二元多级的刑法解释体制下，"附属于正式解释权力主体的部门或者个体也都以独特的方式进行着解释，并且现实地发挥着正式权力一般的效果，填补着正式权力所无法顾及的方面、领域，而更为众多的非正式解释主体又以丰富的形式参与着刑法的解释，他们可能在任何意义上都不具有任何的强制效力，但是通过特定的参与途径影

① 聂立泽，庄劲. 从"主客间性"到"主体间性"的刑法解释观. 法学，2011 (9)：61 - 73.
② 张志铭. 中国的法律解释体制//梁治平. 法律解释问题. 北京：法律出版社，1998：165.
③ 林维. 刑法解释的权力分析. 北京：中国人民公安大学出版社，2006：56 - 81.
④ 陈兴良. 序//林维. 刑法解释的权力分析. 北京：中国人民公安大学出版社，2006：1 - 6.

响、制约着正式解释权力的实现。这一格局的形成都来源于系统中正式权力和非正式权力的分界，充分地反映了刑法解释权力解释的复杂性”①。这些论述的启发意义在于，中国刑法解释学必须适当关注刑法解释主体及其权力分析、由刑法解释主体和刑法解释权所共同型构的刑法解释体制问题。

应当说，刑法解释主体在刑法史上十分重要，这是因为需要具体确定哪些机关、哪些人员的刑法解释具有法律效力。在当今世界范围内，无论是大陆法系国家还是英美法系国家，基本上都承认法官是当然的刑法解释主体，法官针对具体个案具有无可争辩的刑法解释权。但是，现实主义的实践论者发现，在中国当下的刑法解释实践中，立法上似乎仅仅承认了作为最高权力机关的全国人大常委会（刑法立法解释主体）、作为最高司法机关的最高人民法院和最高人民检察院（刑法司法解释主体）的刑法解释主体资格和权力，应当说这是指制定“法律解释文本”的有权主体，除此之外的其他国家机关和个人均没有制定“法律解释文本”的主体资格和权力。同时，实践中刑法解释（活动）的主体还包括承办具体案件的司法人员（法官、检察官、公安人员和监察人员），他们（尤其是法官）有权进行刑法解释，并且法官的刑法解释权是实实在在的司法权的有机组成部分，是具有司法裁决性质的、有法律效力的刑法解释（法官决策行动论和判例拥护理论）。法律解释学认为，有法律效力的法律解释主体还包括仲裁机构、行政执法机关、调解机构等。在仲裁领域，法律解释的主体还包括仲裁机构和仲裁员，“仲裁机构虽然是民间组织，但是，它是基于当事人的协议而依法裁决纠纷”。“仲裁机构作为一个整体，具有裁判者的功能。在仲裁过程中，仲裁机构也要解释法律，在这一点上与法院处理案件的模式是相同的。仲裁裁决是由仲裁庭作出的，但仲裁庭是仲裁机构的代表。”在行政执法领域，行政执法机关在行政执法过程中要运用法律解释的方法；在多元化的纠纷解决机制下，在行业的调解、行政机关的调解过程中，调解机构或调解人也要准确地理解和解释法律，以合理确定当事人的权利、义务和责任。② 当然，有法律效力的刑法解释主体通常不包括仲裁机构、行政执法机关、调解机构等。参与办案并担任被告人或者犯罪嫌疑人的辩护人的律师以及其他当事人、法学学者或者其他公民，也具有刑法解释权利，但是他们的刑法解释仅属于学理解释（无权解释），仅具有参考价值，仅在被司法人员（尤其是法官）吸纳时才具有法律效力。

刑法立法解释主体，在我国是指作为国家最高立法机关的全国人大常委会。《立法法》第48条规定：“法律解释权属于全国人民代表大会常务委员会。法律有以下情况之一的，由全国人民代表大会常务委员会解释：（一）法律的规定需要进一步明确具体含义的；（二）法律制定后出现新的情况，需要明确适用法律依据的。”所谓立法解释，是指立法机关（在我国是指全国人大常委会）依据其立法权对成文法进行的有权解释。所谓刑法的立法解释，是指作为最高立法机关的全国人大常委会依据其立法权对刑法进行的有权解释。例如，2000 年 4 月 29 日通过的《全国人民代表大会常务委员会关于〈中华人民共和国刑法〉第九十三条第二款的解释》，就属于刑法的立法解释（文本）。应当说，我国的刑法立法解释有不少，截至 2024 年 4 月底，全国人大常委会共通过和发布了 13 个刑法立法解释（文本），但是，刑法立法解释（文本）的数量远远不及司法解释（文本）的数量。所谓司法解释，是指最高人民法院、最高人民检察院依法进行的法律解释。所谓刑法的司法解释，是指作为最高司法机关的最高人民法院、最高人民检察院依法进行的刑法解释。同刑法的立法解释主要表现为文本一样，刑法的司法解释通常也表现为文本的形式。

---

① 林维. 刑法解释的权力分析. 北京：中国人民公安大学出版社，2006：81.

② 王利明. 法律解释学导论：以民法为视角. 2 版. 北京：法律出版社，2017：83－84.

我们在提及刑法的立法解释与司法解释时，通常都是指刑法的立法解释文本与司法解释文本，而不是指具体个案的刑法解释适用；只有在极个别、极特殊的情况下才存在规范性司法解释（文本）与个别性（具体）司法解释之分①，例如，最高司法机关发布的指导性案例可以归为个别性（具体）司法解释、具体个案的刑法解释适用。同时还应注意，刑法的立法解释（文本）依法理可以成为刑法解释的对象，而刑法的司法解释（文本）依法理不应成为刑法解释的对象，即使刑法的司法解释（本文）本身可能还需要进行再次“解释”。尽管刑法解释学也要努力观照刑法的立法解释文本（刑法解释的文本对象）、司法解释文本（刑法解释的重要参照内容），但是，刑法解释学是以个体（主要是法官）对刑法立法文本（文本对象）和案情事实（事实对象）的解释活动为中心展开的。

刑法解释的对象，包括刑法解释的文本对象与事实对象，即刑法文本与案情事实。法理学认为，法律解释的对象是指法律解释的标的，包括法律文本（规范文本）与案情事实（法律事实)。② 其中，法律文本是法律解释的首要对象、基础对象，对法律解释研究具有更为基础的意义，因而，法律文本通常是法解释学研究的重点对象。同时，案情事实也是法解释学必须关注和解释的对象，由此才能将法律文本与案情事实对接，将文本意义上的“死法”变成现实意义上的“活法”，并对现实社会生活发生实际作用。因此，作为刑法解释对象的文本，只能是刑法（刑法文本），即刑法典以及刑法修正案、单行刑法、附属刑法。“刑法”以外的其他规范文本以及全部“软法”文本③，其中当然包括我国最高司法机关出台的各种“司法解释”规范文本，均不属于作为刑法解释对象的文本。作为刑法解释对象的案情事实，只能是“证据确实、充分”，予以证实的并且能够排除合理怀疑的案情事实，而不能是诸如民事领域所要求的“优势证据”予以证实的案情事实。刑法解释对象事实与其他部门法之法解释对象事实的这一简单对比其实也表明，作为刑法解释对象的“案情事实”远比作为其他部门法之法解释对象的“案情事实”要严格得多、保守得多，其从刑法解释对象的角度十分鲜明地彰显了刑法解释的保守性（命题)。④

如前所述，刑法解释作为法律解释的主体间性，有诠释学范式与方法论范式两层意义的阐释。诠释学范式意义上的主体间性已如前所述，在此不再重复。方法论范式意义上的刑法解释主体间性（命题)，实质上揭示的是解释主体上的多元性，以及多元解释主体在刑法解释活动中的对话性、互动性和法律论证性。例如有学者指出：“刑法解释从来都不是一个解释问题，而是一个论证问题，现代刑法解释学应将刑法文本融入解释者的价值判断，来消解刑法文本及其所用语言过于僵化的弊端，建立一种基于主体间性的刑法解释理论，从而使刑法文本与案件事实有效地对接起来，并以法律论证实现刑法解释结论的可接受性。”⑤ 再如有学者指出：“刑法解释主体是具有多元价值观的解释者构成的解释共同体，刑法解释的标准是多元互动解释共

① 范愉. 法律解释的理论与实践. 金陵法律评论，2003（2）：21－34.

② 陈金钊. 法律解释的哲理. 济南：山东人民出版社，1999：56－57. 但是我国法理学界关于法律解释的对象似乎还有争议，大体有三种观点：一是法律规范或者法律条文与附随情况说，二是法律规范或者法律条文说，三是法律规范或者法律条文与法律事实说。参见杨艳霞. 刑法解释的理论与方法：以哈贝马斯的沟通行动理论为视角. 北京：法律出版社，2007：178.

③ 罗豪才，宋功德. 软法亦法：公共治理呼唤软法之治. 北京：法律出版社，2009：358. 罗豪才和宋功德在该书中指出：“软法”，是指与国家权力机关依法制定的“硬法”相对的、原则上没有法律约束力但有实际效力的行为准则，既包括政策、章程、内部通知、指导性规则、官场潜规则，又包括那些“没有法律约束力，但有实际效力”的道德、伦理、风俗、习惯等社会行为规则。

④ 魏东. 中国当下刑法解释论问题研究：以论证刑法解释的保守性为中心. 北京：法律出版社，2014：9－10.

⑤ 姜涛. 基于主体间性分析范式的刑法解释. 比较法研究，2015（1）：78－92.

同体通过对话协商获得的共识。制度化的对话协商可以通过求同存异的办法防止实质性价值冲突的激化，成为刑法解释及适用的合法性保障。"[①] 应当认为，方法论范式意义上的刑法解释主体间性（命题）更值得重视，尤其是该命题所主张的多元互动解释共同体通过制度性的法律论证活动使刑法解释结论臻于完美。

综上所述，刑法解释的主体间性强调了作为刑法解释主体的解释者与作为刑法解释对象的刑法文本之间、多元解释主体之间的互动循环的特性，具有特别重大的解释论意义。

四、主客观性与互动循环性

刑法解释的主客观性，又称为刑法解释的二重性，是指刑法解释活动同时具有主观性与客观性的二重性。刑法解释活动的主观性，表现为解释者带有"前见"和目的进行解释，解释的结果具有个性和倾向性；刑法解释活动的客观性，表现为刑法解释活动不能离开法律文本，并且必须以法律文本为基础和解释对象，解释者的"前见"和目的不是纯个人的和偶然的，而是与时俱进的并且受制于"法律解释共同体"的，解释的标准是客观的并且要遵守相关规则。[②]因此，刑法解释活动的主客观性（或者二重性），揭示了刑法解释活动的主观性与客观性二者交织一体的重要特性。

刑法解释活动的主客观性（命题）涉及刑法解释立场问题，如刑法的主观解释与客观解释、形式解释与实质解释，以及刑法的折中解释（具体包括刑法的主观解释与客观解释的折中论、刑法的形式解释与实质解释的折中论）等立场[③]，相关的学术之争仍然浓烈，有待深入研讨。

刑法解释的互动循环性，又称为刑法解释的解释性循环、解释循环性，是指刑法解释活动所具有的解释主体与解释对象之间、各个解释主体之间、作为刑法解释对象的刑法文本与案情事实之间、各种解释方法之间、解释方法与解释结论之间以及解释过程与解释结论之间的互动循环性。其中，刑法解释的对象互动循环性，又称为刑法解释的对象互动两面性，是指刑法解释的对象既包括刑法文本，又包括案情事实。刑法解释过程表现为刑法解释主体在刑法文本与案情事实之间的往返循环，既包括刑法解释主体用法律解释事实的一面，也包括刑法解释主体用事实解释法律的另一面，具有两面互动和往返循环的特点。刑法解释对象（文本和事实）之间的两面互动循环性，要求解释者目光往返于文本与事实之间，因此，强调刑法解释的对象互动循环性特点，有利于最终形成法律规范匹配于案情事实、案情事实匹配于法律规范的两面性匹配的状态，从而有利于得出具有合法性、合理性、合目的性的刑法解释结论。

案例 3-4 **北京庞某单车飙车案**[④]

2015 年 8 月 22 日凌晨 3 点多，庞某为寻求刺激，驾驶无牌照的雅马哈牌 R1 型摩托车，违反禁止标识，由北京市东城区玉蜓桥出发，仅用时 13 分 43 秒就绕二环主路一周，超过规定时速 50%以上行驶，且多次违反禁止标线标识变道超车，摩托车最高速度达 237 千米/小时。经鉴定，其中部分路段的平均行驶速度为 151 千米/小时。庞某在二环主路上共超过了 180 多辆

① 袁林. 超越主客观解释论：刑法解释标准研究. 现代法学，2011，33（1）：163-172.

② 严存生. 西方法哲学问题史研究. 北京：中国法制出版社，2013：585-586.

③ 王政勋. 刑法解释的语言论研究. 北京：商务印书馆，2016：60-210；徐岱. 刑法解释学基础理论建构. 北京：法律出版社，2010：138-140；赵运锋. 刑法解释论. 北京：中国法制出版社，2012：117-131.

④ 北京摩托二环十三郎被判拘役仨月 罚款 3000 元. 新浪网，2021-11-10.

车。庞某利用安装在头盔上的运动摄像机记录下了整个行驶过程，回到酒店后，他连夜将视频剪辑了出来，凌晨5点多，将视频传至网络展示和炫耀。北京市东城区人民法院以危险驾驶罪判处庞某拘役三个月，并处罚金3 000元。

本案中，庞某的“单车飙车”行为是否构成危险驾驶罪呢？对此行为的刑法解释适用，就能体现刑法解释的主客观性、互动循环性（解释性循环）的特点。庞某一人飙车，其严重超速并在北京二环主路上共超过了180多辆车，构成“追逐竞驶，情节恶劣的”危险驾驶行为，被法院判决犯危险驾驶罪，本书认为这一判决是妥当的。虽然单车严重超速行驶的行为，并非一律被定危险驾驶罪，但是，只要其具有“追逐竞驶，情节恶劣的”情形就可能构成危险驾驶罪。那么，本案中庞某的行为为什么可以解释为“单车飙车”而不是单车严重超速行驶呢？这就需要解释者基于“前理解”具体分析庞某的行为性质，将注意力聚焦在法律规定（追逐竞驶，情节恶劣的）与案情事实之间进行往返来回的对照分析上，由此可以得出结论：庞某实质上是以其他180多辆汽车作为自己飙车的参照对象进行严重超速行车，最高速度达到237千米/小时，平均速度高达151千米/小时，其行为类型以及其对交通运输安全所造成的危险均符合“追逐竞驶，情节恶劣的”情形，构成危险驾驶罪。

通过对庞某单车飙车案的刑法解释适用，我们可以更加周全地对“追逐竞驶”的含义进行诠释。所谓“追逐竞驶”，是指行为人驾驶机动车同其他车辆进行追逐竞赛，危害道路交通安全的驾驶行为。其具体情形有两种：一是行为人两人或者多人共同商议相互追逐竞驶，二是行为人一人单方面同他人追逐竞驶。对于第一种情形，追逐竞驶的两人或者多人均构成本罪，应该没有什么争议。但是，对于第二种情形，行为人一人是否也可构成本罪呢？有人认为，在道路上驾驶机动车追逐竞驶的行为人应为两人以上，一个人无法单独成立追逐竞驶行为。[①] 但是本书认为，行为人一人单方面同他人追逐竞驶的情形是可以成立的，并且也是可以依法认定为危险驾驶罪的。因为“只要产生了抽象的公共危险且情节恶劣，就值得科处刑罚”[②]。尽管其他车辆的驾驶人员可能没有意识到有人在同自己驾驶竞赛，但是，行为人自己一辆接一辆地超车行为仍然可以成立“追逐竞驶”，其中“情节恶劣的”行为仍然可以成立本罪。再者，有时警车、军车、救护车等执行特殊任务的特种车辆的车速很快，而其他行为人单方面驾驶机动车对其进行追逐竞驶，同样也可以成立本罪。

五、结论性与方法性

结论性与方法性作为刑法解释的重要特性，具有丰富的内涵。它包含以下内容：(1) 刑法解释必须获得解释结论（刑法解释结论）。刑法解释结论体现了刑法解释结果导向性，必须具有有效性，必须具备合法性、合理性、合目的性“三性统一体”之时才能获得有效性。(2) 刑法解释必须运用解释方法（刑法解释方法）。刑法解释方法体现了刑法解释方法论特质，必须充分发挥刑法解释方法对刑法解释结论有效性的确证功能，才能实现刑法解释结论的有效性。(3) 刑法解释必须坚持结论性与方法性并重的立场，既要重视刑法解释结果导向性，又要重视刑法解释方法功能性，切实做到刑法解释结论有效性与刑法解释方法确证功能性之间的互动融合，这种互动融合性贯穿于整个刑法解释过程之中，通过刑法解释过程才能有效完成刑法解释任务。

就刑法解释结论而言，法理学界认为，法律解释结论是指法律解释的结果，在存在论和认

---

① 魏东. 案例刑法学. 2版. 北京：中国人民大学出版社，2023：71.

② 张明楷. 危险驾驶罪及其与相关犯罪的关系. 人民法院报，2011－05－11.

识论意义上，法律解释结果具有多样性是正常的，“一方面是由文本本身的开放性多义性造成的，另一方面也可能是由事实对文本的影响所致”。在司法论意义上，“法官必须拿出一个判决标准，但根据法治原则，又不能任意拿出一个标准。这就凸显了法律论证的必要性。也就是说法官应经过综合论证（包括合法性、合理性、合事物本质的论证等）来确定一种可接受的解释结果。这种可接受的结果，不能是多解，而必须是一解，否则法官无法阐明判决的标准。当然，这种可接受的结果也很可能是多解结果的综合，但一旦综合，我们便不能称之为多解，而只能是一解”。“正是在多解事实与一解的追求目标的不断循环中，相对正确的裁判标准才能出现。”① 因此，刑法解释结论是指刑法解释的结果。“我们必须牢记，刑法解释的核心、出发点和归宿均在于保障人权，因为我们维护社会秩序价值本身的终极目标恰恰也在于保障人权。‘人权自由最大化与必要社会秩序最低限度化’是一对紧张关系，在相当意义上是终极目标与必要手段的关系，应当以终极目标为核心、出发点和归宿。因此，在具体个案中，不同的解释立场和解释方法可能会得出不同结论，这时就必须注意解释结论的保守性，即寻求倾向于保障人权机能的符合价值目标权衡的结论。刑罚的最后手段性、不得已性、谦抑性，正是这种解释结论的保守性的深刻表达，亦即：可定罪可不定罪时，解释结论应当是不定罪（不逮捕、不定罪、不判刑）；可免除处罚可不免除处罚时，解释结论应当是免除处罚；可缓刑可不缓刑时，解释结论应当是缓刑；可杀可不杀时，解释结论应当是不杀，等等。”② 可见，刑法解释结论的最终得出，必须要通过刑法解释的综合性法律论证，即根据刑事法治原则对多种刑法解释结果进行综合权衡之后得出一种可接受的解释结果。

刑法解释的目的，相对于一般法律解释的目的而言，具有一定的特殊性。如果说一般法律解释的目的是解决社会纠纷，建立和维护法律秩序，续造法律并使得法律获得新生③，那么，刑法解释的目的就是解决作为社会公共政策问题的刑事犯罪问题，维护刑事法治秩序和保障人权。刑法解释的目的在相当意义上是没有“续造法律并使得法律获得新生”的存在空间的，因为维护刑事法治秩序和保障人权本身就要求不得通过刑法解释“续造法律”，更反对解释入罪（司法上犯罪化）。如果刑法规定存在真正的立法漏洞，正确的处理方式只能是罪刑法定原则所要求的“法无明文规定不为罪，法无明文规定不处罚”，原则上不得通过刑法解释来堵塞真正的立法漏洞，司法应作出“无罪处理”，刑法立法机关应考虑通过立法填补真正的立法漏洞。

刑法解释的方法论特点也十分突出，因此必须强调刑法解释的方法性，坚持结果与方法并重的刑法解释论立场。刑法解释必须兼顾法律解释的本体论与方法论，尤其要合理审查、适当筛选并谨慎运用特定的法律解释方法，以充分体现刑法解释的方法性。刑法解释的方法性审查，既要注意充分运用法律解释的循环性与自主性以及通常的解释方法与解释规则，还要注意刑法解释方法论上的特殊性。换言之，不但必须要强调刑法解释的方法性，同时还必须要审查一般法律解释原理中那些具体的解释方法和规则在刑法解释中所具有的合理性及其特别限定。例如，一般法律解释的方法论内容中的“类推”、异质性整合法则，有的方法论内容就可能因为其有违罪刑法定原则和刑法谦抑性原则的实质正当性而不能简单运用于刑法解释之中，这些问题就成为刑法解释方法论的特殊性，需要在刑法解释方法论中予以特别注意。

---

① 陈金钊，焦宝乾，桑本谦，等. 法律解释学. 北京：中国政法大学出版社，2006：15-16.

② 魏东. 中国当下刑法解释论问题研究：以论证刑法解释的保守性为中心. 北京：法律出版社，2014：8.

③ 严存生. 西方法哲学问题史研究. 北京：中国法制出版社，2013：585-586.

案例 3-5 **成都快递分拣员杨某窃取快递物品案①**

四川省成都市某快递公司分拣员杨某在上夜班分拣快递包裹时将自己经手分拣的一个价值 1 999 元的手机的快递包裹秘密窃走并占为己有。一审法院判决杨某构成盗窃罪，后二审法院改判杨某构成职务侵占但因尚未达到定罪标准而不构成犯罪。

分析研讨成都快递分拣员杨某窃取快递物品案，不但能使我们熟练运用案例研究方法，而且有利于正确理解其中涉及的刑法解释论理论。本案在讨论中依次运用了刑法的文义解释、论理解释、刑事政策解释，这种刑法解释方法的"三分法"及其逻辑排序可能具有重要理论意义，体现了刑法解释的方法性，值得关注。针对本案的解释结论，理论界有盗窃论与侵占论之争，实务界有定罪与无罪之分歧。本书倾向于侵占论且不构成犯罪。

就成都分拣员案而言，杨某利用劳务上的便利可以被评价为"利用职务上的便利"（而窃取本单位财物）。职务侵占罪的主体包括"蓝领"工人这类在非国有公司中从事劳务性工作的人员，由于"蓝领"工人通常从事的工作仅限于劳务性工作，所以职务侵占罪中"利用职务上的便利"不仅指利用自己职务形成的权力或从事管理性工作并主管、管理、经管、经手本单位财物的便利（狭义上的"利用职务上的便利"），而且包括利用自己从事劳务性工作并暂时经手本单位财物的便利（广义上的"利用职务上的便利"）。②《刑法》第 271 条采用的是"利用职务上的便利"的表述，从事劳务者完全可以成为职务侵占罪的主体，客观上也完全可能"经手"本单位财物，其也就具备了实施职务侵占的客观条件。在职务侵占罪的场合，一方面认为"经手"公共财物的方便条件可以形成职务便利，另一方面又试图将"经手"限定为具有一定的权限和管理属性，并不合理。理由如下：贪污罪的司法解释将"经手"与"主管"、"管理"并列，而且从文义解释的角度来看，"经手"原本也缺乏"权限"和"管理"的属性。这样，对《刑法》第 271 条中的"职务"作出较为宽泛的理解，将一些通常认为是"劳务"的情形也纳入"职务"之中，符合实质解释论的法益保护追求。③ 这里可能需要注意的是，职务侵占罪中"利用职务上的便利"采实质解释并作出广义的理解，即认为其包括行为人（单位人员）利用职务和业务上（劳务上）的便利，不但符合文义解释结论，符合法益保护追求，而且由于这种解释结论不会"增加"被告人刑事责任而有利于被告人的人权保障，因而在法理上和刑事政策上均具有妥当性。

从刑法解释结论与刑法解释方法之间的对应性分析来看，运用文义解释方法、论理解释方法、刑事政策解释方法，杨某的行为属于"将本单位财物非法占为己有"。以文义解释方法的运用为例，"综合手段说"主张将职务侵占行为（核心内容是"将本单位财物非法占为己有"）解释为采用侵吞、窃取、骗取和其他方法将本单位财物非法占为己有的行为，其解释结论被限定在刑法规范文义之内，完全符合刑法的文义解释原理。当然，"综合手段说"在坚持其自身符合文义解释原理的前提下，并不否认"侵占单一手段说"也符合文义解释原理，而仅仅要求确证"其解释结论被限定在刑法规范文义之内"并且显然是名正言顺的解释结论。针对"侵占单一手段说"，我们虽然承认其——将职务侵占行为（核心内容是"将本单位财物非法占为己有"）限定为"变占有为所有"，而不包括采用窃取、骗取等其他方法将本单位财物非法占为

---

① 参见四川省成都市中级人民法院（2014）成刑终字第 293 号刑事判决书。

② 苏云，张理恒. 快递公司分拣员窃取邮包行为定性分析：以杨某窃取邮包二审无罪案展开//魏东. 刑法解释：第 2 卷. 北京：法律出版社，2016：246-264.

③ 付立庆. 交叉式法条竞合关系下的职务侵占罪与盗窃罪：基于刑事实体法与程序法一体化视角的思考. 政治与法律，2016（2）：42-50.

己有——也有一定的文义解释依据，有的学者甚至认为这种结论更具有平义解释的特征（而事实上这一论断本身存疑），但是笔者认为，刑法解释论并非绝对地强调“平义解释优先性”，即不能简单地以此为据而否定“综合手段说”符合文义解释的要求。得出这种结论的解释论根据在于：文义解释的功能性定位仅限于确证“其解释结论被限定在刑法规范文义之内”，或者说仅限于确证其解释结论没有超出“文义射程”“语用解释限度”。否则，如果坚持以平义解释必然优于非平义解释为准则（平义解释优先性）的话，法律解释学就可能沦为纯粹的语义学、训诂学甚至文字游戏，如此就显然忽略了法律解释学的学术价值。刑法解释理论研讨和司法实践中并不是简单地采纳平义解释，而是在审查确证“其解释结论被限定在刑法规范文义之内”的基础上，进一步通过（狭义）论理解释和刑事政策解释探求“更合理”的解释结论，这种“更合理”是指更符合刑法规范法理和刑事政策原理，而不是简单地将平义解释视为“更合理”。其刑法解释论的根据何在呢？答案只能是刑法文义解释的功能性定位仅限于确证“其解释结论被限定在刑法规范文义之内”，而不是必须恪守平义解释优先性。

更进一步观察可以发现，很难说“侵占单一手段说”比“综合手段说”更具有平义解释的特征。“侵占单一手段说”认为其解释结论更符合平义解释（结论）的特征，其认为从《刑法》第270条（侵占罪）和第271条（职务侵占罪）之间的紧邻法条逻辑关系来看（从立法体例上看），二者均表述为“非法占为己有，数额较大”这一罪状。既然侵占罪之“侵占”是无可争议的“侵占单一手段说”，那么紧邻其后的职务侵占罪之“侵占”也应该是无可争议的“侵占单一手段说”。“侵占单一手段说”还认为，从《刑法》第271条和第382条（贪污罪）之间的法条表述上来看，《刑法》第271条的规定并没有像第382条那样表述为“利用职务上的便利，侵吞、窃取、骗取或者以其他手段非法占有公共财物”，因而职务侵占罪之“侵占”只能采用“侵占单一手段说”。① 上述论述好像有道理，但是仔细分析其解释方法，便可以发现其并非文义解释（从而也就无从谈起平义解释），而是体系解释（或者逻辑解释），而体系解释本身就是区别于文义解释的，尽管二者均以探求法条的“妥当”含义为目标。② 不但如此，上述解释结论其实在体系解释方法逻辑上仍然无法完全自圆其说，也就是说“侵占单一手段说”的上述解释结论并未真正符合体系解释原理。以《刑法》第183条的提示性规定为例，该条第一款规定，“保险公司的工作人员利用职务上的便利，故意编造未曾发生的保险事故进行虚假理赔，骗取保险金归自己所有的，依照本法第二百七十一条的规定定罪处罚”，其明确提示并规定“骗取”行为属于职务侵占行为定型；该条第二款规定，“国有保险公司工作人员和国有保险公司委派到非国有保险公司从事公务的人员有前款行为的，依照本法第三百八十二条、第三百八十三条的规定定罪处罚”，也是明确提示并规定“骗取”行为属于贪污行为定型。那么，按照《刑法》第183条的提示性规定，“侵占单一手段说”论者就无法自证其平义解释结论的逻辑性了，因为《刑法》第183条的提示性规定明显不符合“侵占单一手段说”而采用了“综合手段说”。由此可见，“侵占单一手段说”不仅在其主张“平义解释优先性”的论断上存在有违刑法解释论原理的疑问，而且在其自诩平义解释的论断上也存在解释方法上的“误判”，其采用的解释方法实质上并非文义解释方法而是体系解释方法，并且在采用体系解释方法时仍然存在“体系性”漏洞（遗漏了《刑法》第183条的提示性规定）和逻辑悖论，因而其主张的更具有平义解释的特征（以及“平义解释优先性”）、更符合体系解释的逻辑等论断均不能获得自圆其说的论证效果。

---

① 张明楷. 刑法学：下. 5版. 北京：法律出版社，2016：1021.

② 王利明. 法律解释学导论：以民法为视角. 2版. 北京：法律出版社，2017：292-295.

根据上述分析，“侵占单一手段说”基于其自身立场可能得出“综合手段说”“扩张”文义内涵的论断，而“综合手段说”则基于其自身立场也可能得出“侵占单一手段说”“限缩”文义内涵的论断，从而造成二者“各执一词”的局面。从刑法解释论的立场上来看，文义解释方法本身仅能在“符合文义解释结论”这一层面上解决“侵占单一手段说”与“综合手段说”的合法性问题，而无法解决“孰优孰劣”和“谁更合理”这一价值判断层面上的问题。依据刑法解释原理，“侵占单一手段说”与“综合手段说”的价值合理性问题有待（狭义）论理解释和刑事政策解释来完成。对于文义解释与（狭义）论理解释和刑事政策解释的功能性定位与关系原理，法律解释论主张，在文义解释存在多种解释结论时，需要进一步进行（狭义）论理解释和刑事政策解释，以说明其中“某一个”解释结论在法理上的合理性和在刑事政策上的正当性，而不是简单地主张“平义解释优先性”。因此，“综合手段说”在“批评”其对立面“侵占单一手段说”时，尽管指出“侵占单一手段说”是一种明显限缩文义内涵的做法，但是这并不是“批评重点”，其主要是指出不能仅仅以“侵占单一手段说”为据就简单地否定“综合手段说”具有符合文义解释结论的属性，所表达的真实意思是“综合手段说”能够确证“其解释结论被限定在刑法规范文义之内”并且“到此为止”“承认此点足矣”。换言之，即使承认“侵占单一手段说”和“综合手段说”均在不同程度上符合文义解释结论，甚至即使承认“侵占单一手段说”更具有平义解释特征（而事实上难以得出这一判断），那么仍然还需要作进一步讨论，到底是采纳本原的文义解释结论还是被限缩的文义解释结论或者被扩张的文义解释结论。对此争议，刑法解释论认为，必须进一步运用刑法原理（狭义）论理解释方法和刑事政策解释方法进行说理论证，方能得出更为恰当的刑法解释结论。

关于论理解释方法和刑事政策解释方法，在此不再展开，仅以文义解释方法为例展开上述分析，以说明刑法解释的结论性与方法性这一重要特性。

第四章　刑法解释的类型与功能

文法解释只应当依据词语含义而进行，逻辑解释只应当依据制定法的意图或基础而进行；文法解释应以有效作为规则，而逻辑解释只应在例外情况下被允许。①

——［德］萨维尼

第一节　刑法解释的类型

刑法解释的类型，是指刑法解释的分类，即根据不同标准对刑法解释进行的类型划分。刑法解释应当借鉴吸纳法理学关于法律解释的类型论知识，结合作为部门法解释学的刑法解释学自身特点进行适当的分类。从西方法律解释学术史展开考察，萨维尼在区分法律解释的种类与构成要素的基础上指出，法律解释的方法只有文法解释与逻辑解释两种，而法律解释的构成要素有文法要素、逻辑要素、历史要素和体系要素四个方面。② 拉伦茨提出了“法律解释的标准（或者依据）”，认为法律解释的标准有字义、逻辑、历史、目的、宪法五个方面，这五个方面是互相支持、相辅相成和联结为一体的。其中，语义分析（字义分析）是基础，并且“构成解释的出发点，同时为解释的界限”，然后再从逻辑、历史和客观日的几个不同的角度进行解释，从而使解释更全面、更准确。③ 我国有学者认为，萨维尼和拉伦茨针对法律解释的构成要素、标准或者根据的讨论，具有法律解释的分类意义，萨维尼提出的四个方面中的“体系要素”也是逻辑问题，因而实际上可以概括为三点：文法解释、逻辑解释（体系解释）、历史解释；而拉伦茨提出的五个方面中的“宪法”所讲的只是目的中的“位阶者更显重要”，因而实际上可以概括为四点：语义解释、逻辑解释、历史解释、目的论解释（含合宪性解释）。④ 我国有学者还进一步指出，萨维尼作为法律方法论的奠基者所提出的迄今仍被奉为经典的制定法解释方法论是“四分法”（经典四分法），即文理的或语言学的解释、伦理的或体系的解释、主观的或历史的解释、客观的或目的论解释，并且德国学者考夫曼也认为，法律解释方法论“四分法”是自萨维尼以来法律解释学的经典见解。⑤ 我国法理学者在借鉴吸纳西方法理学关于法律解释的分类理论的基础上，对法律解释做出的分类，既有繁简之分，也有内容之别。例如陈金钊等人认为，法律解释方法可以分为文义解释方法、价值衡量解释方法、目的解释方法、社会学解

① 萨维尼. 当代罗马法体系：第1卷. 朱虎，译. 北京：中国法制出版社，2010：246.

② 严存生. 西方法哲学问题史研究. 北京：中国法制出版社，2013：567-568.

③ 拉伦茨. 法学方法论. 陈爱娥，译. 北京：商务印书馆，2003：200-221；严存生. 西方法哲学问题史研究. 北京：中国法制出版社，2013：582-583.

④ 同②586-587.

⑤ 梁慧星. 民法解释学. 北京：中国政法大学出版社，1995：213. 值得注意的是，法理学者姜福东认为，萨维尼所提出的“经典法律解释学说里的法律解释包括了语法、逻辑、理事和体系等四项要素”，其中“体系”的含义有广义与狭义之分，广义上的“体系”包括外在形式逻辑体系和内在目的价值体系，而狭义上的“体系”则仅指内在目的价值体系。参见姜福东. 法律解释的范式批判. 济南：山东人民出版社，2010：190，260-275.

释方法四种，其中“文义解释是法律解释的最基本方法”①；而按照诠释所追求的客观性的来源来看，法律解释方法可以分为文义的方法（在法律文本中追寻客观性的方法）与文本外追求客观性的方法两种。② 再如严存生认为，法律解释的分类可以从四个方面或角度进行，包括语义解释、逻辑解释、历史解释、目的解释四种（四分法），并且“应有个先后秩序和轻重关系，即语义解释、逻辑解释、历史解释、目的和事理解释，越往后越重要”，前两者属于形式标准和浅层次标准，后两者属于实质标准和深层次标准。因此，一方面要尊重文本，从文本出发，不妄加己意；另一方面又不能仅限于字义和逻辑，不能仅仅停留于法律文本层面，而是要不完全受文本的束缚，并且在必要时可跳出文本有所创新和突破，并给文本加添内容，要尊重“事实”（历史的和现实的事实）。总体立场是，“客观实际需要第一，文本第二。从文本出发，但不局限于文本，不搞文本至上”③，这样才能使“解释”不变为文字的考证，才能通过“解释”揭示法律的现代意义和服务于实际的需要。

从中外法理学界对法律解释的分类问题的讨论来看，获得较多学者认同的是传统经典四分法，即主张法律解释可以分为文义解释、体系解释、历史解释、目的论解释四种。此外，法律解释的分类还可以分为文义解释与论理解释两种（二分法），也可以分为文义解释、论理解释、法社会学解释三种（三分法）。不过需要指出的是，前述关于法律解释的分类的讨论，主要是法律解释的构成要素、标准或者根据意义上的讨论，但是除此之外还有其他意义上的讨论值得关注。例如，根据法律解释的目标（立场），法律解释的分类有主观解释与客观解释两种，有的学者还主张将法律解释分为主观解释、客观解释、折中解释三种；根据法律解释的主体及其效力，法律解释的分类有有权解释（有法律效力的解释）与无权解释（无法律效力的解释或者学理解释）等。

刑法解释的分类存在较为复杂的情况，不同刑法学者提出的刑法解释分类差异较大，有的较为遵循法理学上法律解释分类的基本原理，有的则另辟蹊径提出了种类繁多的刑法解释分类观点，值得刑法解释学者深入反思检讨。

类似于法理学关于法律解释的分类标准，刑法解释学关于刑法解释的分类标准通常是指刑法解释方法的分类，对此，刑法学界的观点分歧较大、争议较多，具体见解有 16 种之多④，归纳起来大致有以下五种分类法：(1) 传统二分法。有学者认为，刑法解释的基本方法包括文义解释和论理解释两种，但是论理解释下面还包括若干具体的解释方法⑤，一般认为，论理解释包括扩张解释、限制解释、当然解释、反面解释、系统解释、沿革解释、比较解释、目的论解释、合宪解释、社会学解释等。⑥ 其中，曲新久和张明楷各自提出的二分法有一定特殊性。曲新久提出的二分法是语义解释和系统解释，主张以语义解释为主，系统解释为辅。⑦ 张明楷在基本赞同传统二分法观点的基础上指出，传统二分法所列举的解释方法是极为有限的，例如人们常讲的体系解释、历史解释、目的解释等在刑法理论的通说中都没有地位。为此，张明楷教授认为，应当借鉴吸纳日本学者将刑法解释方法进行形式分类和实质分类、区分解释的参照事项与条文的适用方法的做法，将刑法解释方法具体分为解释技巧与解释理由，即“将解释方

---

① 陈金钊，焦宝乾，桑本谦，等. 法律解释学. 北京：中国政法大学出版社，2006：178.

② 谢晖，陈金钊. 法律：诠释与应用：法律诠释学. 上海：上海译文出版社，2002：132.

③ 严存生. 西方法哲学问题史研究. 北京：中国法制出版社，2013：587.

④ 李希慧，龙腾云，邱帅萍. 刑法解释专题整理. 北京：中国人民公安大学出版社，2011：34-37.

⑤ 高铭暄，马克昌. 刑法学. 7 版. 北京：北京大学出版社，2016：24；魏东. 刑法：原理·图解·案例·司考. 北京：中国民主法制出版社，2016：10-11.

⑥ 王政勋. 刑法解释的语言论研究. 北京：商务印书馆，2016：194.

⑦ 曲新久. 刑法严格解释的路径. 人民法院报，2005-03-16.

法中的平义解释、宣言解释、扩大解释、缩小解释、反对解释、类推解释、比附、补正解释等(条文的适用方法)，称为解释技巧；将解释方法中的文理解释、体系解释、历史解释、比较解释、目的（论）解释等（解释的参照事项），称为解释理由”①。(2) 三分法。有学者认为刑法解释方法有历史解释、文义解释和体系解释三种②，或者认为刑法解释方法可以分为平意解释方法、想象重构解释方法和目的性解释方法。③ (3) 四分法。有学者认为刑法解释的方法主要有文意解释、历史解释、体系解释、目的解释等四种方法（同时还有当然解释、反面解释、比较解释等辅助方法)④，或者认为刑法解释方法通常有文义解释、体系解释、历史解释和目的解释四种⑤，或者认为刑法解释方法通常有语义解释、逻辑解释、历史解释和体系解释四种⑥，或者认为刑法解释方法可以主要分为文义解释、历史解释、目的解释和体系解释。⑦ (4) 五分法。有学者认为刑法解释的方法包括文义解释、体系解释、历史解释、目的解释和合宪性解释五种⑧，或者认为刑法解释的主要方法包括文理解释、逻辑解释、历史解释、体系解释、目的解释五种。⑨ (5) 其他多标准划分方法。例如有学者认为，按照解释的方法是否单纯进行语义说明可以将其分为文理解释和论理解释；从解释方法主要从属的学科划分，可以将其分为（自然）科学方法、社会科学方法、经济学方法、逻辑学方法和哲学方法；从解释的起点划分，可以将其分为实证方法与思辨方法。⑩

上述主要是基于刑法解释方法的特点而对刑法解释进行的分类，即对刑法解释方法进行的分类，这当然是刑法解释的分类中一种十分重要的情形；除此之外，还可以根据刑法解释的立场、公正价值观、主体及其效力等标准对刑法解释进行分类。因此，刑法解释有以下四种类型：一是刑法解释的方法论类型，二是刑法解释的目标论类型，三是刑法解释的正义论类型，四是刑法解释的效力论类型。

一、刑法解释的方法论类型

刑法解释的方法论类型，是指以刑法解释方法为标准对刑法解释进行的类型划分。

西方大陆法系国家刑法解释学传统的观点认为，根据刑法解释的方法进行分类，刑法解释方法有文义解释（语义解释)、体系解释（逻辑解释)、历史解释、目的解释四种。刑法解释方法的这种四分法，不但符合法理学对法律解释方法的分类原理，也符合德国刑法学对刑法解释方法的分类原理，如德国权威刑法学教科书将刑法解释方法分为文理解释、体系解释（逻辑解释)、历史解释和目的解释四种⑪，这堪称西方法律解释方法的经典四分法，当然也是刑法解释方法的经典四分法。刑法解释方法的经典四分法自引入中国后获得了比较一致的认同，现在中国许多刑法学者都采用这种分类法。应当说，四分法本身也可以作出“文义解释与论理解

---

① 张明楷. 刑法学：上. 5 版. 北京：法律出版社，2016：33 - 42.

② 孙晋琪，蒋涛. 论刑法司法解释方法. 江苏警官学院学报，2009，24 (4)：81 - 85.

③ 周光权. 刑法诸问题的新表述. 北京：中国法制出版社，1999：312 - 316.

④ 姜伟，卢宇蓉. 论刑法解释的若干问题. 中国刑事法杂志，2003 (6)：1 - 8.

⑤ 陈琦. 我国刑法解释与刑罚目的的实现. 研究生法学，2009 (4).

⑥ 程啸. 刑法解释方法及位阶关系. 人民法院报，2005 - 02 - 23.

⑦ 屈胜肖. 刑事审判中的法律解释. 北京：中国政法大学，2006：13 - 18.

⑧ 李希慧，龙腾云，邱帅萍. 刑法解释专题整理. 北京：中国人民公安大学出版社，2011：35.

⑨ 龚培华. 刑法解释理论的基本问题. 法学，2007 (12)：125 - 130.

⑩ 赵秉志，曾粤兴. 刑法解释方法研究//赵秉志，张军. 中国刑法学年会论文集：2003 年度：第 1 卷：刑法解释问题研究. 北京：中国人民公安大学出版社，2003：11 - 12.

⑪ 耶赛克，魏根特. 德国刑法教科书：总论. 徐久生，译. 北京：中国法制出版社，2001：191 - 195.

释”这种类型化诠释，可以将四分法里的后面三种（体系解释、历史解释、目的解释）归类为“论理解释”。

中国刑法学者历来推崇刑法解释方法的二分法和三分法，即将刑法解释（方法）划分为刑法解释的文义解释方法与论理解释方法（二分法），或者将刑法解释方法划分为刑法解释的文义解释方法、论理解释方法、法社会学解释方法（三分法）。其实，二分法和三分法的分类逻辑是相互协调一致的，三分法本身也可以作出“文义解释与论理解释”这种类型化诠释，即可以将三分法里的后面两种（论理解释方法与法社会学解释方法）进行再抽象归纳为“广义的”论理解释，因为法社会学解释方法实质上是通过法规范外的法社会学原理来进行“论理解释”的；相应地，三分法里的论理解释可谓一种“狭义的”论理解释。将“狭义的”论理解释和法社会学解释合并后，就成了一种“广义的”论理解释。目前我国较权威的刑法学教材就采用了刑法解释方法的二分法（将刑法解释的基本方法划分为文义解释与论理解释）。① 二分法的类型化意义在于，文义解释确证合法性，（广义的）论理解释确证合理性和合目的性，从而实现刑法解释结论有效性（合法性、合理性和合目的性）；相应地也可以说，三分法的类型化意义在于，文义解释确证合法性，（狭义的）论理解释确证合理性，法社会学解释确证合目的性，从而通过文义解释、（狭义的）论理解释、法社会学解释可以实现刑法解释结论有效性（合法性、合理性和合目的性）。

刑法的文义解释，是指根据语言学知识阐释刑法文本规定的具体含义的解释方法。理论上，刑法的文义解释，又称为刑法的文意解释、文理解释、语意解释、语义解释、语言解释、语用解释、语法解释、文法解释、字面解释、平义解释等。

在刑法的文义解释中，有一种特别的情形值得注意：强制解释。强制解释论是一个重要的解释学理论，目前仅有极少数学者注意到了这个理论，刑法解释学迄今为止尚没有引入这个理论，因此，在刑法解释学中引入强制解释论有利于实现刑法解释学理论创新。所谓强制解释，又称为强制阐释，是指背离文本话语，消解文学指征，以前在立场和模式，对文本和文学作符合论者主观意图和结论的阐释。② 强制解释论认为：“阐释是有对象的，对象是确定的，背离确定对象，阐释的合法性立即消解。”③ 可以说，强制解释论原理从更基础的阐释学立场出发，证立了刑法解释合法性命题。

有的论著认为，（狭义的）论理解释，是指“按照立法精神，联系有关情况，对刑法条文从逻辑上所作的解释。论理解释又分为扩张解释、限制解释和当然解释”④。（广义的）论理解释，是指运用法规范内外的理论知识来解释刑法的方法，具体包括法规范内的论理解释（狭义的论理解释）和法规范外的论理解释（法社会学解释、刑事政策解释）。

二、刑法解释的目标论类型

根据刑法解释的解释目标（立场），刑法解释的分类主要有刑法的主观解释与客观解释（二分法），此外还有刑法的折中解释（刑法的主观解释与客观解释的折中论）。⑤

刑法的主观解释，又称为意志论、主观论、主观说、立法者意思说，主张在解释立场上坚

① 高铭暄，马克昌. 刑法学. 2版. 北京：北京大学出版社，2005：24.

② 张江. 强制阐释论. 文学评论，2014（6）：5-18.

③ 张江. 再论强制阐释. 中国社会科学，2021（2）：4-23，204.

④ 贾宇. 刑法学：上册：总论. 北京：高等教育出版社，2019：53.

⑤ 王政勋. 刑法解释的语言论研究. 北京：商务印书馆，2016：60-210；徐岱. 刑法解释学基础理论建构. 北京：法律出版社，2010：138-140；赵运锋. 刑法解释论. 北京：中国法制出版社，2012：117-131.

持以探求立法者制定法律时的真实意思、立法原意与立法本义为解释目标，并以此解释目标作为判断解释结论的正当性的标准。在“刑法的立法原意与立法本义”的意义上，主观解释论又称为立法原意说、立法本义说。主观解释论有其特定的哲学基础、政治理论基础和法理基础。[①] 刑法的主观解释论的法理基础是强调刑法的安定价值和人权保障机能（同时也需要适当兼顾秩序维护机能），突出强调在现行刑法规定之下应当确保无罪的人不受刑事追究，较为充分地体现了传统罪刑法定原则的基本精神。

刑法的客观解释，又称为客观论、客观说、法律客观意思说，主张在解释立场上坚持以探求法律规定在解释适用时的客观意思和规范意义为解释目标。刑法的客观解释论的法理基础在于强调司法公正和秩序维护机能（但是并不公开反对人权保障机能），尤其强调在现行刑法框架之下确保法益保护和秩序维护的现实需要。

刑法的折中解释（刑法的主观解释与客观解释的折中论），又称为折中说、折中论与综合解释论，是一种试图将主观解释论和客观解释论进行折中调和的解释立场。折中论的传统见解是对刑法的主观解释与客观解释的机械折中或者综合运用，如我国台湾学者林山田即主张综合解释论，强调对新近立法或者立法时间间隔不久的法律，采用主观说；对立法时间间隔较长的法律，则“应着重客观意思，以为解释”[②]。还应注意的是，折中论内部还有一些细微差别，有的折中论者主张以主观解释论为基础兼采客观解释论，如德国耶塞克和中国台湾林山田；有的折中论者主张以客观解释论为基础兼采主观解释论，如德国拉伦茨。[③]

那么，中国刑法学者对刑法的主观解释、客观解释、折中解释之争的基本态度是什么？有学者指出，中国刑法学者（以及中国法理学者）多数主张客观解释论，另有部分学者主张主观解释论[④]，也有部分学者主张折中论。[⑤] 主张主观解释论的学者指出，尽管德日等国家比较主张采用刑法客观解释立场，但是，由于我国具有特殊国情，因而我国现阶段不宜完全采用客观解释论，并且其他国家有刑法学者主张折中说立场，这给我国现阶段不宜完全采用客观解释论也提供了佐证。[⑥] 应当说，随着我国社会主义法律体系的逐步形成和完善，主观解释论者所提出的上述理由和担心已经缺乏说服力。因此，我国有学者认为，目前不但德日刑法解释的立场是客观解释，而且中国的刑法解释立场也当然是客观解释，此点不存在争议或者说不应存在争议，这是中国的刑法解释应当坚持的立场和目标问题[⑦]，这是较为客观的、合理的看法。本书认为，机械的折中说可能并不可行，我国应采取适当保守的刑法客观解释立场[⑧]，即应坚持以客观解释为主的折中说。[⑨] 所谓保守的刑法客观解释，是指基于罪刑法定原则而对刑法的主观解释和客观解释予以适当的价值权衡，秉持适当保守的刑法客观解释立场，对于“当下应定罪而没有定罪的立法规定”之情形，应从有利于刑法的人权保障机能的特别考量出发，明确肯定

---

① 许发民. 论刑法客观解释论应当缓行. 刑法论丛，2010（3）：165－191.

② 魏东. 保守的实质刑法观与现代刑事政策立场. 北京：中国民主法制出版社，2011：18.

③ 王政勋. 刑法解释的语言论研究. 北京：商务印书馆，2016：71－72.

④ 同①.

⑤ 王政勋. 刑法解释的语言论研究. 北京：商务印书馆，2016：72－77. 王政勋在该书第76页指出：“张明楷后来放弃了自己曾经坚持的折中说，转而认为刑法解释应坚持和客观解释论密切相关的实质解释立场。”

⑥ 同①.

⑦ 陈兴良称：“在刑法解释的立场上，我是主张客观解释论的。但在刑法解释的限度上，我又是主张形式解释论的，两者并行不悖。其实，主观解释论与客观解释论的问题，在我国基本上已经得到解决，即客观解释论几成通说。我国最高人民法院在有关的指导性案例中，也明显地倡导客观解释论。”参见陈兴良. 形式解释论的再宣示. 中国法学，2010（4）：27－48.

⑧ 魏东. 刑法理性与解释论. 北京：中国社会科学出版社，2015：3－4.

⑨ 王利明. 法律解释学导论：以民法为视角. 2版. 北京：法律出版社，2017：108.

刑法的主观解释因其有利于恰当实现刑法的人权保障机能而具有的合理性，同时确认刑法的客观解释因其不利于恰当实现刑法的人权保障机能而存在的不当性；对于“当下不应定罪而有定罪的立法规定”之情形，则应明确肯定刑法的客观解释因其有利于恰当实现刑法的人权保障机能而具有的合理性，同时确认刑法的主观解释因其不利于恰当实现刑法的人权保障机能而存在的不当性。①

三、刑法解释的正义论类型

根据刑法解释的正义标准，刑法解释可分为刑法的形式解释与实质解释。

刑法的形式解释，是指以罪刑法定原则为核心，主张在对法条进行解释时，先进行形式解释，亦即对刑法条文字面可能具有的含义进行解释；然后再进行实质解释，亦即对刑法条文规定的行为在性质上是否属于具有严重社会危害性的行为进行解释。刑法的形式解释特别强调形式判断与实质判断的先后顺序，即在判断某一行为是否构成犯罪时，先对行为进行形式解释并确定该行为是否包含在刑法条文之中，然后再作实质解释并确定该行为是否具有严重的社会危害性。②

刑法的实质解释，是指刑法解释应以处罚的必要性为出发点，主张在对法条进行解释时，首先应直接将不具有实质的处罚必要性的行为排除在法条范围之外，亦即首先对某种行为是否属于具有处罚必要性的社会危害性行为进行判断，然后再进行形式解释并审查刑法条文的可能含义是否涵盖了该行为方式。可见，刑法的实质解释也特别强调形式判断与实质判断的先后顺序，与刑法的形式解释相反，刑法的实质解释在对行为进行解释时，强调应先从实质解释出发并审查确定该行为是否具有处罚的必要性，然后再进行形式解释并审查确定刑法条文的可能含义是否涵盖了该行为方式。③

刑法的形式解释与实质解释之争，在相当意义上是独具“中国特色的”刑法解释论之争。④ 我国刑法学界大约在21世纪开始出现刑法的形式解释与实质解释之争，这一学术争论常常也放置于更为广阔的形式刑法观与实质刑法观之争中。⑤ 我国刑法学界甚至认为，关于刑法的形式解释（形式刑法观）与实质解释（实质刑法观）之争十分深刻并特别引人瞩目⑥，可以说是中国刑法学界开始出现所谓的“刑法学派之争”的一个重大事件。陈兴良较早关注到了中国刑法学界出现的关于形式主义刑法学与实质主义刑法学之争这一学术现象，明确指出我国出现了形式解释论与实质解释论的区分，并且指出这是在德日刑法学中并未发生过的现象。目前我国刑法学界形式解释以陈兴良和邓子滨等为代表，实质解释以赵秉志、张明楷、刘艳红和苏彩霞等为代表。赵秉志指出，“在法解释学上，有形式的解释论与实质的解释论学说之争”，“我国应确立实质的刑法解释论的立场”⑦。刘艳红针对刑法的形式解释与实质解释之争也进

---

① 魏东. 刑法解释保守性命题的学术价值检讨：以当下中国刑法解释论之争为切入点//陈金钊，谢晖. 法律方法：第18卷. 济南：山东人民出版社，2015：220-236.

② 刘志刚，邱威. 形式解释论与实质解释论之辨析. 河南省政法管理干部学院学报，2011，26（3）：161-168；魏东. 刑法理性与解释论. 北京：中国社会科学出版社，2015：4-5.

③ 刘志刚，邱威. 形式解释论与实质解释论之辨析. 河南省政法管理干部学院学报，2011，26（3）：161-168.

④ 魏东. 中国当下刑法解释论问题研究：以论证刑法解释的保守性为中心. 北京：法律出版社，2014：122-123.

⑤ 魏东. 论社会危害性理论与实质刑法观的关联关系与风险防范. 现代法学，2010，32（6）：106-113.

⑥ 典型表现是《中国法学》2010年第4期同时发表了著名刑法学家陈兴良和张明楷的争鸣文章：陈兴良. 形式解释论的再宣示. 中国法学，2010（4）：27-48；张明楷. 实质解释论的再提倡. 中国法学，2010（4）：49-69.

⑦ 赵秉志. 刑法总则要论. 北京：中国法制出版社，2010：80-95.

行了论辩，明确主张刑法的实质解释并反对刑法的形式解释。[①] 邓子滨则明确主张刑法的形式解释并反对刑法的实质解释，提出应当对中国实质主义刑法观予以批判，而不是轻描淡写地批评。[②] 陈兴良和张明楷于 2010 年同时在我国权威法学理论刊物上发表文章，各自系统地阐述了其所坚持的刑法的形式解释与刑法的实质解释的基本立场观点。[③] 笔者曾经提出过应坚持保守的刑法实质解释（或者单面的实质解释）的学术见解，认为激进的实质解释（或者双面的实质解释）可能存在严重侵犯人权的巨大风险，对激进的实质解释论进行了有利于充分实现人权保障机能并适当限缩秩序维护机能的某些修正，并主张应当适当吸纳形式解释的某些合理因素，因而可以说笔者在总体立场上主张应当兼顾吸纳刑法的实质解释和形式解释的合理内核[④]，而并非片面地主张刑法的实质解释或者刑法的形式解释。因此，笔者主张某种比较契合刑法谦抑性的谨慎的刑法的折中解释（刑法的形式解释与实质解释的折中论），亦即保守的刑法实质解释论，其与保守的刑法客观解释论一起共同形成刑法解释的保守性命题。[⑤]

需要特别说明的是：在相当意义上，刑法的主观解释与刑法的形式解释之间存在较大的通融性，优点在于有利于确保刑法解释的客观性和安定性，其不足之处在于过于死板僵化而无法适应社会发展变迁的需要，而且其推崇刑法的法条含义的主观化色彩和形式化色彩过于浓厚，在某些场合反而不利于实现刑法的人权保障机能（如对于“当下不应定罪而有定罪的立法规定”之情形）。同理，刑法的客观解释与刑法的实质解释之间也存在较大的通融性，优点在于有利于确保刑法解释的客观化并适应社会发展的需要，缺陷在于过于实质化和价值判断化而易于侵蚀立法权并出现司法上犯罪化现象，而司法上犯罪化现象很容易导致刑事法治理性缺失并可能出现人权保障不足的重大风险。

正是为了恰当权衡兼顾刑法解释的人权保障机能和秩序维护机能，笔者提出了刑法解释的保守性命题，主张适当保守的刑法客观解释和刑法实质解释的立场。刑法解释的保守性命题有利于准确把握当下中国刑法的主观解释与客观解释之争、形式解释与实质解释之争的内核，主张合理权衡刑法的秩序维护与人权保障之间的价值紧张关系，以最终达致在适当照顾刑法的秩序维护机能的前提下尽力实现刑法的人权保障机能（以及个别公正、实质公正）的最佳价值权衡状态。因此，刑法解释的保守性命题特别注意区分不同情形以具体确认解释个案的妥当性问题：对于“当下应定罪而没有定罪的立法规定”之情形，刑法解释的保守性命题从有利于刑法的人权保障机能的特别考量出发，明确肯定刑法的主观解释和形式解释因有利于恰当实现刑法的人权保障机能而具有的合理性，同时确认刑法的客观解释和实质解释因不利于恰当实现刑法的人权保障机能而存在的不当性；对于“当下不应定罪而有定罪的立法规定”之情形，刑法解释的保守性命题相应地明确肯定刑法的客观解释和实质解释因有利于恰当实现刑法的人权保障

---

① 刘艳红称，“在陈兴良教授的建议下，出版时我将题目修改为目前的‘实质刑法观’”（刘艳红. 实质刑法观. 北京：中国人民大学出版社，2009：254）；同时又强调“应倡导实质的刑法解释观”（刘艳红. 走向实质的刑法解释. 北京：北京大学出版社，2009：2）。对此，陈兴良曾经强调，在中国刑法学者中，刘艳红是当时公开声明坚持实质主义刑法观立场的唯一一位刑法学者。参见陈兴良. 走向学派之争的刑法学. 法学研究，2010（1）.

② 邓子滨. 中国实质刑法观批判. 北京：法律出版社，2009：1. 陈兴良在该书序中称：“甫见《中国实质刑法观批判》这一书名，就令人眼前一亮，似乎嗅到了扑面而来的学术火药味，但我还是为之叫好。……以‘批判’一词而入书名的，不仅法学界没有，人文社会科学界也极为罕见。”

③ 张明楷. 实质解释论的再提倡. 中国法学，2010（4）：49－69；陈兴良. 形式解释论的再宣示. 中国法学，2010（4）：27－48.

④ 魏东. 保守的实质刑法观与现代刑事政策立场. 北京：中国民主法制出版社，2011：3－10.

⑤ 魏东. 刑法理性与解释论. 北京：中国社会科学出版社，2015：4－5.

机能而具有的合理性，同时确认刑法的主观解释和形式解释因不利于恰当实现刑法的人权保障机能而存在的不当性。刑法解释的保守性命题有效契合了罪刑法定原则和刑法谦抑性的基本要求，有利于具体恰当地解决刑法疑难案件的定罪量刑问题，获得了较多刑法学者的认同，具备了刑法解释学意义上的充分的正当性。①

四、刑法解释的效力论类型

我国学者认为，中国刑法解释的分类有一些特殊之处值得注意，即根据法律解释的主体及其效力，刑法解释可分为立法解释（文本）、司法解释（文本）与学理解释②，这是中国刑法解释的特有分类，应当说其大体是有道理的，但是其中可能遗漏了法官的刑法解释而有失妥当。因此，中国刑法学者中更为严密的观点认为，根据刑法解释的主体及其效力，中国刑法解释可以分为刑法的有权解释与刑法的无权解释（学理解释）。

刑法的有权解释，又称为有法律效力的刑法解释，是指由国家法律规定或者认可的、具有法律效力的刑法解释，包括刑法立法解释（文本）、刑法司法解释（文本）、刑法法官解释（过程和结论）。刑法立法解释（文本），是指由国家最高立法机关，即全国人大常委会依法作出的刑法解释文本。刑法司法解释（文本），是指由国家最高司法机关，即最高人民法院和最高人民检察院依法作出的刑法解释文本。根据2021年修正的《最高人民法院关于司法解释工作的规定》第6条，司法解释的形式分为“解释”、“规定”、“规则”、“批复”和“决定”五种。不过在实践中，最高人民法院和最高人民检察院的司法解释文本，既有“解释”、“规定”、“规则”、“批复”和“决定”五种法定形式的司法解释文本，也有“意见”、“纪要”、“答复”等形式的更具有刑事法“软法”③ 性质的司法解释文本，因此在广义和实质意义上，最高人民法院和最高人民检察院的司法解释性文本的含义更加广泛。④ 刑法法官解释，是指法官在依法对个案进行司法裁判时所作出的刑法解释，包括法官的刑法解释活动全过程及其得出的刑法解释结论。在相当意义上，我国刑法学者所提及的法官的刑法解释正是西方法律解释学意义上的刑法解释。

刑法的无权解释，又称为无法律效力的刑法解释、刑法学理解释，是指由无法定解释权的主体所作出的、不能直接产生法律效力的刑法解释（行动和结论）。刑法的无权解释主要是指刑法学理解释，即由无法定解释权的法学专家或者其他公民所作出的学理探讨性的刑法解释（行动和结论）。刑法的无权解释是相对于刑法的有权解释而言的，当某种学理解释获得了国家立法机关、司法机关或者具体个案中法官的采纳与认可时，该学理解释即可转化成有权解释并获得法律效力。无论是刑法的有权解释还是无权解释，均会采用一定的解释立场和方法。

第二节 刑法解释的功能

“功能”毫无疑问应当成为功能主义刑法解释论的关键范畴。法理学认为，法律解释的功能，是指法律解释在法治实践中所具有的价值、功用（作用）和效果。有学者指出，法律解释

---

① 魏东. 刑法解释保守性命题的学术价值检讨：以当下中国刑法解释论之争为切入点//陈金钊，谢晖. 法律方法：第18卷. 济南：山东人民出版社，2015：220－236.

② 魏东. 刑法. 北京：中国民主法制出版社，2016：10－11.

③ 钟凯. 论刑事法“软法”及其刑法解释意义//魏东. 刑法解释论丛：第1卷. 北京：法律出版社，2015：72－85；罗豪才，宋功德. 软法亦法：公共治理呼唤软法之治. 北京：法律出版社，2009：358.

④ 李立众. 刑法一本通. 11版. 北京：法律出版社，2015：1；孟庆华，王法. “意见”是否属于刑法司法解释表现形式问题探析. 临沂师范学院学报，2010，32（5）：72－74.

的功能（作用）有文义阐释说、寻找法源说、价值发现说、探求立法意图说等多种观点。① 有的学者认为，法律解释的主要功能（直接目的）是“通过运用各种法律解释方法来阐释法律文本的含义，寻找裁判依据”，并且“客观上往往起到消解法律歧义、阐明模糊概念、填补法律漏洞等效果或功能”②。有的学者认为，法律解释的功能具体包括自主整合与修复功能、信息交流与沟通功能、完善与发展功能。例如，法律解释的自主性，是指法律解释过程不受外界的干扰，法律人应当自己根据法律的意义阐释法律，尽量使法律的意义具有连续、融贯、稳定、可预测性并最终达到解决纠纷的目的。法律解释的恢复功能，表现为法律与事实之间的裂缝必须经由解释弥合并迎合法治的要求，创造性解释在受规范的约束和法律解释方法的制约时仍然属于对法律的修改（修复性司法），体现了法律解释的修复功能。③ 可以看出，法解释学关于法律解释的功能性思考在相当意义上宣示了功能主义法学观、功能主义法律解释论的基本立场，其中旗帜鲜明地融入了目的性思考，注重解释结论的政策与社会效果，注重法律所发挥的社会功能。这对刑法解释的功能性思考具有指引作用。

遵循法理学关于法律解释的功能性思考，刑法解释的功能，是指刑法解释在刑事法治实践中所具有的价值与功用。从广义上讲，刑法解释的功能不仅仅是指刑法解释在刑事法治实践中所具有的价值与功用，还包括其对于刑法理论研究的价值与功用。因此，刑法解释学对“刑法解释的功能”有不同的归纳和阐释，有的归纳为刑法解释的价值，有的归纳为刑法解释的功能，有的则归纳为刑法解释的价值目标或者价值功能，应当说其基本含义是一致的。例如徐岱认为，刑法解释有形式理性与实质理性双重价值目标，“刑法解释的功能，在于确保法律适用的透明性、有预测的可能性及对社会成员行为的可控制性，在形式合理性框架下实现实质合理性的目标”④。李希慧认为，刑法解释的功能是指由刑法解释自身所固有的特征决定的其可能发挥的积极作用。刑法解释的功能具体包括规范指导刑法司法功能、弥补刑法立法欠缺功能、促进刑法立法完善功能、刑法法制宣传教育功能、繁荣刑法理论功能。⑤ 李佳欣认为，刑法解释最重要的功能是，解释立法并运用于司法，使刑法解释作为刑法立法与刑法司法联结的桥梁，发挥明确、安全、具体、可操作的功能。⑥ 王祖书指出：“目的论解释的基本功能不是补充刑法漏洞，而是具有承载刑法价值评价的基本功能。对于刑法条文中需要补充价值的不确定概念，诸如模糊性概念、多义性概念、规范性概念以及概括性条款等，只能通过目的论解释才能获得其真正含义。”“其功能界限即在于和可能的字义界限一起标定刑法解释的边界，厘清目的论解释与类推解释的区别。”⑦

结合刑法解释学原理和学术界已有见解，基于刑法解释的功能性思考与类型性思考，笔者认为，刑法解释的功能可以类型性地概括为确证功能、推动功能、促进功能三项。⑧

---

① 王利明. 法律解释学导论：以民法为视角. 2 版. 北京：法律出版社，2017：48 - 51.

② 同①51.

③ 陈金钊. 法律解释学：权利（权力）的张扬与方法的制约. 北京：中国人民大学出版社，2011：133 - 141.

④ 徐岱. 刑法解释学基础理论建构. 北京：法律出版社，2010：114.

⑤ 李希慧. 刑法解释论. 北京：中国人民公安大学出版社，1995：54 - 70.

⑥ 李佳欣. 刑法解释的功能性考察. 当代法学，2014，28（6）：51 - 59.

⑦ 王祖书. 刑法目的论解释的功能界定. 北方法学，2016，10（2）：64 - 74.

⑧ 魏东. 刑法解释学基石范畴的法理阐释：关于“刑法解释”的若干重要命题. 法治现代化研究，2018，2（3）：111 - 134. 需要说明的是，笔者在该引文中指出：“刑法解释的功能主要是司法适用（实现刑事法治和人权保障）和司法甄别（发现真正的刑法立法漏洞并有利于完善刑事立法）。”可以认为，“司法适用”功能是指确证法律文本含义最终解释结论“有效性”功能，“司法甄别”功能是指推动法律成长和漏洞填补功能。

一、确证功能：确证法律解释结论有效性的功能

刑法解释的确证功能，是指刑法解释具有确证刑法解释结论有效性的功能。刑法解释结论有效性，是指刑法解释结论所具有的合法性、合理性、合目的性所共同型构的“三性统一体”有效性。[①] 刑法解释结论只有在其同时具备了合法性、合理性和合目的性所共同型构的“三性统一体”之时，才能称得上获得了有效性；反之，刑法解释结论若仅具有合法性，或者仅具有合理性，或者仅具有合目的性，或者缺少合法性、合理性和合目的性中的任何一项，均不能获得完整意义上的有效性。

刑法解释所具有的刑法解释结论有效性的确证功能，是通过刑法解释方法的确证功能来具体实现的。刑法解释方法确证功能，又称为刑法解释方法对刑法解释结论有效性的确证功能，具体是指刑法解释方法所具有的确证刑法解释结论有效性（合法性、合理性、合目的性）的功能。刑法解释方法确证功能必须结合刑法解释结论有效性来阐释，具体包括三个方面：刑法解释方法中的文义解释方法对（文义解释结论）合法性的确证功能、论理解释方法对（论理解释结论）合理性的确证功能、刑事政策解释方法对（刑事政策解释结论）合目的性的确证功能。只有通过刑法解释方法“三性确证功能统一体”的充分发挥与共生融合关系的体系化证成，才能完整实现刑法解释结论合法性、合理性和合目的性所共同型构的“三性统一体”有效性。[②]

确证功能所体现的功能性是法律的司法适用属性（法律适用属性），是将文本的刑法规定确证为“活的法”并直接为司法审判服务的司法功能。我国有学者指出，法律解释是法律适用的一个环节，法律解释在法律适用中的功能和作用包括：一是有利于实现立法的目的和意旨，保障法律的准确适用；二是有利于克服机械适用法律，实现法律的社会效果；三是有利于保障法律适用的统一性；四是有利于约束法官的自由裁量权，保障法官依法公正裁判；五是有利于保障人们行为的合理预期，实现法律的安定性；六是有利于提高裁判文书的说理水平。[③] 这些内容正是刑法解释在刑法适用中的功能和作用，即刑法解释所具有的确证刑法解释结论有效性的确证功能的具体体现。

案例 4-1　　眉山吴某强迫妇女“坐台”案[④]

2001 年 4 月 23 日 18 时许，被告人吴某向被告人陈某提议弄几个小姐到 OK 厅上班并收取中介费。陈某同意后，由陈某驾车搭乘吴某和被告人李某（李某没有参加谋划）到成都厂北路某美容美发厅，吴某即以请吃饭为由将女青年刘某、凌某骗上车，并说要去找自己的朋友。车行至仁寿县杨柳镇一小桥附近，三名被告人下车小便时，吴某告诉李某准备骗被害人刘某和凌某到 OK 厅上班以便收取“中介费”。李某听后说，“这样做要不得”。三名被告人上车后，凌某问：“你们带我们到哪里去?”吴某回答说：“今天带你们到 OK 厅上班。”凌某明确表示不同意。被害人凌某、刘某被迫同三名被告人一起到达仁寿县某度假村张某经营的 OK 厅，到达后

---

① 例如，齐文远、李希慧、曾粤兴、周详等学者认为，应当把合法性、合理性、合目的性（合刑事政策性或者正当性）作为刑法解释原则；其中李希慧认为，刑法解释原则有合法性原则，合理性原则，以刑事政策为指导的原则，整体性原则以及明确、具体原则五项。参见齐文远，周详. 论刑法解释的基本原则. 中国法学，2004（2）：117-125；李希慧. 刑法解释论. 北京：中国人民公安大学出版社，1995：82-92.

② 魏东. 刑法解释学基石范畴的法理阐释：关于“刑法解释”的若干重要命题. 法治现代化研究，2018，2（3）：111.

③ 王利明. 法律解释学导论：以民法为视角. 2 版. 北京：法律出版社，2017：71-76.

④ 魏东. 论罪刑法定原则的刑事司法意义：从一起强迫介绍妇女“做小姐”并收取中介服务费的案例谈起. 国家检察官学院学报，2003（2）：99-105.

吴某、陈某即下车同张某联系，对张某说带了两个小姐，想让她们到OK厅上班，并要求张某支付800块钱。张某回答说："这段时间查得严，不敢要小姐。"吴某提出："这么晚了，住一晚再走。"张某同意了。后被告人李某与被害人刘某同居一室，并对刘某进行了奸淫。三名被告人当晚即被公安人员抓获归案。

眉山吴某强迫妇女"坐台"案中的被告人吴某和陈某所实施的行为，是强迫妇女"做小姐"并收取中介服务费的行为。对于被告人吴某和陈某所实施的强迫妇女"做小姐"并收取中介服务费的行为如何定性的问题（至于被告人李某的奸淫行为之定性问题本书不予讨论），大致有以下三种意见：

公诉人认为，被告人吴某和陈某的行为构成拐卖妇女罪，应当按照《刑法》第240条规定处罚。理由是：强迫"坐台"虽然与典型的拐卖妇女有一定的差异，并且欲以800元钱的价格将妇女当作商品出售也明显属于"货价不符"，但在基本性质上仍然属于"拐卖妇女"。

辩护人认为，被告人吴某和陈某的行为不构成犯罪。理由是：被告人在主观上没有拐卖妇女或者出卖妇女的主观故意，在客观上也没有贩卖妇女的行为；被告人收取中介服务费的行为也说明被告人的行为不是拐卖。

本书认为，被告人吴某和陈某的行为不宜作无罪处理，但也不宜以拐卖妇女罪定罪处罚，而是应该定非法拘禁罪，应当按照《刑法》第238条规定处罚。本案中，刑法解释具有确证刑法解释结论"非法拘禁罪"有效性的功能，主要理由是：被告人所实施的强迫妇女"做小姐"并收取中介服务费的行为，无论从行为人主观恶意上来看还是从客观危害上来看，都具有应受刑罚惩罚的性质，应当予以犯罪化处理，而不宜作无罪处理。被告人的这种行为又不具有拐卖妇女罪所要求的主观故意内容和客观行为特征，不符合拐卖妇女罪的构成要件，因而不构成拐卖妇女罪。被告人的行为完全符合非法拘禁罪的构成要件，将被告人吴某和陈某的行为解释为非法拘禁罪具有合法性、合理性和合目的性。

再如，夫妻之间见死不救问题，其中最典型的情形就是妻子自杀时，丈夫在场而故意不予救助。这是一种不作为，但其是否成立不作为的故意杀人罪呢？换句话讲就是：夫妻间见死不救是否属于"剥夺他人生命"的不作为杀人行为形式呢？这是一个很有研究价值的问题，它不仅涉及刑法教义学的不作为犯理论，还涉及刑法解释学的刑法解释结论有效性问题。

我们先观察一下司法实践中实际发生的几起案件：宋某杀妻案、王某杀妻案、张某杀妻案、李某杀妻案。①

案例4-2 宋某杀妻案②

某晚，被告人宋某酒后回到自己家中，因琐事与其妻李某发生争吵厮打。李某说："三天两头吵，活着还不如死了。"被告人宋某说："那你就去死吧。"后李某在寻找自缢用的凳子时，宋某喊来邻居叶某对李某进行规劝。叶某走后，二人又发生争吵厮打。在李某寻找自缢用的绳索时，宋某采取放任态度，不管、不问、不加劝阻，李某于当晚在其家门框上自缢。宋某听到凳子倒地的声音后，才发现李某已自缢，便到一里外自己的父母家中叫人，当其父母家的人来到后，李某已经身亡。

对于此案，法院经审理认为，被告人宋某负有救助其妻李某的特定义务，而放任李某自缢

① 魏东. 刑法各论若干前沿问题要论. 北京：人民法院出版社，2005：111－113.

② 邢曼媛. 一起自杀案件引发的思考. 山西警官高等专科学校学报，2000（3）：13－14.

身亡，已构成故意杀人罪（不作为），但情节较轻，故判处被告人宋某有期徒刑4年。宋某不服提出上诉，要求依法改判无罪。二审法院认为，原判决定罪正确，量刑适当，程序合法，裁定驳回上诉，维持原判。

案例4-3

王某杀妻案①

2000年4月25日，天津市西青区王稳庄居民王某与妻子因琐事发生争吵，妻子气愤地跳进了污水河寻短见。王某见状也跳进河中劝说，妻子不从，王某随即独自回到岸上扬长而去。随后，王某先到亲戚家讲了妻子跳河的事，又给派出所打了电话。当公安民警和他的亲戚赶到污水河边时，时间已经过了近一个小时，妻子已经死亡。

2001年8月，天津市西青区人民法院依法开庭审理此案并作出一审判决。法院认为，被告人王某与其妻是合法夫妻关系，负有特定义务，妻子在河中，被告人王某明知可能发生的危害结果，却采取漠不关心的态度，放任结果发生，其行为已构成故意杀人罪（间接）。鉴于其犯罪后有自首情节，故依法判处王某有期徒刑6年。

案例4-4

张某杀妻案②

时年38岁的张某和秦某经人介绍组成家庭。结婚前，张某就曾因盗窃罪被判处有期徒刑3年。张某的妻子秦某已下岗多年，两人靠做小买卖维持生活。在拮据的日子中苦挨的张某和秦某免不了经常吵架、斗气。劳动节前的一天，因家庭琐事二人又发生争吵，气急的秦某一赌气跑到厨房，拿起“敌敌畏”一口气灌进了肚子里。秦某很快呕吐起来。可是，张某竟未予理睬，并阻止邻居抢救，随后独自一人去喝酒。由于贻误的时间太长，秦某因抢救无效死亡。

辽阳市太子河区人民法院审理认为，张某主观上明知自己的行为可能发生导致伤害他人生命的结果，还有意放任，以致发生秦某死亡的结果，其行为已构成故意杀人罪（间接），故判处被告人张某有期徒刑6年。

案例4-5

李某杀妻案③

2002年7月17日下午6点，李某和妻子走在回家的路上吵架并厮打起来，经行人劝解后停止。李某赌气抛下妻子一个人离开了，刚没走出多远，后面就有人喊李某：“你妻子投水了，快回来救人啊！”听到路人们的呼救声，李某却无动于衷地回答道：“是她自己跳的水，我又没有推她下去，关我什么事？”李某说完就头也不回地走了。妻子被一位路人救起，但因抢救不及时而死亡。妻子父母到派出所报案，请求依法惩治李某的不救助行为。

2002年7月30日，重庆市万州区天城公安分局以涉嫌故意杀人罪，将李某刑事拘留。2002年8月19日，重庆市万州区人民检察院以涉嫌故意杀人罪向万州区人民法院提起了公诉。2002年11月29日，重庆市万州区人民法院对本案审理认为，李某与其妻虽是合法夫妻关系，但认定李某对妻子的投水自杀负有法定的救助义务缺乏法律依据，妻子的死亡也并不是李某的不救助行为直接导致的。法院作出一审判决，李某无罪。

---

① 妻子自尽时扬长而去 丈夫被判“杀”妻. 新浪网，2021-11-10.

② 辽阳一见死不救恶夫被判六年. 中国妇女报，2001-11-20.

③ 妻子投水自杀，丈夫见死不救. 法律服务时报，2003-06-10.

上述四起“杀妻案”中，有三起被法院判决有罪，而且都构成故意杀人罪，被判处4年或6年的有期徒刑；有一起被法院判决无罪。应当说，上述四起“杀妻案”在基本案情上是十分相似的，但是司法审判的结果却大相径庭，其中有罪判决占3/4，无罪判决占1/4。这说明，司法审判人员（审判机关）对夫妻间见死不救行为的法律评判存在重大差异甚至对立：多数审判人员（占3/4）认为，丈夫一方的行为构成故意杀人罪（不作为），因为丈夫负有救助其妻的特定作为义务，却在能够履行时而不履行该义务，放任其妻自杀身亡，故其行为构成故意杀人罪（不作为）；少数审判人员（占1/4）认为，丈夫一方的行为不构成犯罪，因为丈夫并未积极实施危害其妻子生命安全的行为，妻子死亡也并不是被告人不予救助的行为所直接导致的结果，法律（尤指刑法）亦未明确规定夫妻一方在另一方发生危险时有救助的作为义务，从而根据罪刑法定原则和刑法谦抑性的要求，对被告人的行为不认定为犯罪。

可见，“夫妻之间见死不救的行为是否成立不作为的故意杀人罪”这个问题，主要涉及的问题是如何认识和理解夫妻之间的作为义务的具体内容，尤其是如何认识夫妻之间的相互扶养义务，以及夫妻之间是否存在相互救助义务。对此，有人认为婚姻法（《民法典》颁行后，指《民法典》中的婚姻法规范，下同）只规定了夫妻之间具有相互扶养的义务，而没有明文规定相互救助的义务，所以夫妻之间见死不救的行为，由于并不存在不作为犯罪的前提，即作为义务，就不能成立不作为犯罪。但是，这种看法并不全面。

我们倾向于认为，夫妻之间存在相互救助义务。理由有如下四个：（1）婚姻法的明确规定。婚姻法明确规定夫妻之间具有相互扶养义务，表明了夫妻之间具有相互给予生活帮助和照顾的法定义务，这种法定义务的内容当然包括夫妻之间的相互救助义务。因此，当夫妻一方面临死亡威胁时，应当确认另一方具有给予救助的义务。从普通百姓的认知层面、道德层面上来讲，如此理解和认定应当说是比较合理的，完全可以成为一种法律“常识、常情、常理”。因此，夫妻之间见死不救的行为可以成立不作为故意杀人罪。这是我国目前比较通行的一种作为义务根据的解释理论（方法与途径）。（2）作为义务根据理论的新发展。现在还有一种新的作为义务根据的解释理论，对夫妻之间见死不救的行为作出了有罪解释（其核心是有作为义务）。这就是德国刑法理论所提出的“密切的社会群体关系说”，即认为，作为义务的法理根据在于社会中人与人之间较密切的群体关系，如家庭关系、共同生活关系（包括同居者之间的关系）、同事关系等，都能够成为作为义务的法理根据。尤其是特定近亲关系，包括直系血亲关系、夫妻关系、父母子女关系、兄弟姐妹关系，自然存在基于特定近亲关系而产生的作为义务（保护义务）。显然，作为义务根据的“密切的社会群体关系说”，十分有利于解释困扰中国刑法理论的夫妻见死不救行为的入罪根据问题。在此顺带梳理一下作为义务根据的理论逻辑问题。有理论认为，作为义务根据分为两种：一种是对特定法益之保护义务，另一种是对特定危险源之防御义务（责任）。对特定法益之保护义务包括四种情况：特定近亲关系，特定共同体关系（如同居与共同探险），自愿承担保护义务者（如合同行为与自愿行为），具有保护义务的公务员、法人及法人组织成员。对特定危险源之防御义务也包括四种情况：危险物的监督者（房屋坠物），管护无行为能力人之人，先行行为（密接危险关系且违反义务），商品制造者责任（如汽车和药物等）。（3）根据“法官决策行动有效性”原理，已有判例已经确认夫妻之间存在法律上的救助义务。（4）根据刑法解释结论合目的性原理，确认夫妻之间存在法律上的救助义务能够有效防范亲人谋杀。在仅有两人在场的封闭场合中，通常又在家里，夫妻中的某一方若是谋杀对方，则往往难以取证，那么，夫妻之间救助义务的这种有效确认，十分有利于增强夫妻之间的救助意识，也有利于防止亲情谋杀的恶性事件发生。

另外还有一个较为特殊的案子，即宁夏邵某国杀妻案，除夫妻关系这一特点外，本案还有几个特殊性：行为人身份特殊（警察）、行为特殊（拔枪上膛）、行为场域特殊（封闭的二人空间）。

案例 4-6 宁夏邵某国杀妻案①

被告人邵某国，原系银川市公安局某派出所民警。1991 年 8 月 29 日被逮捕。1990 年 4 月 30 日，被告人邵某国与本所部分干警及联防队员沈某（女），应邀到苏某家喝酒。喝完酒后，几个人一起在返回派出所的途中，与邵某国的妻子王某相遇。王某原来就怀疑邵某国与沈某关系暧昧，看到邵某国与沈某又在一起，更加怀疑邵某国、沈某的关系不正常，便负气回家。当晚 7 时许，邵某国与王某在家中为此事争吵不休。争吵中邵某国说："我不愿见到你。"王某说："你不愿见我，我也不想活了，我死就是你把我逼死的。"邵某国说："你不想活了，我也不想活了，我们两个一起死。"邵某国把自己佩带的"五四"式手枪从枪套里取出，表示要与王某一起自杀。王某情绪激动地说："要死就我死，你别死，我不想让儿子没爹没妈。"王某两次上前与邵某国夺枪但并没有夺到手，邵某国即持枪进入卧室。王某跟进去说："要死我先死。"邵某国说："我不会让你先死的，要死一块死，你有什么要说的，给你们家写个话。"王某便去写遗书了，邵某国在王某快写完时自己也写了遗书。随后，王某对邵某国说："你把枪给我，我先打，我死后你再打。"邵某国从枪套上取下一颗子弹上了膛，使手枪处于一触即发的状态。王某见此情景，便从邵某国手中夺枪。在谁也不肯松手的情况下，邵某国把枪放在地上用脚踩住。此时，王某提出和邵某国一起上床躺一会儿，邵某国表示同意，但并没有把地上的枪捡起来。邵某国躺在床里边，王某躺在床外边，两人又争执了一会儿。大约晚 10 时许，王某起身说要下床做饭，并说："要死也不能当饿死鬼。"邵某国坐起来双手扳住王某的双肩，不让王某捡枪。王某说把枪捡起来交给邵某国，邵某国便放开双手让王某去捡枪。王某捡起枪后，即对准自己的胸部击发。邵某国见王某开枪自击后，发现王某胸前有一黑洞，立即喊后院邻居贾某等人前来查看，同时将枪中的弹壳退出，把枪装入身上的枪套中。王某被送到医院，经检查已经死亡。经法医尸检、侦查实验和复核鉴定，王某系枪弹近距离射击胸部，穿破右心室，导致急性失血性休克死亡，属于自己持枪击发而死。银川市人民检察院以被告人邵某国犯故意杀人罪向银川市中级人民法院提起公诉，王某之父王某宽提起附带民事诉讼，要求被告人邵某国赔偿其为王某办理丧葬等费用共计 1 100 元。

银川市中级人民法院经过公开审理认为，被告人邵某国身为公安人员，明知其妻王某有轻生念头仍为王某提供枪支，并将子弹上膛，对王某的自杀在客观上起到了诱发和帮助的作用，在主观上持放任的态度，其行为已构成故意杀人罪，应负刑事责任。由被告人邵某国的犯罪行为所造成的经济损失，邵某国确无赔偿能力。该院依照《刑法》第 132 条的规定，于 1992 年 11 月 17 日作出刑事附带民事判决，以故意杀人罪判处被告人邵某国有期徒刑 7 年。

宣判后，被告人邵某国和附带民事诉讼原告王某宽均不服，提出上诉。邵某国的上诉理由是：主观上没有诱发王某自杀的故意，客观上没有帮助王某自杀的行为。王某宽的上诉理由是：邵某国有赔偿能力。

宁夏回族自治区高级人民法院对本案进行了二审审理。对附带民事诉讼部分，经该院主持调解，邵某国赔偿王某宽 1 100 元已达成协议，并已执行。对刑事诉讼部分，该院认为，上诉人邵某国在与其妻王某争吵的过程中不是缓解夫妻纠纷，而是以"一起死"、"给家里写个话"、

---

① 最高人民法院中国应用法学研究所. 人民法院案例选：刑事卷：1992 年—1996 年合订本. 北京：人民法院出版社，1997：279-283.

掏出手枪等言词举动激怒对方。在王某具有明显轻生念头的情况下，邵某国又将子弹上膛，使手枪处于一触即发的状态，为王某的自杀起了诱发和帮助作用。邵某国明知自己的行为可能导致王某自杀的结果，但他对这种结果持放任态度，以致发生了王某持枪自杀的严重后果。邵某国诱发、帮助王某自杀的行为，已构成故意杀人罪。原审判决事实清楚，证据确实充分，定罪准确，量刑适当，审判程序合法。邵某国的上诉理由不能成立，应予驳回。据此，该院依照《刑事诉讼法》第136条第（一）项和《刑法》第132条的规定，于1993年1月14日裁定如下：驳回邵某国的上诉，维持原审刑事附带民事判决中的刑事判决。

我国有学者认为，邵某国的行为不构成故意杀人罪[①]，但是本书认为应当依法认定邵某国的行为构成故意杀人罪，法院的判决是正确的。其主要法理除前面所讲的夫妻之间见死不救行为定性处理的理由外，还在于：其一，作为丈夫、身为警察的被告人邵某国拔枪上膛的行为具有胁迫、迷惑他人自杀（达到精神强制程度）的行为特点，对此行为应依法认定为故意杀人罪；其二，应特别审查刑法解释的语境性，本案发生在封闭的二人空间，不仅行为人具有作为义务，而且刑事政策上必须兼顾有效防控犯罪发生的合目的性价值。携带枪支的警察与他人在封闭空间里，并发生了他人持枪自杀的行为时，应当依法追究警察不作为的刑事责任。

二、推动功能：推动法律立法完善的功能

刑法解释的推动功能，是指刑法解释具有推动刑法规范文本完善的功能，其具体内容是通过甄别发现真正的刑法立法漏洞以推动刑法立法的修订完善。推动功能所体现的功能性是立法完善，即推动文本的刑法规定更加完善，其中包括发现真正的立法漏洞而进行立法填补漏洞使得文本的刑法规定更加完善。这种功能性思考和功能类型化思考，有利于明确刑法解释在解决立法漏洞问题上的功能定位，谨慎注意到了刑法解释功能“有所为”、“有所不为”以及“有不同为”之间的具体差异，即刑法解释功能在解决非真正的立法漏洞时是“有所为”的，可以通过解释性填补达致确证“活的法”的效果，由此避免法条主义与机械司法的功能性缺陷；但是刑法解释在解决真正的立法漏洞时应当在恪守罪刑法定原则的前提下，理性地、客观地秉持“有所不为”的功能性保守立场（但在有利于实现罪刑法定原则人权保障功能时，可以例外准许对真正的立法漏洞予以解释性填补），主张通过推动立法填补实现立法完善。

三、促进功能：促进法律理论知识创新的功能

刑法解释的促进功能，是指刑法解释具有促进刑法学理论知识创新的功能，有利于繁荣整体刑法学理论知识体系。促进功能所体现的功能性是，刑法解释有利于实现刑法理论知识增量和学术创新发展，其“反哺”包括刑法教义学和刑法解释学在内的整体刑法学理论知识体系化发展，以及刑法立法与司法的良性互动发展。

---

① 陈兴良. 判例刑法学：教学版. 北京：中国人民大学出版社，2012：200-207.

第五章　刑法解释的基本原则

解释始终都与该当法秩序的整体及其基础的评价准则密切相关。①

——［德］卡尔·拉伦茨

刑法解释的基本原则，是指贯穿于刑法解释活动过程始终，指导和制约刑法解释活动全过程的基本准则。刑法解释的基本原则是一个非常重要的问题，因为刑法解释原则才是具有全局意义的、统筹刑法解释其他方面内容的终极命题。但是，我国刑法解释学界关于刑法解释的立场、解释的方法、解释的位阶等问题的研究较多，而探讨刑法解释原则的研究不多②，因此，十分有必要针对刑法解释原则问题展开专门讨论。

如何确定刑法解释的基本原则？本书认为，刑法解释的基本原则，必须符合法理学意义上的法律解释的基本原则的一般原理，同时还需要进一步审查刑法解释的特殊性，最终才能确定既符合法律解释学一般原理又体现刑法解释自身个性特点的刑法解释的基本原则。

关于法律解释的基本原则，法律解释学是按照“法律解释的基本原则”“法律解释的原则”“法治原则”等来阐释的。有的学者认为，法律解释的基本原则，是指法官在运用一定的解释方法解释法律时应当遵循的一般原则，也是法官在解释法律过程中应当遵循的基本准则；具体内容包括“清晰文本本身无须解释”“忠实于法律文本”“忠实于立法目的和立法意图”“妥当地进行价值判断”“兼顾法的安定性和法的妥当性”“充分说理论证规则”等六项基本原则。③有的学者认为，法律解释的原则有很多，如维护法治、维护正义、宪法至上、合法性、合理性、客观性等，而客观性与合法性原则具有根本法治意义而且它们之间易发生冲突，因而客观性与合法性原则需要特别强调。④ 还有的学者认为：“总的来说，合法性是法律解释的最基本原则，客观性与合理性都是为合法性进行论证的原则。广义上的合法性能涵盖这两个原则。当然这里的合法性之法不应包括那种‘不法’之法，而是包括了法律规范、法律精神、法律价值和正当程序之法。”⑤ 还有的学者主张，法律解释（司法裁判）“既要追求自身的合理性，又要兼顾社会效果及其合法性评价”⑥。还有的学者将法律解释的基本原则表述为“法律解释规则”，认为应当坚持“法律解释的两类规则：合法性规则和合理性规则”⑦。可见，尽管在学理上存在一些争论，但是较为普遍的看法是，法律解释的基本原则有合法性原则、合理性原则（客观性原则或者客观合理性原则）、妥当性原则（正当性原则、客观正当性原则或者兼顾社会效果原则）三项。

---

① 拉伦茨. 法学方法论. 陈爱娥，译. 北京：商务印书馆，2003：195.

② 刘艳红. 实质出罪论. 北京：中国人民大学出版社，2020：165.

③ 王利明. 法律解释学导论：以民法为视角. 2版. 北京：法律出版社，2017：163-177.

④⑤ 陈金钊，焦宝乾，桑本谦，等. 法律解释学. 北京：中国政法大学出版社，2006：13-15.

⑥ 魏治勋. 法律解释的原理与方法体系. 北京：北京大学出版社，2017：80.

⑦ 周永坤. 法理学：全球视野. 4版. 北京：法律出版社，2016：298-300.

刑法解释学在遵从法律解释的基本原则的基础上，对某些概念的用语和含义进行了略有个性化的转换。例如，赵秉志、曾粤兴、齐文远、周详、刘艳红、李希慧等刑法学者明确主张，刑法解释的基本原则包括合法性原则、合理性原则、合目的性原则。曾粤兴认为，刑法解释方法的运用应当受到合法性、合理性和正当性原则的调控。① 齐文远和周详认为："我国刑法解释的基本原则有三个：合法性原则，它是刑法解释的形式规制；合理性原则，它是刑法解释的实质规制；合目的性原则，它是刑法解释原则的冲突之整合规则。"② 刘艳红指出："刑法解释的原则应当为合法性、合理性与技术导向性三个原则。"③ 李希慧将合法性、合理性和契合刑事政策性作为刑法解释原则。④ 可见，我国较多的刑法学者认为，刑法解释的基本原则包括合法性原则、合理性原则、合目的性原则三项。

本书认为，刑法解释的基本原则还应该在合法性原则、合理性原则、合目的性原则的基础上增加一项"整体有效性原则"，理由在于：合法性、合理性、合目的性三项原则之间有时存在紧张关系，是需要根据一定准则（规则）进行体系化整合的，既要确保合法性，又要确保合理性、合目的性，由此决定了整体有效性原则的必要性。我国有学者提出了整体性原则的概念，"整体性原则，是指在解释某一具体的刑法规定时，必须综合地考虑刑法的其他规定，在对刑法的总体把握中阐明该规定的含义"⑤。可见，整体性原则所表达的含义是比较接近整体有效性原则的实质内涵的。可以认为，整体有效性原则是一项整合合法性、合理性和合目的性的原则，应当成为刑法解释的基本原则（之一）。

同时还应注意，刑法解释的基本原则不同于刑法基本原则。刑法基本原则，是指贯穿全部刑法规范，具有指导和制约全部刑事立法和刑事司法的意义，并体现我国刑事法治基本精神的准则。⑥ 刑法基本原则可以说是针对刑法立法和司法整体的实体刑法准则，包括罪刑法定原则、平等适用刑法原则、罪责刑相适应原则，以及法益保护原则、责任主义原则等。而刑法解释的基本原则仅是针对刑法司法过程中的刑法解释适用活动的实体刑法准则。它是在坚持刑法基本原则、体现刑法基本精神的基础上，进一步归纳总结出的有关刑法解释适用活动规律以及刑法解释特殊功能的准则，存在一个功能和话语转换的过程。例如，刑法解释将其应坚持刑法基本原则和刑法规定的特点归纳为合法性原则，将其应遵从宪法秩序和法秩序统一原理、刑法教义学原理的特点归纳为合理性原则，将其应适当兼顾时代发展和刑事政策变化的动态过程的特点归纳为合目的性原则，将其应全面整合合法性、合理性和合目的性的特点归纳为整体有效性原则，以避免出现解释过程无序、解释活动顾此失彼、解释结论荒谬等违背刑事法治理性的现象发生。尤其是刑法解释的整体有效性原则，它是针对个案与具体罪名的刑法解释适用准则，是确保刑法解释结论兼顾合法性、合理性和合目的性的一项重要原则，是充分体现刑法解释特点的重要原则，是刑法基本原则所不能囊括的重要内容。

综上，刑法解释的基本原则，是指贯穿于刑法解释活动过程始终，指导和制约刑法解释活动全过程的基本准则，具体内容包括合法性原则、合理性原则、合目的性原则、整体有效性原则，可谓刑法解释的四项基本原则。

---

① 赵秉志. 刑法基本问题. 北京：北京大学出版社，2010：305.

② 齐文远，周详. 论刑法解释的基本原则. 中国法学，2004（2）：117-125.

③ 刘艳红. 刑法解释原则的确立、展开与适用. 国家检察官学院学报，2015，23（3）：95-104，174-175. 刘艳红在该文中使用了"技术导向性"这一概念，在严格意义上仅表达了合目的性的部分内涵。

④ 李希慧. 刑法解释论. 北京：中国人民公安大学出版社，1995：82-92. 李希慧在该书中认为：刑法解释原则有合法性原则、合理性原则、以刑事政策为指导的原则、整体性原则以及明确、具体原则五项。

⑤ 李希慧. 刑法解释论. 北京：中国人民公安大学出版社，1995：92.

⑥ 《刑法学》编写组. 刑法学：上册：总论. 北京：高等教育出版社，2019：55.

第一节 合法性原则

一、合法性原则的概念

刑法解释的合法性原则，是指刑法解释必须符合宪法和法律的明文规定与基本精神，不能违宪和违反法律。

合法性原则的概念在理论认识上并非具有高度一致性，主要体现在：有的刑法学者认为，合法性原则包括形式合法性和实质合法性在内的全面合法性，例如，赵秉志、曾粤兴认为，合法性原则“不仅仅是指不能违宪和违反刑法的原则与规则，还要求刑法的解释和刑法的内容尽可能做到和谐一致”①。李希慧和刘艳红都认为，合法性原则“是指刑法的解释必须符合宪法和法律的要求”②。另有学者认为，合法性原则仅指形式合法性（形式规制），例如齐文远和周详认为，合法性原则是“刑法解释的形式规制”③。

从法律逻辑上来看，合法性原则应当是指包括形式合法性和实质合法性在内的全面合法性。依照合法性原则，刑法解释必须在形式合法性层面符合法律规定，在实质合法性层面符合法律规定的价值理性和法治精神，切实做到刑法解释的全面合法性，这是合法性原则所欲实现的最理想的合法境界。但是，合法性原则的这种理想境界只能是刑法解释所欲追求的终极目标，有赖于合理性原则和合目的性原则的共同协力才能最终实现。因此，应在合法性原则、合理性原则、合目的性原则之间进行适当的功能划分，将合法性原则的主要功能框定在形式合法性范畴之内，将合理性原则和合目的性原则的主要功能框定在实质合法性范畴之内，只有那种实质上具有合理性和合目的性的刑法解释（结论）才能匹配“实质合法性”的美誉。这样，合法性原则就主要解决形式合法性的问题，合理性原则和合目的性原则则主要解决（共同解决）实质合法性的问题，如此进行功能划分有利于实现刑法解释原则论上的逻辑自洽。

综上，笔者认为，就刑法解释而言，由于刑法文本（成文法）的客观存在，刑法解释的形式合法性就不再是空中楼阁，刑法解释具有明确的文字载体和规范形式；相应地，实质合法性是从实质层面具体审查刑法解释的合理性和合目的性（实质合法性），换言之，实质合法性的“事物本质”应存在于合理性原则和合目的性原则之中。因此，刑法解释的合法性原则，主要是指形式合法性，主要功能是确证刑法解释结论的合法性底线基础（价值）和合法空间。合法性底线基础由刑法文本的文义解释限度具体限定，合法空间由刑法文本的文义解释空间所包容。任何僭越刑法文本的文义解释限度或者超出刑法文本的文义解释空间的刑法解释都是不符合合法性原则要求的，都不具有合法性。

二、合法性原则的具体展开

合法性原则要求刑法解释必须符合形式法治和实质法治的基本要求，不得逾越法治底线和违背罪刑法定原则。因此，合法性原则在文义解释中体现得最集中、最充分，另外在论理解释中也有所体现。

例如，“违反国家规定”的刑法解释。不符合立法法规定的法律、法规，均不得作为“违反国家规定”中的“国家规定”。

---

① 赵秉志. 刑法基本问题. 北京：北京大学出版社，2010：305.

② 李希慧. 刑法解释论. 北京：中国人民公安大学出版社，1995：82-92；刘艳红. 刑法解释原则的确立、展开与适用. 国家检察官学院学报，2015，23（3）：95-104，174-175.

③ 齐文远，周详. 论刑法解释的基本原则. 中国法学，2004（2）：117-125.

再如，“冒充军警人员抢劫”的刑法解释。不能将真正的军警人员抢劫认定为“冒充军警人员抢劫”，这也是刑法解释的合法性原则的基本要求。

第二节　合理性原则

一、合理性原则的概念

刑法解释的合理性原则，是指刑法解释必须符合宪法和法律规定的实质法理、刑法教义学原理和常识情理。

关于合理性原则的理解，刑法学界的阐释有所差异。赵秉志和曾粤兴认为，合理性“是对合法性原则的一个补充，他要求刑法解释一方面符合法理，另一方面符合公认的情理、事理”①。齐文远和周详认为：“合理性原则，它是刑法解释的实质规制。”② 刘艳红认为：“合理性原则是指刑法的解释必须符合罪刑法定实质正当性的要求。”③ 李希慧认为，合理性原则“是指刑法的解释要合乎法理、人伦常理和社会发展需要之理”④。

笔者认为，刑法解释的合理性原则主要是指符合实质法理和常识情理，因而主要是实质判断。它在合法性原则的基础上更进一步强调实质合理性，使得刑法解释合法、合理，符合法治理念，确保刑法解释符合法治要求。

二、合理性原则的具体展开

刑法解释的合理性原则，主要在论理解释中集中体现，强调刑法解释必须充分运用刑法教义学原理（如犯罪构成理论、目的犯理论、短缩的二行为犯理论、共同犯罪理论等法理）展开深刻的说理和论证。

例如，传播淫秽物品牟利罪（第 363 条），需要运用目的犯的刑法教义学原理来解释，这就是合理性原则的要求。某甲和某乙共同犯罪，某甲以牟利为目的，而某乙不具有牟利目的，则应当运用目的犯和共同犯罪的刑法教义学原理进行论理解释，即某乙只能构成传播淫秽物品罪（第 364 条）。事实上，目的犯中“参与非规范目的行为”的分则性封闭与实质违法性判断，就主要是合理性原则的要求和体现。

又如，盗窃罪。作为“非法定的目的犯”，对于那些不具有非法占有目的的“盗窃”行为，运用盗窃罪、目的犯的刑法教义学原理进行论理解释，才符合合理性原则的要求，才能获得正确的解释结论。

再如，虚开增值税专用发票罪、伪造货币罪。作为“短缩的二行为犯”，就必须运用两罪本身的犯罪构成理论、“短缩的二行为犯”理论等刑法教义学原理进行论理解释才符合合理性原则的要求，才能获得正确的解释结论。

还如，寻衅滋事罪、故意伤害罪、故意杀人罪的刑法解释的界限存在一定模糊性，因而必须要认真审查解释结论合理性。比较典型的案例就是 2010 年发生的肖某国袭击方某子案。

---

① 赵秉志. 刑法基本问题. 北京：北京大学出版社，2010：305.

② 齐文远，周详. 论刑法解释的基本原则. 中国法学，2004（2）：117-125.

③ 刘艳红. 刑法解释原则的确立、展开与适用. 国家检察官学院学报，2015，23（3）：95-104，174-175. 刘艳红在该文中使用了“技术导向性”这一概念，在严格意义上仅表达了合目的性的部分内涵。

④ 李希慧. 刑法解释论. 北京：中国人民公安大学出版社，1995：82-92. 李希慧在该书中认为：刑法解释原则有合法性原则，合理性原则，以刑事政策为指导的原则，整体性原则以及明确、具体原则五项。

案例 **肖某国袭击方某子案**[①]

2010年9月，肖某国指使其亲戚戴某湘找人袭击方某子和方某昌为自己出气。对此，警方认为，肖某国因方某子、方某昌通过媒体、网络对其进行学术“打假”，致其未能入选中国科学院院士，为报复两人，肖某国指使远亲戴某湘实施报复行为。警方和检方均认为肖某国涉嫌寻衅滋事罪，但是方某子和方某昌则认为肖某国涉嫌故意杀人罪（未遂）。而在庭审中，肖某国说学术质疑并不是打人的原因，他认为方某子没有能力和资格质疑他。事件真正的起因，是方某子诽谤了肖某国的妻子，还侮辱了肖某国的导师、中科院院士裘某祖。肖某国称，曾为诽谤其妻之事在2007年对方某子提起刑事自诉，却未被法院受理。因觉得他和方某子之间的“恩怨”通过以往的官司并没有得到有效解决，他才让亲戚戴某湘为他出气的。肖某国及其辩护人均认为，肖某国的行为涉嫌故意伤害，但是由于未造成致人轻伤的后果，不应追究刑事责任。其他相关证据显示：据戴某湘供述，肖某国对把人打成什么样没有指示，只要求不要把事闹大。打手许某春称，打第一个人（方某昌）时，戴某湘指示“随便打”，他将“随便打”理解为不会带来很严重伤害的殴打。之所以使用钢管，是怕打不过对方；袭击方某昌一周后，戴某湘指示他，打第二个人（方某子）要稍微重一点。另一名打手龙某光称，许某春说把人打到住院两三天就行了。

2010年10月10日，石景山法院经过简易程序审理，以寻衅滋事罪判处肖某国拘役5个半月，判处其他4名被告人拘役5个半月到1个半月的不等刑期。后来该案经过二审维持原判。

对于故意杀人罪与故意伤害罪，从表象、理论逻辑上来看似乎比较好区分。理论上的区分方法有以下三个标准：(1) 工具与部位说。但是，此说太机械。(2) 目的说。此说的问题有两个：一是“目的”本身不好认定，二是不能解释间接故意杀人。(3) 故意内容说。一般认为此种观点比较科学。

但是，在实践中区分故意杀人罪与故意伤害罪时，情况却可能十分复杂，应当特别注意刑法解释结论合理性原则的要求。在肖某国袭击方某子案中，基于在案证据事实固定的情况下所作出的法律定性判断分歧较大，有故意杀人罪、故意伤害罪、寻衅滋事罪之分歧，这令人十分迷惑不解。对此，我们的看法是：要对客观性证据、客观性结果予以高度重视，更要对行为人的行为内容和故意内容进行实质审查。这种实质审查必须公正合理、合乎常识、适当保守，否则会形成“公说公有理，婆说婆有理”的局面，损害司法公正。

就本案而言，本书倾向于认为，肖某国有错，其基于个人私利和报复心态而雇人对方某子予以打击报复，将其行为性质解释为故意伤害是比较合理的（刑法解释合理性原则）。由于其行为性质及其客观后果（轻微伤）不符合我国《刑法》所规定的故意伤害罪的定罪条件，依法应判决肖某国的行为不构成犯罪。但是对于其故意伤害他人致人轻微伤的行为，可以依照治安管理处罚法的相关规定进行治安处罚，以实现恢复秩序和教育行为人的执法目的。

第三节　合目的性原则

一、合目的性原则的概念

刑法解释的合目的性原则，是指刑法解释必须符合刑事政策目的价值目标，具体包括防控犯罪价值意义上的“秩序”目的性、保障人权价值意义上的“自由”目的性、推动社会发展意

① 魏东. 案例刑法学. 2版. 北京：中国人民大学出版社，2023：159-160.

义上的“效率”目的性与“公正”目的性四项价值目的性及其权衡整合。

关于合目的性原则，刑法学界的认识正在逐步走向共识。赵秉志和曾粤兴认为，合目的性原则（正当性原则）“即刑法解释应当符合必要的程序和社会应当具有的价值观念”①。齐文远和周详认为：“合目的性原则，它是刑法解释原则的冲突之整合规则。”② 李希慧认为，契合刑事政策性（合目的性）“是指在阐明刑法规定的含义时，必须充分考虑党和国家的政策，而不能背离党和国家的政策，这既是由党和国家政策在我们国家政治、经济、法律生活中的地位以及我国刑法立法的特点所决定，也是保持法律的稳定性和生命力所必需的”③。

需要说明的是，法律解释学上的正当性（妥当性）概念实质上是指，通过法外的社会学解释方法所获得的解释结论“良好的社会效果”属性，而在刑法解释这一特殊领域，正当性（妥当性）主要体现的是契合刑事政策目的性（合目的性）。因此，功能主义刑法解释论所提出的合目的性可以更为精准地涵摄正当性（妥当性）的基本内涵，从而在刑法解释学上进行话语转换，即由法社会学解释方法所确证的解释结论“正当性”转换为由刑事政策解释方法所确证的解释结论“合目的性”。“刑事政策解释方法作为运用‘法外’的刑事政策原理解释刑法的论理解释方法就是一般意义上的法社会学解释（方法）在刑法解释中的进一步具体化、特别化，是刑法解释方法中唯一区别于其他非刑事法律解释方法的、具有独占性和标签性的特别解释方法，并且刑事政策解释方法作为运用‘法外’的刑事政策原理解释刑法的论理解释方法同样也能够成为区别于作为‘法内’的规范法理的刑法解释的论理解释方法”，“刑事政策解释方法（广义的论理解释方法），具有刑事政策上特别校正刑法解释结论的正当性功能，依次从底线功能、合理性功能、正当性功能逐级限定刑法解释结论的妥当性和可接受性”④。可以说，合目的性被视为刑法解释结论有效性的重要内容，正是功能主义刑法解释论的新贡献。劳东燕指出，“如果说政策性的目标代表着对社会效果的积极追求，那么，对于功能主义的刑法解释而言，便是要在法律之内寻求社会效果”，因此应当强调“刑事政策被定位为方法论上的合目的性考虑，以指导犯罪论的构建与刑法解释论的发展”⑤。

合目的性原则强调，刑法解释必须重视刑事政策目的价值目标（秩序、自由、效率、公正）的权衡整合。这种价值目标的权衡整合，首先意味着秩序、自由、效率、公正一个都不能少，缺少其中任何一个都是不可想象的、不可接受的；其次意味着四项价值目标之间的轻重权衡、位阶权衡与有效整合，并且应当将这种权衡整合作为合目的性考量的重点。由此，功能主义刑法解释论中结果的功能主义，必须强调刑法解释结论合目的性本身是秩序、自由、效率、公正四项价值目的性及其整合体，而并不仅仅是某一种单项目的性（如“秩序”目的性）。刑事政策原理认为，四项价值目的性之间存在紧张关系并需要适当权衡整合：其一，最大限度地保障人权（自由价值），最大限度地促进社会发展（效率价值），最大限度地体现相对公正（公正价值），最小限度地维持必要秩序（秩序价值），这种“三大一小”理念是现代刑事政策的基本品格和基本理念。其二，自由与秩序之间的价值权衡应当坚持“自由优先、兼顾秩序”的价值立场，即强调“自由至上（人权保障至上）”而反对“秩序至上（犯罪防控至上）”。其三，

① 赵秉志. 刑法基本问题. 北京：北京大学出版社，2010：305.

② 齐文远，周详. 论刑法解释的基本原则. 中国法学，2004（2）：117-125.

③ 李希慧. 刑法解释论. 北京：中国人民公安大学出版社，1995：82-92. 李希慧在该书中认为：刑法解释原则有合法性原则，合理性原则，以刑事政策为指导的原则，整体性原则以及明确、具体原则五项。

④ 魏东. 刑法解释学基石范畴的法理阐释：关于“刑法解释”的若干重要命题. 法治现代化研究，2018，2（3）：111-134.

⑤ 劳东燕. 能动司法与功能主义的刑法解释论. 法学家，2016（6）：13-28，175.

公正与效率之间的价值权衡应当坚持“公正优先、兼顾效率”的价值立场，即强调“公正至上”而反对“效率至上”。[①] 在刑法实体法上，秩序与自由、秩序与公正、自由与公正、效率与公正之间的价值权衡经常出现，需要在刑法解释论（以及刑法教义学）上予以充分关注，以防止出现某种顾此失彼的价值判断失策。

合目的性原则有一个预设前提，就是合目的性原则必须被限定在合法性原则和合理性原则之内进行优化价值选择。这种优化价值可以并且应当是最优化价值，但是必须是合法性原则和合理性原则可以包容的范围内的最优化，而不能是超出合法性原则和合理性原则范围的最优化，因此，合目的性原则必须遵循（合法性和合理性）“可包容的合目的性优化价值”规则。

二、合目的性原则的具体展开

刑法解释的合目的性原则，强调刑法解释必须重视刑事政策价值目标（秩序、自由、效率、公正）的权衡整合，需要在具体个案中予以特别谨慎、周全的判断。合目的性也可能具有多样性，它是通过超越刑法文本规范进行刑事政策解释（法社会学解释）获得的，那么，基于合目的性立场来审查文义解释结论和论理解释结论，就有可能出现这些解释结论“完全符合”“部分符合”“完全不符合”刑事政策解释结论合目的性的多种情形，应按照（合法性和合理性）“可包容的合目的性优化价值”规则进行刑事政策解释结论合目的性优化价值遴选，即从合法性和合理性可包容的合目的性价值中选择最优化价值，但是应排除那些合法性和合理性无法包容的合目的性价值。因此，必须特别强调的是，在某些特殊情形下，如果单纯按照刑事政策解释方法所得出的解释结论（具有合目的性）完全超出了文义解释结论和论理解释结论的范围（不具有合法性和合理性），则应当否定该刑事政策解释结论的合法性和合理性（即使具备合目的性优化价值），因为这时合目的性价值违背了“可包容的合目的性优化价值”规则。

有以下两种情形需要运用合目的性原则进行专门讨论：

其一，当法益内容的有无判断不清晰时，刑事政策解释方法对解释结论合目的性的确证功能主要表现为秩序与自由（犯罪防控与人权保障）之间价值的谨慎权衡，应当坚持“自由优先、兼顾秩序”的价值立场，通过适当的限缩“秩序”合目的性以实现最大化的“自由”合目的性。

例如，“近亲属入户抢劫”的解释。我国《刑法》第263条规定了“入户抢劫”这一加重法定刑情节，基于特别保护住宅安宁和人身财产安全的合目的性要求，需要对“入户抢劫”“处十年以上有期徒刑、无期徒刑或者死刑，并处罚金或者没收财产”。那么，“近亲属入户抢劫”是否适用这一加重法定刑情节呢？对此问题的回答，刑法解释合目的性原则就要求考虑以下因素：由于近亲属之间的关系非常特殊，有的分家析产后往来较少但是亲情纽带仍在，而有的没有明确分家析产，常年往来并且共处一室，总体上需要考虑亲情和家庭和睦等因素。因此，“近亲属入户抢劫”不同于通常的“入户抢劫”情节，其特别予以保护的法益内容的有无判断不清晰，通常不宜将“近亲属入户抢劫”认定为基于特别保护住宅安宁和人身财产安全的合目的性要求的加重法定刑情节。

其二，当法益内容之间的界限与程度判断不清晰时，刑事政策解释方法对解释结论合目的性的确证功能主要表现为效率与公正之间价值的谨慎权衡，应当坚持“公正优先、兼顾效率”的价值立场，通过适当的限缩“效率”合目的性以实现最大化的“公正”合目的性。

在这种语境下，秩序与自由之间的紧张关系不是主要矛盾，即对行为人定罪本身不存在争

---

① 魏东. 刑事政策原理. 北京：中国社会科学出版社，2015：91-95.

议，而仅仅在如何“公正”地定罪处罚上存在争议，从而使得效率与公正之间的紧张关系成为主要矛盾，总体上应当坚持“公正优先、兼顾效率”的价值立场。

例如，“强奸双性人”行为定性的刑法解释。由于双性人本身不同于普通女性和男性，因此应当承认其特殊性。这就需要结合被害人社会身份和生活习惯以及合目的性来具体判断行为性质，在被害人始终以“女性”身份生活、结婚和社交的情况下，将“强奸双性人”的行为解释为强奸罪就比强制猥亵罪更具有合目的性。

第四节 整体有效性原则

一、整体有效性原则的概念

刑法解释的整体有效性原则，是指刑法解释必须同时符合合法性、合理性、合目的性“三性统一体”有效性，是在合法性底线基础价值范围内以“可包容的优化价值”规则整合的“三性统一体”整体有效性。“同时符合”的要求是：既要同时具备，又要消除矛盾，还要整体上的协调一致性；既要刑法解释结论的整体有效性，又要刑法解释方法确证功能的整体有效性，还要刑法解释方法和刑法解释结论之间整体上的协调一致性。可见，整体有效性原则是一项整合合法性、合理性和合目的性的原则，整合规则只能是：合法性原则是底线基础（价值），在合法性范围内遴选“（合法性）可包容的合理性优化价值”，在合法性和合理性范围内遴选“（合法性和合理性）可包容的合目的性优化价值”。可见，“（合法性）可包容的合理性优化价值”“（合法性和合理性）可包容的合目的性优化价值”，是整体有效性原则内含的两个重要整合规则，这两个整合规则均以“合法性可包容的优化价值”规则为基础，可以合并简称为“可包容的优化价值”规则。对此，我国有的学者提出了“技术导向性原则”的概念，认为技术导向性原则是作为达到合法性、合理性原则的中立的桥梁和媒介而被提出的，能够防止出现被波斯纳戏称为“变色龙”① 效应的合法性与合理性相互冲突、排挤的局面。②

刑法解释的整体有效性原则的核心内容是刑法解释结论整体有效性。刑法解释结论有效性，是指刑法解释结论所具有的合法性、合理性、合目的性所共同型构的“三性统一体”有效性。③ 刑法解释结论只有在其同时具备了合法性、合理性和合目的性所共同型构的“三性统一体”之时，才能称得上获得了“有效性”；反之，刑法解释结论若仅具有合法性，或者仅具有合理性，或者仅具有合目的性，或者缺少合法性、合理性和合目的性中的任何一项，均不能获得完整意义上的“有效性”。换言之，刑法解释结论有效性意义上的合法性、合理性和合目的性之间的关系不是相互排斥的竞争关系，而是以合法性为底线基础价值、以合理性和合目的性为优化价值的共生融合关系：作为底线基础价值的合法性当然必不可少，它具体限定了解释结论的合法空间。作为优化价值的合理性和合目的性当然不可或缺，但是，优化价值的不可或缺性是有条件限制的，即只有由合法性底线基础价值限定的合法空间可包容的优化价值（可包容的优化价值论）才是不可或缺的，超出合法空间的所谓优化价值则是被排斥在外的。因此，有效性是指在合法性底线基础价值的基础上，进一步追求实现合法空间可包容的合理性和合目的

---

① 波斯纳. 法理学问题. 苏力，译. 北京：中国政法大学出版社，1994：342.

② 刘艳红. 实质出罪论. 北京：中国人民大学出版社，2020：171-172.

③ 例如，齐文远，李希慧，曾粤兴，周详等学者认为，应当把合法性、合理性、合目的性（合刑事政策性或者正当性）作为刑法解释原则；其中李希慧认为，刑法解释原则有合法性原则，合理性原则，以刑事政策为指导的原则，整体性原则以及明确、具体原则五项。参见齐文远，周详. 论刑法解释的基本原则. 中国法学，2004（2）：117-125；李希慧. 刑法解释论. 北京：中国人民公安大学出版社，1995：82-92.

性优化价值的“三性统一体”有效性，有效证成合法性底线基础价值、可包容的合理性和合目的性优化价值之间的共生融合关系（见图5-1），这是法律论证的规范性、证立性的重要体现和基本要求。

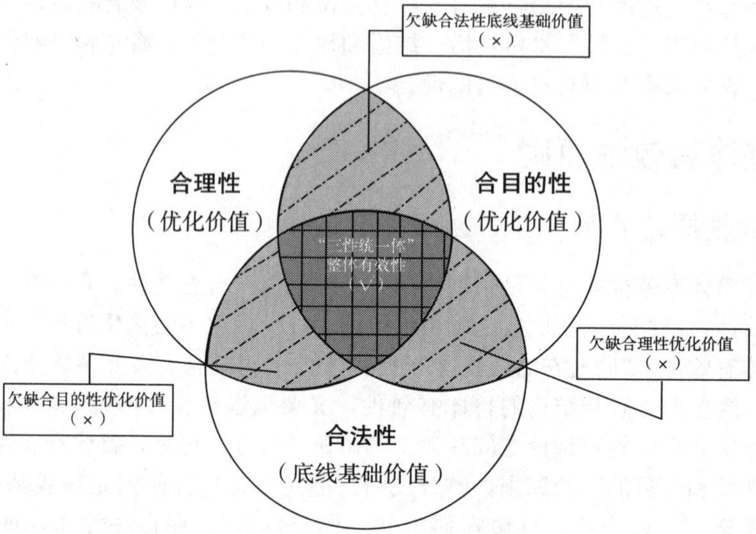

图5-1　整体有效性原则

二、整体有效性原则的具体展开

刑法解释结论有效性（合法性、合理性、合目的性）的真正实现，离不开刑法解释方法确证功能的充分发挥与共生融合关系的体系化证成。刑法解释方法确证功能，又称为刑法解释方法对刑法解释结论有效性的确证功能，具体是指刑法解释方法所具有的确证刑法解释结论有效性（合法性、合理性、合目的性）的功能。刑法解释方法确证功能必须结合（刑法）解释结论有效性来阐释，具体包括三个方面：刑法解释方法中的文义解释方法对（文义解释结论）合法性的确证功能、论理解释方法对（论理解释结论）合理性的确证功能、刑事政策解释方法对（刑事政策解释结论）合目的性的确证功能，只有通过刑法解释方法“三性确证功能统一体”的充分发挥与共生融合关系的体系化证成，才能完整实现刑法解释结论合法性、合理性和合目的性“三性统一体”有效性。① 刑法解释方法确证功能的体系化逻辑，只能是刑法解释方法确证功能的功能结构关系论与共生融合论：首先需要进行文义解释，确证解释结论合法性底线基础价值和合法空间；其次需要进行论理解释和刑事政策解释，在合法性底线基础价值之上进一步求证合法空间可包容的合理性和合目的性优化价值（可包容的优化价值论），并在合法空间可包容的各种优化价值中遴选出“最优化价值”（可包容的最优化价值论），以确保实现刑法解释结论有效性“三性统一体”。刑法解释方法确证功能的体系化路径，只能是先进行文义解释，后进行论理解释和刑事政策解释，在解释过程中可以进行解释性循环（解释过程论与解释性循环论）。

刑法解释整体有效性原则，是刑法解释结论有效性和刑法解释方法体系化的根本指导原则，凡是不符合刑法解释整体有效性原则要求的刑法解释都是错误的和必须被排除的。例如，以军警人员与军警人员共同抢劫的情形的刑法解释为例，这种情形是否适用抢劫罪“冒充军警

① 魏东. 刑法解释学基石范畴的法理阐释：关于“刑法解释”的若干重要命题. 法治现代化研究，2018，2（3）：111.

人员抢劫的”这一法定的加重处罚情节呢？对此，本书主张的解释结论是：军警人员与军警人员共同抢劫的情形不可以适用抢劫罪“冒充军警人员抢劫的”这一法定的加重处罚情节。这时仅可以按照“可包容的最优化价值”规则进行解释论整合，可考虑对此情形予以“从重处罚”(但不能适用加重处罚情节)。值得注意的是，不能说刑事政策解释方法“优于”刑法文义解释方法和论理解释方法，而不顾刑法文义解释方法和论理解释方法的确证功能，从而违背刑法解释方法“三性确证功能统一体”的体系性要求。在文义解释结论底线基础价值之上，再运用论理解释方法和刑事政策解释方法进行进一步的解释说理，这种体系性安排强调的是刑法解释方法“三性确证功能统一体”和解释结论有效性“三性统一体”，而并非简单地确认刑事政策解释方法“优于”刑法文义解释方法和论理解释方法，其重要法理就在于刑法解释的整体有效性原则。

第六章　刑法解释方法

法学方法论也的确发展出一些标准……这些标准有的取向于历史上之立法者的意志，有的则以规范性意义脉络为准则。萨维尼就已经区分“文法”、“逻辑”、“历史”以及“体系”的解释因素。并且也已经提及：这些要素不应个别地发挥作用，毋宁应相互合作。①

——［德］卡尔·拉伦茨

法学者是实践着的语言学家。如果在解释“方法”的问题上达成基本一致，那么这种一致很明显将使“检验”、监督以及关于法律适用结果的讨论更加容易。②

——［德］伯恩·魏德士

第一节　刑法解释方法概述

一、刑法解释方法的概念与分类

刑法解释方法，是指在刑法解释中所具体运用的各种法律解释方法的总称。

经检索，法学界关于法律解释方法的名称和理解并未达成一致。拉伦茨将法律解释方法称为法律解释的标准。③ 日本学者则在法律解释方法之下区分解释的参照事项与条文的适用方法。我国有学者主张借鉴日本学者的观点将法律解释方法区分为法律解释技巧与法律解释理由，认为应将解释方法中的平义解释、宣言解释、扩大解释、缩小解释、反对解释、类推解释、比附、补正解释等（条文的适用方法）称为解释技巧，将解释方法中的文理解释、体系解释、历史解释、比较解释、目的（论）解释等（解释的参照事项）称为解释理由。④ 其中，宣言解释，是指在法律文本的含义不明确、对法律文本存在争议或者以往对法律文本的解释不妥当时，解释者通过论理分析、体系解释、历史解释等，主体性地确定不明确的法律文本的含义，或者选择与以往不同的更为妥当的含义，或者对以往的解释进行修正的一种解释技巧。⑤ 除此之外，我国大陆地区学者一般使用法律解释方法这一名称，而我国台湾地区学者则既有法律解释方法之称，亦有法律解释规则之称。黄茂荣将法律解释方法称为法律解释的因素，并解释说，“所说明的只是法律解释时，必须考虑到的因素，它根本就不是解释的方法”⑥。张志铭认为，法律解释方法是法律解释操作的可行路径，是法律解释操作所应该遵循的准则，是法律

---

① 拉伦茨. 法学方法论. 陈爱娥，译. 北京：商务印书馆，2003：200.

② 魏德士. 法理学. 丁小春，吴越，译. 北京：法律出版社，2003：314.

③ 杨艳霞. 正当性刑法解释路径研究. 北京：中国政法大学，2004：127－128.

④ 张明楷. 刑法学：上. 5 版. 北京：法律出版社，2016：34.

⑤ 同④39.

⑥ 同③.

解释操作结果——法律解释论点或主张——的形态，是支持法律解释论点或主张的理由。这就是法律解释方法的四种“面相”：（1）规范类——解释的准则、规则、规范、标准、原则、指令、预设或格言等；（2）路径类——解释的路径、方式或方法等；（3）形态或结果类——解释论点；（4）理由类——解释的理由、论据、根据、前提、要素、因素、渊源等。张志铭指出，上面四种名称均反映了法律解释方法某一方面的特性，四者是“既是……也是……”的关系。① 综上可见，法律解释方法，同时还有法律解释的路径/方式/技巧、法律解释的标准/规范/规则/准则/原则、法律解释的理由/论据/根据/前提/要素/因素/渊源之称。可能正是受哲学诠释学“只要有理解，理解便不同”理论的影响，法学界关于法律解释方法的不同名称和理解本身就代表了某种多样性和任意性。可以说，法律解释方法的四种“面相”，体现了法律解释方法的四种不同特点：规范类“面相”体现的是法律解释方法的严格性、规则主义的特点，路径类“面相”体现的是法律解释方法的方法论性质的特点，结果类“面相”体现的是法律解释方法的价值导向特点，而理由类“面相”体现的是法律解释方法的逻辑性、说理性特点。当我们对法律解释方法所反映的内涵有所了解之后，我们对法律解释方法的理解和运用无疑会更加顺利。

法律解释学认为，通常所说的法律解释方法是指狭义的法律解释方法。凡是在可能的文义范围内进行法律解释的方法，都是狭义的法律解释方法。② 因为狭义的法律解释就是在待决案件已有法律规定的情况下，裁判者在法律文本的可能文义范围之内进行的解释，即在法律文义范围之内，采用文义解释、论理解释等方法来确定法律文本的含义。③ 狭义的法律解释方法的具体表述各不相同，存在较大争议。例如，萨维尼曾经归纳了四种，即文义解释、逻辑解释、历史解释和体系解释④；拉伦茨提出，法律解释方法包括文义解释、关联解释、历史解释、目的解释、合宪性解释。⑤ 狭义的法律解释方法的最大特点，就是其必须处于法律文本的可能文义范围之内，即解释结果不能超出法律文本文义的可能范围或者说射程范围，包括核心文义和边缘文义。核心文义（概念核心）是指法律文本的最基本含义，边缘文义是指法律文本中除核心文义之外的部分。狭义的法律解释方法的突出特点还包括：它适用于法律有规定的情形，在本质上是解释性而非创造性的方法，是最基础、最常用、最先适用的法律解释方法，必须从文义解释出发并且最终要回到法律的文义范围之内，当出现多种解释结论时要运用多种方法相互验证并进行充分的说理论证，要考量立法目的，兼顾法律的安定性和妥当性，遵循各种狭义的法律解释方法的规则。⑥

归纳起来，狭义的法律解释方法主要有文义解释、体系解释、历史解释、目的解释、当然解释、反对解释、补正解释、比较解释、软法解释、扩张解释、限缩解释、合宪性解释、法社会学解释等多种方法。这些狭义的法律解释方法可以进一步进行归类，有的学者将其分为文义解释方法与论理解释方法两大类（二分法，又称为经典二分法），有的学者将其分为文义解释方法、论理解释方法、法社会学解释方法三大类（三分法，又称为经典三分法）⑦，德国学者将其分为文义解释、体系解释（逻辑解释）、历史解释、目的解释四大类（四分法，又称为经

---

① 张志铭. 法律解释学. 北京：中国人民大学出版社，2015：46－47.

② 王利明. 法律解释学导论：以民法为视角. 2版. 北京：法律出版社，2017：220.

③ 杨仁寿. 法学方法论. 台北：三民书局，1986：119－123.

④ 同②221.

⑤ 拉伦茨. 法学方法论. 陈爱娥，译. 北京：商务印书馆，2003：225.

⑥ 同②221－232.

⑦ 魏东. 刑法解释学基石范畴的法理阐释：关于“刑法解释”的若干重要命题. 法治现代化研究，2018，2（3）：111－134.

典四分法)。[1] 除此之外，还有其他的归类方法，例如，将法律解释方法分为内在解释和外在解释两大类，或者分为基础性的解释方法和非基础性的解释方法两大类。所谓内在解释，是指依据所要解释的法律文本自身的要素（如法律文本及其内在逻辑和目的等）而进行的法律解释；所谓外在解释，是指依据所要解释的法律文本之外的要素（如立法资料和社会学效果等）而进行的法律解释。所谓基础性的解释方法，主要是指文义解释，因为文义解释是法律解释的基础；所谓非基础性的解释方法，是指在法律解释中不起基础性作用，而只是发挥辅助、验证、协助等作用的解释方法，常常配合其他方法发挥作用。[2] 本书在此按经典三分法（将刑法解释方法分为文义解释方法、论理解释方法、法社会学解释方法三大类）对刑法解释方法进行分类介绍。

广义的法律解释方法，是指法律解释的思路、方式和程序，既包括准确阐释法律的具体方式和路径，也包括完善法律的具体方式和路径；既包括狭义的法律解释方法，也包括解释性填补和价值补充（不确定概念和一般条款的具体化）。有学者认为，“从广义上理解，法律解释方法以狭义的法律解释、价值补充和漏洞填补三种基本类型来构建法律解释学的基本体系”[3]，但是这种观点在“学理上还没有形成共识”[4]。

价值补充，即不确定概念和一般条款的具体化，是指在不确定概念和一般条款所作的概括性、抽象性价值判断框架下，针对特定待决案件的纠纷，就此种价值判断予以进一步的具体化、类型化和明确化。法律解释学认为，不确定概念和一般条款的具体化主要是指类型化[5]，是“就此种价值判断予以进一步具体化和明确化”，可以将价值补充和具体化“这两个概念等同使用”[6]，在学理上也称为“价值补充”。[7] 在此对不确定概念和一般条款的具体化分别进行阐释：

不确定概念的具体化，是指法律解释使不确定概念的内涵和外延得以明晰，从而能够作为裁判依据，适用于具体个案。不确定概念是作为与确定概念相对应的术语被提出来的，是指在内涵和外延上都具有不确定性的概念。不确定概念最早由奥地利法学家藤策尔针对行政法上的自由裁量权问题提出[8]，后来这一概念被法律解释学所采纳。[9] 不确定概念可以分为描述性不确定概念与规范性不确定概念、事实型不确定概念与价值型不确定概念、量的不确定概念与质的不确定概念。[10]

一般条款的具体化，是指将一般条款所涵盖的情况类型具体化，使之可适用于特定的具体案件。一般条款是指在成文法中居于重要地位的、能够概括法律关系共通属性的、具有普遍指导意义的条款。[11] 一般条款可以分为法律原则性一般条款与裁判规则性一般条款、直接作为价值补充依据的一般条款与作为兜底条款的一般条款。[12]

---

① 耶赛克，魏根特. 德国刑法教科书：总论. 徐久生，译. 北京：中国法制出版社，2001：191－195.
② 王利明. 法律解释学导论：以民法为视角. 2 版. 北京：法律出版社，2017：148－149.
③ 同②127－128.
④ 同②220.
⑤ 同②523.
⑥ 同②489.
⑦ 杨仁寿. 法学方法论. 台北：三民书局，1986：167.
⑧ 翁岳生. 行政法与现代法治国家. 台北：台湾大学法学丛书编辑委员会，1982：37.
⑨ 同②497.
⑩ 同②500－501.
⑪ 张新宝. 侵权行为法的一般条款. 法学研究，2001（4）：42－54.
⑫ 同②507－519.

漏洞填补，又称为法律补充、解释性填补，是指在存在法律漏洞或者法律规定之间相互冲突的情况下，通过运用习惯法、法律的基本原则、类推适用、目的性扩张和目的性限缩等方式方法填补法律漏洞，确定待决案件中的大前提。①

需要注意的是，法律解释方法的广义与狭义之分具有相对性，例如比较法这一解释方法既可以作为狭义的法律解释方法，又可以作为漏洞填补的方法，“某些法律解释方法在适用中究竟属于狭义的法律解释方法还是属于漏洞填补，并非泾渭分明”②，法律解释中需要谨慎处理好法律解释方法之间的关系。

二、刑法解释方法的价值

刑法解释方法具有非常重大的理论和实践价值，主要有以下三方面的内容③：

一是限制解释过程的任意性，恪守罪刑法定的人权保障价值。在法律解释学的漫长历史中，解释态度总是在严格解释和灵活解释之间摇摆。“权力会一直行使，直到遇到障碍为止。”法律解释也是一样，它总是呈现一种扩张的、不愿意受到束缚的面相。“以解释为核心的方法助长了权力与权利扩张的趋势，并为权力与权利的争夺提供了方法论的支撑。”④ 而法律解释方法便是作为解释的“障碍”而出现的。当前，实质解释论正在成为理论界和实务界较为认同的解释理论，但是过度实质化的现象值得我们警惕。例如，将“冒充军警人员抢劫”中的“冒充”解释为“假冒”和“充当”，就是某种意义上的过度实质化（解释）。在过度实质化的解释论中，可能存在不重视解释方法、随意超越既有的解释方法、以泛价值化的解释方法取代规则主义的解释方法的现象。所以，坚守解释方法的底线是对过度实质化、过于任意的法律解释的限制。

二是确保解释结果具有预测可能性，限定刑法漏洞的司法填补范围。预测可能性是整个法治的内涵之一。法律解释是对法规范含义的阐明，自然涉及阐明之后的法条含义是否超越一般人预测可能性的问题。虽然预测可能性是针对解释结果的，但是如果解释结果是完全依照既定的解释方法（解释规则）而得出的必然结果，我们几乎可以肯定，这种结果是符合预测可能性的。相反，在无解释方法、解释方法不明确、不遵守既定解释方法的情况下得出的解释结果，则有可能超出国民的预测可能性。

三是具有独立的方法论意义，恰当平衡秩序与自由的紧张关系。目前，越来越多的学者逐渐认识到法学方法论对法治的重要意义。⑤ 法治既要关注结果的合理性，也要关注过程的合理性。“刑法教义学”“刑法解释学”都关注从微观的层面以规范的方式来解释刑法，这其实是对法学方法论的提倡。法律解释学本身就属于法学方法论的范畴⑥，如果说解释立场、解释目标是宏观层面的价值引领，那么解释方法就是微观层面的方法论。

---

① 王泽鉴. 民法总则. 北京：中国政法大学出版社，2001：64；王利明. 法律解释学导论：以民法为视角. 2版. 北京：法律出版社，2017：147.

② 王利明. 法律解释学导论：以民法为视角. 2版. 北京：法律出版社，2017：148.

③ 魏东，田馨睿. 刑法解释方法：争议与检讨//赵秉志. 刑法论丛，2018年第3卷. 北京：法律出版社，2019：119-151.

④ 陈金钊. 法律解释学：权利（权力）的张扬与方法的制约. 北京：中国人民大学出版社，2011：4.

⑤ 舒国滢. 并非有一种值得期待的宣言：我们时代的法学为什么需要重视方法. 现代法学，2006（5）：3-12.

⑥ 王利明. 论法律解释学//张桂琳. 中国法学教育研究，第5卷第1辑. 北京：中国政法大学出版社，2010：1-34，222.

第二节 文义解释方法

一、文义解释的概念

文义解释的概念，在法律解释学上有多种界定方式，有纯粹的文义解释概念与不纯粹的文义解释概念之分，也有完整意义上的文义解释概念与非完整意义上的文义解释概念之分。所谓纯粹的文义解释概念，是指仅限于法律规范文本的文义范围所进行的文义解释；不纯粹的文义解释概念，是指不限于法律规范文本的文义范围，而是融入了法律规范目的和价值判断等文义之外的因素所综合进行的论理解释。可见，不纯粹的文义解释概念，超越了纯粹的文义解释范畴，混淆了（纯粹的）文义解释与论理解释的界限，在逻辑分类上存在界限模糊的问题。所谓完整意义上的文义解释概念，是指以穷尽阐释法律规范文本的全部含义为特点所进行的文义解释；所谓非完整意义上的文义解释概念，是指仅以阐释法律规范文本的字面含义、通常含义、核心含义等为限度，但是不以穷尽阐释法律规范文本的全部含义为特点所进行的文义解释。可见，非完整意义上的文义解释概念，人为地限缩了文义解释的应有范围，遗漏了部分文义的应有内容，违背了文义解释的语言学原理，也不具有合理性。因此，文义解释的概念，应当采用纯粹的、完整意义上的文义解释概念进行逻辑界定。

基于上述分析，本书认为：刑法的文义解释，是指根据语言学知识阐释刑法文本规定的具体含义的解释方法。语言学发展的最新动向是语用学（理论），可以将刑法的文义解释称为语用解释。根据格莱斯、莱文森等人的会话含义理论，在理解会话含义时，理解者必然要进行语用推理，根据语境信息扩展说话人的话语内容，推导出话语在会话中的含义；根据马林诺夫斯基等人的语境理论，语境对于语言意义的产生、形成，对于语言意义的理解和解释具有至关重要的作用，语言只有在特定语境中才有意义，只有和特定语境结合起来才能理解话语的意义。① 由于语言学认为“语境可以分出言内语境、言伴语境和言外语境三种”②，因此，我国有学者指出，刑法文义解释的语境可以分为言内语境、言伴语境、言外语境三种情况。言内语境是指由文章的段落、语篇等所构成的语境，它受语言知识规则，如语言结构规则、语义搭配规则、语用适合规则等的制约。由于上下文的意义依赖于具体的词语、句子，而每个词语、句子的意义又必须通过上下文来显现，所以言内语境对于理解和诠释刑法具有决定性意义。言伴语境包括现场语境和伴随语境，现场语境是指和交际现场直接联系的语境因素，如由时间、地点、场合、境况、话题、事件等所构成的语境；伴随语境是指和交际者个人特点相联系的因素，如由语体、风格、目的、体态、关系等所构成的语境。言伴语境对于理解刑法具有重要价值。言外语境包括社会文化语境和认知语境，理解文本时不可能离开对社会心理、思维方式、民族习俗、文化传统、认知背景等言外语境的把握。把握这些言外语境因素，能够更加准确地理解文字的意义，刑法的言外语境对于确定刑法文字的意义，对于正确进行刑法的文理解释，也具有重要意义。③ 因此，语用解释，作为纯粹的、完整意义上的文义解释概念，是指根据语言学知识的语用论立场阐释刑法文本规定的具体含义的解释方法。

如前所述，刑法的文义解释，在传统理论中又称为刑法的文意解释、文理解释、语意解释、语义解释、语言解释、语用解释、语法解释、文法解释、字面解释（严格解释）、平义解释等。我国有学者认为，文理解释又可分为字面解释和语法解释两种。所谓刑法的文理解释方

---

① 王政勋. 刑法解释的语言论研究. 北京：商务印书馆，2016：57.

② 同①308.

③ 同①308－309.

法，是指从词义和语法结构上对刑法规定的含义和内容予以注释阐明的方法。所谓字面解释，是指从词义上对刑法规定所使用的词汇予以注释，从而阐明刑法规定的含义；所谓语法解释，是指对刑法规定的词组关系、句子结构、文字排列和标点符号等进行语法上的分析，从而阐明刑法规定的含义和内容。① 这种观点将文理解释限定为字面解释和语法解释两种，不符合语言学的语用论立场，应当注意从语用论立场来界定文理解释的实质内涵。字面解释在有的论著中又被称为严格解释、平义解释。例如，有学者认为：严格解释，是指按照法律规范的字面含义对法律规范所作的解释。② 平义解释，是指以文本的通常字义、最平白的字义为基本依据，对刑法文本的具体含义所作的解释。平义解释一般是针对法律规定中的日常用语而采用的解释方法，但是对于专门的法律术语（如故意、过失等），则不宜采用平义解释进行解释，而只能按照刑法的解释性规定进行解释。③ 显然，不能将文义解释（以及文意解释、语意解释、语义解释、语言解释）简单地等同于平义解释、字面解释、文理解释和严格解释。在文义解释的各种名称和概念界定中，有的名称和概念仅仅描述了文义解释所应有的部分内容或者部分特征，并不具有周全性，属于非完整意义上的文义解释概念。例如语法解释、文法解释等名称，仅描述了作为语言学知识的语法与文法等知识的运用，而没有将语义、词义、语用等内容涵摄在内；字面解释、平义解释、严格解释等名称，仅描述了作为语言学知识的"字面""通常含义"等知识的运用，而没有将"语用含义""语义射程（范围）"等内容涵摄在内。因此，语法解释、文法解释、字面解释（严格解释）、平义解释、文理解释等名称仅能够部分反映文义解释的应有内涵，仅可以作为文义解释之下的若干具体类型，而不能直接将它们简单地等同于文义解释本身。相对而言，刑法的文义解释、文意解释、语意解释、语义解释、语言解释、语用解释等名称所表达的意思较为周全，在没有特别声明的情况下可以作为纯粹的、完整意义上的文义解释概念并交替使用。文义解释（以及文意解释、语意解释、语义解释、语言解释）在当代社会语境下秉持了语用论立场，只是没有特别强调语用论立场而已，而语用解释则直接宣示了语用论立场。本书在通常情况下沿用语义解释这一名称时，实质上是指语用解释，换言之，本书通常在相同意义上交替使用语义解释和语用解释的名称。

二、文义解释的特点

传统法律解释学认为，文义解释的突出特点是解释法律文本的字面含义。例如，有学者认为，文义解释具有以下五个特点：第一，文义解释旨在解释法律文本的字面含义；第二，文义解释是对法律文本的字面含义所进行的具体化的阐释；第三，文义解释原则上不考虑法条字面含义以外的因素；第四，文义解释应当在可能文义的范围内进行解释；第五，文义解释原则上要求按照通常的理解进行解释。④ 但是本书认为，传统法律解释学对于文义解释的特点归纳仅适用于狭义的文义解释（字面解释），并不符合作为纯粹的、完整意义上的文义解释概念所体现出的特点。文义解释（作为纯粹的、完整意义上的文义解释概念）的特点有以下四个方面：

（一）文义解释以"根据语言学知识"解释文本含义为根本特点

文义解释的根本特点是，根据语言学知识（如语用学理论等）来阐释刑法文本规定的具体含义，而不是根据语言学知识以外的其他因素来阐释刑法文本规定的具体含义。因此，所有那些根据语言学知识来阐释刑法文本规定的具体含义的方法，例如，根据语法、字面含义、语用

---

① 李希慧. 刑法解释论. 北京：中国人民公安大学出版社，1995：97－104.

② 孔祥俊. 法律方法论：第2卷. 北京：人民法院出版社，2006：724.

③ 张明楷. 刑法学：上. 5版. 北京：法律出版社，2016：39.

④ 王利明. 法律解释学导论：以民法为视角. 2版. 北京：法律出版社，2017：235－238.

学理论等来解释刑法的方法（语法解释、字面解释、语用解释），都属于文义解释范畴。所有那些根据语言学知识以外的其他因素来阐释刑法文本规定的具体含义的方法，都不属于文义解释范畴。例如，在解释刑法文本规定的具体含义的方法中，根据刑法立法体系和逻辑来解释刑法的（体系解释与逻辑解释），根据立法史和法文化传统来解释刑法的（历史解释），根据刑法立法规范目的来解释刑法的（目的解释），根据法社会学、刑事政策知识来解释刑法的（法社会学解释、刑事政策解释），根据软法规定来解释刑法的（软法解释），根据比较法知识来解释刑法的（比较解释），根据宪法规定和宪法精神来解释刑法的（合宪性解释）等，都属于根据语言学知识以外的其他因素来阐释刑法文本规定的具体含义的方法，因而都不属于文义解释范畴。

（二）文义解释以文本的语用意义为解释限度

文义解释只能在可能文义的限度（范围）内进行解释，文义解释方法所得出的结论通常具有多样性。文义具有一定辐射范围和多样性，但是文义必须在可能文义的限度与范围之内，恪守“文义”这一本质属性；超出“文义”所可能辐射的限度与范围的，就是超出了文义解释的范畴。因此，文义解释又被学者称为“范围性因素”[①]。为了确保文义解释不超出应有的范围（限度），法律解释学提出了“文义的可能范围”“文义射程范围”“核心文义”“边缘文义”“通常文义”“可能文义”“字面含义”“语用意义”“语境意义”等概念，这些概念均强调根据语言学知识（如语用学理论等）来阐释刑法文本规定的具体含义这一根本特点，因而这些概念有利于确保文义解释（作为纯粹的、完整意义上的文义解释概念）的充分性、多样性和逻辑自洽性。应当说，“字面含义”“核心文义”“通常文义”等相对比较容易确定，有时可以通过查阅字典、词典来确定，有时可以通过语言的经验法则来确定，但是也应当注意随着社会生活和语言实践的发展而发展、变化；而“文义的可能范围”“文义射程范围”“边缘文义”“可能文义”“语用意义”“语境意义”等相对比较容易出现争议，因此应当注意运用语言学，尤其是语用学理论来谨慎确定。从奠定刑法解释的合法性基础的立场来看，应当全面确认文义解释中“字面含义”“核心文义”“通常文义”以及“文义的可能范围”“文义射程范围”“边缘文义”“可能文义”“语用意义”“语境意义”等的多样性存在和合法性基础。

因此，那种强调文义解释只需要解释法条的“字面含义”“核心文义”“通常文义”的观点是不合理的。我国有学者指出：“文义解释原则上不考虑法条字面含义以外的因素。文义解释是一种独立的法律解释方法，其与其他法律解释方法的区别就在于，它仅仅考虑法条的字面含义，而不考虑其他因素。”[②] 这种观点是不符合文义解释的基本原理的，因为如果文义解释只需要解释法条的“字面含义”“核心文义”“通常文义”，那就实质上否定了文义解释的多样性特点，具体否定了文义解释中“文义的可能范围”“文义射程范围”“边缘文义”“可能文义”“语用意义”“语境意义”等的合法性存在，这种观点将“非法”限缩文义解释的应有内涵和基本功能。

至于在刑法解释的某些场合，解释者认为需要特别地选择法条文义中的“字面含义”“核心文义”“通常文义”，或者认为需要特别地排除法条文义中的其他“文义的可能范围”“文义射程范围”“边缘文义”“可能文义”“语用意义”“语境意义”，则需要解释者跳出文义解释方法，转而选择其他解释方法（如目的解释方法、体系解释方法等论理解释方法），才能确证解释者“特别地选择”或者“特别地排除”某些（文义）解释结论的合理性。因为，文义解释方

---

① 黄茂荣. 法学方法与现代民法. 5版. 北京：法律出版社，2007：334.

② 王利明. 法律解释学导论：以民法为视角. 2版. 北京：法律出版社，2017：236.

法只能确证文义解释结论的合法性——应当承认所有的文义解释结论都具有合法性，如果要进一步提出"特别地选择"或者"特别地排除"某些文义解释结论的理由（合理的理由），那么就不能局限于文义解释方法，而应该转而运用论理解释方法来确证解释者"特别地选择"或者"特别地排除"某些（文义）解释结论的合理性——合理性只能通过论理解释方法来确证，但是合理性不能通过文义解释方法来确证，这也说明了文义解释方法的有限功能性。因此，文义解释具有且仅具有确证合法性的功能，不具有确证合理性和合目的性的功能，解释者若想否定法条文义中的其他"文义的可能范围""文义射程范围""边缘文义""可能文义""语用意义""语境意义"，就不能仅停留在文义解释范畴之内，而必须运用论理解释进行进一步的"有理有据的"说理（论理解释），才能完成解释任务。

（三）文义解释应遵循特别的解释规则

文义解释应遵循以下十项特别的解释规则：尊重文本的规则，解释法律不可拘泥于文字，按照通常理解进行解释的规则，专业用语应依据专业含义进行解释，误载不害真意，不可断章取义，指示规则，同一解释规则，尽可能采纳用语清晰的文义，尽可能选择最有利于纠纷解决的解释方案。① 这些解释规则主要归纳了传统的方法论、认识论法律解释学中文义解释方法的特点，但实际上有些内容可能已超出了文义解释范畴（而属于论理解释范畴），需要进行适当甄别和重新诠释。

1. 尊重文本的规则

"尊重文本的规则"的完整表达是"尊重法律文本的规则""尊重成文法文本的规则"，它强调法律的文义解释必须尊重法律文本（成文法文本）并对法律文本的语义进行解释，而不能脱离法律文本进行文义解释，否则就会导致裁判权的滥用。法律解释学上的"文本中心论"实质上也是强调尊重文本的规则，只不过文义解释强调对文本的语义进行解释，而客观解释强调对文本的客观意思进行解释，主观解释强调对文本的立法原意（立法者意思）进行解释。

2. 解释法律不可拘泥于文字

这一解释规则同"法官不可拘泥于文字"表达了相同的意思，它表达的含义是"法律解释不可拘泥于文字的字面意思"，而是要考虑语境、语用等语言学因素的影响来确定语义。有学者认为，"解释法律不可拘泥于文字"规则是在强调法律解释必须尊重法律文本的前提下，进一步强调"尊重文本并不是说，要拘泥于文字而死抠字眼，关键是要考虑立法者的立法目的和意旨，准确地阐释法律的真意"②。不过值得注意的是，"考虑立法者的立法目的和意旨"的法律解释方法已经不属于文义解释范畴了，而是属于论理解释范畴（主要是法律价值判断）。

作为文义解释的基本限制的"黄金规则"，与"解释法律不可拘泥于文字"规则有较大程度的相似性。我国法理学者指出：（1）"黄金规则"，又称为"不列颠规则"，是指如果运用平义解释规则出现荒谬的结果时，法官应当寻求字词的其他含义以避免荒谬结论的出现。也就是说，为了避免荒谬的裁判结果，法官遵循黄金规则可以脱离某语词的正常含义去对该语词进行解释，尽管黄金规则看似介于平义规则（字面规则）和除弊规则之间，但是在严格意义上黄金规则却不是对两者（平义规则和除弊规则）的调和。（2）黄金规则作为一种指示和限制法官文义解释的形式性规则，同"平义规则""除弊规则"一起构成了英国法律界推崇的三大法律解释规则。它是经由一系列有关文义解释的判例而被逐渐精练并确立的，从最开始强调语词的语法与通常含义可以被修正但是不可过度引申，逐步发展到对更多语言学知识的综合运用。比

---

① 王利明. 法律解释学导论：以民法为视角. 2版. 北京：法律出版社，2017：272-279.

② 同①272.

如，黄金规则的运用需要强调将整个成文法看作一体并附加“语境”条件，并且黄金规则可以是在狭义和广义两种意义上予以运用。狭义上的黄金规则针对的是语词意义模糊或者包含荒谬后果的情形，广义上的黄金规则针对的是有悖于公共政策价值取向的荒谬结果的情形，在这两种情形下均需要运用黄金规则以避免出现荒谬的结果。(3) 黄金规则具有限制文义解释和引导文义解释两种完全不同的规范向度，由此，成为从文义解释向其他法律解释方法过渡的桥梁。黄金规则的要求是，除解释结果出现了明显脱离法律精神和社会普遍理解的荒谬结论外，法官应当坚守文义解释的优位性并以解释结论进行法律推理；而一旦运用文义解释方法得出了荒谬的结果，法官应当寻求字词的其他含义以避免荒谬结论的出现，既然在文义解释的方法规则范围内解决不了问题，那么此时法官寻求其他解释方法就是合理之举了。①

3. 按照通常理解进行解释的规则

这一规则又称为避免荒谬解释的规则，它要求原则上应按照文本的通常理解和特定语境来解释法律的语义。因此，文义解释必须坚持大众化、通俗化，依照社会一般观念来解释法律文本的语义，对于特定概念、术语等已经有一致认识的共识性结论应当予以尊重，对于不同时代的法律文本的不同含义也应当予以尊重，不得作出违背常理的、背离时代精神和特定语境的荒谬解释，也不得作出与客观文义相反的解释。

4. 专业用语应依据专业含义进行解释

这一规则要求，必须按照法律文本的明确规定和概念体系逻辑来对法律文本中的专业用语进行专门的解释，应当解释它们的特定含义、立法者的真实意思，而不能按照社会一般人的通常理解来解释专业用语的语义。② 例如，必须严格按照刑法文本规定和概念体系逻辑来解释刑法文本中规定的“犯罪”“共同犯罪”“单位犯罪”“刑事责任”“刑罚”“数罪并罚”“以上”“以下”等专业术语的特定含义。

5. 误载不害真意

罗马法“误载不害真意”“矛盾行为不予尊重”的规定应当适用于法律解释中，准确阐释法律文本应当表达出来的文义，而不应拘泥于法律文本的错误表述。③ 例如，《刑法》第 270 条第 2 款规定，“将他人的遗忘物或者埋藏物非法占为己有，数额较大，拒不交出的”，构成侵占罪，其中“遗忘物”的文义解释应当遵循罗马法“误载不害真意”“矛盾行为不予尊重”的规定，将“遗忘物”解释为“遗失物”更符合文义解释的规则。尤其是在我国《民法典》只规定了“遗失物”的概念（而没有规定“遗忘物”的概念）的法治语境下，刑法解释应当遵循法秩序统一原理来解释侵占罪（这种理由同时带有论理解释的性质），应当对“遗忘物”进行语用解释并将“遗忘物”的语用意义解释为“遗失物”。

6. 不可断章取义

“最佳的解释，要前后对照。”④ 法律文本的文字表达是一个整体，文义的具体解释必须结合法律文本的整体表达、上下文逻辑关系来进行，这些内容即构成了文义解释不可断章取义的规则。

7. 指示规则

指示规则，又称为指示理论，是指在规范文义不清晰、不明确的时候，只允许得出文义中

---

① 魏治勋. 法律解释的原理与方法体系. 北京：北京大学出版社，2017：173-177.

② 王利明. 法律解释学导论：以民法为视角. 2 版. 北京：法律出版社，2017：274.

③ 同②275.

④ 郑玉波. 法谚：1. 北京：法律出版社，2007：310.

有所表达的（即使是不完美的）解释结果，也就是有所“指示”的解释结果。[①] 我国学者认为，指示规则确定了指示的范围和对象，指示的范围和对象应当按照法律文本的含义来确定，包括其核心文义和边缘文义，尤其在确定指示对象时，要根据语法、逻辑、生活经验、语境等综合考虑，即文义解释确定了法律解释结论的可能选择范围，按照指示规则的要求，法官解释法律时，要尊重法律条文所表达出来的文义，只能在法律条文所表达出来的可能文义范围之内进行选择，而不能逾越这一范围，因此指示规则表明了文义解释的一个重要功能。[②] 但是值得注意的是，德国学者魏德士指出：法律适用不能拘泥于文字，而应当通过解释来纠正或者消除立法者的编撰疏忽和评价矛盾，法律适用者对法律的服从义务不是在文字上的服从，而是有思考地服从。因此，指示理论在近来的司法实践和方法论中几乎没有市场了，并且（德国）联邦宪法法院特别声明：“基本法并没有规定，法官应当局限于可能的词义来将立法的指示适用于具体案件。”魏德士同时指出：“然而在刑法中，如果解释不利于被告，那就与此不同。”[③] 申言之，魏德士认为，指示规则（指示理论）由于是基于“法律文义是探究立法者意志的重要的认识工具”这种主观解释论立场而提出的解释规则，因此现在在德国“几乎没有市场了”，但是刑法解释（如果解释不利于被告）仍然应当例外地遵循指示规则。

8. 同一解释规则

同一解释规则，又称为同类解释规则，是指同一概念在同一法律部门内部（乃至在不同法律部门之中）应当尽可能保持含义的一致性，应当原则上作出同样的解释。法律解释学认为，原则上应强调同一解释规则（同类解释规则），强调法律概念体系化并消除“体系违反”[④] 现象，这是体现法律体系一致性和“法律的意义脉络”[⑤] 的需要，也是保证法律文义解释的客观性、预测可能性和安定性的需要。如果没有特别的理由，原则上承认立法者在同一文本中应该对同一概念赋予同一的意义，解释者原则上应该对同一概念作出同样的解释；但是，“如果确实有特殊原因，也可以进行不同的解释”[⑥]。例如，《刑法》第 236 条（强奸罪）“以暴力、胁迫或者其他手段”与第 263 条（抢劫罪）“以暴力、胁迫或者其他方法”的解释适用，应在运用同一解释规则的同时，注意区分强奸行为与抢劫行为的具体含义和违法性内涵，精准阐释各自不完全相同的具体含义。强奸罪的“胁迫”手段，包括以“将来我要杀你全家”“立即将你的丑事曝光”等内容相胁迫，但是强奸罪的这些胁迫手段（胁迫内容）不能成为抢劫罪的“胁迫”方法。强奸罪的“其他手段”，包括利用妇女醉酒、熟睡、受骗（而冒充情人）等情形，通常也不能成为抢劫罪的“其他方法”。再如，《刑法》第 237 条（强制猥亵、侮辱罪）“以暴力、胁迫或者其他方法强制猥亵他人或者侮辱妇女”与第 246 条（侮辱罪）“以暴力或者其他方法公然侮辱他人”之中都有“侮辱”的概念。对于“侮辱”的解释适用也应注意在运用同一解释规则的同时，适当区分不同法条中“侮辱”的具体含义和违法性内涵，精准阐释各自不完全相同的具体含义。侮辱罪中的“侮辱”只侵害他人的名誉，而强制猥亵、侮辱罪中的“侮辱”侵害了他人的性的自主权，前后两罪中“侮辱”的含义是不同的，应当作出不同的解释。

9. 尽可能采纳用语清晰的文义

在存在多个解释方案时，应尽量选择文义清晰且妥当的解释方案，这也是“当法律的字义

---

① 魏德士. 法理学. 丁小春，吴越，译. 北京：法律出版社，2003：324－325.

② 王利明. 法律解释学导论：以民法为视角. 2 版. 北京：法律出版社，2017：276.

③ 同①324－326.

④ 同②291.

⑤ 拉伦茨. 法学方法论. 陈爱娥，译. 北京：商务印书馆，2003：204.

⑥ 同②276－278.

出现模糊时，应尽可能地采纳没有缺陷的含义”所表达的文义解释的规则。①

10. 尽可能选择最有利于纠纷解决的解释方案

在某个法律规则出现了多个含义时，法律解释应当尽可能地采取有利于解决纠纷的解释来确立法律规则的含义，“如果一个表述包含两种含义，应采纳更适合于事务处理的含义”也表达了这一解释规则。② 需要注意的是，尽可能选择最有利于纠纷解决的解释方案这一解释规则，在实质上已经不仅仅是一项文义解释的规则了，也是在文义解释的基础上进一步运用论理解释（以及法社会学解释）时所应遵循的解释规则。

（四）文义解释具有确定解释结论合法性范围（合法空间）的有限功能

文义解释仅具有限定和确证刑法解释结论合法性范围（合法空间）的有限功能，但是不具有证成合理性和合目的性的超级功能。文义解释所具有的确证并限定法律解释结论的合法性这一功能（合法性限定功能、合法空间限定功能），尽管是有限的功能，但是是非常重要、非常关键的功能。其具体限定了其他任何法律解释方法所得出的解释结论的合法空间，超出了文义解释结论合法空间的任何解释结论都不具有合法性。正是在这个意义上，可以说“文义是法律解释的开始，也是法律解释的终点”③，可能的文义显示出文义解释方法的范围功能，划出了法律解释活动的最大回旋余地。④ 文义解释所具有的合法性限定功能（合法空间限定功能），不能代替论理解释和法社会学解释所具有的价值解释功能（论理解释具有确证解释结论合理性的功能，法社会学解释具有确证解释结论合目的性的功能），因此，在文义解释的基础上，通常还需要进一步进行论理解释和法社会学解释，以确证解释结论的合法性、合理性和合目的性。我国有的学者认为，文义解释的功能是确定文本的字面含义、可能的文义范围并“决定是否可以运用其他狭义的法律解释方法”，即“如果文义解释的结果是，其核心文义和边缘文义是明晰的，对于核心文义也是没有争议的，就不需要运用其他方法进行解释”。“而对于边缘文义，文义解释往往难以胜任，就必须运用论理解释和法社会学解释方法。对于该区域发生的争议，法官必须借助其他解释方法来解释。”⑤ 这种观点将文义解释的限定功能进一步阐释为决定功能（认为文义解释具有“决定是否可以运用其他狭义的法律解释方法”的功能），这种观点不符合刑法解释方法确证功能体系化（命题）的基本原理，具体理由可参见本书后面的相关内容。

第三节 论理解释方法

论理解释方法有狭义和广义之分。广义的论理解释方法，是指运用法规范内外的理论知识来解释法律的方法，具体包括法规范内的论理解释（狭义的论理解释）和法规范外的论理解释（法社会学解释、刑事政策解释），后者是指运用社会学方法、统计学方法、经济学方法、伦理学方法等非法学方法来解释法律。狭义的论理解释方法，又称为法规范内的论理解释方法，是指根据法规范内的理论知识，如立法精神、规范目的、法律原则和规则、法理逻辑等法教义学原理知识来解释法律的方法。狭义的论理解释方法主要有体系解释、历史解释、目的解释、当然解释、反对解释、同质同类解释、补正解释、比较解释、软法解释、扩张解释、限缩解释、合宪性解释等方法。关于狭义的论理解释方法的概念与分类，理论界有一些不同表述可以参

① 王利明. 法律解释学导论：以民法为视角. 2版. 北京：法律出版社，2017：278.

② 同①278－279.

③ 王泽鉴. 民法概要. 北京：中国政法大学出版社，2003：19.

④ 黄茂荣. 法学方法与现代民法. 5版. 北京：法律出版社，2007：340.

⑤ 同①242－244.

考，例如，有的论著认为，狭义的论理解释，是指“按照立法精神，联系有关情况，对刑法条文从逻辑上所作的解释。论理解释又分为扩张解释、限制解释和当然解释”①。本节只针对狭义的论理解释方法展开论述，在没有特别声明的情况下，论理解释方法就是指狭义的论理解释方法。因此，刑法的论理解释方法，又称为刑法的法规范内的论理解释方法，是指根据法规范内的理论知识，如立法精神、规范目的、法律原则和规则、法理逻辑等法教义学原理知识来解释刑法规定的具体含义的方法。

刑法的论理解释方法具有以下主要特点：第一，刑法的论理解释方法的根本特点是其方法论上的法理论证性，即它根据法规范内的理论知识，如立法精神、规范目的、法律原则和规则、法理逻辑等法教义学原理知识来解释刑法规定的具体含义，而不是根据语言学知识、法社会学知识等非规范法学知识来解释刑法规定的具体含义。第二，刑法的论理解释方法的功能性特点是有限功能性，即它具有确证刑法解释结论的合理性（符合法理的性质）的有限功能，但是不具有确证刑法解释结论的合法性和合目的性的功能。第三，刑法的论理解释方法所得出的解释结论通常具有多样性，应当以不超出刑法的文义解释方法所确证的解释结论合法性范围（合法空间）为原则遴选出“合理的”论理解释结论，并排除那些超出了文义解释结论合法性范围（合法空间）的论理解释结论。

一、体系解释

体系解释，又称为系统解释、逻辑与系统解释、体系与逻辑解释、整体解释、结构解释，是指根据法规范文本之外在形式的编章节条款项的逻辑体系、内在实质的法秩序统一性的价值体系等法理逻辑，来系统解释法律的方法。所谓形式体系，又称为法规范的形式体系、逻辑体系、外在体系或者外部体系，是指由法规范文本所表现出来的编章节条款项的结构和内容安排等形成的逻辑体系。所谓法秩序统一性，又称为法规范的实质体系、价值体系、内在体系或者内部体系的统一性，是指整个法律系统的价值体系性、各单个法律制度之间的基本价值的内在联系性与统一性。因此，体系解释的突出特点，是一种主要运用法律的形式逻辑学和价值系统论等知识，兼用文义解释和论理解释等方法，兼顾形式体系性和实质体系性，来解释法律规定具体含义的刑法解释方法。

（一）体系解释的基本情形

德国刑法解释学对体系解释有较深入的论述。魏德士指出，体系解释的基础是整个法律秩序，也就是大量有效的具体规范与所有法律部门的法律的总和形成一个统一体、一个“体系”，法律秩序应该是由协调的并且规范的价值标准所组成的有序的规范结构。通常只有了解了法律规范在规范群、法典、部分领域或者在整个法律秩序中的地位，才能对规范内容进行切合实际的理解。在解决法律问题或者在判决具体纠纷的时候，民法、刑法和宪法的规范及原则通常必须联合起来适用，通常应当以内部无矛盾的、适用的法律（如民法典）的评价统一体为出发点。体系解释的概念，一方面用于对法律材料进行形式上的划分（如拥有各自部分领域的民法、商法、刑法），可称之为外部的形式的程序体系；另一方面是按照人们追求的、协调的由价值结构所形成的法律规范内部秩序，即菲利普·黑克所称的“内部体系”，它指的是实质性的序位排序、价值体系或者说是将整个法律秩序理解并解释为内部无矛盾的统一体或“意义整体”。对于任何法律规范，只能按照它们在整个法律秩序的“内外体系”中的地位和功能进行切合实际地解释与适用。体系解释要注意三个层面：首先是具体规范存在于各自法律的上下文

---

① 贾宇. 刑法学：上册：总论. 北京：高等教育出版社，2019：53.

中，其次是还必须考虑法律秩序中的其他法律，最后是具有远程影响的价值（主要是宪法的价值）发挥着显著的作用。[①] 此外，德国学者英格博格·普珀提出，体系解释的出发点有以下四个要素：一是无矛盾的要求，即法律不会自相矛盾；二是无赘言的要求，即法律不说多余的话；三是完整性的要求，即法律不允许规定漏洞；四是体系秩序的要求，即法律规定的编排都是有意义的。[②] 德国学者伯阳提出了体系解释的六个类型：(1) 如果某个法律章节的内容受其标题的限制，则该章节中的某项规定亦受此限制；(2) 如果法律在不同的地方采用相同的概念与规定，则应认为这些概念与规定实际上是一致的，有疑义时某项概念的内容则与另一处的相同；(3) 如果其他法律或规定中的表述含义不同，则应对讨论中的规定作出不同的解释；(4) 在某项法律规范或概念存有疑义时，对其作出的解释不应使得其他的某项规定成为多余的；(5) 允许从法律所依赖的原则中得出结论；(6) 解释遇到难度较大的问题时，亦可参考国外的解释（比较法解释）。[③] 德国刑法学者关于体系解释的上述多数论述值得参考借鉴，少数论述略显片面，因此应当采取借鉴吸纳其合理成分、批判其不合理成分的态度。例如，在立法存在体系性漏洞等不足时，就不应机械地坚持同一概念作出相同解释、不同概念作出不同解释这一体系解释规则，解释者必须结合其他解释方法（如补正解释等）进行合理解释。[④]

我国刑法解释学者所主张的体系解释方法基本上符合（或者是较大程度符合）德国刑法学者所阐释的前述体系解释原理。例如，李希慧指出，系统解释（体系解释），是指联系整个刑法典、单行刑法、非刑法法律中刑法规范的相关规定，对刑法某一规定的用语的含义予以阐明的方法，简言之，就是将被解释对象置于刑法系统之中阐明其含义的方法。[⑤] 再如徐岱认为，系统解释（体系解释）是指运用系统论的方法，将需要解释的法律规范与其他法律规范联系起来，全面系统地分析法律规范的含义，避免断章取义。[⑥] 李国如认为，体系解释又称为逻辑、系统解释，是指以法律条文在法律体系上的地位，即以其编章节条款项之前后关联位置，或相关法条之法意，阐明其规范意旨。[⑦] 张明楷认为，体系解释是指根据刑法条文在整个刑法中的地位，联系相关法条的含义，阐明其规范意旨的解释方法。[⑧] 我国刑法学者关于体系解释的理解，总体上坚持了体系解释兼顾形式体系性和实质体系性的突出特点。

值得注意的是，我国部分民法学者对体系解释的理解有所不同，他们认为，体系解释中的“体系”主要是（甚至只能是）指形式体系（外部体系），而不是指实质体系（内部体系）。例如，民法学者王利明认为，体系解释，也称为体系与逻辑解释、系统解释、整体解释和结构解释，它是指以法律条文在法律体系中的地位（依其编章条节项款的前后关联位置）或相关法条的法意，阐明法律条文含义的解释方法。体系解释中的“体系”是指外在体系，不包括内在体系，比德林斯基就主张，“体系解释，法律规范的含义，可以通过法律的外在体系获得”。内在体系属于目的解释和文义解释的范畴，外在体系属于体系解释的范畴，但是体系解释与文义解释具有密切的联系，甚至在很多情况下难以区分，根据概念、条文在文本中所处的位置进行解释，既可能是文义解释，也可能是体系解释。体系解释可以减少和消除各个法律条款之间可能发生的冲突和矛盾，消除“体系违反”现象；但是，法律体系仅仅属于法律的外在形式，利用

---

① 魏德士. 法理学. 丁小春，吴越，译. 北京：法律出版社，2003：328-330，339.
② 张明楷. 刑法分则的解释原理：上. 2版. 北京：中国人民大学出版社，2011：57.
③ 同②58.
④ 同②57-59.
⑤ 李希慧. 刑法解释论. 北京：中国人民公安大学出版社，1995：121.
⑥ 徐岱. 刑法解释学基础理论建构. 北京：法律出版社，2010：129.
⑦ 李国如. 罪刑法定原则视野中的刑法解释. 北京：中国方正出版社，2001：180.
⑧ 同②54.

体系解释也不过是根据外在形式解释法律，这就可能忽视法的实质目的和本意，因此体系解释有一定的局限性。[①] 民法学者梁慧星也认为，体系解释方法亦有其局限性，法律体系仅属于法律之外在形式，运用体系解释方法，不可过分拘泥于形式而忽视法律之实质目的，因此，体系解释仅为方法之一，不可过分强调体系解释，应同时考虑其他解释因素以决定解释结论。[②] 笔者认为，体系解释应当采用兼顾形式体系性和实质体系性的立场，这种立场有利于充分发挥体系解释的方法论功能，从形式体系性和实质体系性两个方面系统地论证法律解释结论合理性。

因此，体系解释既要注重根据法规范外在形式的编章节条款项的逻辑体系来系统解释法律，也要注重根据法规范内在实质的法秩序统一性的价值体系来系统解释法律，具体可分为以下四种基本情形：

1. 根据同一部法律之外在形式的编章节条款项的逻辑体系来系统解释法律

例如，《刑法》第 236 条之一（负有照护职责人员性侵罪）中“发生性关系”的解释，应结合该法条位于第 236 条之后以及该法条第 2 款规定“有前款行为，同时又构成本法第二百三十六条规定之罪的，依照处罚较重的规定定罪处罚”等逻辑体系进行体系解释，将这里的“发生性关系”解释为“进行性交”（仅限于阴茎插入阴道），而不包括“口交”“肛交”以及以网络视频方式进行的虚拟性交。

2. 根据同一部法律之内在实质的法秩序统一性的价值体系来系统解释法律

例如，《刑法》第 271 条（职务侵占罪）中“将本单位财物非法占为己有”的解释，应结合该法条规定“公司、企业或者其他单位的工作人员，利用职务上的便利，将本单位财物非法占为己有，数额较大的”构成职务侵占罪的规定，以及《刑法》第 183 条规定“保险公司的工作人员利用职务上的便利，故意编造未曾发生的保险事故进行虚假理赔，骗取保险金归自己所有的，依照本法第二百七十一条的规定定罪处罚”的规定，确定职务侵占罪的实质违法性是“公司、企业或者其他单位的工作人员，利用职务上的便利，将本单位财物非法占为己有”的行为侵害了本单位财产所有权和职务行为人的职务廉洁性，从而将《刑法》第 271 条（职务侵占罪）中“将本单位财物非法占为己有”解释为包括采用“诈骗”等行为在内，因此可以得出以下解释结论：公司、企业或者其他单位的工作人员，利用职务上的便利，采用诈骗等方法将本单位财物非法占为己有，数额较大的行为，依法构成职务侵占罪，而不构成诈骗罪。

3. 根据国家法律体系以及不同部门法律之外在形式体系与内在实质的法秩序统一性的价值体系等法理逻辑来系统解释法律

根据国家法律体系以及不同部门法律之外在形式的编章节条款项的逻辑体系、内在实质的法秩序统一性的价值体系等法理逻辑来系统解释法律。行政犯（法定犯）的刑法解释尤其需要注意运用体系解释，遵循法秩序统一性的价值体系判断。例如，《刑法》第 225 条（非法经营罪）中“违反国家规定”“未经许可经营法律、行政法规规定的专营、专卖物品或者其他限制买卖的物品”的刑法解释，需要进行法律的形式体系和价值体系的审查，“国家规定”“法律、行政法规”的解释认定必须符合《立法法》的明确规定，“违反国家规定”“未经许可”“经营”“法律、行政法规规定的专营、专卖物品或者其他限制买卖的物品”等要素均必须经过形式的、实质的法律判断，才能得出有效的刑法解释结论。例如，获得烟草专卖许可证（零售）的行为人，擅自进行跨区域的、大批量的烟草经营活动的行为（批发），就不能被解释为《刑法》第 225 条规定的“非法经营行为”，其法理在于形式的体系解释（没有“违反国家规定”，不属于

① 王利明. 法律解释学导论：以民法为视角. 2 版. 北京：法律出版社，2017：280－291.

② 梁慧星. 民法解释学. 北京：中国政法大学出版社，1995：218－219.

“未经许可”）以及实质的体系解释（没有违反行政法“许可即解除禁止”这种法秩序的实质价值判断），因此这种行为就不能被解释为“非法经营行为”。至于行为人没有遵守“零售”的限制而改采“批发”的行为，其行为并没有违反行政法“许可即解除禁止”这种法秩序统一性的实质价值，而仅仅属于违反部门规定或者地方规定（但不属于行政法上的违法行为），不构成行政法上的违法，从而不构成行政犯（法定犯）。

4. 根据法律效力体系（效力规则体系）来解释法律

在法律解释出现矛盾时，应当注意体系化地运用上位法优于下位法、特别法优于普通法、新法优于旧法、立法（文本）优于司法解释（文本）等原则来确定解释结论有效性。其中还应注意不同部门法对效力体系的特别规定。例如，《刑法》第12条关于刑法的溯及力问题规定了从旧兼从轻原则，它也影响对相关法条的具体含义的解释。对《刑法》第293条“寻衅滋事行为”的解释，不仅要注意在法秩序统一性的价值体系上同《刑法》第293条之一（催收非法债务罪）之间的协调，而且要注意从旧兼从轻原则能够“影响”特定情形下的体系解释：对于在2021年3月1日（《刑法修正案（十一）》生效之日）之前发生的尚未审结的刑事案件，行为人针对非法债务的关系人实施的“随意殴打他人，情节恶劣的”“追逐、拦截、辱骂、恐吓他人，情节恶劣的”“强拿硬要或者任意损毁、占用公私财物，情节严重的”行为，均不能解释为《刑法》第293条规定的“寻衅滋事行为”，而只能依据从旧兼从轻原则将这些行为解释为“催收非法债务罪”。

（二）体系解释的重要规则

体系解释的规则，主要有以下十项内容：一是法律制度体系化的推定；二是清晰的规则应当优先于模糊的规则而适用；三是借助整体来理解个别；四是未定范围，即指全体；五是同类解释；六是明示其一，排斥其他；七是法律不作无意义的次序编排；八是例示性规定优先于概括性规定；九是例外规定应严格解释；十是法律无赘言。①

1. 法律制度体系化的推定

法律制度体系化的推定规则，又称为法律不会自相矛盾的规则，它是指解释者在进行法律解释时，应当推定法律制度是已经经过了体系化过程的，形成了一个完整的、具有内在一致性的体系。② 因为只有推定法律制度的体系化，才具备进行体系解释的前提条件，法律解释应当遵循法律制度的统一体系，促进法律制度的统一性，防止出现类似案件不同处理的法律解释现象发生。“一个法律体系当中的所有法律规则应当尽可能不相互冲突，以为人类共同生活确立有效的秩序。”③ 基于法律制度体系化的推定，宪法为国家根本大法，刑法和其他基本法律为宪法的子法，它们共同构建起我国社会主义法律体系，整个法律制度应当保持协调一致；刑法内部的法律规范之间、法律制度之间、总则与分则之间、总则条文内部之间以及分则条文内部之间均应当保持协调一致，这是体系解释成为可能的解释方法的基本前提条件，也是体系解释应当成为一种解释方法的重要原因。当法律解释出现矛盾时，应当运用体系解释（以及补正解释等）消除矛盾，以得出符合法律体系要求的解释结论。

2. 清晰的规则应当优先于模糊的规则而适用

运用体系解释方法解释法律时，应注意在两个规则之间尽可能优先适用清晰的规则，而不

---

① 王利明. 法律解释学导论：以民法为视角. 2版. 北京：法律出版社，2017：312－318. 本书关于体系解释的规则的阐释，除特别声明出处之外的内容，均主要参考、引用了该书的相关内容。特此说明，并向王利明教授致谢！

② 张明楷. 刑法分则的解释原理：上. 2版. 北京：中国人民大学出版社，2011：57.

③ 齐佩利乌斯. 法学方法论. 金振豹，译. 北京：法律出版社，2009：126.

是模糊的规则①，或者参照清晰的规则来解释模糊的规则。如果两个规则之间存在一般规定与特别规定的关系，则应当按照特别规定优于一般规定的规则进行解释适用。

3. 借助整体来理解个别

按照系统论的观点，整体（系统）是由“个别”（部分）有机整合而成的系统，“个别”（部分）是系统的整体的有机组成部分，整体与个别的关系是系统与部分的关系，应当根据系统论的观点来理解部分（个别），这是“借助整体来理解个别”的系统论观点。按照解释性循环论的观点，对整体的解释与对部分（个别）的解释应当结合起来并进行解释论循环，这是“借助整体来理解个别”的解释论观点。按照系统论、解释性循环论的观点，在法律解释中，解释者必须对法律整体（法律体系）有全面的理解，在此基础上才能妥当解释具体法律规定的含义，以避免断章取义等现象发生，这是体系解释的核心要义。借助整体来理解个别规则，主要适用于以下两种情形：一是根据法律条文的具体位置和上下文联系形式来理解具体法律规定的含义，二是根据法律规范整体与部分的价值关系（实质）来理解具体法律规定的含义。

4. 未定范围，即指全体

如果法律对其适用范围没有作出特殊规定，则应当理解为其属于一般法，可以适用于所有的主体、所有的事项、所有的地域；只有在法律有特别规定的情形下，才适用特别规定。这是“未定范围，即指全体”规则的基本含义，也是体系解释的基本要求。

5. 同类解释

同类解释规则，是指如果法律列举了具体的人、物、行为或者其他事项，然后将其归为“一般性的类别”，那么，这种“一般性的类别”就应当与具体列举的人、物、行为或者其他事项属于同一类型。由于文义本身存在多义性，解释者应当从体系解释出发对概念和术语进行同一的解释，将概念和术语置于特定语境中进行同一表述，以尽可能避免概念和术语含义的冲突并满足体系协调性的要求。

在体系解释语境下强调“同类解释”，这与前面在文义解释语境下强调“同一解释”形成对比，但是实际上，“同类解释”和“同一解释”的基本含义是大体一致的。如前所述，同类解释规则，又称为同一解释规则，是指同一概念在同一法律部门内部（乃至在不同法律部门之中）应当尽可能保持含义的一致性，应当原则上作出同样的解释。

6. 明示其一，排斥其他

“明示其一，排斥其他”规则，又可以称为明示排除其他规则，是指法律文本明确规定了特定种类事项中的一种或者多种事项，可以理解为以默示的方式排除了同一类别中未被明确规定的其他事项。例如，《刑法》第225条（非法经营罪）中“（一）未经许可经营法律、行政法规规定的专营、专卖物品或者其他限制买卖的物品”的解释适用，就排除了“法律、行政法规规定”许可经营物品之外的其他物品，即：不包括地方性法规规定许可经营的物品、国务院行政机构规定许可经营的物品。

明示排除其他规则的适用应注意的问题是：（1）必须明确法律规定所进行的列举是封闭式列举还是开放式列举，只有在封闭式列举（完全列举、完备列举）的情况下才能适用本规则。（2）必须明确法律规定所进行的列举是排他性列举还是示例性列举，只有在排他性列举的情形下才能适用本规则，并禁止类推解释。例如，应当认为《刑法》第224条之一（组织、领导传销活动罪）中“组织、领导以推销商品、提供服务等经营活动为名”的解释适用中的“组织、领导”是排他性列举（也是封闭性列举），应当适用明示排除其他规则，将“参加”“协助”等

① 黄异．法学方法．台北：元照出版有限公司，2009：93．

行为排除（“参加”“协助”等行为不构成本罪）；而“以推销商品、提供服务等经营活动为名”则属于示例性列举，不能适用明示排除其他规则。但是，《刑法》第 229 条（提供虚假证明文件罪）规定的“承担资产评估、验资、验证、会计、审计、法律服务、保荐、安全评价、环境影响评价、环境监测等职责的中介组织的人员故意提供虚假证明文件”，属于示例性列举（也属于开放式列举），不能排除其他承担中介服务职责的人员可以构成本罪，因而该法条的解释不能适用明示排除其他规则。《刑法》第 236 条（强奸罪）中“以暴力、胁迫或者其他手段强奸妇女的”同样属于示例性列举（也属于开放式列举），不能说除暴力、胁迫之外的其他手段都不构成强奸罪，因而该法条的解释同样不能适用明示排除其他规则。（3）必须进行实质的体系性解释，只有在法律未提及的事项符合立法规范目的时，才能将未提及的事项排斥在外。例如，《刑法》第 270 条第 2 款（侵占罪）中“将他人的遗忘物或者埋藏物非法占为己有”的解释适用，没有列举“遗失物”，这不符合刑法规范体系所确立的规范目的，不适用明示排除其他规则。关于侵占“遗失物”的刑法解释，解释论上有扩张解释说、区分不必要说、体系解释说等不同观点。①（4）必须注意封闭式列举与开放式列举的相对性，在某些情况下，相对于特定的事项是封闭式列举，而相对于其他事项又是开放式列举，也需要进行具体判断。如前所述，在《刑法》第 224 条之一“组织、领导以推销商品、提供服务等经营活动为名”这一规定中，“组织、领导”是封闭性列举，而“以推销商品、提供服务等经营活动为名”则属于开放式列举，只能对封闭式列举适用明示排除其他规则。

7. 法律不作无意义的次序编排

法律不作无意义的次序编排规则，是推定法律体系合理性的延伸，也是体系解释的出发点。例如，《刑法》第 20 条关于正当防卫的规定有三款，第 3 款规定：“对正在进行行凶、杀人、抢劫、强奸、绑架以及其他严重危及人身安全的暴力犯罪，采取防卫行为，造成不法侵害人伤亡的，不属于防卫过当不负刑事责任。”按照法律不作无意义的次序编排规则，该款规定是紧随第 1 款、第 2 款之后的，应当注意结合前两款的规定进行体系解释：首先，特别防卫权必须在基本法理上同正当防卫权保持法秩序统一性，必须是正当防卫并且符合正当防卫的一般法理。其次，“以及其他严重危及人身安全的暴力犯罪”对于其前面列举的“行凶、杀人、抢劫、强奸、绑架”也有体系性制约的功能作用，例如，“行凶”不能解释为一般意义上的行凶，而必须是“严重危及人身安全的暴力犯罪”意义上的行凶。最后，特别防卫权并不等于无限防卫，对于那些造成严重公共安全后果（如爆炸引起多人死伤等后果）的行为，仍然不能适用“不负刑事责任”的规定。例如，《刑法》第 237 条第 1 款规定了“以暴力、胁迫或者其他方法强制猥亵他人或者侮辱妇女”的情形，第 3 款规定了“猥亵儿童”的情形。根据法律不作无意义的次序编排规则，应当将该条第 1 款规定中的“他人”“妇女”分别解释为“除儿童外的他人”“除儿童外的女性”，以此保持刑法解释结论的协调一致性（体系性）。

8. 例示性规定优先于概括性规定

例示性规定，是指法律通过具体列举的方式所作的规定。概括性规定，是指法律通过不确定概念和一般条款所作的规定。例示性规定优先于概括性规定规则适用于以下这种情况：基于立法技术的考虑，立法者为了同时实现法律的可操作性和法律的适应性目标，同时作出了例示性规定和概括性规定②，在适用时应当优先适用例示性规定。例如，《刑法》第 354 条规定：“容留他人吸食、注射毒品的，处三年以下有期徒刑、拘役或者管制，并处罚金。”《刑法》第

① 魏东. 侵占罪犯罪对象要素之解析检讨. 中国刑事法杂志，2005（5）：52－58.

② 黄异. 法学方法. 台北：元照出版有限公司，2009：93.

357 条规定："本法所称的毒品，是指鸦片、海洛因、甲基苯丙胺（冰毒）、吗啡、大麻、可卡因以及国家规定管制的其他能够使人形成瘾癖的麻醉药品和精神药品。"因此，在确定《刑法》第 354 条"毒品"的含义时，就应当按照《刑法》第 357 条的规定进行解释适用。

9. 例外规定应严格解释

法律在作出一般规定的同时，有时还要对例外情形作出特殊规定，对于这些特殊规定的解释适用，通常应当进行严格解释，不能随意进行扩张解释，禁止进行类推解释，这就是例外规定应严格解释规则的基本含义。例如，《刑法》第 21 条第 3 款规定"第一款中关于避免本人危险的规定，不适用于职务上、业务上负有特定责任的人"的解释适用，意味着"职务上、业务上负有特定职责的人"，即使在无法排除和避免正在发生的危险时，也不能进行紧急避险，他们必须依据自己的特定义务积极地履行自己的职责，同一定的危险作斗争。例如，面对战死沙场的危险，军人仍然必须服从命令参加战斗；面对被熊熊烈火烧伤的危险，消防队员必须奋力救火；面对坠机的危险，民航客机机组成员仍然必须坚守岗位，不能率先逃生。这里，对于"职务上、业务上负有特定职责的人"必须进行严格解释，不能将"职务上、业务上负有特定职责的人"宽泛地解释为具有职务或者从事业务的人。因此，即使行为人具有一定的职务或者从事一定的业务，只要其不负有特定的职责，其就可以为避免本人的危险进行紧急避险。① 例外规定应严格解释规则可以说是体系解释的基本要求。

10. 法律无赘言

法律无赘言规则，即文句应作有效之理解，本身是法律体系合理性的要求②，也是法律的体系解释的要求。解释者在进行体系解释时，应当避免某一法律规范无任何适用对象的现象发生，所得出的解释结论应当是系统解释各个法律规则的结果，该解释结论不应当使部分法律条文失去意义而成为具文。例如，《刑法》第 270 条第 1 款规定了"将代为保管的他人财物非法占为已有，数额较大，拒不退还"的情形，第 2 款规定了"将他人的遗忘物或者埋藏物非法占为已有，数额较大，拒不交出"的情形，刑法学界在"非法占为已有"与"拒不退还""拒不交出"之间的关系问题上出现了较大争议。部分学者认为，"非法占为已有"的含义已经包含了"拒不退还""拒不交出"（包容说），或者说"拒不退还""拒不交出"只是进一步补充强调和印证了"非法占为已有"这一事实（印证说），因此只需要规定"非法占为已有"即可，"拒不退还""拒不交出"的规定过于多余。另有部分学者认为，"非法占为已有"与"拒不退还""拒不交出"之间是并列关系（并列说），必须同时具备才能构成侵占罪，如果行为人在被要求退还或者交出时不存在"拒不退还""拒不交出"的行为，则不能构成侵占罪。本书赞同并列说，这是法律无赘言规则的要求和体现。③

但是，也有学者认为，法律无赘言规则的要求是难以全面贯彻的一个要求，因为刑法是人起草的，起草者也会犯错误，法律文本的规定中完全可能出现多余的表述。④ 有的刑法条文所表述的罪状或规定的要素，表面上看是一种并列关系，分则条文甚至使用"或者"一词表示了选择关系，但实际上，条文所并列规定的几种罪状或者要素之间，是一种包容关系，即其中一种行为包含了另一种行为，在这种情况下，关键在于理解包容的要素，即只要理解了包容的要素，被包容的要素便迎刃而解了。例如，《刑法》第 128 条第 1 款规定了"违反枪支管理规定，非法持有、私藏枪支、弹药"的情形，其中"私藏"只是"持有"的一种表现形式，或者说

---

① 《刑法学》编写组. 刑法学：上册：总论. 北京：高等教育出版社，2019：204.

② 普珀. 法学思维小学堂：法律人的 6 堂思维训练课. 蔡圣伟，译. 台北：元照出版有限公司，2010：84.

③ 魏东. 刑法分则解释论要. 北京：北京大学出版社，2020：179－180.

④ 张明楷. 刑法分则的解释原理：上. 2 版. 北京：中国人民大学出版社，2011：57.

"持有"概念包含了"私藏"。再如，《刑法》第237条规定的"强制猥亵"包含了"侮辱妇女"，第238条规定的"非法剥夺他人人身自由"包含了"非法拘禁""扣押"，第239条规定的"绑架他人作为人质"包含了"以勒索财物为目的绑架他人"。这些重复性规定都值得商榷，都不宜以法律无赘言规则来对这些具有包容与被包容关系的法律规定进行区分和生硬解释。①

二、历史解释

历史解释，又称为沿革解释、法意解释，是指根据立法过程和立法资料等因素探求立法目的和意旨，从而释明法律文本规定的含义。

德国学者魏德士认为：(1) 历史解释力图从法律规定产生时的上下文中确定规范要求的内容和规范目的，历史解释的目的在于重建立法者赋予法律规范的意义和目的，只有弄清楚了对规范颁布具有决定性意义并且决定着最初具有约束力的要求内容的动机、价值标准和规范目的时，才能在有疑问的情况下确保达到安定性。(2) 历史解释所涉及的考量因素包括：历史—社会的上下文，导致立法的社会利益、冲突状况和目的观；思想史和信条史的上下文，必须注意酝酿和表达立法时所处的、概念史和信条史的初始状态；立法的调整意旨，即要查明立法的法政策上的意图和调控目标，它们决定性地影响着立法过程的表达以及法政策的贯彻，这是核心目标。(3) 查明历史的规范目的具有特别意义，因为准确的规范调整目的的产生历史常常能够给出较文义或体系解释更加可靠的答案，历史解释可以作为限制解释和法律续造的工具，"历史解释最终证明是具有决定性意义的方法可靠性的标准"。(4) 反对历史解释的观点认为，对唯一的立法者的统一意志的设想来自绝对化的思想传统，并认为这种思想传统是不现实的，产生历史以及历史的规范目的常常不能充分准确地查明。②

我国学者对历史解释主要有两种理解（两种立场）：

一种理解认为，历史解释是主观解释论的特有立场，只适用于主观解释。例如，王利明认为：(1) 历史解释既是探求立法意旨的一种方法，也是确定文本真实含义的一种有效的方式。(2) 历史解释的特点表现为三个方面：一是借助于历史资料所进行的解释，二是旨在探求立法者在立法时的意思，三是通过探明立法者的真意来阐明文本的含义。(3) 历史解释的功能主要有两个方面：一是探求历史上的立法者真意，从而确定法律文本的含义；二是通过探究历史上的立法者真意，确定是否存在法律漏洞。(4) 历史解释的局限性主要表现为四个方面：一是立法资料的获取比较困难；二是立法者真意的探求比较困难；三是法律颁行时间的长短对历史解释影响较大，法律颁行的时间越长则历史解释的价值就越低，法律颁行的时间越短则历史解释的价值就越高；四是立法者真意可能不符合现实的需要。(5) 历史解释需要考虑的因素包括法律本身的演进历史、立法草案的说明、立法过程中的相关资料、立法当时的社会环境等。(6) 历史解释应当遵循的规则包括注重立法历史、尊重历史上立法者的意思、采用多种方式对历史解释得出的结论予以论证。③

另一种理解认为，历史解释既是主观解释论的立场，又是客观解释论的立场，可以同时适用于主观解释和客观解释。例如，梁慧星认为，历史解释（法意解释）与解释目标相关，而法律解释学关于解释目标存在主观解释论与客观解释论的对立，主观解释论主张法律解释之目标在于探求立法者于立法当时的主观意思，客观解释论主张法律解释之目标在于探求法律所具有的合理意思，19世纪主观解释论占支配地位，20世纪客观解释论居于通说地位。因此，当今

---

① 张明楷. 刑法分则的解释原理：下. 2版. 北京：中国人民大学出版社，2011：758-774.

② 魏德士. 法理学. 丁小春，吴越，译. 北京：法律出版社，2003：340-345.

③ 王利明. 法律解释学导论：以民法为视角. 2版. 北京：法律出版社，2017：409-432.

时代的历史解释是探求法律于当下所应有的合理意思（而不是探求历史上的立法者于立法当时的主观意思），在作历史解释时，一切立法资料只是解释法律之参考资料，必须依社会现有观念，对立法资料予以评估，进行价值判断，以发现法律客观的规范意旨。①

本书认为，历史解释对于主观解释论和客观解释论均具有重要意义。一方面，应当承认历史解释强调从立法过程的考察出发探求立法者在立法当时所力图赋予成文法的立法目的和意旨（主观解释论立场、主观说立场）；另一方面，历史解释有助于探求不同历史条件下法律所具有的合理意思，包括探求立法者在立法当时所追求的法律的规范目的和法律真意（主观说立场），也包括适当限定解释者在解释适用法律时所探求的法律的规范目的和法律真意（客观说立场）。换言之，应当全面确认历史解释与解释目标之间的相关性，历史解释的主要任务是探求法律于当下所应有的合理意思（而不是探求历史上的立法者于立法当时的主观意思），同时必须依社会现有观念对立法资料、立法者意思予以评估和价值判断，承认立法者意思对立法客观意思的判断具有适当的参考价值和限定作用，以发现法律客观且合理的规范意旨。

三、目的解释

目的解释，是指根据法律规范目的来解释法律的方法。因此，刑法的目的解释，又称为刑法的目的论解释，是指根据刑法规范保障人权和维护秩序的双重目的的指引，阐明刑法条文的具体含义的解释方法。

目的解释首见于德国学者耶林于 1877 年出版的《法的目的》一书之中，认为法律乃是人类意志的产物，法律的产生具有一定目的。所以解释法律，必须先了解法律所欲实现何种目的，以此为出发点加以解释，方能得其要领，目的为解释法律之最高准则。自此以后，目的解释遂成为法律解释的重要方法。② 德国学者认为，目的解释在今日是“解释的王冠”③、“桂冠”④；中国学者认为，目的解释可以成为解释方法上的瑰宝⑤、“基本指导原则”和“最高准则”⑥。

目的解释之目的（法律规范目的）是指什么？对此，有的学者（如杨仁寿）认为，目的解释之目的仅指某法之整个目的。有的学者（如王泽鉴）认为，目的解释之目的既包括法律之整个目的，又包括个别法条和个别制度之规范目的。现在后者的见解越来越具有合理性和说服力。⑦

刑法的目的解释，强调根据法律规范目的来解释刑法规定的具体含义，必须注意协调好刑法的目的解释与罪刑法定原则和刑法谦抑性等的关系。德国学者魏德士认为，在通常情况下，规范目的是一切解释的重要目标，在规范目的（解释目标）与规范条文之间出现矛盾关系时，可识别的规范目的通常占据优先地位，但是应当注意“稍微不同的是刑法或公法根据对公民的信赖保护所作的解释”，并且“规范目的是首要的，但不是最后和最终的解释目标”。“当规范所调整的素材的事实结构或者整个法律秩序的评价标准（体系解释）已经改变时，就必须检验

---

① 梁慧星. 民法解释学. 北京：中国政法大学出版社，1995：219－220.

② 同①226.

③ 普珀. 法学思维小学堂：法律人的 6 堂思维训练课. 蔡圣伟，译. 台北：元照出版有限公司，2010：96.

④ 耶塞克，魏根特. 德国刑法教科书：总论. 徐久生，译. 北京：中国法制出版社，2001：193. 该书指出，“解释方法的桂冠当属目的论之解释方法……其他的解释方法只不过是人们接近法律意思的特殊途径”。

⑤ 王利明. 法律解释学导论：以民法为视角. 2 版. 北京：法律出版社，2017：366.

⑥ 同①65.

⑦ 梁慧星. 民法解释学. 北京：中国政法大学出版社，1995：227；李希慧. 刑法解释论. 北京：中国人民公安大学出版社，1995：129.

历史的规范目的是否仍然具有重要意义。”①

目的解释具有一些很特殊的功能，例如，通过发现立法目的和立法意旨来确定妥当的解释结论，贯彻立法目的和立法意旨，探求法律文本的含义，充分发挥解释者的能动性，为漏洞填补和价值补充提供借鉴，验证其他解释方法得出的结论，等等。但是应注意，目的解释也具有一定的局限性，例如，目的解释中“目的”的确定难免会介入解释者的主观因素，解释者很可能超越文本的可能含义而以其主观目的来代替文本的含义，因此目的解释潜藏着主观随意的价值判断并损害法的安定性价值等危险，这可以说是目的解释的局限性。这就要求目的解释应当遵守一些特定的规则，例如，立法者意图的阐释最大化，考虑法律规则的特定目的，省略之规定视为故意省略，“法律不作区分，则解释不必作出区分”，尽量作有效解释，发展性规则（主要指目的解释要适应社会生活和法律规范目的的发展性），等等。②

四、当然解释

刑法的当然解释，又称为自然解释，是指根据刑法规定的当然逻辑来推导阐释刑法规定的具体含义的解释方法。我国《唐律·名例篇》明确规定了当然解释（经典表达方式）：“诸断罪而无正条，其应出罪者，则举重以明轻；其应入罪者，则举轻以明重。”③

当然解释中的当然逻辑，包括当然的形式逻辑、当然的事理逻辑。当然的形式逻辑，亦即形式逻辑上的当然道理，是指从逻辑上看，刑法规定所使用的概念当然包含被解释的概念，二者之间存在着种属关系，例如将小轿车解释为刑法规定中的“机动车”就属于当然解释（因为“机动车”“小轿车”之间具有种属关系）。再如，《刑法》第236条规定的“二人以上轮奸”的情形当然包括“三人轮奸”的情形。当然的事理逻辑，亦即事物属性上的当然逻辑，在刑法上特指出入罪两种情形下当然的事理逻辑：一是“其应出罪者，则举重以明轻”，二是“其应入罪者，则举轻以明重”。我国有学者用“当然道理”来概括当然解释中当然的事理逻辑，认为刑法的当然解释“蕴含了在出罪时举重以明轻、在入罪时举轻以明重的当然道理”④。

但是应注意，不加限制地、一般性地主张“在入罪时举轻以明重”这种立场，可能存在过度实质化、超规范化和类型模糊化的疑问，可能违背罪刑法定原则，应当谨慎地注意审查犯罪行为定型的特别规则。⑤ 我国有学者指出，所谓举轻以明重，是指刑法对某一事项未有明确规定，但该事项与刑法明确规定的事项具有同样的属性且程度更为严重，因而当然适用刑法明确规定的事项。这里所强调的是，并非凡与刑法明确规定的事项具有同样的属性且更为严重的刑法未明确规定的事项都可以当然适用刑法明确规定的事项，这种当然适用、当然解释应当限制在刑法未明确规定的更为严重的事项是由刑法明确规定的事项发展而生的范围内。但是，如果不将“举轻以明重”的当然道理局限在刑法未明确规定的事项与刑法明确规定的事项之间具有发展关系的范围内，就无疑会导致当然解释的滥用，从而造成对刑法的恣意解释，最终破坏罪刑法定原则。⑥ 例如，《刑法》第227条第2款规定了“倒卖车票、船票”，能否以举轻以明重的当然解释的方法将倒卖飞机票的行为解释为“倒卖车票、船票”？对此，答案显然是否定的，理由就在于车票、船票的概念不能包含飞机票。若认为车票、船票的概念包含飞机票，则超出

---

① 魏德士. 法理学. 丁小春，吴越，译. 北京：法律出版社，2003：322.

② 王利明. 法律解释学导论：以民法为视角. 2版. 北京：法律出版社，2017：366－370，385－387.

③ 长孙无忌，等. 唐律疏议. 北京：中华书局，1983：134.

④ 张明楷. 罪刑法定与刑法解释. 北京：北京大学出版社，2009：138.

⑤ 魏东. 刑法分则解释论要. 北京：北京大学出版社，2020：68.

⑥ 李希慧. 刑法解释论. 北京：中国人民公安大学出版社，1995：117－118.

了文义解释的合法性底线，同时也不符合当然解释的要求，因为当然解释应当限制在刑法未明确规定的更为严重的事项是由刑法明确规定的事项发展而生的范围内。再如，《刑法》第263条规定的“冒充军警人员抢劫”，能否以举轻以明重的当然解释的方法将真正的军警人员抢劫的行为解释为“冒充军警人员抢劫”？对此，我国有学者认为可以，并且认为这是“根据举轻以明重的当然解释原理”所得出的解释结论，对真正的军警人员抢劫适用“冒充军警人员抢劫”的规定，这种解释结论“具有实质的合理性”①。但是我们认为，这里误用了当然解释方法，因为当然解释应当限制在刑法未明确规定的更为严重的事项是由刑法明确规定的事项发展而生的范围内，真正的军警人员抢劫这一事项（刑法未明确规定其是否属于加重法定刑情节）难说就是由“冒充军警人员抢劫”发展而生的范围内的事项，并且这种解释结论也超出了文义解释的合法性底线，因此这种解释结论不能成立。

当然，在出罪场合下，“举重以明轻”的当然解释是需要其他限制条件的。所谓举重以明轻，是指如果刑法明确规定损害更为严重的行为不构成犯罪，或者虽然构成犯罪但减轻处罚，那么，性质相同或者相似且损害更加轻微的法无明文规定的行为，也就当然地适用该刑法规定，不按犯罪处理或者在构成犯罪时减轻处罚。

五、反对解释

反对解释，又称为反面解释、反面推论、反向推论，是指根据刑法条文的正面表述，推导出其反面含义的解释方法。反对解释的逻辑前提是，刑法条文已从正面规定了引起某一法律效果的全部条件（充分必要条件）或者必要条件。例如，《刑法》第201条第4款规定：“有第一款行为，经税务机关依法下达追缴通知后，补缴应纳税款，缴纳滞纳金，已受行政处罚的，不予追究刑事责任；但是，五年内因逃避缴纳税款受过刑事处罚或者被税务机关给予二次以上行政处罚的除外。”对此，可以得出如下反对解释结论：有第一款行为，经税务机关依法下达追缴通知后，不补缴应纳税款，不缴纳滞纳金，没有实际受到行政处罚的，应追究刑事责任。

如果刑法规定不具备前述逻辑前提，例如法条所确定的条件只是法律效果的充分条件（而不是充分必要条件或者必要条件），则不得进行反对解释。例如，《刑法》第253条之一第3款规定：“窃取或者以其他方法非法获取公民个人信息的，依照第一款的规定处罚。”对此不得作出如下反对解释：“没有窃取或者以其他方法非法获取公民个人信息的，不得依照第一款的规定处罚。”因为即使没有实施“窃取或者以其他方法非法获取公民个人信息的”行为，而是实施了“违反国家有关规定，向他人出售或者提供公民个人信息，情节严重的”行为，仍然可以构成侵犯公民个人信息罪。

法律解释学认为，反对解释的特殊性在于其具有比较严格的适用条件、比较特殊的适用规则、比较独特的功能价值等。（1）反对解释的适用条件主要有三点：第一，构成要件是法律效果的充分必要条件或必要条件，符合逻辑推论的要求；第二，所要解释的法条必须是确定的法律规范，并且法律规范的适用范围和法律后果具有封闭性；第三，反对解释必须不违反法律的规定，在公法领域适用“法无明文允许则为禁止”，而在私法领域适用“法无明文禁止即为允许”，因此在公法领域进行反对解释的可能性较小，而在私法领域进行反对解释的空间比较大。②（2）反对解释的适用规则主要有三个：一是非此即彼的推论规则，二是例示性规定不适

① 张明楷. 刑法分则的解释原理：上. 2版. 北京：中国人民大学出版社，2011：67.

② 王文胜，周晓晨. 重构法律解释学中的反面解释//王利明. 判解研究：2007年第6辑：总第38辑. 北京：人民法院出版社，2008：157-179.

用反对解释的规则，三是开放性规定不适用反对解释的规则。① （3）反对解释的功能价值，在于其不过是一种“拒绝类推”② 的表示，以及其从反面揭示了刑法规定不适用之情况，使其含义更加明晰，从而更有利于正确适用刑法规定。③

六、补正解释

补正解释，是指根据法秩序统一性、立法规范目的性和体系性等法教义学原理，对刑法条文中的个别规定及其应有含义加以适当补正的解释方法。可见，补正解释只是“个别”特殊情形下的“适当”补正，而不能成为普遍存在形式的、过度的补充。我国有学者指出，刑法学中的补正解释的核心解释在于“正”，而不在于“补”，即刑法学中的补正解释的核心，在于纠正刑法的文字表述错误与体系安排错误，以阐明法条的真实含义，而不是将刑法没有明文规定的“犯罪”补充解释为犯罪，否则便违反罪刑法定原则。④

根据补正解释所涉及的内容特点，补正解释可以分为以下两种情形：（1）直接影响定罪量刑的补正解释。这种直接影响定罪量刑的补正解释还可以进一步细分为以下几种情况：一是倾向于扩大犯罪范围与刑罚量的补正解释，由于事关罪刑法定原则和刑法解释合法性，这种情形下的补正解释必须特别谨慎；二是倾向于缩小犯罪范围与刑罚量的补正解释；三是多维影响定罪量刑的补正解释。例如，《刑法》第 323 条规定的破坏永久性测量标志罪虽然在“妨害国（边）境管理罪”一节中有所规定，但是并不属于妨害国（边）境管理的犯罪，永久性测量标志也不限于“国家边境的永久性测量标志”，这便是对破坏永久性测量标志罪的补正解释，并且就本罪而言，对犯罪性质进行补正解释的结果是扩大了本罪的处罚范围。再如，《刑法》第 301 条规定的聚众淫乱罪，应强调该罪必须具有扰乱公共秩序性并具有某种程度的公然性，而不能认为三人以上聚集起来实施淫乱活动的行为一律构成本罪，由此适当补正并缩小本罪的处罚范围。《刑法》第 301 条规定了引诱未成年人聚众淫乱罪，即“引诱未成年人参加聚众淫乱活动的”，尽管本罪本来规定于扰乱公共秩序罪之中，但是刑法理论应当将本罪补正解释为对个人法益的犯罪，由此决定了对本罪中的“参加”应作广义解释，即不要求引诱未成年人实际从事淫乱活动，引诱未成年人观看他人从事淫乱活动的行为也成立本罪；本罪中的聚众淫乱活动不要求具有公然性，换言之，引诱未成年人参加秘密聚众淫乱活动的，也可以成立本罪。⑤ （2）非直接影响定罪量刑的补正解释。例如，对于《刑法》第 191 条第 1 款中“没收实施以上犯罪的所得及其产生的收益”的解释，这里“没收”概念的使用存在明显错误（背离了《刑法》第 64 条的规定），应对这里的“没收”解释为“没收或者返还被害人”，以使其符合立法目的和刑法的整体规定⑥，但是这里“没收”概念的解释并不直接影响定罪量刑。

七、比较解释

比较解释，是指根据比较法原理来阐明刑法规定的具体含义的解释方法，具体是指在解释刑法的某项规定时，将刑法的其他相关规定或者外国立法例作为参照资料，借以阐明该项规定含义的解释方法。

---

① 王利明. 法律解释学导论：以民法为视角. 2 版. 北京：法律出版社，2017：340 - 343，352 - 353.

② 普珀. 法学思维小学堂：法律人的 6 堂思维训练课. 蔡圣伟，译. 台北：元照出版有限公司，2010：121 - 122.

③ 李希慧. 刑法解释论. 北京：中国人民公安大学出版社，1995：121.

④ 张明楷. 刑法分则的解释原理：上. 2 版. 北京：中国人民大学出版社，2011：108.

⑤ 同④106 - 108.

⑥ 同④105.

比较解释的具体表现形式有以下两种：

一是将刑法的某一规定与其他相关规定进行比较，即将其他规定作为一项参照因素，以阐明所欲解释的刑法规定的具体含义。例如，我国《刑法》第271条规定了“公司、企业或者其他单位的工作人员，利用职务上的便利，将本单位财物非法占为已有”的行为，这是对职务侵占行为定型的法律规定。那么，对职务侵占行为定型的解释应当限定为（单位人员）利用职务上和业务上（劳务上）的便利，以侵吞、窃取、骗取和其他方法将本单位财物非法占为已有的行为。关于职务侵占行为定型的这一解释结论，应当说同贪污罪之贪污行为定型的解释结论是基本一致的，即贪污行为定型的刑法解释结论应当遵从《刑法》第382条规定的（国家工作人员）“利用职务上的便利，侵吞、窃取、骗取或者以其他手段非法占有公共财物”的立法文义，采用“综合手段说”是当然结论。这种解释方法可谓借鉴贪污罪的行为定型论来对职务侵占罪的行为定型作出的比较解释。

二是将刑法的某一规定与外国刑法的有关规定进行比较，即将外国刑法中的规定作为参照因素，以阐明所欲解释的刑法规定的具体含义。例如，对于我国《刑法》第264条“盗窃公私财物”的刑法解释，我国有学者认为：“盗窃”的含义是平和取得他人控制占有的财物，而不要求行为具有秘密窃取的性质，德国和日本的刑法理论都不要求盗窃行为具有秘密性，这一解释结论的得出运用了比较解释的结果。而反对这一解释结论的学者指出，德国和日本的刑法并没有规定抢夺罪，而是视抢夺的不同情形分别认定为盗窃罪与抢劫罪，正因为我国刑法规定了抢夺罪，所以我国刑法才要求盗窃罪具有秘密性。这也说明，在进行比较解释时，不可忽视中外刑法在实质、内容、体例上的差异，不能只看文字上的表述与犯罪的名称，而应注意规定某种犯罪的条文在刑法体系中的地位，从而了解相同用语在不同国家的刑法中所具有的不同含义。①

八、扩张解释与限缩解释

扩张解释和限缩解释之间具有较强的相关性，可以放在一起来论述。首先，扩张解释和限缩解释都是在可能的文义范围内进行解释，因此它们都是狭义的法律解释方法。这一点很重要，表明扩张解释和限缩解释是与“目的性扩张”“目的性限缩”不同的，因为“目的性扩张”“目的性限缩”超出了可能文义的范围，或者说已经超出了法条的“文意的可能射程范围”，进入了漏洞填补、类推解释的领域。根据罪刑法定原则，刑法的扩张解释和限缩解释是具有合法性的；但是，“目的性扩张”“目的性限缩”在不利于行为人的场合（在倾向于入罪或者重罚的场合）下是公然违法的做法，即违背罪刑法定原则。其次，扩张解释和限缩解释都要遵守一些相同的解释规则，如尊重立法目的规则，以文本为基础的规则，为个人创设负担的规范应作严格解释、为个人创设权利的规范要作扩张解释的规则，例外应作严格解释的规则，等等。② 再次，限制解释和扩张解释虽然是两种相反的解释方法，但是，在刑法解释中并不排除对同一法律规定的同一用语同时采用这两种解释方法进行解释。③ 最后，扩张解释和限缩解释在形式上看是相互对立的两个解释倾向，但是在实质上看却既有可能是不同的解释倾向，又有可能是相同的解释倾向。例如，刑法条文多数都直接规定犯罪的成立条件和处罚条件，因此，扩张解释通常都表现出扩张处罚范围（包括扩张入罪范围和扩张重罚范围）的倾向，而限缩解释通常都表现出缩小处罚范围的倾向，这是两种不同的解释倾向。但是，有的刑法条文规定的是消极的

---

① 张明楷. 刑法分则的解释原理：上. 2版. 北京：中国人民大学出版社，2011：76.

② 王利明. 法律解释学导论：以民法为视角. 2版. 北京：法律出版社，2017：405-407.

③ 李希慧. 刑法解释论. 北京：中国人民公安大学出版社，1995：116.

构成要件或者是有利于从宽处罚的情节，这种情况下的扩张解释（在实质上）反而具有缩小处罚范围的倾向，而这种情况下的限缩解释（在实质上）却具有扩张处罚范围的倾向。因此，在扩张解释和限缩解释的具体运用中，必须结合立法目的、立法意图和案情事实等因素综合考虑，具体审查刑法解释所针对的事项本身的性质来确定是扩张解释还是限缩解释。

（一）扩张解释

扩张解释，又称为扩大解释、扩充解释，是指综合考量立法规范目的、刑事政策理性和社会现实发展需要等因素来阐明刑法规定的具体含义时，将刑法规定的具体含义扩大到比通常的字面含义更广泛的语义。刑法的扩张解释主要有三种具体表现形式：一是行为对象扩张，二是行为方法扩张，三是行为主体扩张。扩张解释不能超出刑法规定用语的可能含义、可能文义或者文义的“射程”，否则就可能滑入任意的扩张解释、扩张解释的泛化或者类推解释的泥潭。① 例如，在对《刑法》第133条之一“在道路上驾驶机动车”的解释中，根据立法规范目的可以将“在道路上”作出扩大解释，除了机动车通行的各种普通公路、高速公路外，在开放的娱乐广场、停车站等驾驶机动车均可以解释为“在道路上”，这是对行为方法（具体是行为地域范围）的扩张解释。

理解适用扩张解释时，应谨慎区分扩张解释与类推解释的界限。②

首先，类推解释的含义是什么？

对此，学者对类推解释作出如下相似或不同的定义：（1）类推解释是超出法律条文规定的原有意义的范围，运用类推的方法进行的解释，使该条文能适用于相类似的事物或事项。③（2）类推解释是指对刑法分则中没有明文规定的事项，可以通过类比推理，援引最相类似的条文加以解释的一种方法。类推与类推解释联系密切，类推解释是适用类推的必要方法，类推适用离不开类推解释。④（3）类推解释是指对法律规定不明确或法律无明文规定之事项，就刑法中最相类似的事项加以解释的方法。⑤（4）类推解释是指在需要判断的具体事实和法律规定的要件基本相似时，将后者的法律效果适用于前者的解释。⑥（5）类推解释是指凡是超出法律条文原来普通语言意思界限，运用类推方法作出的解释。⑦（6）类推解释是指对刑法条文没有明确规定的除行为之外的事项，比照最相类似的条文规定的相关事项，作出超出该含义范围而推论适用的解释。⑧（7）类推解释是指对法律无明文规定的事实，援引相类似的条文而作出的超出该条文原意范围的类比阐明。⑨

可见，学界对类推（解释）的定义分歧较大。一是多数定义认为类推（解释）的对象为“法律条文无明确规定的事项”，少数定义包括“不明确的事项”或者不定义对象。笔者认为，类推（解释）的对象应当为“法律条文无明确规定的事项”。“不明确的事项”是所有解释的对象，但类推（解释）与此相比应当是有着本质区别的。二是关于“类推”一词的含义，有“类比推

① 李希慧. 刑法解释论. 北京：中国人民公安大学出版社，1995：110-113.

② 魏东，田馨睿. 刑法解释方法：争议与检讨//赵秉志. 刑法论丛，2018年第3卷. 北京：法律出版社，2019：119-151.

③ 何秉松. 刑法教程. 北京：法律出版社，1987：16.

④ 利子平. 试论刑法中之类推与扩张解释. 南昌大学学报，1988（3）：152-155，142.

⑤ 王勇. 定罪导论. 北京：中国人民大学出版社，1990：201.

⑥ 张明楷. 刑法学. 3版. 北京：法律出版社，2007：48；黎宏. “禁止类推解释”之质疑. 法学评论，2008（5）：45-50.

⑦ 何秉松. 刑法教科书. 北京：中国法制出版社，1993：41.

⑧ 陈泽宪. 刑法修改中的罪刑法定问题. 法学研究，1996（6）：84-90.

⑨ 薛瑞麟. 论刑法中的类推解释. 中国法学，1995（3）：73-77.

理”“比照最相类似”“超出语言含义（法条原意或语言普通意思）”等含义。关于语言含义的范围，笔者认为，参照扩张解释中区分文字的通常含义、可能的含义以及不可能的含义的方式，应当将类推（解释）中语言含义的范围限定为“可能含义”。也就是，类推是与法律条文无明确规定的事项相比最相似的条文适用，并且这种适用超出了被比照条文文字的可能含义。

其次，类推、类推解释、类推思维方式的区别是什么？

随着研究的深入，学界逐步认识到类推、类推解释、类推思维方式等之间是有区别的。类推思维方式是法律自身的内在逻辑。将事实与法条结合在一起的“涵摄”，以及从大前提、小前提到结果的过程本身就是类推的过程。“刑事立法构建类型或典型事实，本身即具有类推的性格。”① 法律拟制也是一种类推，但是由于其以法定的方式出现，因此法律拟制是合法有效的。同时，刑法中兜底条款的适用也是类推。例如，“以放火、投放危险物质、决水或其他方法”“暴力、胁迫或其他方法”，这里的其他方法，就是比照前者的一种类推。以上三种是作为法律思维方式的被允许的类推。因此，作为一种法律思维的基本模式，类推是不可避免的，因此也是无法禁止的。刑法解释中要禁止的不是作为思维方式和思维规律之一的类推方法，而是创制法条的类推适用。②

关于法律解释与类推的关系问题，有学者认为，法律解释的过程即类推。“从解释的概念到涵摄的过程，解释无不表现出类推的因素与类推的过程。二者具有一致性、统一性，并没有本质差异和根本区别。”“刑法解释是刑法规范与案件事实之间的类推过程。……规范类推与价值类推相互贯穿、彼此渗透。”③ “法本来就带有类推的性质，法律解释与类推间并不具有本质上的区别。”④ 如果上述观点成立，区分解释与类推就没有意义了。有学者进一步认为，类推解释具有实质上的正义性与合理性，传统的罪刑法定原则及禁止类推是法治口号下的“一个美丽的乌托邦”，类推是法学无法回避的思维类型，禁止类推主要是因为类推解释具有强大的修辞功能以及人们对国家权力的忌惮和防范。⑤ 相反，也有学者反对将类推解释和类推思维、法律解释与类推相混淆。陈金钊认为，类推与法律推理密切相关，法律推理是直接适用法律的方法，当法律意义不清且法律推理难以应对时，就必须借助法律解释。而类推是法律推理的一种而非法律解释。⑥ 陈兴良认为，刑法解释中的类比解释与类推解释并不相同，这取决于类型化的程度能否涵括在法条的文义之中。“在类比解释的情况下，这种类似性是一种强类似，即相同大于相异，因而可以根据事物之本质将其归入某一概念或者类型之中。而在类推推理的情况下，这种类似性是一种弱类似，即相异大于相同，因而不能按照一般的法律解释方法将其涵括在某一概念或者类型之中，也就是属于法无明文规定的情形。在这种情况下非要适用这一法律，就需要类推推理。……考夫曼提出一切类型，甚至一切概念都是类推的，其实是对类推的一种误用。”⑦ 不同学者的观点虽有差异之处，但是他们的共同点在于认为类推和解释本质上是不同的——类推（作为推理的一种）是在条文意思清楚（没有规定需解释的内容）的前提下的适用，而解释是在条文意思不明的前提下的适用。因此，类推根本就不是一种解释方法，所谓类推解释的称呼是一种误用。

---

① 邓多文. 论刑法的合理性解释. 重庆：西南政法大学，2012：147－148.

② 王凯石. 刑法适用解释研究. 重庆：西南政法大学，2007：89.

③ 同①145－159.

④ 杨艳霞. 正当性刑法解释路径研究. 北京：中国政法大学，2004：159.

⑤ 吴丙新. 修正的刑法解释理论. 济南：山东人民出版社，2007：275－276.

⑥ 陈金钊. 法律解释及其基本特征. 法律科学，2000（6）：30－38.

⑦ 陈兴良. 刑法教义学方法论//梁根林. 刑法方法论. 北京：北京大学出版社，2006：17－19.

本书赞同后一种观点，认为类推适用与法律解释是本质上不同的两类方法论。所谓允许或禁止类推的争议，从根本上来说就源于前述争论。允许类推的理由就是扩张解释和类推解释在本质上是一致的，都是法律解释，只是扩张文字含义量上的区分，因此实际上无法区分。但是从前述讨论我们可以看出，理论上“法条含义不清”对应解释、“法条没有规定”对应类推，是可以从本质上进行区分的；解释的类似性“强相似”、类推的类似性“弱相似”也是可以从本质上进行区分的。而且，罪刑法定原则禁止类推，这既是法律的明确规定，又是价值论上的要求，对于我们理论上认识类推的性质是有引领作用的。即使在实然的、技术的层面上，类推与解释（扩张解释）尚有不清之处，但是在理念上必须清楚地将两者区分开。

最后，扩张解释与类推应如何区分？

关于扩张解释与类推的具体区分方法，学者总结了四种：一是是否处于刑法条文用语可能具有的含义之中。二是是否具有一般公民的预测可能性。三是是否采用了符合形式逻辑的推论。扩张解释所作的是符合形式逻辑的推论，它重视大前提的规定性，在大前提与小前提之间进行由内向外的演绎；类推适用所作的是符合实质的考察，它重视事项之间的比较，在需要解决的事项与被解释的事项之间进行由外向内的归纳。四是是否从罪刑法定主义的理念出发。① 这显然是一种静态的并且是主流的观点。张明楷对此持不同看法，他认为：“某种解释是类推解释还是扩大解释，并不是单纯的用语含义问题。换言之，某种解释是否被罪刑法定原则所禁止，要通过权衡刑法条文的目的、行为的处罚必要性、国民的预测可能性、刑法条文的协调性、解释结论与用语核心含义的距离等诸多方面得出结论。在很多情况下，甚至不是用语的问题，而是如何考量法条目的与行为性质、如何平衡法益保护机能与人权保障机能的问题。”② 张明楷的观点与其极其重视目的解释、区分解释技巧与解释理由的观点相一致。实际上是将目的、体系、文义、比较法等诸多解释理由均用于考量这一问题。本书认为，上述两种观点其实是不矛盾的，只是在不同层面上叙述问题，如冯军所列区分方法的背后当然存在张明楷所列的影响因素。可能的含义、预测可能性这些概念同样是动态的概念。而张明楷的观点近似于：在以具体标准区分类推和扩张解释时应当站在实质主义的立场上（或以客观解释为目标）。当然，扩张解释与类推纠缠不清的背后始终缠绕着形式主义与实质主义、规则主义与人文主义、法与道德、权力与权利、经验与逻辑等理念的对立。可以说，扩张解释与类推的区分问题已经成为理念交锋的战场和试金石。

（二）限缩解释

限缩解释，又称为限制解释、缩小解释，是指综合考量立法规范目的、刑事政策理性和社会现实发展需要等因素来阐明刑法规定的具体含义时，将刑法规定的具体含义缩小到比通常的字面含义更窄的语义。限制解释的根据主要有以下四种：一是根据党和国家的刑事政策和刑法基本原理对刑法的某一用语进行限制解释，二是根据刑法条文所规定的内容的性质对其用语进行限制解释，三是根据刑法所要保护的社会关系对刑法规定用语进行限制解释，四是根据刑法条文的“但书”规定或者其他的专门规定对刑法条文中的用语进行限制解释。③

九、合宪性解释

合宪性解释，是指根据宪法的原则、价值和规则来解释法律，使得法律解释结论符合宪法规定的解释方法。

---

① 冯军. 论刑法解释的边界和路径：以扩张解释与类推适用的区分为中心. 法学家，2012（1）：63－75，177.

② 张明楷. 刑法分则的解释原理：上. 2 版. 北京：中国人民大学出版社，2011：102－103.

③ 李希慧. 刑法解释论. 北京：中国人民公安大学出版社，1995：113－116.

合宪性解释不是宪法解释本身，而是在刑法（以及民法等基本法律）的解释中运用宪法原理、价值和规则等对相关解释结论进行合宪性审查，它虽然以宪法为依据，但是并非直接适用宪法进行解释和裁判，也不是运用宪法来填补法律漏洞。因此，我国有学者指出，在合宪性解释中，有必要区分作为解释对象的文本和作为解释依据的文本：作为解释对象的文本是拟适用于具体案件中的部门法规定，而作为解释依据的文本是宪法文本。合宪性解释是要运用解释的依据来确定解释对象的含义，并非直接对解释的依据本身进行解释，这也是合宪性解释和宪法解释的区别所在。①

合宪性解释是不是一种独立的解释方法？理论界对此有肯定说与否定说之争。肯定说认为，合宪性解释不仅是法律解释的一种独立的解释方法，而且是法律解释的一般方法，所有法律的解释都必须遵循这一规则，即下位法不能与上位法相冲突原则；否定说认为，合宪性解释实际上难以与其他解释方法截然分开，它依附于或者涵摄于体系解释、目的解释等具体的解释方法中，因此合宪性解释不是一种独立的解释方法。② 现在的通说观点是肯定说，即认为：合宪性解释是一种独立的法律解释方法，它不能凌驾于其他解释方法之上，并且在各种狭义解释方法中应该处于最后的序位，只有在其他方法不能适用的情况下，才能采用合宪性解释。③ 有的学者进一步指出，合宪性解释"应用时，先应为法意解释，其次为目的解释，再次方可用合宪性解释"④。本书认为，合宪性解释是一种独立的法律解释方法，属于论理解释方法，具有确证刑法解释结论合理性（合宪性之合理性）的功能。合宪性解释所具有的确证刑法解释结论合宪性（合宪性之合理性）的功能包括以下两项：一是指示功能，指示功能又称为选择功能、内容性功能，是指合宪性解释方法具有正面指示法律解释结论的具体内容的功能；二是排除功能，排除功能又称为限制功能、约束功能、控制性功能，是指合宪性解释方法具有将不符合宪法规定的解释结论予以排除的功能。⑤

刑法解释学认为，将合宪性解释作为刑法解释方法，有利于确保刑法解释结论的正当性。它通过发挥宪法规范的指示和限制功能来约束刑法解释活动，尤其是要发挥宪法中权利规范的限制作用，可以有效抑制通过刑法解释来扩张刑罚权适用的意图及做法。一方面检验之前运用解释方法得出的解释结论是否与宪法规范矛盾，检验其是否会导致刑罚权的扩张适用进而导致侵犯公民权利的情形出现；另一方面将人权观念渗透到刑法适用活动中，确保刑事司法能够真正全面地保障人权。从这个意义上讲，合宪性解释方法会将人权观念更为深入地贯彻于刑事司法中，并推动人权司法保障制度实体层面的实现。⑥

第四节 法社会学解释方法

一、法社会学解释（刑事政策解释）的概念

刑法的法社会学解释方法，又称为刑法的非法学解释方法、刑法的刑事政策解释方法，是指运用（法）社会学、政治学、统计学、经济学、伦理学、刑事政策学等非法学方法来解释刑

---

① 王利明. 法律解释学导论：以民法为视角. 2版. 北京：法律出版社，2017：465.

② 同①469.

③ 王利明. 法律解释学导论：以民法为视角. 2版. 北京：法律出版社，2017：470；时延安. 刑法规范的合宪性解释. 国家检察官学院学报，2015，23（1）：70-77，174.

④ 梁慧星. 民法解释学. 4版. 北京：法律出版社，2015：234.

⑤ 梁慧星. 民法解释学. 4版. 北京：法律出版社，2015：234；王利明. 法律解释学导论：以民法为视角. 2版. 北京：法律出版社，2017：467；时延安. 刑法规范的合宪性解释. 国家检察官学院学报，2015，23（1）：70-77，174.

⑥ 时延安. 刑法规范的合宪性解释. 国家检察官学院学报，2015，3（1）：70-77，174.

法，将社会效果等因素的考量引入刑法解释中，以解释刑法规定的具体含义。

法理学认为，法社会学解释方法，又称为非法学解释方法，是指运用（法）社会学、政治学、统计学、经济学、伦理学等非法学方法来解释法律①，将社会效果等因素的考量引入法律解释中，以解释法律规定在当前社会生活中应具有的具体含义。②

法社会学解释方法可以适用于民法、刑法以及宪法等的解释。基于刑法上罪刑法定原则和刑事政策原理的特殊立场（这是除刑法外的其他部门法所不具备的特殊立场），在刑法解释的法理上可以将“法社会学解释方法”转化成“刑事政策解释方法”。刑事政策原理可以包容法社会学（刑法社会学）的全部内容，而法社会学原理却可能难以精准表达刑事政策原理（尤其是其中的罪刑法定等刑事政策价值理念），因此“刑事政策解释方法”这种称谓上的转换更加符合刑法解释论的特质，更加具体而贴切，可以成为刑法解释方法类型论的一个“创新点”。如果说，法社会学解释方法意在运用“法外”的社会学原理解释法律，从而该方法作为“法外”的非规范法理的论理解释方法就能够成为区别于作为“法内”的规范法理的论理解释方法；那么可以说，刑事政策解释方法作为运用“法外”的刑事政策原理解释刑法的论理解释方法，就是一般意义上的法社会学解释方法在刑法解释中的进一步具体化、特别化，是刑法解释方法中唯一区别于其他非刑事法律解释方法的、具有独占性和标签性的特别解释方法。刑事政策解释方法作为运用“法外”的刑事政策原理解释刑法的论理解释方法，同样也能够成为区别于作为“法内”的规范法理的刑法解释的论理解释方法。③

二、法社会学解释（刑事政策解释）的特点

法社会学解释方法（刑事政策解释方法）的突出特点有以下三个：

一是法社会学方法、刑事政策方法的运用。社会学方法，是指结合特定社会在某一特定时期的各项要素，包括当时的思想潮流、社会需要、风土人情、经济社会形势等情况，而研究社会发展规律的方法，将这种方法引入法学，就形成了法社会学。而“法社会学”的概念最早由昂齐洛迪在《社会哲学和社会学》（1892 年）一书中提出，19 世纪末期，法律社会学首先在欧洲大陆兴起，以后逐渐扩展到北美地区。④ 19 世纪末 20 世纪初，迅速工业化的西方资本主义国家发生了一场以整个社会为背景来看待和研究法律的运动，这场运动在学术上的表现就是“法律社会学”的这一专门性学科的兴起。其后，西方的法律社会学家提出了一系列经典理论，例如，萨维尼关于法律与“民族精神”的思想，埃利希的“活的法律”思想，庞德的社会法理学理论，卢埃林和弗兰克的“行动中的法律”思想，迪尔凯姆和韦伯所共同形塑的西方古典法律社会学，等等。⑤ 马克思主义创始人也提出了法律社会学的观点和方法，例如，主张把法律放在与社会的相互关系中加以考察，强调法律的社会侧面，重视研究理论素材的客观性和可验证性，利用实践使价值与事实、主观与客观获得统一，着重从功能的视角对法律进行解释，强调法律相对于一定社会目标的工具性等。⑥ 法律社会学研究方法是对传统法学研究方法的突破和创新⑦，西方法律社会学除了实证主义和实用主义这两大基本的哲学方法论以外，在发展过

---

① 赵秉志. 刑法解释研究. 北京：北京大学出版社，2007：413.
② 王利明. 法律解释学导论：以民法为视角. 2 版. 北京：法律出版社，2017：434.
③ 魏东. 刑法分则解释论要. 北京：北京大学出版社，2020：71 - 72.
④ 同②435 - 436.
⑤ 赵震江. 法律社会学. 北京：北京大学出版社，1998：3 - 25.
⑥ 同⑤25 - 31.
⑦ 同⑤44.

程中逐步形成了自己的一系列部门方法论，这些部门方法论基本上是从社会学以及其他社会科学和自然科学学科中引进的一些可用以解释、说明社会法律现象的理论模型，如功能主义、现象学、结构主义、系统论、冲突论、进化论、行为主义等重要理论模型，以及角色分析法、组织分析法、规范分析法、制度分析法、比较分析法等基本方法和社会调查方法、社会实验方法、统计分析方法等具体手段。① 可见，法社会学解释方法将如此丰富、深刻的法社会学理论智识成果运用于法律解释之中，非常有利于深刻阐释法律（如刑法）的法理内涵。

刑事政策方法的运用，主要是刑事政策学原理，刑事政策价值理念、基本原则与具体规则等的科学应用，例如，“三大一小”理念、“两个至上”理念、“单向校正”理念的具体展开就具有非常突出的刑法解释特色，它们只适用于刑法解释，而原则上不能适用于除刑法外的其他部门法解释。

二是法的妥当性判断。法社会学解释方法以法律在当前社会的妥当性为价值判断标准，法的妥当性是指法律适用中要实现的最佳效果，因此，法的妥当性的判断不能仅仅局限于法律内部，还必须将视野拓展到法律之外，即立足于社会来考察。② 法律之外的社会考察要素很多，如政治、经济、文化、人口、宗教、社会发展等，都可以成为法的妥当性判断的影响因子。

三是法的社会效果考量。法社会学解释方法以法的社会效果的考量为依据来阐释法律规定的具体含义，坚持一种注重法律适用的后果审查、效果审查的功能主义立场。需要注意的是，法的社会效果考量，主要是针对法的自由、秩序、效率、公正等四项价值进行价值权衡判断，追求符合特定历史时期社会发展需要的最佳的价值权衡状态。

---

① 赵震江. 法律社会学. 北京：北京大学出版社，1998：49-70.

② 王利明. 法律解释学导论：以民法为视角. 2版. 北京：法律出版社，2017：436.

第七章 刑法解释方法体系化

(对于四个要素的先后顺序问题) 不能根据自己的品味和喜好来选择四种不同类型的解释；必须将这些不同的行为统一起来，解释才能奏效。不过，有时是这种解释的地位突出，有时则是另一种解释，只有综合考虑各种因素的这个方向不能变。①

——［德］萨维尼

刑法解释方法体系化是刑法解释学的一个重要命题（原理）。但是，毋庸讳言，刑法解释方法体系化命题是刑法解释学界至今尚未形成理论共识的重要争议问题。肯定论者试图以刑法解释方法的“逻辑顺序论”“层级论”② 为依据证立该命题，否定论者则以刑法解释方法的采用具有“各取所需”③ 并且“不存在一种解释理由优越于另一种解释理由的规则”④ 的特点为由证伪该命题。针对这一理论争议问题，笔者曾撰文指出，“基本认同解释方法的体系化”，主张通过刑法解释方法的经典三分法、刑法解释方法的功能性类型化与刑法解释方法的确证功能体系化等系列（子）命题来系统构建并证立刑法解释方法体系化（总）命题。⑤ 这种观点的理论逻辑是，必须在深入检讨既有“逻辑顺序论”“层级论”利弊得失的基础上，引入功能主义刑法解释理论智识，经由刑法解释方法的功能性类型化、刑法解释方法的确证功能体系化等系列（子）命题，才能最终有效构建并证立刑法解释方法体系化（总）命题。

申言之，刑法解释方法体系化（总）命题的具体内容由刑法解释方法的功能性类型化、刑法解释方法的确证功能体系化等（子）命题组成，其构建过程和证立路径必须是并且只能是以下诸环节的依次展开：首先（第一环节），必须深入检讨既有“逻辑顺序论”“层级论”的利弊得失，吸收其“利”“得”，并剔除其“弊”“失”，并且以此为理论前见和重要镜鉴。尽管“逻辑顺序论”“层级论”存在功能性思考不足的缺陷，但是，其中的部分理论成果，如刑法解释方法的经典三分法及其关系论，仍然可以作为思考刑法解释方法的功能性类型化与体系化的重要镜鉴，从而有助于完成刑法解释方法的功能性类型化、刑法解释方法的确证功能体系化等（子）命题的构建。其次（第二环节），必须引入功能主义刑法解释理论智识，证立刑法解释方法的功能性类型化（子）命题，并且以此作为构建刑法解释方法体系化（总）命题的逻辑起点。“功能”是功能主义刑法解释论的重要基础范畴。刑法解释的功能是指刑法解释在刑事法治实践中具有的价值与功用。功能主义法学观强调法律规范内外的功能性思考，是一种“外

---

① 魏德士. 法理学. 丁小春，吴越，译. 北京：法律出版社，2003：313－314.

② 苏彩霞. 刑法解释方法的位阶与运用. 中国法学，2008（5）：97.

③ 周光权. 刑法解释方法位阶性的质疑. 法学研究，2014，36（5）：159－174.

④ 张明楷. 刑法学：上. 5版. 北京：法律出版社，2016：35.

⑤ 魏东. 刑法解释学基石范畴的法理阐释：关于“刑法解释”的若干重要命题. 法治现代化研究，2018，2（3）：111－134. 本章“引言”在引用笔者前期成果和阐述相关命题时适当区分并提示了“子命题”“总命题”，这是为了有利于提示和强调命题之间的逻辑关系；在本章后面正文中，一般不再作这种强调和提示。

部”的视角，将法学研究重心聚焦于法律与外部世界的关系、法律在社会中所发挥的功能等问题。[①] 功能主义刑法学特别重视法规范内外的“功能性”思考，“规范内的功能”主要是指刑法教义学原理意义上的规范结果论功能与规范方法论功能，“规范外的功能”实质上是指法社会学与刑事政策学意义上的效果论功能（结果论功能）和方法论功能。比如，针对李斯特把刑法教义学与刑事政策分立和疏离所形成的“李斯特鸿沟”，罗克辛主张的目的理性刑法学理论体系与功能主义刑法学就特别强调必须在刑法教义学之内进行刑事政策贯通的思考。罗克辛提出了“罗克辛贯通”命题，也就是说，“罗克辛对李斯特鸿沟予以贯通，将刑事政策引入犯罪论体系”[②]。可以说，重视法规范内外的“功能性”（功能主义）结果论审查和方法论审查的并重与有机结合是功能主义刑法学的根本旨趣，引入功能主义刑法解释理论智识对于证立刑法解释方法的功能性类型化（子）命题具有重要意义。最后（第三环节），必须通过刑法解释方法的确证功能类型之间的系统融合（而不是各种解释方法的简单杂糅），才能有效构建并证立刑法解释方法的确证功能体系化（子）命题，并最终有效地完成构建并证立刑法解释方法体系化（总）命题及其确证功能的理论任务。针对构建并证立刑法解释方法体系化（总）命题的前述理论逻辑（过程），本书将进一步展开深入具体的法理分析和论证。

第一节　刑法解释方法体系化命题检讨与证立

一、刑法解释方法“逻辑顺序论”“层级论”命题检讨

传统的认识论、方法论的刑法解释学对刑法解释方法的分类较为复杂。目前较为通行的刑法解释方法分类法有四分法、二分法和三分法。比如，西方传统的经典四分法主张，法律解释方法可以分为文义解释、体系解释（逻辑解释）、历史解释（沿革解释）、目的论解释四种。[③] 再如，中国传统的经典二分法主张，法律解释方法分为文义解释与论理解释两种[④]，“始于文义，终于目的”[⑤] 成为二分法主张的经典表达。中国传统的经典三分法主张，法律解释方法分为文义解释、论理解释、法社会学解释（非法学解释）三种。[⑥] 法律解释方法的经典四分法、二分法和三分法，主要是以法律解释方法的“构成要素”“标准”“根据”等为依据进行的类型划分。[⑦] 此外，还有其他一些不太成熟的刑法解释方法分类法，具体见解有16种分类法之多[⑧]，由此呈现出观点分歧较大、争议较多的学术现状。相应地，针对刑法解释方法体系化命题，传统刑法解释论有肯定论、否定论、折中论三种观点。

肯定论认为，刑法解释方法的体系化是必要的、可行的。应当说，肯定论获得了法理学者

---

① 马姝. 论功能主义思想之于西方法社会学发展的影响. 北方法学，2008（2）：34.

② 陈兴良. 刑法教义学与刑事政策的关系：从李斯特鸿沟到罗克辛贯通：中国语境下的展开. 中外法学，2013，25（5）：974.

③ 严存生. 西方法哲学问题史研究. 北京：中国法制出版社，2013：586-587；耶赛克，魏根特. 德国刑法教科书：总论. 徐久生，译. 北京：中国法制出版社，2001：191-195.

④ 高铭暄，马克昌. 刑法学. 7版. 北京：北京大学出版社，2016：24；贾宇. 刑法学：上册：总论. 北京：高等教育出版社，2019：53-54.

⑤ 魏东. 刑法解释的法理基础：概念、理性、特征与功能//魏东. 刑法解释：总第5卷. 北京：法律出版社，2020：15-39；陈慧. 刑法文义解释的基本法理//魏东. 刑法解释：总第5卷. 北京：法律出版社，2020：40-69.

⑥ 杨仁寿. 法学方法论. 北京：中国政法大学出版社，1999：98；王利明. 法律解释学导论：以民法为视角. 2版. 北京：法律出版社，2017：724-725.

⑦ 严存生. 西方法哲学问题史研究. 北京：中国法制出版社，2013：586-587；魏东. 刑法解释学基石范畴的法理阐释：关于“刑法解释”的若干重要命题. 法治现代化研究，2018，2（3）：111-134.

⑧ 李希慧，龙腾云，邱帅萍. 刑法解释专题整理. 北京：中国人民公安大学出版社，2011：34-37.

和其他部门法解释学者的较多支持。法理学界有观点认为，在法律解释的各种方法之间存在适用上的先后顺序，德国学者比德林斯基等人赞成这种观点。① 我国也有法理学者认为，文义解释具有严格的优先性，只有具备足够理由对文义解释结果表示怀疑时才考虑体系解释，其后才考虑法意解释（历史解释）和目的解释等。② 我国刑法学者陈兴良、李希慧、梁根林、苏彩霞、时延安、周折等坚持肯定说。比如，陈兴良认为："应当承认各种解释方法之间存在一定的位阶关系，但这种位阶关系不是固定不变的，尤其不能将位阶关系直接等同于顺序关系，如果这种解释方法的位阶关系得不到遵守，可能会影响解释结论的合理性。"③ 李希慧认为，各种具体的刑法解释方法之间的关系并不都是并列关系，而是具有层次上的高低之分，相对于论理解释而言，文理解释处于高一层次（文理解释优先），而系统解释和历史解释则是论理解释的下位概念（论理解释优势规则）④。梁根林认为，"符合刑法文本特性、罪刑法定原则与刑法解释目标要求的刑法解释方法及其顺序，应当是文义解释、体系解释、历史解释、目的解释、合宪解释"⑤，并且"刑法适用解释应遵循同一律、排他律、只含同类、严格解释、正确解释及生活逻辑的规则"⑥。苏彩霞认为，解释刑法时应遵循"文义解释→体系解释→历史解释→目的解释→合宪性解释"的先后顺序，依次运用这五种解释方法；"重在体现安定性优先；刑法解释方法的效力等级是：(1) 在可能文义的界限点上，文义因素绝对优先；(2) 在可能文义的界限之内，目的解释是解释方法之冠；(3) 合宪性解释是最后的检验，任何解释结论不得违宪"⑦。时延安认为："在解释活动中使用不同解释方法时保持一定的次序，如此可以保障解释活动的论证完整、逻辑清晰。"⑧ 周折强调："刑法适用解释的关键是解释方法的选择及其位阶安排问题。"⑨ 还有刑法学者指出："刑法解释方法之间存在一定的位阶关系，包括适用位阶和效力位阶。适用位阶遵从文理解释→体系解释→历史解释→目的解释的解释顺序。在效力位阶上，文理解释和目的解释具有决定的意义。"⑩ 我国还有刑法学者主张，刑法解释应当以文义解释、体系解释以及目的论解释为主干，并以目的论解释为核心开展体系的构建。⑪ 我国刑法的形式解释论者认为，刑法解释方法的运用应当坚持先形式解释后实质解释的顺序。⑫ 肯定论的这些学术见解的共同特点在于，肯定刑法解释方法可以经由体系化位阶排序（位阶排序论）来确立刑法解释方法竞争关系，也就是说，可以通过对各种解释方法的先后逻辑顺序（逻辑顺序论）、层级关系（层级论）进行单向的竞争关系排序来建构刑法解释方法体系。如前所述，"始于文义，终于目的"可以说是刑法解释方法体系化命题的经典表述⑬，这一经典表述明确强调了刑法解释方法位阶排序竞争关系体系化。

否定论认为，各种具体的刑法解释方法是各自独立的、平行的关系（平行论），因此，刑

---

① 王利明. 法律解释学导论：以民法为视角. 2 版. 北京：法律出版社，2017：720.

② 陈金钊，焦宝乾，桑本谦，等. 法律解释学. 北京：中国政法大学出版社，2006：318-319.

③ 陈兴良. 刑法的知识转型：方法论. 北京：中国人民大学出版社，2012：111.

④ 李希慧. 刑法解释论. 北京：中国人民公安大学出版社，1995：96，132-133.

⑤ 梁根林. 罪刑法定视域中的刑法适用解释. 中国法学，2004 (3)：120.

⑥ 梁根林. 刑法适用解释规则论. 法学，2003 (12)：49.

⑦ 苏彩霞. 刑法解释方法的位阶与运用. 中国法学，2008 (5)：97.

⑧ 时延安. 刑法规范的合宪性解释. 国家检察官学院学报，2015，32 (1)：73.

⑨ 周折. 刑事政策视野中的刑法目的解释. 中外法学，2007 (4)：452.

⑩ 戚进松. 刑法解释方法的位阶与运用. 国家检察官学院学报，2015，23 (4)：98.

⑪ 李凯. 刑法解释方法的体系建构：以目的论解释之限定为视角. 中国刑事法杂志，2014 (1)：9.

⑫ 刘志刚，邱威. 形式解释论与实质解释论之辨析. 河南省政法管理干部学院学报，2011，26 (3)：168.

⑬ 魏东. 刑法解释的法理基础：概念、理性、特征与功能//魏东. 刑法解释：总第 5 卷. 北京：法律出版社，2020：15-39；陈慧. 刑法文义解释的基本法理//魏东. 刑法解释：总第 5 卷. 北京：法律出版社，2020：40-69.

法解释方法的体系化既是不必要的，也是不可行的和不符合刑法解释客观实际的。否定说的观点在德国、日本和我国的法理学界及部门法学界大有市场，该说主张，法律解释的各种方法都是法官可以自由选择的，如何选择使用完全取决于法官的自由。使用法律解释方法并没有顺序，只要一种解释方法更有利于得出一个正确的结论，就是可适用的办法。[①] 比如，德国学者拉伦茨认为："关于法律解释，或许可以认为，这里不需要什么科学方法，这项工作毋宁取决于直觉的领会和正确的'判断'。"[②] 劳东燕指出："解释方法之间具有位阶性的命题不可能成立，解释方法实际上是为价值判断所左右。所有试图在传统的解释方法之间进行位阶性建构的学术性努力，基本上是人们的一厢情愿。无论是文义解释与历史解释，还是体系解释与目的解释，都充当的是论证解释结论所蕴含之价值判断合理与否的论据。在不同的案件中，这些论据或许在说服力与论证力上会存在强弱之分，有时甚至会对价值判断的得出构成一定的制约（比如，背离文义或有违体系性逻辑的解释结论往往难以获得支持），但都统摄于价值判断之下，受后者的统领与支配，彼此之间不可能存在固定不变的位序关系。"[③] 周光权认为，在刑法解释的商谈、试错过程中，方法的采用有"各取所需"的特点，采用何种解释方法取决于对处罚必要性的判断，平衡好惩罚犯罪和保障人权的关系，是比刑法解释方法的位阶性更为重要的问题。[④] 我国刑法学者张明楷[⑤]、林维[⑥]等也坚持否定论立场。

折中论认为，既要考虑文义解释的优先性，又不宜肯定各种解释方法之间具有"固定不变的位阶性"。民法学者王泽鉴[⑦]、梁慧星[⑧]、王利明[⑨]以及刑法学者李国如[⑩]、徐岱[⑪]等，均主张某种意义上的"折中说"。他们一方面承认文义解释是法律解释的基础（基石），论理解释"不得完全忽视法条之文义"；但是，另一方面又宣称论理解释、目的解释甚至合宪性解释等诸方法又"可以居于优越性地位"，不宜肯定各种解释方法之间具有"固定不变的位阶性"[⑫]。徐岱认为，尽管可以说"语法解释是最基本的解释方法，法律解释通常是从语法解释开始的"，但是，"所谓解释具有恣意"，历史解释和体系解释均可视为一种广义的文义解释，"凡是能实现法律解释的正当目的的法律解释方法就是正当的解释方法"，因此，"只考虑方法是远远不够的"[⑬]。应当说，在法律解释方法的体系性问题上，折中论是一种十分矛盾的、十分纠结的观点表达，缺乏一以贯之的清晰的学术立场，但是，从倾向性来看，折中论似乎更赞同肯定论的立场，可以说是某种基于纠结心态的肯定论。最典型的代表是王利明，他指出："各种法律解释方法之间很难说存在绝对的、非常明晰的优先次序，但是，各种解释方法之间也并不是不存在任何顺序，此种顺序主要是引导法官具有正确的思考路径或思维方式。我们不能说某种方法绝对优先于另一种方法。例如，文义解释通常优先于其他解释方法，但是，这并非意味着，文义解释方法得出的结论比其他方法得出的结论更准确。""在法律解释中，文义解释具有相对的

---

① 王利明. 法律解释学导论：以民法为视角. 2版. 北京：法律出版社，2017：719-720.
② 拉伦茨. 论作为科学的法学的不可或缺性：1966年4月20日在柏林法学会的演讲. 比较法研究，2005（3）：148.
③ 劳东燕. 能动司法与功能主义的刑法解释论. 法学家，2016（6）：19.
④ 周光权. 刑法解释方法位阶性的质疑. 法学研究，2014，36（5）：159.
⑤ 张明楷. 刑法学：上. 8版. 北京：法律出版社，2017：33-42.
⑥ 林维. 刑法解释的权力分析. 北京：中国人民公安大学出版社，2006：82-144.
⑦ 李国如. 罪刑法定原则视野中的刑法解释. 北京：中国方正出版社，2001：198-199.
⑧ 梁慧星. 民法解释学. 北京：中国政法大学出版社，1995：245-246.
⑨ 同①720-721.
⑩ 同⑦198-200.
⑪ 徐岱. 刑法解释学基础理论建构. 北京：法律出版社，2010：128-131.
⑫ 同⑦198-200.
⑬ 同⑪.

优先性”，应当肯定“各种法律解释方法之间存在优先次序”，并且“尤其需要强调的是，狭义的解释方法的优先顺序并不是一个倡导性的规则，而是一个寻求妥当的法律解释结论的必然要求，也是法官应遵守的一个解释规则”①。事实上，在同一本专著里，王利明在表达了“纠结心态的肯定论”之后，又转向了坚定的“肯定论”立场，他指出：“原则上，狭义的法律解释应当从三个方面入手展开，即从确定文义可能包括的范围、探求立法目的、社会效果等考量。而这三个步骤既是法律解释的程序，也是法律解释方法运用的顺序。”② 可见，“折中说”应被归入“肯定说”，或者说“折中说”实质上是某种具有折中思想的“肯定论”。

在前述观点中，肯定论（位阶排序论）内部又有“逻辑顺序论”与“层级论”之分，它们各自内在的体系化逻辑并非完全相同，因此还有必要再作进一步的具体检讨。逻辑顺序论一般强调刑法解释方法的先后顺序与逻辑顺序，在客观上可能存在某种不当，因为逻辑顺序论并不是基于刑法解释方法的确证功能体系化思考，而是基于对刑法解释方法的生成历史、运用技巧、思维习惯等的观察梳理所得出的结论，可以说，逻辑顺序论是某种历史性思考、技巧性思考、习惯性思考的结果而不是功能性思考的结果。历史性思考的结果是，由于刑法解释方法的生成历史表明文义解释方法是各种法律解释方法中最早形成的、不可或缺的解释方法，在逻辑上将其排列在前（第一顺序）似属当然，其他论理解释方法，如体系解释方法、历史解释方法、目的论解释方法以及合宪性解释方法等，则是后来逐步生成发展起来的解释方法，因此，在逻辑上将这些“其他论理解释方法”排列在文义解释方法之后似乎也顺理成章。可见，逻辑顺序论在本质上同刑法解释方法的确证功能体系化思考相去甚远甚至格格不入，逻辑顺序论主张的刑法解释方法体系化（表面上将文义解释方法排列在先，将目的论解释方法等排列在后）表面上同刑法解释方法的确证功能体系化命题具有某种相似性，然而，实质上并非可以等同于刑法解释方法的确证功能体系化。

层级论应当说是最接近刑法解释方法的确证功能体系化的“事物本质”的见解，但是，在功能性层级关系论上，层级论仍然存在认识不足的问题，甚至存在逻辑漏洞。最突出的问题是层级论试图确认不同解释方法的“优劣尊卑”，而这实质性地背离了一体化整合功能关系的根本要旨。因此，层级论由于强调刑法解释方法的层级高低与顺序，也可能存在不当。层级论同样不是完全基于刑法解释方法的确证功能体系化思考，而是层级论者基于刑法解释方法的适用位阶、效力位阶的预设和考量得出的，因此难以一以贯之地将其层级论主张贯彻到底。比如，有观点主张：“文义因素绝对优先，在可能文义的界限内，目的解释则为解释之冠；解释刑法时应运用与遵循这种位阶关系。”这里的“绝对优先”与“解释之冠”③ 的层级性判断虽然有一定道理，但是，从解释方法的层级性本身判断出发，而非从解释方法的确证功能体系化判断出发，是无法有效揭示刑法解释方法确证功能体系化内在法理的。再如，有观点主张，刑法解释方法之间的“适用位阶”是，“首先进行文理解释，客观地认识刑法条文的语言意义；其次，联系相关法条的含义，进行体系解释；最后，在上述解释仍不能释疑时，才可以进行目的论解释”，进而提出“如果最终的目的论解释结论并未与之前的文理解释结论相冲突，那么，应该当然地选择最终的目的论解释结论，此时不存在效力上的位阶问题”④。这里的“适用位阶”与“效力位阶”的层级性判断也有一定的合理性，但是，仅以此为依据，而非完全以刑法解释方法的确证功能体系化为依据，就难以证成层级性及其相关法理。不仅如此，在层级论主张

① 王利明. 法律解释学导论：以民法为视角. 2版. 北京：法律出版社，2017：720-724.

② 同①724-725.

③ 苏彩霞. 刑法解释方法的位阶与运用. 中国法学，2008（5）：98，103.

④ 程红. 论刑法解释方法的位阶. 法学，2011（1）：43.

中，其实还有相当部分的论断是难以成立的，比如，层级论由于对文义解释方法、论理解释方法和法社会学解释方法的功能性体系化思考不足，从而在功能性关联性判断上存在以下难以避免的疑问：第一，文义解释方法、论理解释方法、法社会学解释方法之间到底是单纯的（层级上的）择一关系（只有在文义解释方法“仍不能释疑时，才可以进行目的论解释”以及法社会学解释），还是功能性整合关系（三种解释方法均不能缺位）？第二，文义解释方法、论理解释方法与法社会学解释方法之间到底是单纯的层级关系、单向的线性结构关系，还是可以回溯的功能性循环关系？第三，文义解释方法、论理解释方法与法社会学解释方法在功能性上是否有区别于其他部门法解释方法的特别之处？比如，在针对刑法立法漏洞的解释性填补功能审查中，是否可以如民法解释一样一刀切地确认解释方法的填补功能性？最突出的可能情形是，在刑法对某种“实质危害行为”应该规定为犯罪但实际上并没有规定为犯罪，从而存在“刑法立法漏洞”时，是全面确认刑法解释方法的功能性绝对填补关系，还是仅确认其功能性相对填补关系？对于这些疑问，可以说，正是由于逻辑顺序论与层级论没有进行彻底的功能性体系思考而无法避免某种逻辑困境，才出现了某种纠结的折中论观点。然而，折中论由于同样没有进行彻底的功能性体系思考，也无法有效解决其内含的逻辑悖论。以王利明的观点为代表的折中论（折中的肯定论），之所以存在某种纠结心态和矛盾表述，重要原因可能在于，折中论没有区分清楚法律解释方法的功能性内涵、功能性关联性与功能体系化定位，而这是因为折中论在法律解释方法研究的“方法论”上缺失功能性分析方法。由于功能性分析方法的缺失，研究者只看到了不同解释方法得出不同结论的表象，却没有注意到可以将这些不同解释方法及其不同的解释结论“统一”归属于功能性分析之中。文义解释与论理解释的“统一”的“功能性分析”其实可以得出某种一体化的确证合法性和合理性的解释结论。文义解释的功能性分析表明其确定了（文义）解释结论的形式合法性（形式正义性），论理解释的功能性分析表明其进一步限定了（论理）解释结论的法理上的实质合理性（实质合法性、实质正义性）。这里所谓的“解释结论的形式合法性”与“解释结论的法理上的实质合理性”都是统一于功能性分析的结果，从而两者在“统一”的“功能性分析”这一逻辑上是可能存在先文义解释后论理解释（始于文义，终于目的）这种解释方法的顺序性与层级性以及“合力”限定解释结论有效性的一体化功能属性的。因此，基于法律解释方法的功能性分析方法论，可以说，在折中论的内在逻辑中，由于没有彻底贯彻刑法解释方法的确证功能体系化命题，所以折中论仍然顽固地残存着层级论难以避免的思维误区。

应当说，在传统刑法解释方法分类中，绝大多数分类法均不是依据法律解释方法的确证功能类型化视角作出的，而是将各种各样的分类标准所析离出来的方法群简单随意地杂糅起来，因而缺乏统一的功能论分类标准。不仅否定论无法实现刑法解释方法体系化，而且肯定论（以及折中论）也根本无法真正实现刑法解释方法体系化。正是由于传统刑法解释方法分类法欠缺功能主义类型化思考，位阶排序竞争关系这一建构路径根本无法完成刑法解释方法体系化这一理论重任，我们才需要寻找新的建构路径。

因此，反思检讨传统刑法解释方法体系化的建构路径之不足，有利于提出并论证（结果与方法并重的）功能主义刑法解释论的方法论体系化回归的两条路径转向：一是外部路径依赖，即通过外部视角审查确立刑法解释结论有效性与解释方法确证功能之间的对应关系（功能对应关系），完成对刑法解释方法确证功能的类型化建构，实现刑法解释方法论体系化回归的宏观目标。所谓“外部路径”是指基于刑法解释方法之外（如解释结论与法律效果等）的功能视角，具体审视刑法解释方法具有的确证刑法解释结论有效性的法律解释功能、国家和社会治理的法律功能，以及法律解释方法与法律解释结论之间的功能对应关系，并以此确定刑法解释方法的功能类型化和体系化，而不是在法律解释方法之内就事论事地确定刑法解释方法类型。二是内部路径贯通，即在完成刑法解释方法论体系化回归解释论之后，在刑法解释方法功能类型化的基础上，从解释方法确证功能的“内部”视角出发进一步进行刑法解释方法论内部的体系化建构，有效实现刑法解释方法体系内的功能融合。因此，所谓“内部路径”是指基于刑法解释方法确证功能系统内部的功能一体化视角，将刑法解释方法确证功能系统作为“一个”功能整体，具体审视刑法解释方法确证功能系统的内部运行机理，尤其是具体方法在整体方法系统内的功能融合，而不是机械地将各种具体的刑法解释方法视为特立独行的个体并进行层级比较选择（层级论）与形式逻辑排序（逻辑顺序论）。

二、刑法解释方法“确证功能体系化”命题证立

综合传统的认识论、方法论的刑法解释学和功能主义刑法解释论关于解释结论有效性的基本法理，刑法解释结论有效性，是指刑法解释结论所具有的合法性、合理性、合目的性共同型构的“三性统一体”有效性。① 刑法解释结论只有在其同时具备了合法性、合理性和合目的性所共同型构的“三性统一体”之时，才能称得上获得了“有效性”；反之，刑法解释结论若仅具有合法性，或者仅具有合理性，或者仅具有合目的性，或者缺少合法性、合理性和合目的性中的任何一项，均不能获得完整意义上的“有效性”。换言之，刑法解释结论有效性意义上的合法性、合理性和合目的性之间的关系不是相互排斥的竞争关系，而是以合法性为底线基础价值，以合理性和合目的性为优化价值的共生融合关系：作为底线基础价值的合法性当然必不可少，它具体限定了解释结论的合法空间。作为优化价值的合理性和合目的性当然不可或缺，但是，优化价值的不可或缺性是有条件限制的，即只有由合法性底线基础价值限定的合法空间可包容的优化价值（可包容的优化价值论）才是不可或缺的，超出合法空间的所谓优化价值则是被排斥在外的。因此，有效性是指在合法性底线基础价值的基础上，进一步追求实现合法空间可包容的合理性和合目的性优化价值的“三性统一体”有效性，有效证成合法性底线基础价值、可包容的合理性和合目的性优化价值之间的共生融合关系。由此可见，刑法解释结论有效性（合法性、合理性、合目的性）的真正实现及其充分阐释，离不开刑法解释方法确证功能的充分发挥与共生融合关系的体系化证成。

刑法解释方法确证功能，又称为刑法解释方法对刑法解释结论有效性的确证功能，具体是指刑法解释方法具有的确证刑法解释结论有效性（合法性、合理性、合目的性）的功能。刑法解释方法确证功能必须结合（刑法）解释结论有效性来阐释，具体包括三方面的确证功能：刑法解释方法中的文义解释方法对（文义解释结论）合法性的确证功能、论理解释方法对（论理解释结论）合理性的确证功能、刑事政策解释方法对（刑事政策解释结论）合目的性的确证功能。只有通过刑法解释方法“三性确证功能统一体”的充分发挥与共生融合关系的体系化证成，才能完整实现刑法解释结论合法性、合理性和合目的性的“三性统一体”有效性。② 刑法解释方法确证功能的体系化逻辑只能是将三类刑法解释方法的竞争关系论与平行论改造为功能结构关系论与共生融合论：首先需要进行文义解释，确证解释结论合法性底线基础价值和合法

---

① 例如，齐文远、李希慧、曾粤兴、周详等学者认为，应当把合法性、合理性、合目的性（合刑事政策性或者正当性）作为刑法解释原则。其中，李希慧认为，刑法解释原则有合法性原则，合理性原则，以刑事政策为指导的原则，整体性原则以及明确、具体原则五项。参见齐文远，周详. 论刑法解释的基本原则. 中国法学，2004（2）：117－125；李希慧. 刑法解释论. 北京：中国人民公安大学出版社，1995：82－92.

② 魏东. 刑法解释学基石范畴的法理阐释：关于“刑法解释”的若干重要命题. 法治现代化研究，2018，2（3）：111.

空间。其次需要进行论理解释和刑事政策解释，在合法性底线基础价值之上进一步求证合法空间可包容的合理性和合目的性优化价值（可包容的优化价值论），并在合法空间可包容的各种优化价值中遴选出“最优化价值”（可包容的最优化价值论），以确保实现刑法解释结论有效性“三性统一体”。刑法解释方法确证功能的体系化路径只能是先进行文义解释，后进行论理解释和刑事政策解释，解释过程中可以进行解释性循环（解释过程论与解释性循环论）。这是刑法解释方法确证功能体系化命题的基本内容。应当说明的是，刑法解释方法确证功能体系化命题与刑法解释过程论的解释性循环命题之间并不矛盾，既不能以刑法解释方法确证功能体系化否定解释性循环，也不能以解释性循环否定刑法解释方法确证功能体系化。

因此，刑法解释方法确证功能的类型化和体系化思考才是彻底解决刑法解释结论有效性的根本出路和正确立场，从刑法解释功能的“外部”视角出发，可以实现对刑法解释方法的功能类型化和体系化建构。应当承认，正如合法性、合理性与合目的性之间存在一定程度上的内容交织，刑法的文义解释方法、（法规范内的）论理解释方法和（法规范外的）刑事政策解释方法的确证功能之间也存在一定程度上的内容交叉，这是一种客观存在的“事物本质”和实然状态，但是，这种实然状态不影响刑法解释方法功能论研究中的类型化和体系化思考。更准确地讲，首先，刑法解释方法的确证功能类型化是指其“主要”确证功能的类型化：刑法文义解释方法的主要确证功能是确证解释结论合法性，（法规范内的）论理解释方法的主要确证功能是确证解释结论合理性，（法规范外的）刑事政策解释方法的主要确证功能是确证解释结论合目的性。其次，只有在刑法的文义解释方法、论理解释方法、刑事政策解释方法对合法性、合理性、合目的性的确证功能全部实现之时，才能真正完成刑法解释方法“三性确证功能统一体”审查，并最终确证刑法解释结论有效性“三性统一体”。

从刑法解释方法的确证功能类型化立场来看，法律解释方法的经典三分法特别值得被重视。经典三分法将刑法解释方法划分为刑法解释的文义解释方法、论理解释方法、法社会学解释方法（在刑法解释论上可被转换为“刑事政策解释方法”① ）。虽然具体术语使用上存在一定程度的差异，但是，表达的实质含义仍然是大体一致的。例如，有人将刑法学理解释（方法）分为文理解释、法理解释和非法学解释三种。应当说，三分法论者多数主张的基本观点在法理学界和其他部门学界均逐渐获得了较为充分的法理支持，比如，法理学界的杨仁寿、民法学界的王利明等均认为，狭义的法律解释方法大致可以被分为三类：文义解释、论理解释、法社会学解释。② 就刑法解释方法的二分法与三分法的比较法立场而言，应当说二者具有融贯一致的法理逻辑：在二分法主张的文义解释与（广义的）论理解释中，（广义的）论理解释包含了社会学解释，因此二分法可以合乎逻辑地“发展”为三分法。申言之，三分法是在文义解释与（广义的）论理解释的刑法解释方法二分法的基础上，将（广义的）论理解释进一步区分为规范法理上的论理解释（狭义的论理解释）与非规范法理上（法社会学原理上）的论理解释两种，而有的学者直接称之为法内的论理解释与法外的论理解释（或者法学的解释方法与非法学的解释方法）。因此，三分法实质上是在确认了文义解释方法之后才对二分法之（广义的）论理解释方法作出进一步的区分，也就是，将论理解释方法进一步区分为“法内的”“规范的”解释说理（可谓狭义的论理解释方法）与“法外的”“超规范的”解释说理（可谓广义的论理解释方法，即非法学解释方法、法社会学解释方法与刑事政策解释方法），进而将解释说理从“法内的”“规范的”层面扩大至“法外的”“超规范的”层面。这种“进一步区分”非常有利

① 魏东．刑法分则解释论要．北京：北京大学出版社，2020：71.

② 王利明．法律解释学导论：以民法为视角．2版．北京：法律出版社，2017：724－725；杨仁寿．法学方法论．北京：中国政法大学出版社，1999：98.

于更加周全地、立体地、深刻地阐释解释结论有效性，并较为充分地体现了刑法解释方法的功能性，具有十分重大的方法论意义。如此一来，刑法解释方法二分法还可以根据其内在一致的法理逻辑而被进一步划分为以下三种：刑法解释的文义解释方法、论理解释方法（狭义的论理解释方法、法内的论理解释方法、规范法理上的论理解释方法）与法社会学解释方法（广义的论理解释方法、法外的论理解释、刑事政策解释方法）。然而，值得注意的是，刑法解释方法的传统经典二分法与三分法仍然只是停留在结构性分类逻辑上展开的类型性思考，也就是，二分法是在法律语言学知识与法律语言学之外的法理知识的“知识二元论”结构上展开的类型性思考，三分法是在法律语言学知识、法律内规范论知识与法律外社会学知识的“知识三元论”结构上展开的类型性思考，二者都不是基于解释方法功能性分类的逻辑展开的类型性思考①，因此，它们在相当意义上并不是“有意识地”而是“懵懵懂懂地”、部分地暗合了刑法解释方法的确证功能类型化命题。

为什么说刑法解释方法的传统经典三分法在相当意义上并不是“有意识地”而是“懵懵懂懂地”、部分地暗合了刑法解释方法的确证功能类型化命题？为什么说传统经典三分法对于刑法解释方法的确证功能类型化思考仍然存在不足？原因可以基于这样一种学术观察：传统经典三分法在客观上较为充分地体现了刑法解释方法的确证功能类型化特点，但是，在此前的学术研究中，传统经典三分法论者对其确证功能类型化特点及其具体内容关注不够，对刑法解释方法的确证功能类型化与体系化的关联性观照不充分，因而需要进行进一步的深刻检讨。

首先，传统经典三分法对刑法解释方法的确证功能内涵的诠释不到位。绝大多数学者在论述刑法解释方法时，虽然都注意到了刑法解释方法的功能性，但是，他们在总体上并没有围绕刑法解释方法具有的全面确证刑法解释结论有效性的这种“确证功能”进行充分论述。尤其是平行论者，只注意到了刑法解释方法具体层面上呈现出的零碎化的方法群，而没有类型化抽象归纳出各种刑法解释方法的个性功能，笼统地认为各种刑法解释方法的功能性就是可以得出各自的刑法解释结论本身，仅仅停留在刑法解释方法与刑法解释结论之间的某种因果性、方法与结果对应性之表象，对于这些刑法解释方法及其相对应的解释结论在功能性上应当如何被认识、如何被评判等问题则缺乏应有的功能性阐释，根本原因就在于平行论者没有恰当诠释刑法解释方法的确证功能内涵。如前所述，刑法解释方法的确证功能表明，刑法文义解释方法堪称“合法性确证方法”，其内含的方法功能性是确证解释结论合法性的功能。相应地，刑法论理解释方法堪称“合理性确证方法”，其内含的方法功能性是确证解释结论合理性的功能。刑法的刑事政策解释方法堪称“合目的性确证方法”，其内含的方法功能性是确证解释结论合目的性的功能。

此外，部分刑法解释论者仅仅在“解释结论决定论”命题下观察刑法解释方法的功能性，认为，“解释是一种结果。通常是在结果早已确定之后，才选择解释的方法。所谓的解释方法只不过是对文本的补充的事后的注脚而已”②。这种观点主张“解释结论决定论”立场，其认为刑法解释方法的功能性并非积极上进的“确证”功能，而是消极待命式的“事后注脚”功能。这些见解应当说也没有恰当诠释刑法解释方法的确证功能的应有内涵，在相当程度上虚化了刑法解释方法的确证功能性。

其次，传统经典三分法对刑法解释方法的确证功能类型化与体系化的关联关系的诠释不

① 结构性分类与功能性分类在逻辑上并不完全是界限分明并且非此即彼的，而是还可能存在相互兼容而成的复合分类体系，这具体可以表现为结构性分类主导下兼容功能性分类的复合分类体系与功能性分类主导下兼容结构性分类的复合分类体系两种情形。参见张力. 法人功能性分类与结构性分类的兼容解释. 中国法学，2019（2）：148-166.

② 魏德士. 法理学. 丁小春，吴越，译. 北京：法律出版社，2003：315.

足。针对文义解释方法的“合法性”确证功能、论理解释方法的“合理性”确证功能、刑事政策解释方法的“合目的性”确证功能之间如何发生关联的问题，在理论上存在平行论、逻辑顺序论与层级论等多种见解。平行论在相当范围内大行其道，根本原因在于对确证功能类型化与体系化的关联关系的思考存在不足甚至谬误。平行论认为：“所谓的刑法解释方法的位阶性并不存在，讨论位阶性的有无并无理论上的实益。”① 各种解释方法之间的关系错综复杂，难以被简单地概括和归纳。不同解释方法各有优劣，既不存在哪一种解释方法完全优于其他方法的情形，也没有任何一种解释结论能够完全排除另外一种解释结论。② 逻辑顺序论认为：“在各基本诠释方法之间确立一个大体的逻辑顺序，有利于清理司法实践对于构成要件诠释混乱的思维，使对构成要件的诠释朝着一个客观的、理性的、可操作的方向发展。”③ 层级论认为，应当承认各种解释方法之间存在一定的位阶关系，尽管它并不是固定不变的，如果这种位阶关系得不到遵循，将可能影响解释结论的合理性。④ 显然，平行论、逻辑顺序论、层级论的前述见解，均对刑法解释方法的确证功能类型化与体系化的关联关系的诠释不足。

还值得注意的是，逻辑顺序论与层级论有时交织在一起。有的学者认为，刑法解释方法既有一定的逻辑顺序又有一定的层级，并且二者是相互通融的。例如苏彩霞认为，刑法解释应遵循文义解释→体系解释→历史解释→目的解释→合宪性解释的运用顺序，在可能文义的界限点上文义因素绝对优先，在可能文义的界限内目的解释则为解释之冠，解释刑法时应运用与遵循这种位阶关系。⑤ 程红认为，刑法解释方法之间肯定存在一定的位阶关系，其一方面表现为刑法解释方法之间的“适用位阶”，应遵循“文理解释→体系解释→目的论解释”的序列，另一方面表现为刑法解释方法之间的“效力位阶”。⑥ 但是，逻辑顺序论、层级论以及二者交织论均没有深刻揭示出各种刑法解释方法之间的一体化整合功能关系。

最后，传统经典三分法对刑法解释方法的确证功能体系化重视不够。相当多的持传统刑法解释论和功能主义刑法解释论的学者，对刑法解释方法的确证功能体系化问题要么持反对态度，要么持如前所述的平行论、逻辑顺序论与层级论的见解，并没有深刻阐释刑法解释方法的确证功能体系化命题。尽管有观点主张刑法解释方法的层级论⑦、功能性体系化论命题⑧，但是，这类观点对相关命题的学理论证不充分，甚至会出现错误，尤其是那种将“刑法解释方法体系化”简单地理解为“刑法解释方法位阶排序竞争关系体系化”的观点完全背离了刑法解释方法体系化的应有内涵。这些问题均有待深入研讨。

基于以上分析可知，应将传统的刑法解释方法竞争关系论改造为刑法解释方法确证功能结构关系论。刑法解释方法确证功能具体包括文义解释方法确证功能、论理解释方法确证功能、刑事政策解释方法确证功能三方面，缺一不可。与此同时，还应将传统的刑法解释方法平行论改造为刑法解释方法确证功能共生融合论，进行“三性确证功能统一体”的体系化融合，以有效实现刑法解释方法确证功能的类型化与体系化，这样才能真正体系化地发挥刑法解释方法的确证功能，才能最终确证刑法解释结论有效性“三性统一体”。

---

① 周光权. 刑法解释方法位阶性的质疑. 法学研究，2014，36（5）：161.

② 温登平. 刑法解释方法位阶关系否定论//陈金钊，谢晖. 法律方法：第13卷. 济南：山东人民出版社，2013：366.

③ 吴学斌. 刑法适用方法的基本准则：构成要件符合性判断研究. 北京：中国人民公安大学出版社，2008：140.

④ 陈兴良，周光权. 刑法学的现代展开. 北京：中国人民大学出版社，2006：78.

⑤ 苏彩霞. 刑法解释方法的位阶与运用. 中国法学，2008（5）：98，103.

⑥ 程红. 论刑法解释方法的位阶. 法学，2011（1）：43.

⑦ 同④.

⑧ 魏东. 刑法解释学基石范畴的法理阐释：关于“刑法解释”的若干重要命题. 法治现代化研究，2018，2（3）：134.

总之，结果与方法并重的功能主义刑法解释论，必须深化研究刑法解释方法“确证功能体系化”命题。刑法解释方法体系化只能经由刑法解释方法确证功能的类型化与体系化这一功能建构路径才能真正得以实现。传统认识论、方法论的刑法解释学探索的刑法解释方法体系化，如“逻辑顺序论”与“层级论”，由于欠缺功能主义的理论根基而无法完成这一学术使命，这就需要进行功能主义的路径转向。因此，刑法解释方法确证功能体系化，既是传统刑法解释方法论的创新发展方向，也是功能主义刑法解释论及其方法论应当严肃对待的重要命题，更是创新发展中国特色的功能主义刑法解释学的关键工程，具有十分重大的理论意义和实践价值。刑法解释方法的功能性思考、功能类型化和体系化思考是重要基础，应当坚持刑法解释方法确证功能论，主张刑法解释方法的新经典三分法，也就是将刑法解释方法功能性地划分为刑法的文义解释方法、（法规范内的）论理解释方法、（法规范外的）刑事政策解释方法，确认它们分别具有确证刑法解释结论合法性、合理性、合目的性等的功能性。刑法解释方法的确证功能体系化必须在全面强调刑法文义解释方法的合法性确证功能、论理解释方法的合理性确证功能、刑事政策解释方法的合目的性确证功能的基础上，特别强调刑法解释方法确证功能的整合关系、循环关系、相对填补关系、融贯关系，以周全地确证刑法解释结论的整体有效性。整体有效的刑法解释结论都是刑法解释方法确证功能体系化的结果，都必须同时经得起刑法文义解释方法、论理解释方法、刑事政策解释方法“三性确证功能统一体”审查，即刑法解释必须在合法性底线基础价值上求证合理性优化价值，在合法性、合理性范围内求证合目的性优化价值，最终周全确证刑法解释结论有效性“三性统一体”，由此可以证立刑法解释方法体系化及其确证功能。刑法解释方法体系化及其确证功能命题对于我国在社会转型新时代背景下有效应对新型智能化、网络化犯罪以及传统犯罪均具有重要意义。

第二节　刑法解释方法体系化的实质内涵

基于结果与方法并重的功能主义立场，功能主义刑法解释论在从有效性与解释方法确证功能的对应融合关系出发证成了刑法解释方法体系化的外部路径依赖之后，还必须从解释方法确证功能的“内部”视角进一步进行刑法解释方法确证功能的体系化建构，如此才能完美实现解释方法体系内的功能融合。应当说，从刑法解释方法确证功能的类型化转向体系化仅有一步之遥。然而，不仅传统的认识论、方法论刑法解释学尚未真正完成这种立场转向（这一点从前述有关刑法解释方法论体系化命题之争中可以看出，刑法解释方法的确证功能体系化命题不完全等同于传统刑法解释方法体系化判断），而且功能主义刑法解释论在此问题上更是思考不足甚至莫衷一是，这使得刑法解释方法确证功能体系化命题成为一项未竟的事业，有待深入研讨。

可见，刑法解释方法的确证功能体系化命题尽管在表面上同层级论具有较强的亲近性，但是，在功能性体系化的实质层面上具有超越层级论的根本特质。功能主义刑法解释论必须在完成方法论体系化回归任务的基础上，从方法论自身的“内部”视角出发，进一步进行刑法解释方法确证功能的体系化建构，如此才能真正实现解释方法体系化。申言之，刑法解释方法体系化命题的实质内涵只能是刑法解释方法确证功能体系化，核心内容包括刑法解释方法确证功能“内部”的四对关系：一是功能性共生融合关系，二是可回溯的功能性循环关系，三是功能性相对填补关系，四是功能性融贯关系。

一、功能性共生融合关系

刑法解释方法确证功能体系化并不是各种刑法解释方法的单纯的竞争择一关系，而是功能性共生融合关系。刑法解释方法的确证功能整合关系表现为，刑法文义解释方法的合法性确证功能、（法规范内的）论理解释方法的合理性确证功能、（法规范外的）刑事政策解释方法的合目的性确证功能必须同时具备，全面融合，形成“三性确证功能统一体”，这样才能有效确证解释结论有效性“三性统一体”。如前所述，刑法解释方法确证功能的体系化整合路径是：先进行文义解释以确证解释结论合法性底线基础，后进行论理解释和刑事政策解释以确证解释结论合理性和合目的性优化价值，在解释过程中，可以进行解释性循环。然而，问题是，当刑法的文义解释方法、论理解释方法、刑事政策解释方法各自得出的结论出现矛盾时，应当如何运用刑法解释方法确证功能共生融合关系体系化的立场来解决矛盾？这是刑法解释方法确证功能体系化命题所要解决的至关重要的问题。针对这一问题，本书提出的解决方案如前所述，也就是，在合法性底线基础价值之上进一步求证合法空间可包容的合理性和合目的性优化价值（可包容的优化价值论），并在合法空间可包容的各种优化价值中遴选出“最优化价值”（可包容的最优化价值论），将超出合法空间的所谓优化价值排斥在外，再依此规则进行解释性循环。以抢劫案中非军警人员冒充军警人员并与军警人员共同抢劫的情形（抢劫案第一种情形）、军警人员与军警人员共同抢劫的情形（抢劫案第二种情形）是否适用抢劫罪“冒充军警人员抢劫的”这一法定的加重处罚情节为例，刑法解释方法确证功能的整合论强调的功能性共生融合关系可以进一步作出以下诠释：

首先，必须符合文义解释方法确证功能限定的解释结论“合法性”底线基础价值和合法空间，将运用论理解释方法和刑事政策解释方法得出的结论框定在文义解释方法确证功能所限定的解释结论合法空间内，排除那些不符合文义解释结论“合法性”要求的其他任何结论。运用文义解释方法得出的解释结论（文义解释结论）通常具有多样性，文义解释方法的主要功能就是限定最终解释结论的合法性底线基础价值，如果解释结论超越这一合法性底线基础价值，就违背了刑法解释合法性原则（以及刑法的罪刑法定原则）。按照刑法文义解释方法，抢劫罪“冒充军警人员抢劫的”包括但不限于以下诸情形：非军警人员既冒充军人又冒充警察的，非军警人员只冒充军人的或者只冒充警察的，军人冒充警察的，警察冒充军人的，此军人冒充彼军人的，此警察冒充彼警察的；等等。那么，前述抢劫案第一种情形（非军警人员冒充军警人员并与军警人员共同抢劫的）既符合抢劫罪“冒充军警人员抢劫的”这一法定的加重处罚情节的文义解释结论，也符合论理解释结论和刑事政策解释结论，因此，当然可以适用该法定的加重处罚情节。前述抢劫案第二种情形（军警人员与军警人员共同抢劫的）完全不符合抢劫罪“冒充军警人员抢劫的”这一法定的加重处罚情节的文义解释结论，不能认为根据刑事政策解释方法确证的合目的性（对军警人员抢劫行为的处罚不能轻于对非军警人员抢劫行为的处罚这一政策理性）适用抢劫罪“冒充军警人员抢劫的”这一法定的加重处罚情节，但是，可以根据“可包容的最优化价值”规则对这类行为“从重处罚”。

当然，还需要注意，文义解释方法必须符合语言学基本原理，“务必使指控为犯罪的行为处于所用法律词义的普通常识的范围之内，而不曲解这些词义”①，不能随意增添文义。比如，有学者认为：“冒充不等于假冒。换言之，‘冒充’包括假冒与充当，其实质是使被害人得知行为人为军警人员，故军警人员显示其身份抢劫的，应认定为冒充军警人员抢劫。”② 其实，文义解释方法客观上不能确证军警人员显示其真实身份的抢劫属于“冒充军警人员抢劫”这一解释结论的合法性，因为即便认为“‘冒充’包括假冒与充当”，“充当”（当然还包括“假冒”）仍然不能被解释为“军警人员显示其真实身份”，“充当”本身始终无法被解释出“以真充真”

---

① 储槐植，江溯．美国刑法．4版．北京：北京大学出版社，2012：25.

② 张明楷．刑法学：下．5版．北京：法律出版社，2016：994.

这个语义（而只有“以假充真”语义），这才是文义解释的基本结论。

其次，必须符合论理解释方法确证功能遴选出的解释结论“合理性”优化价值，将运用刑事政策解释方法得出的结论框定在论理解释方法（以及文义解释方法）确证功能所限定的解释结论合理性（以及合法性）之内，排除那些不符合论理解释结论“合理性”要求（当然还要排除不符合文义解释结论“合法性”要求）的其他任何结论。运用论理解释方法得出的解释结论（论理解释结论）通常也可能具有多样性，论理解释方法的主要功能就是限定最终解释结论的合理性优化价值范围，一旦解释结论超越了这一合理性优化价值范围，就违背了刑法解释合理性原则。按照刑法论理解释方法，解释结论是，前述抢劫案第一种情形（非军警人员冒充军警人员并与军警人员共同抢劫的）符合共同犯罪原理，因此，可以适用抢劫罪“冒充军警人员抢劫的”这一法定的加重处罚情节。在前述抢劫案第二种情形（军警人员与军警人员共同抢劫的）中，由于没有非军警人员冒充军警人员参与共同犯罪，依法理（以及文义）不能对这一情形适用抢劫罪“冒充军警人员抢劫的”这一法定的加重处罚情节。

再次，必须符合刑事政策解释方法确证功能遴选出的解释结论“合目的性”优化价值，在运用文义解释方法和论理解释方法得出的解释结论中，进一步在刑事政策解释方法确证功能所限定的解释结论合目的性之内确证优化价值，按照“可包容的最优化价值”规则遴选出那些“更加”符合刑事政策解释结论“合目的性”要求的解释结论，而不能忽视刑事政策结论合目的性优化价值的要求。运用刑事政策解释方法得出的解释结论（刑事政策解释结论）通常也可能具有多样性，有可能出现“完全符合”“部分符合”“完全不符合”合法性和合理性要求的刑事政策解释结论等多种情形。刑事政策解释方法的主要功能就是遴选出最终解释结论合目的性范围，按照“可包容的最优化价值”规则进行刑事政策解释结论合目的性优化价值遴选。在某些特殊情形下，如果单纯地按照刑事政策解释方法得出的解释结论完全超出了文义解释结论和论理解释结论的范围，则应当否定该刑事政策解释结论的合法性和合理性（即使具备合目的性优化价值）。按照刑事政策解释方法，前述抢劫案第一种情形（非军警人员冒充军警人员并与军警人员共同抢劫的）当然可以适用抢劫罪“冒充军警人员抢劫的”这一法定的加重处罚情节。前述抢劫案第二种情形则比较特殊，有学者认为，由于“从实质上说，军警人员显示其真实身份抢劫比冒充军警人员抢劫，更具有提升法定刑的理由”，因此，他主张也可以适用抢劫罪“冒充军警人员抢劫的”这一法定的加重处罚情节。① 本书认为，这种观点并不妥当，原因在于，这种解释结论超出了刑法文义解释方法和论理解释方法确证的解释结论合法性和合理性范围，违背了“可包容的最优化价值”规则。

最后，只有刑法的文义解释方法、论理解释方法、刑事政策解释方法各自得出的结论之间具有一致性时，才能承认刑法解释方法的合法性确证功能、合理性确证功能、合目的性确证功能均得到了有效发挥；实现了“三性确证功能统一体”，才能有效确证解释结论有效性“三性统一体”。然而，当刑法的文义解释方法、论理解释方法、刑事政策解释方法各自得出的结论之间存在矛盾并且无法被消除时，“这时”的刑法解释（结论）就违背了刑法解释方法“三性确证功能统一体”原理，不能有效确证解释结论有效性“三性统一体”，也就是说，此时就应当否定这种“存在矛盾并且无法消除矛盾”的解释结论之有效性。在这种情形下，应当如何消除矛盾并解决问题？刑法解释方法体系化“三性确证功能统一体”整合的原则是，刑法文义解释结论合法性底线基础价值（合法空间）不得被突破，只能按照“可包容的最优化价值”规则对刑法论理解释结论合理性优化价值和刑事政策解释结论合目的性优化价值进行解释论整合。

---

① 张明楷. 刑法学：下. 5 版. 北京：法律出版社，2016：994.

从刑法解释方法“三性确证功能统一体”的立场出发，可以发现，前述抢劫案第一种情形（非军警人员冒充军警人员并与军警人员共同抢劫的）可以适用抢劫罪“冒充军警人员抢劫的”这一法定的加重处罚情节，这完全符合刑法解释方法“三性确证功能统一体”的体系性要求。然而，前述抢劫案第二种情形不可以适用抢劫罪“冒充军警人员抢劫的”这一法定的加重处罚情节，这时仅可以按照“可包容的最优化价值”规则进行解释论整合，可考虑对前述抢劫案第二种情形予以“从重处罚”（但不能适用加重处罚情节）。不过，不能说刑事政策解释方法“优于”刑法文义解释方法和论理解释方法，而不顾刑法文义解释方法和论理解释方法的确证功能，从而违背刑法解释方法“三性确证功能统一体”的体系性要求。在文义解释结论合法性底线基础价值之上，再运用论理解释方法和刑事政策解释方法进行进一步的解释说理，这种体系性安排强调的仍然是刑法解释方法“三性确证功能统一体”和解释结论有效性“三性统一体”，而并非简单地确认刑事政策解释方法“优于”刑法文义解释方法和论理解释方法，这一点是必须特别强调的。

应当说，层级论（以及逻辑顺序论）并非都主张刑法解释方法确证功能的整合关系论，其中，有的模棱两可，有的避而不谈。比如，有的学者没有正确认识刑法解释方法的确证功能特点，给人感觉是在某种特定情形之下可以仅选用“某一种”刑法解释方法来确证刑法解释结论有效性而排斥或者忽视其他刑法解释方法的确证功能。有的学者一方面认为不同解释方法各有优劣，不存在哪一种解释方法完全优于其他方法的情形，也没有任何一种解释结论能够完全排除另外一种解释结论①；另一方面又没有说清楚不同解释方法之间是一种什么样的关系以及是否需要进行功能性整合。有的学者认为，在可能文义的界限点上，文义因素绝对优先，而在可能文义的界限内，目的解释则为解释之冠，解释刑法时应运用与遵循这种位阶关系②，但是，这种观点仍然没有论及不同刑法解释方法的确证功能之间的整合关系。因此，刑法解释方法的功能性整合关系命题在实质内涵上是超越位阶排序论（如层级论和逻辑顺序论等）的。它不但强调了刑法解释方法“三性确证功能统一体”，还强调了它和解释结论有效性“三性统一体”之间的紧密关联性与共生融合体系化。

刑法解释方法的功能性整合关系命题是否符合并能够指导刑法解释实践？这个疑问可能表现在下列情形中：在实践中，针对某一个刑法条文（规范）与案情事实，我们通常都能够直接得出某种解释结论。比如，针对张三强奸某女李四的案情事实，法院判决张三构成强奸罪。我们似乎没有感觉到刑法解释方法的任何运用，尤其是没有感觉到（法规范外的）刑事政策解释方法在发挥作用，这种现象是不是说明刑法解释方法的功能性整合关系命题存疑？其实，这种疑问是由人们对理论研究与实践做法的误解造成的，刑法解释论就是研究刑法解释实践并从刑法解释实践现象中抽象出来的系统理论知识，“没有感觉到”理论不等于没有理论。以刑事政策解释方法的合目的性确证功能为例，我们应当承认，在许多情况下，刑法规范条文的规范含义是明确的，案情事实是很容易对应刑法规范条文的，刑法解释结论的合法性、合理性和合目的性很容易获得确证，从而实现解释结论有效性。那么，在这种情形下，刑事政策解释方法的合目的性确证功能仍然应当被认为得到了发挥，只不过这时的合目的性确证功能表现为某种“印证”的属性，也就是说，刑事政策解释方法的合目的性确证功能“印证”了既有解释结论合目的性的性质。与此同时，我们还应当承认，在某些特殊情况下，刑法条文的规范含义不是很明确并且案情事实也很特殊时，解释结论合目的性可能存在两种以上的分歧意见，那么，在

① 温登平. 刑法解释方法位阶关系否定论//陈金钊，谢晖. 法律方法：第13卷. 济南：山东人民出版社，2013：366.

② 苏彩霞. 刑法解释方法的位阶与运用. 中国法学，2008（5）：98，103.

这种情形下，刑事政策解释方法的合目的性确证功能就表现为某种“甄别选择”的属性，也就是说，刑事政策解释方法的合目的性确证功能“甄别选择”了正确的解释结论合目的性（判断），从而否定了错误的解释结论合目的性（判断）。然而，无论是在哪种情形下，均存在刑事政策解释方法的合目的性确证功能。

因此，刑法解释方法的功能性体系化命题主张，刑法解释方法的三性确证功能可以并且必须同时存在和共同发挥作用，只有“三性确证功能统一体”才能共同完成对解释结论有效性“三性统一体”的确证功能。由功能性类型化特点决定，任何单一的某一类刑法解释方法均不具有“单枪匹马”地、周全地确证刑法解释结论有效性的特异功能，只有三类刑法解释方法确证功能实现完美整合，才能证立刑法解释结论的有效性。刑法解释方法的确证功能整合关系强调“三性确证功能统一体”，有助于我们审查判断有关刑法解释方法对解释结论有效性的确证功能是否完备。比如，刘艳红针对当下网络犯罪的解释适用问题提出了“主观的客观解释”命题。她指出，结合主观解释论的法治基因优势，宜以“主观的客观解释论”重新塑造网络时代刑法的客观解释论，也就是说，在网络犯罪的解释适用中，应当以客观解释为基础，同时其解释不能超出“刑法条文的语言原意”之范围，需将主观解释作为客观解释之限定。① 这里，刘艳红可能想表达的意思是，主观解释具有限定解释结论不能超出“刑法条文的语言原意”之范围的功能，这相当于运用文义解释方法确证功能限定了解释结论合法性底线基础价值，同时也部分地解决了合理性问题（因为主观解释也具有论证法规范内的合理性的确证功能）。客观解释则相当于通过运用法规范内的论理解释方法确证功能，限定了解释结论的合理性优化价值。即使如此理解，刘艳红提出的“主观的客观解释论”仍然只解决了合法性和合理性之间的整合问题，尚缺乏合目的性的功能确证，因此，该观点仍然难以达成刑法解释方法的功能性整合关系论所强调的“三性确证功能统一体”的完美整合。在本书看来，主观解释与客观解释本来应被归为法规范内的论理解释方法范畴，从刑法解释方法确证功能整合关系论来看，“主观的客观解释论”仅仅解决了解释结论合法性和合理性的问题，仍然没有解决合目的性的问题，因此仍然是不完备的。再如，欧阳本祺针对当下网络犯罪刑法解释的限度问题提出了“网络时代确定刑法解释的内部限度与外部限度的基本方法与基本规则”命题。他指出，在划定刑法解释的内部限度时，应该在坚持“法条用语的可能含义”“一般人的预测可能性”这两条一般标准的前提下，先根据网络犯罪的类型确定刑法解释的大致方向，再根据网络犯罪与传统犯罪的等价性确定刑法解释的具体限度。在划定刑法解释的外部限度时，应该立足于现实主义的网络治理模式，探索刑法与准则、市场、技术各自作用的边界。② 可以说，欧阳本祺是针对刑法解释的限度问题展开讨论的。从刑法解释方法的功能性整合关系论来看，所谓“刑法解释的内部限度”应坚持“法条用语的可能含义”“一般人的预测可能性”这两条一般标准，这些内容属于刑法文义解释方法对解释结论合法性确证功能论范畴。所谓“刑法解释的外部限度”应该“立足于现实主义的网络治理模式，探索刑法与准则、市场、技术各自作用的边界”，这些内容属于刑事政策解释方法对解释结论合目的性确证功能论范畴。但是，欧阳本祺关于“刑法解释的内部限度”和“刑法解释的外部限度”的前述内容可能遗漏了论理解释（范畴），仍然没有在刑法解释方法的功能性整合关系论上解决合理性的确证功能问题，因而也难以达成刑法解释方法的功能性整合关系论强调的“三性确证功能统一体”的完美整合。因此，基于刑法解释方法的功能性体系化命题的应有立场，刘艳红针对当下网络犯罪的解释适用问题提出的“主观的客

① 刘艳红. 网络时代刑法客观解释新塑造：“主观的客观解释论”. 法律科学，2017，35（3）：93.

② 欧阳本祺. 论网络时代刑法解释的限度. 中国法学，2017（3）：164.

观解释”命题若能再嵌入刑事政策解释方法确证的合目的性优化价值，会更加周全。欧阳本祺针对当下网络犯罪刑法解释的限度问题提出的“网络时代确定刑法解释的内部限度与外部限度的基本方法与基本规则”命题若能融入论理解释方法所确证的合理性优化价值，则会更加完美。

二、可回溯的功能性循环关系

刑法解释方法确证功能体系化并不是各种刑法解释方法之间单纯的层级关系，而是可回溯的功能性循环关系。刑法解释方法的功能性整合关系阐释了“三性确证功能统一体”特点，但是，还需要关注刑法解释方法确证功能的整合过程。在刑法解释方法的功能性审查中，由合法性到合理性再到合目的性的功能性类型化排序中，可以认为合法性是底线基础（价值），因而必须首先获得确证。合法性尽管可能具有多样性，但是必不可少的，因此，合法性可谓确证刑法解释方法（与解释结论）有效性的第一次遴选。在合法性基础上，合理性必须获得确证方能实现合法性和合理性的有效整合，合理性的应然含义是在合法性基础上再确证合理性（没有合法性基础则没有合理性），因而合理性可谓有效性的第二次遴选。在合法性和合理性的基础上，合目的性也必须获得确证才能实现合法性、合理性和合目的性的有效整合，因此，合目的性的应然含义是在合法性和合理性的基础上再确证妥当性优化价值，从而合目的性可谓有效性的第三次遴选，也是最后一次遴选。在有效性的三次遴选——从文义解释方法开始第一次遴选，经由（法规范内的）论理解释方法第二次遴选，到（法规范外的）刑事政策解释方法第三次遴选——过程中，第一次遴选（合法性）应当在逻辑上成为底线基础（价值），第二次遴选（合理性）和第三次遴选（合目的性）则在逻辑上成为优化价值。这种底线基础和优化价值的功能性关联关系，要求各种功能性类型既是彼此独立的，又是必不可少的、不可相互替代的，因此，各种功能性类型必须同时具备并达成全面有效的整合，最终实现刑法解释方法“三性确证功能统一体”与解释结论“三性统一体”的功能性整合关系。

不过，三种解释方法的三次遴选过程并不是单纯的层级关系，而是可以回溯的功能性循环关系。在刑法解释方法“三性确证功能统一体”整合过程中，有三种典型情形需要进行可回溯的功能性循环整合：第一，当刑法解释结论出现“合理但不合法”或者“合理合目的但不合法”的情况时，需要在论理解释方法和刑事政策解释方法的合理性和合目的性功能性审查中进行可回溯的文义解释方法合法性的确证功能审查，进一步讲，只能在可确证的合法空间范围之内遴选出合理性和合目的性优化价值（“可包容的最优化价值”规则），并排除那些无法获得合法性确证的论理解释结论和刑事政策解释结论。第二，当刑法解释结论出现“合目的但不合理”的情况时，需要在刑事政策解释方法的合目的性功能性审查中进行可回溯的论理解释方法合理性的确证功能审查，进一步讲，只能在可确证的合理性之中遴选出合目的性，并排除那些无法获得合理性确证的刑事政策解释结论。第三，当刑法解释结论出现“合法但不合目的性”或者“合法合理但不合目的性”的情况时，需要在文义解释方法和论理解释方法确证的合法性和合理性功能性审查中进行可回溯的刑事政策解释方法合目的性的确证功能审查，进一步讲，只能在可确证的合法性底线基础和合理性优化价值之中遴选出可确证的合目的性优化价值。需要强调指出的是，刑法解释方法可回溯的功能性循环关系并不否认刑法解释方法确证功能体系化。

三、功能性相对填补关系

针对“刑法立法漏洞”，刑法解释方法确证功能体系化并不是全面确认刑法解释方法的功能性绝对填补关系，而是仅确认刑法解释方法的功能性相对填补关系。相对于其他部门法针对立法漏洞的解释性填补，刑法解释的功能性填补具有相对性和更大的有限性。基于罪刑法定原则和刑法谦抑性的立场，对于真正的刑法立法漏洞，刑法解释不得作入罪（以及入重罪）方向的解释性填补，而只能进行有利于被告人出罪方向的解释性填补（单向性解释填补），这是刑法解释方法的功能性相对填补关系的基本内容。对于“非真正的”（刑法）立法漏洞，刑法解释方法的功能性填补才可以是“双向性”的解释性填补，也就是可以在出罪和入罪的双向性上进行解释性填补，并且应当注意刑法解释的限度考量。由此可见，刑法解释只能针对“非真正的”（刑法）立法漏洞进行“双向性”的解释性填补，但是，针对真正的（刑法）立法漏洞，刑法解释不能进行全方位“双向性”的解释性填补而只能进行有利于被告人出罪（以及出重罪）的“单向性”的解释填补。真正的（刑法）立法漏洞“填补徒增解释性侵害人权风险而并没有合理限制法官搞罪刑擅断的重大风险。在此点上，保守的刑法解释论则主张解释性构建人权保障屏障”①。因此，禁止作入罪方向的解释性填补（因为违反罪刑法定原则）的看法充分体现了刑法解释方法的功能性相对填补关系。按照刑法解释方法的功能性相对填补关系原理，承认、发现“真正的”刑法立法漏洞，然后修订完善刑法立法，填补刑法立法漏洞，秉持着“解开实然与应然冲突的途径只能从立法技术入手”② 的严谨态度，而不是利用刑法解释技术来对“真正的”刑法立法漏洞进行司法填补，既是刑法解释的保守性命题涵盖的基本立场③，也是实现刑法良法之治的基本要求。

例如，针对前述军警人员与军警人员共同抢劫的行为不能适用抢劫罪“冒充军警人员抢劫的”这一法定的加重处罚情节这一结论，从刑法解释方法针对“刑法立法漏洞”的功能性相对填补关系来看，《刑法》第 263 条第（六）项“冒充军警人员抢劫的”之规定并没有规定“军警人员显示其真实身份”抢劫的情形，这客观上是一种真正的（刑法）立法漏洞，按照刑法解释不能进行全方位的解释性填补而只能进行有利于被告人出罪（以及出重罪）的“单向性”的解释填补的原理，不能将“军警人员显示其真实身份”抢劫的情形解释为《刑法》第 263 条第（六）项“冒充军警人员抢劫的”情形（因为这种解释结论有效性无法获得刑法解释方法“三性确证功能统一体”的完整确证），而仅可以按照“可包容的最优化价值”规则对这类行为“从重处罚”。

四、功能性融贯关系

刑法解释的融贯性，是指刑法解释基于整体法秩序上的一致性和协调性要求，以协调一致的刑法解释原则、目标、立场和解释方法体系，确保刑法解释方法、过程和结论的逻辑一致性、协调性和相互证立性。刑法解释方法的确证功能体系化并非各种刑法解释方法的简单聚合，而是各种刑法解释方法确证功能的融贯关系。因此，刑法解释方法的确证功能体系化还必须妥当处理好刑法解释方法的功能性融贯关系。

案例

浙江叶某言盗窃案④

2000 年 10 月 5 日，被告人叶某言驾驶与叶某语、林某忠共同购买的桑塔纳轿车进行非法营运，轿车被苍南县灵溪交通管理所查扣，存放在三联汽车修理厂停车场。后叶某言、叶某语与被告人王某科等合谋将该车盗走。10 日晚，几名被告人趁停车场门卫熟睡之机打开自动铁

① 魏东. 刑法解释保守性命题的学术价值检讨：以当下中国刑法解释论之争为切入点//陈金钊，谢晖. 法律方法：第 18 卷. 济南：山东人民出版社，2015：220-236.

② 王勇. 论我国《刑法》第 147 条的罪过形式：基于刑法立法的解读. 法学杂志，2011，32（3）：110.

③ 魏东. 从首例“男男强奸案”司法裁判看刑法解释的保守性. 当代法学，2014，28（2）：38.

④ 陈民城. 叶文言、叶文语等盗窃案：窃取被交通管理部门扣押的自己所有的车辆后进行索赔的行为如何定性//最高人民法院刑事审判第一庭、第二庭. 刑事审判参考：总第 43 集. 北京：法律出版社，2005：37-44.

门，将轿车开走。2001 年 1 月 8 日，被告人叶某言、叶某语以该车被盗为由，向灵溪交通管理所申请赔偿，后获赔 11.65 万元。苍南县人民法院以盗窃罪分别判处 5 名被告人有期徒刑 4 年 6 个月到 10 年 6 个月不等的刑罚。后被告人上诉，温州市中级人民法院经审理，裁定驳回上诉，维持原判。

最高人民法院刑庭编发这一案件时载明的主要裁判理由是①：本人所有的财物在他人合法占有、控制期间，能够成为自己盗窃的对象，但这并不意味着行为人秘密窃取他人占有的自己的财物的行为都构成盗窃罪，是否构成盗窃罪，还要结合行为人的主观目的而定。如果行为人秘密窃取他人保管之下的本人财物是为了借此向他人索取赔偿，这实际上是以非法占有为目的，应以盗窃罪论处。相反，如果行为人秘密窃取他人保管之下的本人财物，只是为了与他人开个玩笑或逃避处罚，或者不愿将自己的财物继续置于他人占有、控制之下，并无借此索赔之意，因其主观上没有非法占有的故意，不以盗窃罪论处。构成其他犯罪的，按其他犯罪处理。

关于叶某言案的定性处理，人民法院生效判决认定叶某言构成盗窃罪，并且这一判决结果获得了最高人民法院的认可。理论界对此案件的定性处理，确实有支持定盗窃罪的观点，如有学者认为“自己的财物，不成为自己盗窃的对象”，“但是，窃取本人已被依法扣押的财物，或者偷回本人已交付他人合法持有或保管的财物，以致他人因负赔偿责任而遭受财产损失的，应以盗窃罪论处”②。

不过，尽管叶某言案的总体裁判立场并未采用占有说，而是采用了侵犯财产罪保护法益的实质所有权说，这是值得充分肯定的；但是，最高人民法院对叶某言案的裁判理由本身仍然存在一定问题，继而对叶某言等人的罪名认定可能存在疑问。解决这一疑问，就需要注意刑法解释方法的功能性融贯关系，确保刑法解释方法体系化和融贯性。

就本案而言，叶某言等人在自己的轿车被交通管理部门扣押后，在深夜将被扣押车辆盗出，然后藏匿、销售，进而以该车被盗为由向交通管理部门索赔，叶某言等人的“后续行为”才具有侵犯他人财产所有权（本案中的公共财产所有权）的违法性实质，而这种“后续行为”符合诈骗罪的构成特征但是并不符合盗窃罪的构成特征，因而依法应当以诈骗罪定罪处罚，而不应以盗窃罪定罪处罚。至于最高人民法院在裁判理由中指出：“如果行为人秘密窃取他人保管之下的本人财物是为了借此向他人索取赔偿，这实际上是以非法占有为目的，应以盗窃罪论处。”应当说这种解释路径存在一定错误，其并没有恰当运用侵犯财产罪保护法益的实质所有权说对行为人先前的“盗窃行为”与盗窃之后的“后续行为”进行行为定型性审查和具体的违法性审查，可能是本案混淆盗窃罪与诈骗罪之间界限的关键所在，其仅仅根据行为人主观目的而将行为人的行为认定为盗窃罪缺乏法理依据。“盗窃”自己所有的被扣押的财物，尽管可能导致依法没收、收缴或者赔偿落空而致国家财产受损失或者行政管理秩序被破坏，但是该“盗窃”行为仍然不应认定为盗窃罪（但不排除构成其他罪时可以定其他罪）。其重要法理正在于行为人“盗窃”自己所有的财产本身并不侵犯他人财产所有权，即并不侵犯侵犯财产罪的保护法益，因而不能构成作为侵犯财产罪的盗窃罪。而可能构成侵犯财产罪的行为只能是其盗窃之后的“后续行为”，即行为人再向交通管理部门提出索赔的“后续行为”才具有侵犯他人财产所有权的违法性实质，这种“后续行为”依法应构成作为侵犯财产罪的诈骗罪（而不是对其先前的盗窃行为定侵犯财产罪）。这样才符合刑法解释方法体系化所内在的融贯性要求，以保持刑法解释逻辑上的一致性和合理性。

① 郭旭强．财产罪法益中所有权说与占有说之对抗与选择．法学，2010（8）：63－75.

② 高铭暄，马克昌．刑法学．2 版．北京：北京大学出版社，2005：558.

第八章　刑法解释过程与结论

解释过程……是文本和读者之间的动态的相互作用的过程。①

——［美］欧文·费斯

无论在法庭实践中，还是在法学领域中，根据任何随时有待描述的体系进行的论证总是起着很重要的作用。②

——［德］罗伯特·阿列克西

第一节　刑法解释过程

刑法解释既可以指刑法的解释过程，也可以指刑法的解释结论（结果），还可以指刑法解释过程和刑法解释结论（结果）的整体。从解释过程与解释结论之间的逻辑关系来看，可以说只有通过刑法解释过程才能得出刑法解释结论，或者说刑法解释结论只有通过刑法解释过程才能有效获得。由此可见，刑法解释过程的理论研究具有重要价值。

所谓刑法解释过程，是指由刑法解释主体所主导实施的理解、释明和适用刑法的一种人类认知实践过程（认知哲学），其在刑法司法活动中是指司法人员（如法官）发现、解释、适用刑法的逻辑展开过程（司法逻辑）。因此，刑法解释过程可以从认知哲学和司法逻辑（学）两个层面来阐述。

一、刑法解释过程的认知哲学

我国有学者指出，刑法解释过程就是由刑法解释主体、解释立场、解释角度、解释行为、解释对象、解释目的、解释原则、解释规则和解释方法九种构成要素所组成的一种人类认知实践过程，可以由此系统检讨刑法解释过程的内涵、本质、构成要素、表现形式以及基本特征等内容，具体来讲，刑法解释过程可以作出以下五个方面的解读。③

第一，过程思想理论。在国外，有关过程思想理论的阐述，最早可以追溯到古希腊时期的哲学家赫拉克利特的“流变说”。赫拉克利特认为：“人不能两次踏入同一条河流，因为无论是这条河还是这个人都始终处于不断发展变化的过程中。”④ 随后，在赫拉克利特“流变说”的基础之上，过程思想理论逐步受到重视并获得发展。康德的“二律背反”过程哲学思想理论认为：“宇宙的时间与空间有无限制、事物是否可以被无限可分、自由意志与决定论之间的关系、唯理论与经验论之间的关系这四组现象从人类逻辑思维上来讲是相互矛盾的，但这些矛盾却又

---

① 费斯. 如法所能. 师帅，译. 北京：中国政法大学出版社，2008：197.

② 阿列克西. 法律论证理论：作为法律证立理论的理性论辩理论. 舒国滢，译. 北京：商务印书馆，2019：6.

③ 本书这里有关刑法解释过程认知哲学的解读，主要参考和引用了田杜国博士所作的理论归纳，特此说明并致谢。参见田杜国. 刑法解释过程论. 成都：四川大学，2020：1-15.

④ 北京大学哲学系外国哲学史教研室. 古希腊罗马哲学. 北京：生活·读书·新知三联书店，1957：20.

共同存在于同一个人类理性认知过程中。"[①] 费希特的"行动哲学"过程思想理论也主张："人类的历史发展就是'世界计划'实现的过程。而'世界计划'的内容就是人类自由的，按照理性建立自己的一切关系，因而整个人类历史就是理性不断摆脱本能、权威等外在的统治，而最终获得一种客观自由的过程。"[②] 谢林的"自然哲学"过程思想理论还指出："自然与精神二者彼此之间往往经历着向对方进行发展的过程。自我意识的寻求要以自我直观活动不断得到提高为依据。而自我直观活动的提高是一种由最初级的自然中的自我到最高级的自我意识的发展过程。"[③] 在对以上朴素机械的过程思想理论进行反思和批判的基础上，黑格尔提出的"历史过程论"认为："现实的东西是在理性的支配下进行运动的，而理性的实现就是一个过程的体现，并且这一过程是现实的东西的过去、现在和将来的连续性。世界上的任何事物都不是永久存在的，都有其各自产生、发展和灭亡的历史。无论是自然界还是人类社会历史都是一个不断向前发展和运动的过程。"[④] "人类的认识活动如同自然界和人类社会那般，同样是一种过程的体现，这种过程表现为思维和存在二者之间的矛盾转化。思维和存在并不是静止不变的，相反，二者的同一转化则是由相对走向绝对的发展过程。"[⑤]

在黑格尔的"历史过程论"的基础上，马克思和恩格斯提出了"实践过程论"，认为"世界不是既成事物的集合体，而是过程的集合体"[⑥]。"无论是自然和社会还是人都应该是一种实践活动的过程。在这一实践过程中，自然界中的某一特定之物的存在必定会导致该特定之物以外的对象得以产生。而我们所谈论的社会历史是人为了实现自己特定的目的，通过实践活动将理想的世界转化为现实的过程。无论是自然还是社会都只能是在某一特定的认知过程中才被称为对象。"[⑦] "认知对象都是在一定的时间和空间内得以外化，一成不变的事物根本不存在。而时间与空间对客观事物的限制则具体就表现为过程。为此，面对认知对象时，我们必然要将其放置在由特定的时空所组成的过程中来加以认知。"[⑧] 随后，在黑格尔的"历史过程论"以及马克思和恩格斯的"实践过程论"的基础上，怀特海进一步地提出了"机体过程论"。在怀特海看来，"世界是一个在一定条件下由性质和关系所构成的机体，而机体的本质就是其内部的各个因子之间相互作用、持续创造的活动过程。自然、社会和思维都是由永恒的创造和进化过程所构成的历史轨迹。任何东西只要在主体身上能够唤起某种特定的活动，那么，它就是人类的认知客体。就主客体之间的关系而言，在认识过程现实地发生之前，根本无所谓主体和客体之分，二者是在实际存在物的相互作用过程中逐渐生成的，主体与客体的关系以及主体对客体的认知也是一个渐进生成的过程"[⑨]。

在我国古代，有关过程思想理论的详细论述最早可以追溯到春秋战国时期。成书于春秋战国时期的《老子》和《易传》都曾明确地指出，一切事物的产生和变化都是有和无的统一。天地万物通过道物转换、有无相生相化的过程得以体现。事物的变化和发展体现为一种生生不

---

① 康德. 纯粹理性批判. 邓晓芒，译. 北京：人民出版社，2004：361，366，374，390.

② 李秋零. 德国哲人视野中的历史. 北京：中国人民大学出版社，1994：200.

③ 黄振地. 谢林"绝对同一"自我的建构过程. 广西师范大学学报（哲学社会科学版），2012，48（6）：40-45.

④ 沈顺详. 黑格尔历史过程论思想的方法论及其当代启示. 甘肃社会科学，2009（4）：224-227.

⑤ 霍桂恒. 黑格尔、马克思和怀特海：从"过程"所体现的西方哲学思维方式的转变看科学与人文之间的冲突. 江苏行政学院学报，2006（5）：18-23.

⑥ 恩格斯. 路德维希·费尔巴哈和德国古典哲学的终结. 3版. 中共中央马克思恩格斯列宁斯大林著作编译局，译. 北京：人民出版社，1997：36.

⑦ 闫顺利. 论马克思社会实践过程辩证法的确立. 哈尔滨工业大学学报（社会科学版），2009，11（5）：18-23.

⑧ 张远新. 马克思主义哲学过程论初探. 东岳论丛，1994（4）：54-58.

⑨ 怀特海. 过程与实在. 杨富斌，译. 北京：中国城市出版社，2003：21，73，89，406，517，564.

息、变化无穷的复杂演进过程。① 在两汉时期的扬雄所著的《法言》和王符所著的《潜夫论·本训》中可以了解到，宇宙自然就是一种以道为气之根、气为道之使的演化过程的具体体现。换句话说，天地万物之间的相互作用就是一种两极相通、循环周始并且同时兼具了继承与变革特性的自然演化过程。② 唐代元结在其所著的《浪翁观化》中指出，一种有无相生、有无相化、有无相对的整体统一的过程思想理论以天地万物相互转化和社会的不息变化的视角被完全揭示出来。③

近现代以来，我国学界在过程思想理论方面的研究和发展更多地受到了国外的过程思想理论的影响，尤其是马克思的“实践过程论”和怀特海的“机体过程论”对我国过程思想理论的研究和发展产生了巨大的推进作用。毛泽东在《矛盾论》中指出：“矛盾是普遍的、绝对的，存在于事物发展的一切过程中，又贯串于一切过程的始终。新过程的发生是什么呢？这是旧的统一和组成此统一的对立成分让位于新的统一和组成此统一的对立成分，于是新过程就代替旧过程而发生。旧过程完结了，新过程发生了。新过程又包含着新矛盾，开始它自己的矛盾发展史。”④ 闫顺利认为：“过程就是指物质由于其内部矛盾所推动和外部条件所制约而呈现出来的运动、变化、发展的次序，是事物发展阶段性和连续性相统一的存在状态，它表明发展的动力、状态和趋势。”⑤ 张远新则认为：“过程就是事物发展在时间上的持续和空间上的延伸，它的存在表明了事物有着产生、发展和灭亡的历史。”⑥ 而赵明仁更是简单明了地指出：“过程就是指事物的发生、发展和灭亡的历史。”⑦

第二，刑法解释既是行为又是过程。申言之，刑法解释活动不仅是一种解释行为的体现，而且是一种认知和理解的过程思维的外化形式。黑格尔曾言：“人类的认识活动如同自然界和人类社会那般，同样是一种过程的体现。”⑧ 恩格斯也曾言，“世界不是既成事物的集合体，而是过程的集合体”⑨。齐佩利乌斯认为：“眼光的往返流转是一个多阶段的、逐步深入的选择过程；通过这一过程，不相关的规范、解释可能和事实被一步步地排除出去。”⑩ 拉宾认为：“法学研究杂乱无序的原因多数在于作为统一话语的法律过程的崩溃，以及对法律过程的崩溃负主要责任的学术运动之间的分歧。”⑪ 国内众多学者也有类似的言论。张明楷指出：“刑法解释就是在心中充满正义的前提下，目光不断地往返于刑法规范与生活事实之间的过程。”⑫ 李希慧认为：“从动态方面而言，刑法解释是指一定的主体阐明刑法规定的含义的活动或过程；就静态方面而言，刑法解释则是上述活动或过程一定表现形式的结论。”⑬ 陈金钊认为：“司法过程中关于法律适用的争论，绝大多数都起因于一些法律概念意义的模糊，或者由于司法过程中对

①②③ 邬焜.《老子》、《易传》及汉唐时期哲学家们的过程论和生成论思想. 江南大学学报（人文社会科学版），2008（4）：5-9.

④ 毛泽东. 毛泽东选集：第1卷. 2版. 北京：人民出版社，1991：307.

⑤ 闫顺利. 哲学过程论. 北方论丛，1996（3）：48-54.

⑥ 张远新. 马克思主义哲学过程论初探. 东岳论丛，1994（4）：54-58.

⑦ 赵明仁. 对“过程”认识的过程及其意义：重读《反杜林论》中关于过程的思想. 中共贵州省委党校学报，2004（6）：54-55.

⑧ 霍桂恒. 黑格尔、马克思和怀特海：从“过程”所体现的西方哲学思维方式的转变看科学与人文之间的冲突. 江苏行政学院学报，2006（5）：18-23.

⑨ 恩格斯. 路德维希·费尔巴哈和德国古典哲学的终结. 3版. 中共中央马克思恩格斯列宁斯大林著作编译局，译. 北京：人民出版社，1997：36.

⑩ 牟治伟. 法官如何通过方法实现正义：读齐佩利乌斯《法学方法论》有感. 人民法院报，2018-01-05.

⑪ 拉宾. 新法律过程、话语综合和制度微观分析. 地方立法研究，2018，3（2）：29-62.

⑫ 张明楷. 刑法学研究中的十关系论. 政法论坛，2006（2）：3-19.

⑬ 李希慧. 刑法解释论. 北京：中国人民公安大学出版社，1995：41.

法律概念的意义期待与立法者对该概念的意义设定发生冲突。因而，法律适用的过程就是法律解释的过程，对法律概念的解释就成为法律适用的核心工作。”① 很显然，前述论断为我们揭示了，无论研究者是有意还是无意的，在对刑法解释论域中的相关问题进行分析和讨论时，过程思维理论肯定存在于研究者的大脑中并对研究者产生影响。

第三，刑法解释过程的时间性与空间性。刑法解释过程的时间性，是指一种带有不可逆转性、绝对性、永恒性和无限性特点，用来表征刑法解释过程的存在以及用来衡量和检测刑法解释过程展开的标准和尺度。该种标准和尺度在对刑法解释过程进行标注、衡量和检测时具体表现为顺序性、阶段性和延续性三种形式。刑法解释过程的空间性，是一种有别于自然地理空间特点，由社会关系和社会结构所组成并且带有暂时性、相对性和有限性特点的社会空间性，广延性和综合复杂性是其所具有的表现形式。由于凝集在刑法解释过程中的社会时间与社会空间之间具有“时间空间化”和“空间时间化”两种相互转化的特性，所以，刑法解释过程所具有的时空性便具体表现为时空的约束性、时空的可调控性和时空的本土转化性这三种形式。

第四，刑法解释过程的规范性与开放性。人类认知实践过程所具有的有限性与无限性特征在刑法解释过程中进一步地演化成规范性和开放性这两种特征。刑法解释过程的规范性，是指对刑法解释过程所作出的一种带有人为设定性的严格限制和要求。刑法解释过程的规范性是刑法解释过程理论得以科学化的前提和基础。刑法解释过程的开放性，是指刑法解释主体在作出刑法解释行为时通过将刑法解释过程的内部因素与外部因素进行有效融合，进而在一定程度上突破或者摆脱既有的刑法解释限制或要求所体现出来的一种特性。刑法解释过程的开放性是刑法解释过程理论水平和质量得以提升的必要途径。

第五，刑法解释过程的承继性与建构性。刑法解释过程的承继性，是指在以经验为其内核的演进理性的作用下，处于不同社会时空维度内的刑法解释过程之间以对话解释的方式加以呈现时所体现出来的传承性和吸收性。刑法解释过程的建构性，是指在以逻辑为其内核的建构理性的作用下，处于不同社会时空维度内的刑法解释过程之间以建构解释的方式加以呈现时所体现出来的批判性和创新性。无论是从经验与逻辑之间的关系来看，还是从继承与创新之间的关系来看，承继性与建构性作为刑法解释过程所必然具有的两种基本特征，在同一个刑法解释过程中必然会体现出辩证统一的逻辑关系。为了能够充分地实现刑法解释过程客观性这一终极价值目标，刑法解释主体在开启刑法解释过程时应该尽量避免唯经验论、唯逻辑论、唯继承论和唯创新论等极端解释观念的出现。

二、刑法解释过程的司法逻辑

刑法解释过程的司法逻辑，即从司法逻辑展开过程来看刑法解释过程，是指在刑法司法活动中司法人员（如法官）发现、解释、适用刑法的司法逻辑展开过程，具体包括法律的发现（找法）、解释（释法）、涵摄（以及论证等）过程。无论是刑事案件还是民事案件都要经过这样的三个阶段：“根据一般性的法律规范（大前提）与事实认定（小前提），按照符合演绎的方式将判决从一般性的法律规范之中演绎出来。因为法律规范的抽象性和概括性，需要借助法律解释的桥梁，将其适用于具体个案。”②

① 陈金钊，熊明辉. 法律逻辑学. 2 版. 北京：中国人民大学出版社，2015：79.

② 王利明. 法律解释学导论：以民法为视角. 2 版. 北京：法律出版社，2017：152.

1. 法律的发现过程（找法）

法律的发现过程，即“找法”过程，按照逻辑三段论方法“找法”。在形式逻辑上，三段论的推论形式与公式可以描述如下①：

三段论的推论形式：大前提是T，小前提是S，如果T有法律效果R，则当S与T相对应时，也能够产生R的法律效果。

三段论的推论公式：

大前提：T→R（如果具备T的要件，则适用R的法律效果）

小前提：S=T（特定的条件事实S符合T的要件）

结论：S→R（得出结论即适用R的法律效果）

例如，张三故意杀害李四案的“找法”过程三段论逻辑是：

大前提：《刑法》第232条规定：“故意杀人的，处死刑、无期徒刑或者十年以上有期徒刑。”如果具备T的要件（故意杀人），则适用R的法律效果（处死刑、无期徒刑或者十年以上有期徒刑）。

小前提：张三故意杀害李四这一条件事实S，符合T的要件（故意杀人）。

结论：张三故意杀害李四这一条件事实S，适用R的法律效果（处死刑、无期徒刑或者十年以上有期徒刑）。

在张三故意杀害李四案的“找法”过程中，确定了小前提即确定张三故意杀害李四这一条件事实S符合T的要件（故意杀人），在法律逻辑上即属于大前提“涵摄”小前提，这是“找法”并且得出结论的关键。

2. 法律的解释过程（释法）

在完成“找法”之后，“释法”成为必要环节（过程），主要内容就是在确定法律解释对象的基础上，合理运用法律解释方法，以确定法律解释对象的精准内涵。法律解释对象包括法律文本（文本对象）、案情事实（事实对象）、法律文本与案情事实之间的涵摄关系（关系对象）。法律解释方法包括文义解释、论理解释和刑事政策解释方法所形成的法律解释方法系统（体系）。通过“释法”（法律的解释过程），确证大前提的精准内涵，同时确证小前提的客观真实性（以及大前提可以涵摄小前提的逻辑属性）。

3. 法律的涵摄过程（涵摄）

涵摄，是指在三段论推理的过程中，通过一定的方法将大前提中的规范要件和小前提中的事实要件密切地结合在一起，以得出妥当的裁判结论。因此，涵摄的根本功能是实现特定案件中事实要件与规范要件的密切联系与妥当对应（有效涵摄），但是涵摄并不仅仅在于最密切联系规则的寻找，而是更在于裁判结论的作出。②

前述刑法解释过程中的每一个过程都需要进行法律论证（法律的论证过程），唯有通过法律论证才能证立找法、释法、涵摄的正当合理性（有效性）。广义的法律的论证过程包括法律的发现过程、解释过程、涵摄过程，因为它们每一个过程都是需要论证的过程，“这些命题通常是有一定论证联系的，所以理论的论证可以归结为判断的论证”③。狭义的法律的论证过程，是指针对具体解释结论有效性的论证过程，是在已经对法律的发现过程、解释过程、涵摄过程确定之后所集中进行的法律解释结论有效性的论证过程。一般来说，相关的解释结论离法律规则可能的文义越近，法官的说理论证义务就越轻；反之，法官的说理论证义务就越重。“尤其

---

① 王利明. 法律解释学导论：以民法为视角. 2版. 北京：法律出版社，2017：152-153.

② 同①155.

③ 梁慧星. 民法解释学. 4版. 北京：法律出版社，2015：104.

是在漏洞填补的情形下，并无直接可援引的具体法律规则，法官需要进行法律的续造，为限制法官的自由裁量权，需要课以法官较重的论证义务。”① 关于法律论证，后文进行专门的阐述。

第二节 刑法解释限度

一、刑法解释限度的概念与判断标准

刑法解释限度，即刑法解释的合法限度，是指刑法解释不能超出法律文本所规定的界限和程度，以确保刑法解释结论的合法性。因此，刑法解释限度主要是指文义解释的限度，所要解决的主要问题是刑法解释结论的合法性问题，而不是解决刑法解释结论合理性与合目的性的问题。刑法解释结论的合理性、合目的性应当分别通过论理解释与刑事政策解释来实现，合理性和合目的性属于优化价值，是在文义解释合法性限度内进行合理性和合目的性的进一步价值优化，越优化越好，而不存在独立于文义解释结论合法性限度之外的解释限度问题。

关于刑法解释限度的概念，理论上存在不同表述。例如，有的学者认为，刑法解释限度是刑法解释所能达到的具体的、客观的程度和范围，应具有内在规范性、客观性与确定性的品质，应是质的限度与量的限度的统一体，是事实与规范关系性的限度。② 这种观点比较具有代表性，其特点是没有将刑法解释限度问题限定在文义解释合法性范畴之内，给人的感觉是论理解释和刑事政策解释也有各自独立的解释限度问题，而实际上，论理解释和刑事政策解释都必须在文义解释合法性限度之内进行进一步的价值优化。因为优化价值的法理是：（在合法性限度内）“优化价值”越优化越好，而不需要在合法性限度之外再设立其他新的解释限度。如果说刑法的论理解释和刑事政策解释还有解释限度的话，那么应当认为这个解释限度仍然只能是文义解释合法性限度，而不存在独立于文义解释合法性限度之外的合理性限度或者合目的性限度。

刑法解释应当以法律规范用语的语用论所可能确定的、符合同行专家预测可能性的语言意义为标准，来判断其限度范围。这种刑法解释限度的判断标准，可以被简称为“语用意义的同行专家预测可能性说”。运用“语用意义的同行专家预测可能性说”进行刑法解释限度判断的基本要求是：第一，“语用意义的同行专家预测可能性说”要求刑法解释限度必须以语用论所可能确定的语用意义为限，而不能超出法律规范用语的语用意义，但是也不能仅限于文字的字面含义，或者说不能仅限于文字的文义射程。正如我国有学者所指出的：“根据会话含义理论，立法者预料到并期待解释者会根据文本的语义结构、读者的心理图式、生活中的常规关系等解读出刑法文本的语用意义，司法者必然会根据语境因素对刑法文本的意义进行语用推理，解读出字面意义之外的隐含意义、形式意义之外的实质意义、语义意义之外的语用意义，并且在不同语境下解读出不同意义。刑法文本为语用推理划定了大致范围，语用推理实现了文本静态意义向动态意义的转化……”③ 第二，“语用意义的同行专家预测可能性说”要求刑法解释限度必须符合同行专家预测可能性，而不至于使得同行专家乃至绝大多数国民因为产生“明显突兀感”④ 或者“根本不能理解”“根本不可接受”而超出同行专家预测可能性。法律规范用语中普通用语的法律解释限度应当符合普通国民的预测可能性、语言专家的预测可能性，法律专业

---

① 王利明. 法律解释学导论：以民法为视角. 2版. 北京：法律出版社，2017：156.

② 龚振军. 刑法解释限度理论之关系论纲. 法制与社会发展，2011，17（4）：14-25.

③ 王政勋. 刑法解释的立场是客观解释：基于会话含义理论的分析. 法律科学，2012，30（3）：60-68.

④ 付立庆. 刑法扩大解释与类推适用的区分标准：明显突兀感说的提出及其展开//魏东. 刑法解释：总第5卷. 北京：法律出版社，2020：1-14.

用语的法律解释限度应当符合法律专业的同行专家预测可能性，生命科学、医学、环境科学、人工智能、军事科学等专业用语的法律解释限度应当符合相关专业的同行专家预测可能性。第三，为防止对语用意义的过度实质化解读而超出法规范用语所限定的合法空间，为防止法律解释明显背离国民守法意识和法律认同意识，以及为防止法律解释过度疏离特定历史时期法律用语的语用意义，应当将语用意义限定在特定历史时期的同行专家预测可能性范围之内，或者说，应当既考虑语用意义又考虑同行专家预测可能性，这是“语用意义的同行专家预测可能性说”的根本旨趣。在此意义上，“语用意义的同行专家预测可能性说”也可以表示为“语用意义＋同行专家预测可能性说”。例如，《刑法》第236条规定的强奸罪中“妇女”的刑法解释限度，应当符合普通国民、语言专家的预测可能性，而不能将“男性”解释为“妇女”。再如，是否可以将“用于载人的大型拖拉机”解释为《刑法》第116条规定的破坏交通工具罪中的“汽车”？首先应当审查“汽车”的语用意义以及普通国民、语言专家和法律专家的预测可能性，在此基础上确定“汽车”的语用意义可以包括“用于载人的大型拖拉机”。再如，《刑法》第140条规定的生产、销售伪劣产品罪中“以假充真”“冒充”（原文是“以不合格产品冒充合格产品”）的语用意义，以及《刑法》第263条规定的抢劫罪加重法定刑情节中“冒充”（原文是“冒充军警人员抢劫的”）的语用意义，是否可以解释为没有任何虚假成分（全部为真）情形下的“以真充真”？对此，一般人（国民预测可能性）、语言学同行专家（同行专家预测可能性）都会较为一致地给出答案：“以假充真”“冒充”的语用意义不可能包含“以真充真”。一般人会说“这是不可思议的”或者“这是不合常识、常理、常情的”（国民预测可能性说），语言学同行专家会说“没有这个词语或者词组”或者“这是不符合语言学的谬论”（同行专家预测可能性说）。那么，法律界同行专家会说“这是法律语言的专业术语、专业含义”吗？应当不会，即使真有不具备语言学基本功的法律专家非法要说“这是法律语言的专业术语、专业含义”，那也找不到任何法律依据（法律从来没有专门规定“以假充真”“冒充”的特别含义或者规范指引），从而可以肯定这种解释结论也超出了法律界同行专家预测可能性，因此可以肯定这种解释结论超出了刑法解释限度（而不具有合法性）。通过审查法条规定的语用意义以及普通国民、语言专家、法律专家的预测可能性，应当得出否定的结论，即不得将真正的军警人员抢劫的情形解释为“冒充军警人员抢劫的”情形。

关于刑法解释限度的判断标准，理论上主要有如下三种学说：一是主张从法的犯罪定型中寻求解释限度的犯罪定型说，二是主张从法律条文的语义中寻求解释限度的法文语义说（又称为“文义射程说”“可能的字义说”），三是主张从一般人的预测可能性中寻求解释限度的预测可能性说。① 我国学者对刑法解释限度（命题）有较多论述，但是很难说达成了一致见解。例如有学者指出，刑法解释限度是刑法解释所能达到的具体的、客观的程度和范围，应具有内在规范性、客观性与确定性的品质，是质的限度与量的限度的统一体，是事实与规范关系性的限度。在刑法解释限度的三种理论学说中，一般人的预测可能性由于其自身的特征与独特的适用场域，并不符合刑法解释限度的特征标准，是不能作为刑法解释限度而存在的；法文语义理论由于所持的立场不同于刑法解释限度之立场，加之宽泛性与抽象性的缺陷以及自身限度的虚设性，其作为刑法解释限度不具有真正的合理性；犯罪定型才应作为解释限度予以真正对待，将犯罪定型作为刑法解释限度，完全符合刑法解释限度特征之要求，符合刑法规范整体性、系统性的特征，能够更好地处理犯罪定型与法文语义理论、预测可能性理论之间的关系。② 我国还

① 关哲夫. 论禁止类推解释与刑法解释的界限//陈兴良. 刑事法评论：第20卷. 北京：北京大学出版社，2007：367.
② 龚振军. 刑法解释限度理论之关系论纲. 法制与社会发展，2011，17（4）：14－25.

有学者指出，合理的扩大解释与类推解释的区别并不在于思维模式或认识方法的不同，而在于解释结论的差异，即解释结论是否超过了合理限度。衡量合理限度的标准是：通过扩大解释所包含进去的事项是否具有被解释的概念的核心属性。① 刑法解释应当遵循罪刑法定原则，应被限定为在国民可预测范围内的“文义射程”。② 再有学者指出，以考夫曼及其学生哈斯默尔为代表的学者，从根本上否认了将“可能的字义”作为解释的界限，并坚持将类型代替“可能的字义”作为解释的界限；以埃塞尔为代表的学者，并不全面否定将“可能的字义”作为解释的界限，只是对此提出质疑；以拉伦茨为代表的学者，完全站在通说的立场上，对将“可能的字义”作为解释的界限持肯定态度；按照法治的基本精神，必须保留“可能的字义”理论将其作为法律解释的界限。③ 可见，刑法解释限度（命题）仍然是一个需要深入研究的问题。刑法解释限度有其限定合法性与合理性价值诉求的预设语境，从中外学者立场来看，“文义射程说”、“可能的字义说”和“法文语义说”在基本含义上应当说是大体一致的，都可以概括为语言哲学视野下的“语义”论。

“根据语用哲学，语言意义产生于使用过程中，同样词汇由于语境不同会产生不同的意义，原本的‘意义’是不存在的”，因此“根据主客一体哲学，没有客观存在的作品意义，任何文本的意义都是解释者视域和文本视域、古与今、传统与现实的融合，刑法文本也不例外”④。既然如此，本书认为，语言意义并不能从纯粹的语义中获得，而只能从语用和语境中获得，那么，刑法解释限度的寻求可能就有必要从语义论转向语用论，亦即在语用的功能意义及其在国民预测可能性和同行专家预测可能性的范围内寻求刑法解释限度，将法文语义说修正为“法文语用说”，并参考预测可能性说的合理成分，倡导一种“语用论的同行专家预测可能性说”（命题）。⑤ 例如，陈兴良在分析“婚内强迫性行为”的定性处理时指出，“奸”的词源学考察业已表明“奸的原始含义是指婚外性行为”，亦即“奸”的语义本来是婚外性行为、“婚内无奸”⑥，但是按照强奸罪的立法原理、内在法理和人文理性的发展（论理解释），法解释论上可以并且应当将部分情节恶劣的“婚内强迫性行为”解释为强奸罪。⑦ 这里，陈兴良指出了针对“强奸”的文义解释障碍，但是在没有解决文义解释限度问题的情况下，直接运用论理解释得出了一个解释结论，可能还存在某种不足。从刑法解释限度范畴考察，“文义射程说”、“可能的字义说”和“法文语义说”均难以证成陈兴良对“强奸”的解释结论合法性。但是，“语用意义的同行专家预测可能性说”（命题）则可以从刑法解释限度上获得合法性确证，因为，“妇女”在当今时代的语用意义完全可以说包含了作为妻子的女性，这种语用意义也符合国民预测可能性以及语言专家和法律专家的预测可能性。至于将夫妻之间发生的强迫性行为定强奸罪，还需要进行进一步的适当限制。这是论理解释和刑事政策解释的“任务”，以进一步论证解释结论的合理性和合目的性，通过论证解释结论的合理性和合目的性可以更进一步限缩处罚范围，即仅将处于离婚诉讼或者分居状态下的、行为人使用严重暴力手段实施的、情节严重的“婚内强迫性行为”定强奸罪。

---

① 刘志远. 刑法解释的限度：合理的扩大解释与类推解释的区分. 国家检察官学院学报，2002，10（5）：18-24.

② 蒋熙辉. 刑法解释限度论. 法学研究，2005（4）：114-121.

③ 王祖书. 法诠释学视域内“可能的字义”界限理论之反思. 北方法学，2015，9（1）：27-39.

④ 王政勋. 刑法解释的语言论研究. 北京：商务印书馆，2016：209-210.

⑤ 魏东. 刑法解释的法理基础：概念、理性、特征与功能//魏东. 刑法解释：总第5卷. 北京：法律出版社，2020：15-39.

⑥ 陈兴良. 婚内强奸犯罪化：能与不能：一种法解释学的分析. 法学，2006（2）：55-60.

⑦ 魏东. 刑法各论若干前沿问题要论. 北京：人民法院出版社，2005：133-135.

二、刑法解释限度的限定功能

刑法解释限度具有直接限定解释结论合法性的重要功能，其本来是针对文义解释（方法和结论）的合法性而言的，因此在本原意义上只有文义解释才存在解释限度问题。但是，由于主观解释与客观解释、实质解释与功能主义刑法解释等其他解释方法（与结论）都必须以文义解释的合法性为基础，只有在具有合法性这一基础价值之上的刑法解释结论才可能具有有效性，因此，刑法解释限度“间接地”具有限定刑法的主观解释与客观解释、实质解释与功能主义刑法解释等解释结论有效性的重要功能，即在合法性基础条件上（在合法性根基上）确保刑法解释结论有效性。以刑法的客观解释为例，基于刑法解释的确证功能论和文本中心论对解释立场的限定功能，刑法客观解释文本中心论的限定功能表现在：文本的客观现实含义应受文义限度论的限定，刑法客观解释的功能应受人权保障机能与秩序维护机能的关系制约，必须兼顾人权保障。

刑法客观解释对于文本客观现实含义的阐释，需要关注社会发展和解释语境的变化对文义的影响，判断文本的客观现实含义尤其是“非通常含义”是否能通过文义限度予以确证。在对文本语义“射程”进行研究时，确定语义范畴是重要的研究路径。哲学上范畴理论的缘起与发展促进了认知语言学和语义学的研究。亚里士多德在《范畴篇》中提出了十个哲学基本范畴：实体、性质、地点、时间、数量、关系、姿态、状况、主动、被动，亚里士多德对范畴的研究被认为是经典的范畴观思想，核心观点是范畴具有明显的边界，事物之间的共同属性是范畴的决定因素。维特根斯坦在《哲学研究》中提出了语言游戏说理论，其中的“家族相似性”原理对经典范畴理论提出了批判，认为建立语义范畴的基础是相似性而不是共同属性。语言学家罗施将“家族相似性”理论运用于自然范畴的研究，提出了原型范畴理论。此后，又有语言学家将原型范畴理论运用于语义学，语义范畴的边界具有开放性和模糊性，语义范畴内的各个成员的地位不平等，有典型性成员，也有非典型性成员，处于中心位置的典型性成员就是这一范畴的原型，非典型性成员和新增成员是在原型基础上发展而来的。① 在范畴理论中，我们能够得到的启示是：范畴是人们认识和解释世界的重要方法，语义范畴或概念范畴的相似性保证了语义的相对稳定性，使我们得以认知世界，某一范畴内的核心语义或原型就是这一范畴保持稳定性的基础；而非典型性成员则影响语义范畴的外延，使范畴具有变动性。刑法文义的安定性取决于其确定性，尽管社会在不断变迁，语言与文字的含义不断丰富，但刑法文本文义的核心含义尤其是日常语义，在短期内不会发生大的改变，变动较大的是非典型性文义，这种非典型性文义正是基于社会现实与法律事实之间的融合变化而产生的，也是刑法客观解释需要解决的疑难问题。刑法规范文本“可能文义”之范畴是一个可依据解释主体的主观意愿和目的予以扩大或者缩小的相对边界，具有一定的弹性。为防止这一范畴过度膨胀，需要对文本的边缘含义或非典型性文义的扩张进行适当限制，避免因现实需求超越文义的边界；而且，对于刑法规范文本中特定概念的解释，必须考量该概念在具体条文中的特定含义以及与其他法律规范中的含义是否协调。为避免类推解释，客观解释应吸收形式解释的精髓，但也不可机械地套用形式解释，更不能过于强调形式解释，因为机械套用形式解释可能导致刑法规范的适用滞后于社会发展的后果。总体上看，文本的客观现实含义通过文义限度论的限定，能够实现刑法客观解释文本中心论的限定功能。

例如，刑法分则第五章侵犯财产罪中“财物”的含义，正随着网络时代的到来呈现扩张趋

---

① 王政勋. 范畴理论与刑法解释立场. 法律科学，2009，27（6）：26－37.

势。在理论界，一般认为，财产性利益可作为诈骗罪之对象，但对于其可否成为盗窃罪的对象，则存在争议。部分学者认为，应将财物扩大解释为包括财产性利益。例如，张明楷认为，财物具有价值性、可管理性和可转移性三个特征，盗窃罪中的财物应当包括财产性利益。[①] 也有部分学者认为，将财产性利益纳入财物范畴，破坏了刑法谦抑性，应当予以限制。[②] 基于前述争议，一些学者针对网络虚拟财产的刑法保护问题也展开了讨论。有学者认为，网络虚拟财产具有财产属性，可以成为财产犯罪包括盗窃罪的客体。[③] 也有学者持反对观点，认为应限制将网络虚拟财产解释为盗窃罪的财物范畴等入罪化和扩张化解释。[④] 在司法实践中，尽管对网络虚拟财产是否应当成为盗窃罪对象存在争议，但是，越来越多的司法判例将网络虚拟财产作为盗窃罪的对象予以认定。这一解释结论是否正确，仍然值得研究和探讨。值得关注的是，网络虚拟财产和数据是否具有财产属性，在民法上尚存在争议。《民法典》总则部分第五章“民事权利”第127条规定：“法律对数据、网络虚拟财产的保护有规定的，依照其规定。”从这一规定来看，民法已经确定了网络虚拟财产和数据的权利属性，但该规定仅属于原则性立法，并没有确定网络虚拟财产和数据的具体权利属性。当前理论界逐步认可了数据产品的经济价值，但对数据的具体分类和权利归属仍存在较大分歧，关于权利属性存在人格权属性、财产权属性、知识产权属性等不同观点，或者根据数据权利的主体不同，将数据从个人信息或初始数据的角度分为人格权益和财产权益，或者从数据经营企业的角度将其分为数据经营权和数据资产权。[⑤] 本书认为，在对私有财产的保护路径上，民法对民事权益的确认是刑法保护的前提，民法关于网络虚拟财产和数据的法律属性之规定，对侵犯他人网络虚拟财产或数据的刑事案件定性有重要影响，在民法尚无明确规定认定网络虚拟财产和数据的财产属性时，现阶段将网络虚拟财产和数据一律认定为财产或财物，并作为侵犯财产类犯罪的对象，过于激进，丧失了刑法的谦抑性，有违罪刑法定原则。尤其是针对数据的刑法保护问题，从现行刑法分则对信息数据保护的罪名设置来看，针对侵犯公民个人信息数据的行为，《刑法》第253条之一规定了侵犯公民个人信息罪；针对非法获取信息数据和侵犯具有保密性质的商业数据、国家数据、军事数据的行为，刑法分别规定了非法获取计算机信息系统数据罪、侵犯商业秘密罪、非法获取国家秘密罪、非法获取军事秘密罪等罪名，前述刑法规定对于侵犯公民个人信息数据和其他数据的行为已经设置了较为严密的法网。2021年6月颁布的《数据安全法》从国家安全角度建立了数据安全防控体系，但并未对数据的法律属性进行明确界定。在数据的财产属性和数据财产权利尚未得到立法明确确认时，刑法解释可适用现有规定，对侵犯数据权利、具有可罚性的行为只能“依法”定罪，而不应轻易适用侵犯财产罪罪名定罪处罚。正如欧阳本祺所言：“将数据认定为财物已经不属于‘解释’的范畴，而是基于‘数据利用的价值’与‘财物的价值’所具有的类似性将侵犯数据的行为类推适用财产犯罪的刑法规范，属于典型的类推适用。”[⑥]

---

① 张明楷. 论盗窃财产性利益. 中外法学，2016，28（6）：1405-1442.

② 聂立泽，高猛. 论财产性利益的刑法保护. 法治社会，2016（3）：11-18；刘明祥. 论窃取财产性利益. 政治与法律，2019（8）：58-77；姚万勤，陈鹤. 盗窃财产性利益之否定：兼与黎宏教授商榷. 法学，2015（1）：52-65.

③ 陈兴良. 虚拟财产的刑法属性及其保护路径. 中国法学，2017（2）：146-172.

④ 刘艳红. 网络时代刑法客观解释新塑造：“主观的客观解释论”. 法律科学，2017，35（3）：93-105.

⑤ 龙卫球. 数据新型财产权构建及其体系研究. 政法论坛，2017，35（4）：63-77.

⑥ 欧阳本祺. 论网络时代刑法解释的限度. 中国法学，2017（3）：164-183.

第三节 刑法解释的融贯性

一、刑法解释融贯性的概念

刑法解释的融贯性，是指刑法解释基于整体法秩序上的一致性和协调性要求，以协调一致的刑法解释原则、目标、立场和解释方法体系，确保刑法解释方法、过程和结论的逻辑一致性、协调性和相互证立性。

关于刑法解释的融贯性问题，目前仅有少数刑法学者提出和关注。有学者指出，刑法解释要达到法律体系的内在协调和论证结果的一致才能实现融贯性。① 然而，这种论述其实并没有对刑法解释的融贯性给出一个明确的概念。那么，应该如何理解刑法解释的融贯性？融贯性又简称为融贯论。法律领域的融贯论，一般认为可以分为三种：法律论证中的融贯论、法律体系内的融贯论、法律融贯主义。② 另有学者认为，法律领域的融贯论，还可以分为认识性法律融贯论、构成性法律融贯论、整全性法律融贯论三种。认识性法律融贯论是一种关于法律知识的证成理论，构成性法律融贯论是一种关于法律本质和正确裁判的理论，整全性法律融贯论是一种关于法律知识最优证成理论的广义融贯论。这三种融贯论之间互不具有可替代性，认识性法律融贯论属于真理证成计划，构成性法律融贯论属于真理形而上学计划，而整全性法律融贯论则对认识性法律融贯论的真理论价值给予元理论说明。③ 可以说，法律解释学关注的融贯性主要是法律论证中的融贯论（认识性法律融贯论）、法律体系内的融贯论（构成性法律融贯论）。例如，法理学者雷磊指出，法律体系的融贯性意味着法律体系各个部分之间的相互支持与证立，这是对法律体系的道德要求，也是法治的目标之一。法律体系的融贯性包含连贯性、体系融贯性与理念融贯性三个层次，它是借助一定的诠释方法建构出的。针对当代中国法律体系的融贯性面临的特殊难题，只有从制度体系、背景体系、方法体系三个方面出发才能建构出满足融贯性要求的法律体系。④

根据宪法学者王锴的归纳，佩策尼克、德沃金、法农、阿列克西、劳伦斯·邦久等学者对于法律解释的融贯性的研究主要有以下成果⑤：第一，佩策尼克首次将融贯性作为法律解释学的构成基础。融贯性要求解释理由之间的相应证立与循环论证，法释义学就是在追求所有方面（知识、道德、正义）的融贯性。若从非单调逻辑出发进行追问和扩展，这一追问和扩展越深远，遇到的问题就越多。问题之一就是非单调逻辑允许对推理前提进行质疑或否定，一旦前提的反面情况出现，推理或论证的结论就应当被改变。然而，新的理由后面还有更新的理由，反面论证也有可能出现它自己的反面论证，如此追问下去就要求保持融贯性，也就是理由之间的相应证立与循环论证。第二，德沃金指出，融贯性解释理论要求法官对法律的解释与体制中的价值观念相一致。德沃金主张对法律的解释必须采取融贯性和整体性的立场⑥，以融贯论作为法律真理观，以罗尔斯的“反思性均衡”作为法律解释的方法，以信念之间、信念和经验之间

---

① 范玉，刘畅. 论刑法解释的融贯性：从刑法解释内容切入//魏东. 刑法解释：总第 4 卷. 北京：法律出版社，2019：43.

② 蔡琳. 融贯论的可能性与限度：作为追求法官论证合理性的适当态度和方法. 法律科学，2008（3）：63.

③ 陈曦. 法律融贯论辨析. 北方法学，2017，11（6）：93.

④ 雷磊. 融贯性与法律体系的建构：兼论当代中国法律体系的融贯化. 法学家，2012（2）：1.

⑤ 除特别注明出处的内容外，主要内容参见王锴. 宪法解释的融贯性. 当代法学，2012，26（1）：78－84.

⑥ 宋保振. 法律解释方法的融贯运作及其规则：以最高院“指导案例 32 号”为切入点. 法律科学，2016，34（3）：40.

的融贯性作为法律解释的标准，从而为“法律唯一正解”提供哲学上的正当化根据。[①] 第三，法农认为，（宪法）解释的融贯性是指不同的解释方法最后都指向同一个结论，（法农的）融贯性宪法解释理论要求不同的宪法论证尽量符合法治、政治民主性、通过尊重个人权利推动实质正义的价值要求。第四，阿列克西认为，融贯性是指逻辑上的一致、团结、综合。第五，劳伦斯·邦久将融贯性总结为以下七点：其一，它在逻辑上是一致的。其二，它拥有高度的无矛盾可能性。其三，它的组成信念之间有着相当数量的、相当强烈的逻辑蕴涵的关系。其四，它是相对统一的，它没有分裂成相对无联系的子系统。其五，它只有很少的无法说明的例外情形。其六，它有一个相对稳定的、长期保持融贯（满足了前面五个条件）的世界观。其七，它满足了观察的要求，意味着它必须包含一套高度依赖许多合理的自发性信念，包括内省性的信念。

综上所述，尽管理论界对法律解释的融贯性概念尚未给出一个大家公认的定义，但是其基本含义还是比较明确的，即：法律解释的融贯性，是指法律解释必须具有在整体法秩序上的一致性、贯通性和协调性，在各部门法之间、部门法内部各要素之间必须具有协调一致性、贯通性和相互证立性，而不至于出现法律解释过程和结论上无法解决的矛盾。所以，参考法理学者和宪法学者的研究成果，本书将刑法解释的融贯性的概念界定为：刑法解释的融贯性，是指刑法解释基于整体法秩序上的一致性和协调性要求，以协调一致的刑法解释原则、目标、立场和解释方法体系，确保刑法解释方法、过程和结论的逻辑一致性、协调性和相互证立性。

二、刑法解释融贯性的判例实证

以成都孙某铭醉驾致人死亡案为例，孙某铭的行为到底是构成交通肇事罪，还是以危险方法危害公共安全罪？这一疑问是客观存在的，孙某铭的辩护人提出了将其行为定性为交通肇事罪的辩护意见，四川省和成都市两级人民法院均认定孙某铭的行为构成以危险方法危害公共安全罪。若要合理解决前述疑问，就必须谨慎观照刑法原理和刑法解释的融贯性。就成都孙某铭醉驾致人死亡行为的刑法解释结论而言，表面上看可能存在违背法律解释融贯性的疑问。本案将孙某铭醉驾致人死亡的行为“解释”为故意（放任）致人死亡，因而孙某铭的行为构成以危险方法危害公共安全罪，而在其他情形下，醉驾致人死亡的行为是被“解释”为过失致人死亡的行为（构成交通肇事罪）。这里需要进行特别的解释说理，还需要充分观照刑法教义学原理阐释的语境性，才能使得解释结论满足刑法解释的融贯性要求，实现刑法解释的逻辑性自洽。语境性是从语言论意义上强调进行语义阐释时限定的具体情境，语境性在犯罪学上同“情境性”相联系，因此，可以说法理阐释的语境性和犯罪行为的情境性密切相关。孙某铭醉驾致人死亡的行为发生在人员密集流动的闹市区（成都市区），这一具体的语境性（情景性）就决定了孙某铭醉驾、严重超速行车、逆行，尤其是跨越双实线逆行、连续多次撞击行驶中的机动车和行人并致多人死亡和重伤的系列行为，依法应当被解释为孙某铭“故意”放任危害结果的发生（间接故意），而不应被解释为“过失”。其理由在于：孙某铭的行为在前述“这一具体的语境性（情境性）”之下，根本就不具有或者说几乎不具有避免车毁人亡危害结果发生的现实可能性，或者说具有发生危害结果的风险已经升高以至于客观上不大可能有效防范危害结果的发生。这种释法说理既充分观照了刑法教义学原理的语境性，又满足了刑法解释方法确证功能体系化的功能性融贯关系，确证了刑法解释结论有效性。

---

① 王彬. 论法律解释的融贯性：评德沃金的法律真理观. 法制与社会发展，2007（5）：84.

这里涉及风险升高理论。关于风险升高理论，周光权指出："对于交通肇事罪的认定，传统上认为超速行驶就提升了法益风险，行为就具有社会危害性，从而很容易得出被告人构成过失犯罪的结论。对这种判断逻辑必须进行反思。过失犯有不同于故意犯的客观构成要件，结果避免可能性是其中的核心内容，对此，新过失论和修正的旧过失论都予以承认。风险升高理论的功能极其有限，其对行为制造了法所禁止的风险这一点进行了揭示，但不能由此得出行为人一定实现了法所禁止的风险的结论。在超速驾驶提升法益风险的场合，对结果避免可能性是否存在需要仔细判断，抽象地认为行为提升了法益风险就可以成立过失犯的主张并不合理。在处理具体案件时，对被告人即便遵守规定，结果是否仍然也无法避免的关键事实无法查明，或不能证明结果发生的概率极高的，都不能将死亡结果算到行为人头上，只能做有利于被告的认定；控方只有证明到如果行为人合乎义务地行动，结果就近乎肯定会避免时，才符合事实清楚、证据确实充分的证明要求。"① 对此，笔者必须指出，风险升高理论尽管通常适用于过失犯罪，但是，其完全可以作为故意犯罪（包括间接故意犯罪和直接故意犯罪）的一种解释理论。诚如周光权所指出的，"过失犯有不同于故意犯的客观构成要件，结果避免可能性是其中的核心内容"。如果说结果避免可能性不存在（或者存疑）是"客观情势"（尤其是客观环境条件）所决定的，那么"抽象地认为行为提升了法益风险就可以成立过失犯的主张并不合理"；如果说结果避免可能性不存在或者几乎不存在是由于"行为人的行为"提升了法益风险，而非"客观情势"所决定的，那么抽象地否定行为人的行为"故意"放任危害结果发生而成立故意犯的主张也不合理。由此，风险升高理论不但可以成为过失犯的解释理论，而且可以成为故意犯（间接故意犯罪）的解释理论，将行为人的行为提升了法益风险以至于结果避免可能性不存在或者几乎不存在，而最终导致危害结果发生的，依法应认定为故意放任（间接故意犯罪）。这里强调法理阐释必须契合语境性（情境性），是指在具体阐释某种行为是否提升了法益风险、结果避免可能性不存在或者几乎不存在是客观情势所决定的还是行为人的行为所决定的，以及具体阐释行为定型和罪责类型为何的时候，必须谨慎审查具体语境（情境）：其一，如果结果避免可能性不存在（或者存疑）是"客观情势"（尤其是客观环境条件）所决定的，应依法认定行为人的行为不构成犯罪（包括不构成过失犯罪和故意犯罪）；其二，如果结果避免可能性不存在或者几乎不存在是由于"行为人的行为"提升了法益风险，而非"客观情势"所决定的，应依法认定行为人的行为构成故意犯罪；其三，如果结果避免可能性存在，即行为人合乎义务地行动，结果就近乎肯定会避免，那么由于行为人的行为提升了法益风险而致危害结果发生的，应依法认定行为人的行为构成过失犯罪。对于前述第三种语境（情境）的行为，即一般情境下醉驾致人死亡的行为，尤其是在城市郊区或者野外情境下醉驾致人死亡的行为，由于客观上存在结果避免可能性（并且可能较大），仅仅因为行为人过于自信"轻信能够避免"而未能避免并最终导致危害结果发生，构成作为过失犯罪的交通肇事罪。而对于前述第二种语境（情境）的行为，如孙某铭在城市闹市区严重超速行车、跨越双实线逆行、醉驾、连续多次撞击多辆正常行驶中的机动车并致多车多人车毁人亡的行为，因为（危害）结果避免可能性不存在或者几乎不存在是由于"行为人的行为"提升了法益风险，而非"客观情势"所决定的，应依法认定行为人的行为构成作为故意犯罪（间接故意犯罪）的以危险方法危害公共安全罪。

可以说，刑法解释方法及刑法教义学法理阐释的融贯性和语境性，是刑法解释学乃至整体刑法学理论研究中必须适当注意的重要命题，必须予以高度重视和适当运用。

---

① 周光权. 风险升高理论与存疑有利于被告原则：兼论"赵达文交通肇事案"的定性. 法学，2018（8）：66.

第四节 刑法解释的司法公正性

刑法解释的司法公正性是一种司法公正相对主义，即相对于立法公正而言的司法公正，而不是法律公正的绝对主义，也不是法律公正的一体论。

司法公正价值论是刑法解释论的重要法哲学基础，因为刑法解释（论）不仅要“功能性”地解决社会治理问题（犯罪治理问题），还要“公正性”地解决问题，或者说还要“功能性”地防止出现司法不公。为此，作为刑法的实体法意义上的司法公正性（有效性）需要进行专门研讨。

刑法解释论的司法公正价值论，在领域论上是否应该同较为笼统的法律公正论一体论，尤其是“立法公正”区分开？换言之，司法公正与立法公正到底是一体论的公正论（法律公正论一体论），还是区分司法领域与立法领域的领域公正论区分论？对此问题，当下功能主义刑法解释论者更倾向于较为笼统的法律公正论一体论，例如功能主义刑法解释论视野下的法官决策行动论、判例的立法机能论（判例立法论与法官法源论）、判例拥护理论与司法立场的法律渊源理论，均主张法官在刑法解释适用领域基于较为笼统的法律公正立场并且以立法者自居进行功能性裁判，并没有区分立法公正与司法公正。但是，这种刑法解释适用领域的“司法公正”论被抽象地置换为“法律公正”论的一体论是明显存在问题的，尤其是在存在（真正的）立法漏洞的场合要求司法者以立法者的“外部”视角作出合乎法律公正的填补性法律解释和司法裁判时，就突出地存在逾越了罪刑法定原则和“司法公正”底线的正当性问题。因为罪刑法定原则的形式侧面和实质侧面都是基于尊重既有立法所进行的司法公正裁判，尤其是我国《刑法》第 3 条明确规定了在立法上“法律没有明文规定为犯罪行为的，不得定罪处刑”，禁止了法官以立法者自居、以立法公正论赋能而进行司法上犯罪化的做法，宣誓了法官必须在既有立法规范范围内进行有罪裁判的法治立场。在此意义上，法官决策行动论只能是符合现行刑法立法规定的、符合刑法司法公正价值论意义的法官决策行动有效性论（可以将其简称为“法官决策有效（性）论”），其内含的相关命题也只能是承载司法公正价值有限使命的判例拥护理论，将司法公正作为与立法公正相分离的“领域”公正价值，将较为笼统的法律公正论一体论转变为法律公正论的司法公正与立法公正二元论（法律公正论二元论），这种相对于立法公正而言的司法公正相对主义应当成为刑法解释的重要命题。因此，刑法解释的司法公正性是一种司法公正相对主义（相对于立法公正而言的司法公正），而不是法律公正的绝对主义，也不是法律公正的一体论；同时，刑法解释的司法公正性与法官决策有效性既是密切相关的，也是互为条件的。

基于司法公正相对主义（法律公正论二元论）的立场，功能主义刑法解释论的司法公正性应当注意以下四点：

一、禁止司法上犯罪化

司法公正价值在功能主义刑法解释论中必须得到强调，相应地，立法公正价值就必须隐退幕后，“法官造法”、判例的立法机能论（判例立法论与法官法源论）就必须在司法上犯罪化的方向上被禁止（但是并没有禁止司法上非犯罪化的方向）。例如，在扫黑除恶专项斗争的部分司法判决中，权利人（行为人）所实施的暴力讨债、自力救济、职业打假等维权行为被部分法官功能性地解释为“随意殴打他人”“追逐、拦截、辱骂、恐吓他人”“强拿硬要或者任意损毁、占用公私财物”的行为，进而被“功能性”地认定为寻衅滋事罪并判刑。这种判决结果可能存在严重违背司法公正的问题，其背后的法理误用就可能是功能主义刑法解释论者倾向于较为笼统的法律公正论一体论所致，是裁判者以立法者自居、以立法公正论自负而忽略了司法公正论所致。从司法公正论立场来看，在我国《刑法》第293条明确规定了“随意殴打他人”“任意损毁、占用公私财物”的情况下，法官就不能通过超越现行立法规定的、“法官造法”式的功能性解释方法进行新的立法规范构建并将维权行为判决认定为寻衅滋事罪，即使法官以立法者自居并认为将维权行为解释为寻衅滋事罪更符合“较为笼统的法律公正”。因为这里“较为笼统的法律公正”已经超越了现行法律规定下的“司法公正”，从而无法确证法官决策有效性。所以，我国有学者指出：“刑事司法机关应当善待讨债、自力救济、职业打假等维权行为，即使这些行为违反民法、行政法等法律的规定，存在不当、越权等情形，也不能轻易追究刑事责任。”① 这种见解是正确的，应当引起功能主义刑法解释论的重视。由此可见，与法官决策行动论命题紧密相关的判例拥护理论命题，在基本立场上秉持具有中国特色的案例指导制度，通过最高人民法院进行司法公正价值论审查，谨慎提炼出裁判要旨、法条释义和指导意义，并由最高人民法院权威发布“指导案例”供全国各级人民法院参照执行，确立一种承载司法公正价值有限使命的判例拥护理论和在基本立场上反对判例的立法机能论（判例立法论与法官法源论）。像前述维权行为被部分法官认定为寻衅滋事罪的案例，就必须在进行司法公正论价值审查的基础上否定其“判例”功能，不能据此承认“法官造法”、判例的立法机能论（判例立法论与法官法源论）的正当性，更不能作为“指导案例”由最高人民法院权威发布供全国各级人民法院参照执行。需要说明的是，在《刑法修正案（十一）》新增规定了催收非法债务罪之后，将使用暴力、威胁等方法催收非法债务的行为依法认定为催收非法债务罪，符合罪刑法定原则和刑法解释适用领域的“司法公正”论原理。

二、反对法官以立法者自居

基于法律公正论二元论的立场，司法公正价值观必须适当克制法律公正价值论一体论的观念冲动，功能主义刑法解释论必须合理权衡我国刑法的秩序维护机能与人权保障机能之间的紧张关系以及刑法立法公正与刑法司法公正之间的紧张关系，以最终达至某种最佳价值权衡状态。② 此种“最佳价值权衡状态”，按照现代刑法罪刑法定原则和刑法解释适用领域的“司法公正”论的要求，应当是在适当照顾刑法的一般公正、形式公正、秩序维护的前提下，尽力实现刑法的个别公正、实质公正和人权保障。③ 尤其是在我国的社会主义法治建设进入成文法典时代——民法典已颁行——之后，我国整体法规范体系所秉持的权利本位的法治立场不可偏废，正如“我国民法的本位是突出权利本位，兼采社会本位，以权利本位为主、社会本位为辅的立法思想”④ 一样，我国刑法的本位也只能是以权利本位为主、社会本位为辅的法治立场，这一法治立场和权利本位思想必须在刑法司法论、刑法解释论上获得充分贯彻。由此可以得出的结论是：法官决策行动论命题的基本立场，只能是符合现行刑法立法规定的、符合刑法解释适用领域的“司法公正”论意义上的法官决策有效论，必须反对法官以立法者自居而超越现行刑法规定进行司法决策行动。

三、反对以教条主义损害司法公正

基于法律公正论二元论的立场，刑法解释适用领域的司法公正价值观必须在法官决策行动

---

① 张明楷. 妥善对待维权行为 避免助长违法犯罪. 中国刑事法杂志，2020（5）：3.

② 魏东. 中国当下刑法解释论问题研究：以论证刑法解释的保守性为中心. 北京：法律出版社，2014：123-125.

③ 魏东. 刑法解释保守性命题的学术价值检讨：以当下中国刑法解释论之争为切入点//陈金钊，谢晖. 法律方法：第18卷. 济南：山东人民出版社，2015：220-236.

④ 杨立新. 中国民法典精要. 北京：北京大学出版社，2020：12.

论中获得应有尊重和适当张扬，防止理论上的刑法教义学的教条主义倾向。这方面的典型例证是教唆未遂（教唆失败和无效的教唆）的法律解释适用问题。我国《刑法》第29条第2款规定："如果被教唆的人没有犯被教唆的罪，对于教唆犯，可以从轻或者减轻处罚。"对此，我国刑法学者主要有以下三种看法：一是预备说（特殊预备犯说），认为教唆犯对被教唆人实施教唆行为同为了犯罪而寻找共同犯罪人没有本质的区别，而寻找共同犯罪人正是犯罪预备的一种表现形式。①《刑法》第29条第2款是对教唆未遂这种特殊预备犯的处罚规定，教唆未遂"在犯罪形态上"属于犯罪预备。② 二是特殊教唆犯说，认为在这种情况下，教唆犯不构成共同犯罪，是一种特殊教唆犯，应根据其本身的犯罪事实、犯罪性质、情节和社会危害程度，从轻或减轻处罚。③ 三是未遂说，认为在被教唆的人没有犯被教唆的罪的情况下，教唆犯由于其意志以外的原因而未得逞，应视为未遂，即教唆犯的未遂，这种情形下的教唆未遂可以被称为教唆未成未遂。④ 其中，在主张未遂说的观点中，周光权认为，根据刑法客观主义限定教唆未遂的成立范围，按照共犯从属性说，《刑法》第29条第2款的解释结论应该是：当且仅当被教唆者着手实行犯罪并使法益遭受紧迫、现实的危险时，才能处罚教唆犯；相应地，教唆失败（被教唆者拒绝教唆）和无效的教唆（被教唆者尚未着手实行犯罪）不具有可罚性。⑤ 这种观点可以被称为教唆未遂的正犯着手说，张明楷⑥、江溯⑦等学者也持有大体相同的看法。对于我国《刑法》第29条第2款的处罚范围问题，笔者认为，从功能主义刑法解释论立场来看，预备说（可罚的预备说或者特殊预备犯说）、特殊教唆犯说（可罚的特殊教唆犯说）具有正当性。可以说，《刑法》第29条第2款规定了"独立教唆犯处罚原则"（又称为"特殊教唆犯处罚原则""非共犯教唆犯处罚原则""片面的教唆犯处罚原则""教唆未遂处罚原则"等），针对具体犯罪的教唆行为本身具有犯罪预备行为的性质（符合《刑法》第22条的规定），因此，教唆行为若具有预备犯的可罚性（根据教唆行为的具体内容确定，例如针对杀人和抢劫等重罪的教唆行为就具有预备犯的可罚性），即可适用《刑法》第29条第2款的规定，并且在预备犯的基础上"可以从轻或者减轻处罚"。现在已有部分学者明确主张这种观点，认为"我国《刑法》第29条第2款是关于预备犯的处罚规定"⑧，并且指出："世界各国无一例外地处罚被教唆者未实施所教唆之罪情况下具有重大法益侵害危险性的教唆行为，也从实定法的维度否定了教唆行为是必须依附于正犯的实行行为才具有可罚性的共犯行为。基于对教唆行为本身的构造分析，可以

---

① 赵秉志. 犯罪未遂的理论与实践. 北京：中国人民大学出版社，1987：218.

② 刘明祥. 再释"被教唆的人没有犯被教唆的罪"：与周光权教授商榷. 法学，2014（12）：116.

③ 马克昌. 犯罪通论. 武汉：武汉大学出版社，1991：570-571.

④ 同①215-216.

⑤ 周光权. 刑法客观主义与方法论. 2版. 北京：法律出版社，2020：91-92；周光权."被教唆的人没有犯被教唆的罪"之理解：兼与刘明祥教授商榷. 法学研究，2013，35（4）：189.

⑥ 张明楷. 刑法学：上. 5版. 北京：法律出版社，2016：454. 需要说明的是：关于我国《刑法》第29条第2款规定的处罚范围，张明楷的看法经历了较大变化：他过去主张"这种情况在刑法理论上称为教唆未遂"，具体包括"被教唆的人拒绝教唆犯的教唆；被教唆的人虽然接受教唆，但并没有实施犯罪行为；被教唆的人虽然接受了教唆，但所犯之罪并非被教唆的罪；被教唆的人实施犯罪并不是教唆犯的教唆行为所致"的情况，因此"在上述情况下，教唆行为并没有造成危害结果，故对教唆犯'可以从轻或者减轻处罚'"。（张明楷. 刑法学：上. 北京：法律出版社，1997：308.）张明楷中间又曾经持限定肯定说的立场，认为如果所教唆的犯罪并不处罚未遂时（未遂时并不作为犯罪处理，如甲教唆乙在公共交通工具上扒窃），而被教唆的人又没有犯被教唆的罪（教唆未遂），对于教唆者不应定罪处罚，只有在所教唆的犯罪处罚未遂时（如甲教唆乙盗窃金融机构），教唆未遂的才应适用《刑法》第29条第2款的规定。（张明楷. 刑法学. 2版. 北京：法律出版社，2003：351.）他最新的见解是教唆犯的正犯着手说。

⑦ 江溯. 超越共犯独立性与共犯从属性之争：刑法第29条第2款的再解释. 苏州大学学报（法学版），2014，1（2）：23.

⑧ 朱道华. 教唆犯研究. 北京：法律出版社，2014：235.

得出教唆行为是所教唆之罪的犯罪预备行为的结论。”① 当然，在学界仍然有较多学者对预备说持反对立场，有的认为预备说“在我国法律上缺乏现实依据”②，有的认为“预备说是没有法律依据的”③，因此这个问题在“刑法教义学”层面上还有进一步研究的空间。

但是，在功能主义刑法解释论层面上，基于以下理由可以确证预备说的“独立教唆犯处罚原则”的正当性：

第一，法官决策有效论视域下的问题性思考和后果考察论。为有效解决作为重罪预备行为的独立教唆犯的处罚和预防等司法实践问题（问题性思考），在刑法解释论上承认煽动实施恐怖活动罪（第120条之三）、教唆他人吸毒罪（第353条）、引诱卖淫罪和引诱幼女卖淫罪（第359条）等教唆型犯罪可罚性的情况下，法官在司法裁判活动中可以功能性地确认性质相当甚至更恶劣的教唆杀人等重罪的独立教唆行为（正犯尚未着手时）的可罚性，符合刑法解释论同质解释和同类解释规则的要求，具有法官决策有效论、问题性思考和后果考察论上的正当性。

第二，法官决策有效论视域下的目的导向性论。刑法总则在规范指引刑法分则规定的解释适用时，通过《刑法》第29条第2款的明确规定而确认预备说的“独立教唆犯处罚原则”，符合规范目的的实质内涵和目的导向，具有目的导向性论上的正当性。根据我国《刑法》第29条的规定，刑法解释论上教唆犯可以分为以下两种具体情形进行定罪处罚：一是共犯教唆犯的处罚根据，即《刑法》第29条第1款规定：“教唆他人犯罪的，应当按照他在共同犯罪中所起的作用处罚。教唆不满十八周岁的人犯罪的，应当从重处罚。”根据这一刑法规定，作为共犯的教唆犯通常应当依法予以定罪处罚，毫无疑问具有刑法解释论上的充分根据。二是非共犯教唆犯的处罚根据，即《刑法》第29条第2款规定非共犯教唆犯“可以”依法予以定罪处罚（独立教唆犯处罚原则）。例如，对于“教唆杀人”的行为，即使“被教唆的人没有犯被教唆的罪”也可以对独立教唆犯定罪处罚，这种解释结论也具有刑法解释论上的充分根据，并且也有相应的生效判决（判例拥护理论）。

第三，法官决策有效论视域下的判例拥护理论。例如，发生在广西壮族自治区南宁市的连锁教唆杀人案，是一起典型的教唆未遂案。

案例8-1 南宁市覃某辉等六人连锁教唆杀人案④

2013年10月，被告人覃某辉因商业纠纷而欲雇凶杀害被害人魏某，遂指使被告人奚某安雇用杀手，并约定支付给杀手酬金200万元（先支付100万元，并约定事成之后再支付100万元）。奚某安再找到被告人莫某祥雇用杀手，约定并向莫某祥支付雇凶酬金100万元。2014年4月，莫某祥以77万元酬金雇用被告人杨某生1去操办杀害魏某一事（当场支付27万元，并约定事成之后再支付50万元）。杨某生1又以50万元酬金雇用被告人杨某生2去操办杀害魏某一事（当场支付20万元，并约定事成之后再支付30万元）。之后，杨某生2又以10万元酬金雇用被告人凌某四去实施杀害魏某的行为，并许诺事成之后支付。凌某四开始答应去杀害魏某，后反悔并决定放弃杀害魏某的念头，于2014年4月28日告诉魏某真相，并让魏某配合照了一张手被反绑的照片，用于向上家交差。本案经被害人魏某报警后案发，被告人覃某辉、奚某安、莫某祥、杨某生1、杨某生2、凌某四相继落网，中间经过原一审法院于2016年一审、

① 朱道华. 论教唆行为的法律本质. 中国刑事法杂志，2011（2）：34-40.

② 赵秉志. 犯罪未遂的理论与实践. 北京：中国人民大学出版社，1987：218-219.

③ 陈兴良. 共同犯罪论. 2版. 北京：中国人民大学出版社，2006：367.

④ 200万雇凶杀人，遭层层抽水转包！结局来了！. 南方周末，2020-12-23.

2018年重审，两次宣判6名被告人无罪；再次被检方抗诉，南宁市中院经开庭审理后于2019年10月17日作出终审宣判，判决6名原审被告人犯故意杀人罪，判处覃某辉有期徒刑5年、奚某安有期徒刑3年6个月、杨某生1和杨某生2有期徒刑3年3个月、莫某祥有期徒刑3年、凌某四有期徒刑2年7个月。

从法理上看，本案属于较为典型的无效的教唆，尽管经过层层连锁的教唆（教唆的教唆），但是最终所有被教唆者均未着手实施被教唆的罪（故意杀人行为）。对此，法院依据《刑法》第29条第2款“如果被教唆的人没有犯被教唆的罪，对于教唆犯，可以从轻或者减轻处罚”的规定，对各个层级的教唆犯依法予以定罪判刑。这是符合功能主义刑法解释论的法官决策有效论、判例拥护理论和后果考察论的解释论原理的，因为故意杀人的教唆行为具有预备犯的可罚性，可适用《刑法》第29条第2款的规定，在故意杀人罪预备犯的基础上适用“可以从轻或者减轻处罚”的规定。当然，笔者也注意到，本案对凌某四的定罪可能还有值得商榷之处，因为凌某四是本案中唯一没有实施“教唆”他人杀人行为的人，他在接受教唆后能够自我反省并及时醒悟过来切断故意杀人行为，依法不应将他认定为“教唆犯”予以定罪处罚；但是，本案对凌某四的定性处罚疑问并不影响本案依法判决其他五名被告人（无效的教唆中的“教唆犯”）定罪处罚的正当性。

第四，法官决策有效论视域下的刑法理论发展论。功能主义刑法解释论的初衷就是要充分反思检讨那种“刑法理论一意孤行，只倾心于理论的精密和体系的整合”从而忽略了“刑法本身的机能，也就是刑法作为社会控制手段发挥了何种作用”的情况。从体系性思考转向问题性思考，根据问题性思考的结果，再回过头来重新审视理论和体系，旧有的体系性思考以如何建构精致的犯罪论体系为目的，而具体问题的妥当性则被置于脑后，作为对此的反省，应将重点放在问题的解决上，而不是放在搭建精致的犯罪论体系上。刑法理论的作用不是“约束”法官而是“说服”法官，能够约束法官的是立法和判例，而不是刑法理论。① 因此，基于功能主义刑法解释论立场，法官决策有效论视域下的刑法理论发展论，需要反思检讨既有理论（教唆犯的正犯着手说）本身的发展完善，而不是反过来画地为牢、刻舟求剑和自我设限。

四、尽量兼顾程序公正

基于法律公正论二元论的立场，司法公正价值观也必须在刑事审判的庭审实质化程序正义中获得充分体现。为此，必须改革完善人民陪审员制度、证据的庭前开示和当庭质证制度、法庭辩论机制、法官裁判说理机制，借鉴抗争处理学和国民参与司法论的合理成分，确保庭审中的控辩双方充分阐述意见，建立健全法官公开听取社会各界意见（以及社会舆论）的有效机制并畅通渠道，切实将独裁性的法官决策行动论改变为主体间互动性基础上的民主的法官决策有效论。

第五节　刑法解释的法律论证性

司法三段论是刑法解释的法律论证性的典型体现，它具体融入法律的发现（找法）、解释（释法）、涵摄、论证等诸环节之中。关于找法、释法、涵摄等内容已在本章第一节作了较为详细的论述，这里重点阐述论证（法律论证性）问题。

所谓法律论证，是指在刑法解释活动中，针对找法、释法、涵摄、最终获得解释结论的每

---

① 赖正直. 机能主义刑法理论研究. 北京：中国政法大学出版社，2017：21-23，37.

一个要素以及要素集合系统，提出理由，进行说理论证，以证立法律解释过程和法律判断意见的正确性、解释结论有效性。因此，法律论证的基本特点是：特殊针对性、说理论证性、规范证立性。

一、法律论证的特殊针对性

法律论证只能针对法律解释和司法活动，即只能针对找法、释法、涵摄、最终获得解释结论的每一个要素以及要素集合系统，而不是针对立法活动，也不是针对其他领域的活动。正如阿列克西所指出的那样："把法律论辩当作普遍实践论辩之特殊情形这一想法具有核心的意义。法律论辩和普通实践论辩的共通性在于：这两种论辩形式均探讨规范性命题的正确性。其所要证立的观点是：无论是普遍实践命题的主张，还是法律命题的主张或宣称，都将提出正确性的要求。法律论辩所涉及的是一种特殊情形，因为法律论证是在一系列受限的条件下进行的。在这一点上，特别应当指出它须受制定法的约束，它必须尊重判例，它受制于由制度化推动的法学所阐释的教义学，以及它必须受诉讼制度的限制（当然法学论辩并不以此为限），等等。"①

二、法律论证的说理论证性

法律论证必须是对法律解释过程和结论提出理由并进行说理论证，而不是只提出观点而不加说理论证就"在某个主观选择的点上断然终止论证过程"②。刑法解释的过程论、限度论、融贯性、司法公正性等均需要通过法律论证来完成，可以说，法律论证性是刑法解释的一般方法论特性，由此才能得出有效的刑法解释结论。

我国有学者指出，论证的普适性意义在于："知识是论证了的认识，因此，论证对于科学认识具有极重要的意义。论证什么？不是论证假定、疑问、定义，而是论证判断。判断是被断定为真的命题。只有我们断定命题时，我们才需要论证。需要断定什么，就需要否定什么。凡不加论证而断定的，也可不加论证而否定。由于理论是命题系统，而这些命题通常是有一定论证联系的，所以理论的论证可以归结为判断的论证。"③ 法律论证有直接论证和间接论证之分，直接论证只有在相对简单的情况下才是可能的，"论证一个命题的真，最简单的办法就是指出所陈述的事实"；但是"对于科学来说，间接论证是必不可少的"，包括利用证据、实验、指出已作为公理或定理被接受、指出已为多数学者所接受等进行间接论证。论证方法包括考虑论点的方法、演绎法（严格证明法）、化归、归纳等，其中"演绎法，即从大前提、小前提推出结论的三段论法"，是法院在裁判案件中普遍采用的论证方法。④

法律论证需要面对和解决"明希豪森困境"，即"明希豪森三重困境"：一是无限倒退，即无限递归、无限回归，以至无法确立任何论证的根基；二是循环论证，即在相互支持的论点（论据）之间进行循环论证；三是断然终止，即在某个主观选择的点上断然终止论证过程，例如通过宗教信条、政治意识形态或其他方式的"教义"来结束论证的链条。因此，任何科学的命题都可能遇到"为什么"之无穷追问的挑战，人们可能会就任何陈述或命题的理由、基础或根基提出疑问，这种挑战在法律领域表现得尤为突出。"法律的决定（如立法的决策、法官的判决）大多是在时间压力下做出的，但这种决定又绝不能是决定者（立法者、法官）无理性判

---

① 阿列克西．法律论证理论：作为法律证立理论的理性论辩理论．舒国滢，译．北京：商务印书馆，2019：19－20.

② 舒国滢．走出"明希豪森困境"（代译序）//阿列克西．法律论证理论：作为法律证立理论的理性论辩理论．舒国滢，译．北京：商务印书馆，2019：2.

③ 梁慧星．民法解释学．4版．北京：法律出版社，2015：104.

④ 同③104－106.

断的结果。传统的法律独断论（无论是法律理性主义还是法律经验主义）至多揭示了理论理性或实践理性的认识标准，但对于像法律实践这一类实践的活动如何以'实践的方式'来达到理性的结果，却并没有提供更有说服力、更有实践可能性的标准或规则。尤其是，法官和律师的实务更像是一门技艺，而不像是一种纯粹科学的事业，那么寻求其解答问题的方式和结论的正确性则显得更加困难。""在此背景下，建立在现代逻辑、语言哲学、语用学和对话理论基础上的道德论证理论和法律论证理论在哲学和法哲学领域悄然兴起……法律论证理论也已成为一个强势的法哲学研究方向……法律论证理论在法学研究领域已取得了统治地位。"①

三、法律论证的规范证立性

法律论证需要运用法律解释原理、原则和方法进行规范性命题证成，以"内部证成"和"外部证成"的方式周全地证立法律解释过程和法律判断意见的正确性、解释结论有效性，而不能背离规范性和证立性，例如，不能只进行反面否定、解构，而不进行正面证成和建构。阿列克西指出："法律论辩所涉及的是规范性命题之特殊情形即法律判断的证成。这可以区分为两个层面的证成：内部证成和外部证成。内部证成处理的问题是：判断是不是从为了证立而引述的前提中被逻辑地推导出来的；外部证成的对象是这个前提的正确性问题。"② 内部证成可以说是"法律三段论"命题所包含的内容，而"外部证成的对象是对在内部证成所使用的各个前提的证立。这些前提可能是各式各样的。它们大致上可以分为三类：(1) 实在法规则；(2) 经验命题；(3) 既非经验命题、亦非实在法规则的前提"。外部证成的规则和形式可以"分为六组：(1) 解释的规则和形式；(2) 教义学论证的规则和形式；(3) 判例适用之规则和形式；(4) 普遍实践论证的规则和形式；(5) 经验论证的规则和形式；以及 (6) 所谓特殊的法律论述形式"。简单来讲，外部证成六规则可以概括为"(1) 法律；(2) 教义学；(3) 判例；(4) 理性；(5) 经验；(6) 特殊法律论述形式"。"外部证成理论的首要任务，是对这六组中总括在一起的论述形式进行逻辑分析。这个分析的最重要的成果在于审视判断它们之间所相互联结的必要性和可能性。"③

"内部证成"和"外部证成"的方式，可以周全地证立法律解释过程和法律判断意见的正确性、解释结论有效性。例如，证立解释结论有效性以及刑法解释整体有效性原则的根本旨趣就在于，突出强调和确保法律论证的规范性、证立性，对该问题本书已有专门论述，在此简述如下：

刑法解释结论只有在其同时具备了合法性、合理性和合目的性所共同型构的"三性统一体"之时，才能称得上获得了"有效性"；反之，刑法解释结论若仅具有合法性，或者仅具有合理性，或者仅具有合目的性，或者缺少合法性、合理性和合目的性中的任何一项，均不能获得完整意义上的"有效性"。换言之，刑法解释结论有效性意义上的合法性、合理性和合目的性之间的关系不是相互排斥的竞争关系，而是以合法性为底线基础价值、以合理性和合目的性为优化价值的共生融合关系：作为底线基础价值的合法性当然必不可少，它具体限定了解释结论的合法空间。作为优化价值的合理性和合目的性当然不可或缺，但是，优化价值的不可或缺性是有条件限制的，即只有由合法性底线基础价值限定的合法空间可包容的优化价值（可包容的优化价值论）才是不可或缺的，超出合法空间的所谓优化价值则是被排斥在外的。因

① 舒国滢. 走出"明希豪森困境"（代译序）//阿列克西. 法律论证理论：作为法律证立理论的理性论辩理论. 舒国滢，译. 北京：商务印书馆，2019：1-4.

② 阿列克西. 法律论证理论：作为法律证立理论的理性论辩理论. 舒国滢，译. 北京：商务印书馆，2019：270.

③ 同②282-284.

此，有效性是指在合法性底线基础价值的基础上，进一步追求实现合法空间可包容的合理性和合目的性优化价值的“三性统一体”有效性，有效证成合法性底线基础价值、可包容的合理性和合目的性优化价值之间的共生融合关系，这是法律论证的规范性、证立性的重要体现和基本要求。

第六节 刑法解释结论

刑法解释结论，即刑法解释的结果，是指解释者通过运用刑法解释方法和法律论证方法所获得的法律文本含义、裁判依据与裁判结果。刑法解释结论有两种含义：一是法律文本含义，即针对法律文本（文本对象）进行法律解释所得出的法律解释结论。例如，针对刑法文本进行法律解释所得出的刑法文本含义，是刑法解释结论。二是裁判依据与裁判结果，即针对具体个案中的事实对象及其与文本对象的涵摄关系所得出的法律解释结论。例如，针对诈骗案件事实、该案件事实与刑法文本之间的涵摄关系进行法律解释，所得出的对该诈骗案件的裁判依据（依法裁判）和裁判结果（判决有罪或者无罪），是刑法解释结论。因此，刑法解释结论有狭义与广义之分，狭义的刑法解释结论是指刑法文本含义，广义的刑法解释结论不但包括刑法文本含义，而且还包括针对案情事实与刑法文本之间的涵摄关系所得出的裁判依据与裁判结果。尽管有时没有具体说明是狭义的刑法解释结论还是广义的刑法解释结论，也应注意在不同语境中“刑法解释结论”的具体含义可能有所不同：在一般场合下所说的刑法解释结论，通常是指刑法文本含义；在具体案件审判（分析）的场合下所说的刑法解释结论，通常是指刑法文本含义、裁判依据与裁判结果（案件事实与刑法文本之间的涵摄关系）。

刑法解释结论具有多样性、有效性、相对性、可证成性等特点。

一、刑法解释结论的多样性

所谓刑法解释结论的多样性，是指刑法解释结论具体包括刑法文本含义、裁判依据与裁判结果（案件事实与法律文本之间的涵摄关系）等多方面内容，即有时是指刑法文本含义，有时是指裁判依据与裁判结果。至于作为刑法解释结论的刑法文本含义，有时也包含多种含义。如果刑法文本含义所包含的多种含义均具有有效性，那么这些含义由于均具有刑法解释结论有效性，便均属于刑法文本含义，这种情况不能被认为是刑法解释结论的多样性。如果刑法文本含义所包含的多种含义中有的具有有效性，有的不具有有效性，那么这是刑法解释结论的相对性问题，即在这些多种含义中，具有有效性的刑法解释结论是正确的、可接受的、可以采纳的，不具有有效性的刑法解释结论是错误的、不可接受的、不可以采纳的。但是，不仅“正确”与“错误”之间是具有相对性的，而且“正确的、可接受的、可以采纳的”本身也是具有相对性的，需要结合具体语境（时空条件）、具体案情事实进行具体判断，最终按照“合法性可包容的优化价值”规则选择整体有效性的刑法解释结论。

二、刑法解释结论的有效性

如前所述，刑法解释结论的有效性是指合法性、合理性、合目的性所共同型构的“三性统一体”的属性。如果刑法解释结论仅具有合法性而不具有合理性或者合目的性，或者仅具有合理性而不具有合法性或者合目的性，或者仅具有合目的性而不具有合法性或者合理性，均不符合刑法解释结论的有效性所要求的“三性统一体”属性，均不具备刑法解释结论有效性。因此，在刑法解释中，必须强调刑法解释结论有效性，排除不具备有效性的刑法解释结论。同时也要注意刑法解释结论有效性的相对性，如前所述，需要结合具体语境（时空条件）、具体案情事实进行具体判断，最终按照“合法性可包容的优化价值”规则选择整体有效性的刑法解释结论。

三、刑法解释结论的相对性

所谓刑法解释结论的相对性，是指刑法解释结论有效性的相对性、裁判依据与裁判结果的相对确定性，需要结合具体语境（时空条件）、具体案情事实进行具体判断。刑法文本含义在不同历史时期、不同语境中均可能存在一定的变化，表现出相对性；同理，裁判依据与裁判结果在不同历史时期、不同语境中也可能存在一定的变化，也表现出相对确定性。如前所述，如果刑法文本含义所包含的多种含义中有的具有有效性，有的不具有有效性，那么这也是刑法解释结论的相对性问题：有的刑法解释结论现在具有有效性，但是将来可能不具有有效性；反之，有的刑法解释结论现在不具有有效性，但是将来可能具有有效性。

例如，民间借贷行为是否构成非法经营罪？对此问题，以 2019 年 10 月 21 日为分水岭：在此节点之前，民间借贷行为一般不构成非法经营罪；在此节点之后（含 2019 年 10 月 21 日），民间借贷行为可以有条件地解释为构成非法经营罪。理由在于：2019 年 10 月 21 日《最高人民法院、最高人民检察院、公安部、司法部关于办理非法放贷刑事案件若干问题的意见》开始施行，并作出如下规定：

一、违反国家规定，未经监管部门批准，或者超越经营范围，以营利为目的，经常性地向社会不特定对象发放贷款，扰乱金融市场秩序，情节严重的，依照刑法第二百二十五条第（四）项的规定，以非法经营罪定罪处罚。

前款规定中的“经常性地向社会不特定对象发放贷款”，是指 2 年内向不特定多人（包括单位和个人）以借款或其他名义出借资金 10 次以上。

贷款到期后延长还款期限的，发放贷款次数按照 1 次计算。

二、以超过 36%的实际年利率实施符合本意见第一条规定的非法放贷行为，具有下列情形之一的，属于刑法第二百二十五条规定的“情节严重”，但单次非法放贷行为实际年利率未超过 36%的，定罪量刑时不得计入：

（一）个人非法放贷数额累计在 200 万元以上的，单位非法放贷数额累计在 1 000 万元以上的；

（二）个人违法所得数额累计在 80 万元以上的，单位违法所得数额累计在 400 万元以上的；

（三）个人非法放贷对象累计在 50 人以上的，单位非法放贷对象累计在 150 人以上的；

（四）造成借款人或者其近亲属自杀、死亡或者精神失常等严重后果的。

…………

八、本意见自 2019 年 10 月 21 日起施行。对于本意见施行前发生的非法放贷行为，依照最高人民法院《关于准确理解和适用刑法中“国家规定”的有关问题的通知》（法发〔2011〕155 号）的规定办理。

依照上述规定，违反国家规定，未经监管部门批准，或者超越经营范围，以营利为目的，经常性地向社会不特定对象发放贷款，扰乱金融市场秩序，情节严重的行为，构成非法经营罪（刑法解释结论）。但是值得注意的是，这一解释结论的有效性应当以 2019 年 10 月 21 日为分水岭，即：在此节点之前，关于民间借贷行为的刑法解释结论是一般不构成非法经营罪；在此节点之后（含 2019 年 10 月 21 日），关于民间借贷行为的刑法解释结论可以有条件地解释为构成非法经营罪。这一例证较为典型地体现了刑法解释结论的相对性。

四、刑法解释结论的可证成性

刑法解释结论（有效性）的最终获得，必须是通过刑法解释方法的体系化运用，根据刑事法治原则对多种刑法解释结果进行综合权衡和法律论证之后得出的可接受的一种解释结果（有效性）。这个命题实际上是法律论证理论的内容，即需要运用法律解释原理、原则和方法进行规范性命题证成，以“内部证成”和“外部证成”的方式周全地证立法律解释过程和法律判断意见的正确性、解释结论有效性。关于刑法解释结论的可证成性，可参考本书有关法律论证理论的论述。

第九章　功能主义刑法解释论*

法律解释不是认识和发现完全在事先规定好的法律含义的静态作用，而是多多少少包含着法官的选择和决策的动态作用。

如果真的认为可以从逻辑推理中得出结论，或者认为只要有法律所预想的“定型”，就可以像挖埋藏物一样发现结果，都是过于天真的想法。从实质上说，在刑法中，法律解释也是法官的选择和决策，这是事实，无法否定。虽然承认这一事实，但并不意味着罪刑法定主义就要受到破坏和消灭。恰恰相反，罪刑法定主义是以法官的这种选择行动为前提，意图将其控制在一定方向和框架内的技术，以及以此为目的的理论。①

——［日］平野龙一

在当下中国，刑法解释学的功能主义研究范式日益受到重视并逐步获得理论共识，需要进行理论上的深入研究。在中国特色社会主义法律体系已经较为完备，依法治国成为国家治理基本方略，法律解释适用受到高度重视的新时代，中国刑法解释学研究与时俱进并取得了丰硕成果，形成了较为完备的中国刑法解释学理论系统，研究内容已经触及世界范围内刑法解释学所论及的基础理论与前沿理论诸问题。21世纪初以来，中国刑法解释学研究出现了难能可贵的三个维度学术之争：刑法的形式解释与实质解释之争（解释限度之争）②、主观解释与客观解释之争（解释立场之争）③、传统刑法解释论与功能主义刑法解释论之争（解释范式之争）。④如何看待当下中国刑法解释学的三维学术之争？目前较有影响的学术观点认为，通过刑法的形式解释与实质解释之争，较有折中色彩的刑法解释学命题逐步形成：刑法的形式解释论者声称，其在先审查刑法规范条文的文义的前提下并不反对实质化审查；刑法的实质解释论者则主张，在实质化审查刑法规范条文的规范目的和行为的可罚性的条件下，应限定刑法规范条文的

---

* 特别说明：为了保持本章论述功能主义刑法解释论的体系性和完整性，其中有部分内容在本书前面章节中已有论述，本章仍然保留了这些内容，因而本章内容对这些“部分内容”存在轻微程度的重复论说，请读者在阅读时注意对照相关部分内容。

① 赖正直．机能主义刑法理论研究．北京：中国政法大学出版社，2017：36.

② 典型表现是《中国法学》2010年第4期同时发表了著名刑法学家陈兴良和张明楷的争鸣文章：陈兴良．形式解释论的再宣示．中国法学，2010（4）：27-48；张明楷．实质解释论的再提倡．中国法学，2010（4）：49-69．此外还参见刘艳红．走向实质的刑法解释．北京：北京大学出版社，2009：2；刘艳红．实质刑法观．北京：中国人民大学出版社，2009：254；劳东燕．刑法解释中的形式论与实质论之争．法学研究，2013，35（3）：122-139；魏东．刑法解释保守性命题的学术价值检讨：以当下中国刑法解释论之争为切入点//陈金钊，谢晖．法律方法：第18卷．济南：山东人民出版社，2015：220-236；魏东．中国当下刑法解释论问题研究：以论证刑法解释的保守性为中心．北京：法律出版社，2014：122-123.

③ 许发民．论刑法客观解释论应当缓行．刑法论丛，2010（3）：165-191；魏东．刑法解释保守性命题的学术价值检讨：以当下中国刑法解释论之争为切入点//陈金钊，谢晖．法律方法：第18卷．济南：山东人民出版社，2015：220-236.

④ 劳东燕．能动司法与功能主义的刑法解释论．法学家，2016（6）：13.

语义的射程范围①，从而在刑法的“保守的实质解释”与“开放的形式解释”之间形成某种具有共识性的刑法解释结论，由此形成中国刑法解释学的大体一致的有限教义化。这一具有折中色彩的刑法解释学命题体现了“我们对中国大陆当下司法样态的判断基本一致，给出的解决方案也大体一致”②，通过刑法的主观解释与客观解释之争，逐渐形成统一认识并走向刑法的客观解释论。③ 正如陈兴良所指出的：“在刑法解释的立场上，我是主张客观解释论的。但在刑法解释的限度上，我又是主张形式解释论的，两者并行不悖。其实，主观解释论与客观解释论的问题，在我国基本上已经得到解决，即客观解释论几成通说。我国最高人民法院在有关的指导性案例中，也明显地倡导客观解释论。”④ 因此也可以说，传统刑法解释论范式具体包括刑法解释限度范式（形式解释与实质解释）、刑法解释立场范式（主观解释与客观解释），它们均与作为刑法解释范式的功能主义刑法解释学范式相对应，通过传统刑法解释论与功能主义刑法解释论之争，应当认为“在某种意义上，当前我国刑法学中方兴未艾的形式解释论与实质解释论之争，可谓处在传统刑法解释论与功能主义的刑法解释论之争的延长线上”⑤，但是，“以往将二者理解为此消彼长的关系模式并不可取。按照该种模式处理，要么损耗刑法体系的自主性的一面，从而危及法的客观性乃至规则之治的价值，现有倡导实质论范式的相关研究都或多或少存在这方面的问题；要么对刑法体系的应变性的一面置若罔闻，根本不考虑或者很少考虑刑法体系如何根据外部环境进行适应性调整的问题，现有倡导形式论范式的相关研究，其根本性的缺陷即在于此”⑥，因此应当肯定发展方向是功能主义刑法解释论。⑦ 应当说，这些学术观察结论是比较客观的、基本成立的。但是，从严谨的学术研究立场来看，某些学术论断还需要展开更进一步的反思检讨。

本书认为，当下中国刑法解释学的三维学术之争仍然在相当意义上沿袭了西方刑法解释学的学术路径，无论是刑法的形式解释与实质解释之争，还是刑法的主观解释与客观解释之争，抑或是传统刑法解释论与功能主义刑法解释论之争，均没有真正超越西方刑法解释学的理论窠臼，从而，中国刑法解释学理论体系的本土化构建问题成为需要反思检讨的第一个问题。不仅如此，中国刑法解释学有的学术研究成果（尤其是功能主义刑法解释论及其学术批评）可能落

---

① 魏东．刑法解释保守性命题的学术价值检讨：以当下中国刑法解释论之争为切入点//陈金钊，谢晖．法律方法：第18卷．济南：山东人民出版社，2015：220-236.

② 邓子滨．中国实质刑法观批判．2版．北京：法律出版社，2017：15；陈兴良．刑事法评论：第28卷．北京：北京大学出版社，2011：2-3.

③ 陈兴良．形式解释论的再宣示．中国法学，2010（4）：27-48.

④ 陈兴良．形式解释论的再宣示．中国法学，2010（4）：27-48. 陈兴良在本文中明确提出了“在刑法解释的限度上，我又是主张形式解释论的”的观点，即主张刑法解释限度之形式解释论（可能类似于刑法解释限度之“法文语义说”），这是值得关注的学术见解。理论上，关于刑法解释限度的理论争议，主要有以下三种学说之争：一是法文语义说（语义可能含义说、语义可能说、文义射程说），主张从法律条文的语义中寻求法文语义；二是法律逻辑含义说（犯罪定型说），主张在符合立法原意并在原有法律条文的逻辑含义内确定其含义，或者从法的犯罪定型中去寻求犯罪定型；三是预测可能性说（国民预测可能性说、明显无突兀感说），主张从一般人的预测可能性中寻求符合国民预测可能性的含义。参见付立庆．刑法扩大解释与类推适用的区分标准：明显突兀感说的提出及其展开//魏东．刑法解释：总第5卷．北京：法律出版社，2020：1-14.

⑤ 劳东燕．能动司法与功能主义的刑法解释论．法学家，2016（6）：13.

⑥ 劳东燕．功能主义的刑法解释．北京：中国人民大学出版社，2020：9-10.

⑦ 劳东燕．能动司法与功能主义的刑法解释论．法学家，2016（6）：13；赖正直．机能主义刑法理论研究．北京：中国政法大学出版社，2017：1-2；劳东燕．功能主义刑法解释论的方法与立场．政法论坛，2018，36（2）：20；张庆立．德日机能主义刑法学之体系争议与本土思考．华东政法大学学报，2018，21（3）：126；赵运锋．功能主义刑法解释论的评析与反思：与劳东燕教授商榷．江西社会科学，2018，38（2）：183；劳东燕．刑事政策与功能主义的刑法体系．中国法学，2020（1）：126；劳东燕．功能主义刑法解释的体系性控制．清华法学，2020，14（2）：22.

后于西方刑法解释学的既有水平，有的学术研究范式可能偏离了当下法律解释学的发展方向，有的学术观点可能脱离甚至违背了刑法教义学和刑事政策学原理而出现了较为明显的谬误，从而可能严重阻滞中国刑法解释学研究的创新发展，这是需要反思检讨的第二个问题。这两个问题应当说是相互关联的，其中第二个问题主要是当下中国刑法解释学范式转型及其关联命题的判断问题，更具有深刻检讨的紧迫性。在相当程度上，第二个问题更加深刻地影响着中国刑法解释学的科学性、合理性和创新发展方向性，并且第二个问题似乎并没有引起中国刑法学者的应有重视，很有必要引起理论界的高度重视，只有解决好了第二个问题，才有条件解决第一个问题。因此，本章重点针对第二个问题，从中国刑法解释学的研究范式与创新维度展开学术检讨，提出个人见解，以期抛砖引玉。

第一节 功能主义刑法解释论的源起与学术批评

原初的功能主义刑法解释论是功能（机能）主义刑法理论的重要内容，它较早由德国学者罗克辛、雅科布斯以及日本刑法学者平野龙一于 20 世纪 60 至 70 年代提出，后经由日本、德国众多刑法学者近半个世纪的共同努力在 20 世纪末 21 世纪初获得较大发展，成为当代德日刑法学的一个重要理论流派。① 一般认为，功能主义刑法解释论是在反思传统的认识论、方法论的刑法解释论的基础上，运用功能主义刑法理论及其内含的功能主义社会学分析方法与刑事政策分析方法、现实主义法学与经验法学的利益衡量论等理论智识，从法哲学根基上对传统刑法解释学进行理论改造所重塑的新的刑法解释论，提出了从“体系性思考”转向“问题性思考”②，以及“刑法机能的可替代性、刑法的谦抑性、法官决策行动论、判例的立法机能论、国民参与司法论等一系列主张”③，其中“法官决策行动论与问题性思考以及实质犯罪论互为表里，构成了机能主义刑法理论的法哲学基础”④。

一、日本学术批评的三维抽象：方法论、刑事政策论、司法公正论

对于平野龙一所提出的原初的功能主义刑法解释理论，日本刑法学者提出了深刻的学术批评，主要内容可以归纳为方法论、刑事政策论、司法公正论三个维度（方面）的学术批评⑤：

第一是方法论问题。机能主义刑法理论最大的特色在于其现实主义色彩鲜明的方法论，而反对者批判的矛头也集中指向了这些方法论。对机能主义刑法理论的批判主要是方法论的批判，批评者认为方法性与方法体系性问题是机能主义刑法理论的最大问题，机能主义刑法理论在基本立场上忽视了刑法教义学方法和刑法解释方法及其体系性问题。批评者指出，批判刑法学过度重视体系性的倾向，倡导问题性思考，是机能主义刑法理论的基本主张，但是，将问题性思考作为结果取向性思考，忽视了体系性思考能够从形式上制约刑罚的范围（从而有利于保障人权）的问题，也忽视了问题性思考必须以体系性思考为前提的问题，如果不能提供适当的体系，问题性思考就只能是无秩序的概念大杂烩，因此最终仍然需要体系性思考。井田良指

---

① 劳东燕．能动司法与功能主义的刑法解释论．法学家，2016（6）：13；赖正直．机能主义刑法理论研究．北京：中国政法大学出版社，2017：1－2；张庆立．德日机能主义刑法学之体系争议与本土思考．华东政法大学学报，2018，21（3）：126.

② 关哲夫．论机能主义刑法学：机能主义刑法学的检讨．刑法论丛，2009，17（1）：256－299.

③ 赖正直．机能主义刑法理论研究．北京：中国政法大学出版社，2017：2.

④ 同③170.

⑤ 这里集中提出的学术批评内容，除特别说明出处的之外，均参见赖正直．机能主义刑法理论研究．北京：中国政法大学出版社，2017：163－178，182.

出："平野主张问题性思考而不是体系性思考的路径，但是，即使是问题性思考，也不能仅仅是圆满地解决一个案件就行了，还要检讨案件解决方法之间的体系性关系，要求做到各个案件的解决趋于整合性，在逻辑上和价值上不自相矛盾。平野是否认为可以无视这种意义上的案件解决的体系性，是不明确的。"在犯罪论中重视机能主义和刑事政策论的方法，与基于结果无价值这一单纯的一元视角展开的解释论，应该如何实现整合，不可避免地会产生疑问。"如果把法官的政策判断作为刑法解释的指针"，就可能"打开了利用刑法充当政治工具的危险道路"①。曾根威彦认为："以受德国刑法影响的传统概念法学的体系性为背景的形式的人权保障原则，基于美国标准的实用经验主义的思考引发的危险性内在于现实展开的实质的犯罪论中。在此，过度强调刑法（刑罚）的机能与效果，其结果则是迫使犯罪本质论退居刑法理论的背后，由于决疑的问题解决得到重视，犯罪论的体系性、论理的一贯性也被稀薄化了。"② 同时，批评者还指出，平野龙一在方法论上主张机能主义，在具体解释论中主张结果无价值，但两者之间是何种关系，结果无价值论是否能够得到经验事实或实证研究的支持，由于平野龙一并没有对此进行严格的科学意义上的实际调查，因此其未能将这些问题阐述清楚。

第二是刑事政策论问题。一方面，批评者批评平野龙一没有对"刑法的首要机能是保护法益"（首要机能论）这个理论之基进行经验或现实的验证，主要通过积极的一般预防来实现这一首要机能（积极的一般预防论）有扩大刑法处罚范围的疑问。另一方面，批评者提出，重视刑事政策虽然是必要的，但不能因此而忽视刑法条文的逻辑和刑法理论的体系的作用，应当主张既积极追求刑事政策的合目的性又重视刑法规范的逻辑整合性的"规范体系的机能主义犯罪论"，如果采用无视形式性和体系性的实质犯罪论，就会危及刑法的人权保障机能。曾根威彦指出："即使在刑罚论中，从刑事政策的视角优先考虑犯罪预防效果，包含欠缺考虑对人权保障等宪法上的价值实现的危险……仅援用（一般）预防的话是不充分的，为了赋予现实的刑罚权行使以正当性基础，正义（报应）的观点也不得不被提出。"③ 笔者认为，仅仅从预防性这一点上来把握刑法是存在局限的。

第三是司法公正论问题（司法哲学）。以法官决策行动论、判例拥护理论、判例的立法机能、国民参与司法等为典型代表，批评者认为，不能放松对判例偏离方向的警惕，也不能完全依赖国民参与司法和裁判员制度来解决司法公正问题。在社会价值取向日益多元化的时代，企图用随机抽签的方式挑选几个人来代表全体国民的做法越来越缺乏合理性，裁判员制度存在构造性的缺陷，难以实现刑事司法中体现国民意识的立法宗旨，并不能确保司法公正的有效实现。中山研一指出："实质的合目的判断很容易走向法治的相反方向，因此，法律的形式约束仍然是必要的。判例在实质上发挥立法机能，也许是现代的一种要求，但如果不加制约，是不能将其正当化的。""无条件地肯定判例的立法机能，这是疑问的。其中虽然包含着对此前刑法学状况的正确批判，但对于学说为了获得对现实的有效性而向判例无原则妥协和追随的危险性，必须保持警惕。"④

二、中国过去的学术批评偏执一端：就结果论结果的刑事政策论

我国部分刑法学者对前述学术批评的关注不够，对于功能主义刑法解释论"问题性思考"等法哲学命题缺乏深刻性认识，甚至没有看到"问题"的实质，或者片面主张结果的功能主义刑法解释立场，或者在表面上主张结果与方法体系性并重，但是在实质上主张切割方法论体系

---

① 赖正直．机能主义刑法理论研究．北京：中国政法大学出版社，2017：165－167.

②③ 曾根威彦．日本刑法理论的发展动向．刑法论丛，2013，33（1）：360－372.

④ 中山研一．刑法总论．东京：成文堂，1981：9.

完整性和科学性的功能主义刑法解释立场，直接导致理论误判。功能主义刑法解释论自2010年前后开始获得我国刑法学者的关注和引介①，但是直到2016年，我国才有劳东燕、赖正直等刑法学者展开较为深入的理论研究和学术批评②，他们强调“功能主义刑法解释论是对积极一般预防主义的回应，也是安全刑法观在解释论上的反映”③，其“具有目的导向性、实质性、回应性与后果取向性的特点”，从而“有助于解决在复杂社会中刑法如何有效回应社会需求的问题”④。可以发现，当前中国刑法学者在引入功能主义刑法解释论并展开学术研究时，总体上肯定了原初的功能主义刑法解释学“刑事政策的合目的性”的基本立场，但是缺乏批判性，尤其是对国外学术界针对原初的功能主义刑法解释学“方法性与方法体系性”“司法公正论”的学术批评缺乏应有的关注。

例如，我国有学者明确主张，“在立法决策不太清晰的情况下”，应当“软化”刑法解释结论合法性和合理性，认为“正是由于合理性与有效性的实体标准会应时应势地发生变化，这样一种刑事政策化的刑法体系，才具有软化刑法的刚性的功能，使得刑法体系能够进行自我校正与调整”⑤，从而宣示了某种合目的性“唯我独尊”的立场。应注意的是，如果说传统刑法解释论强调罪刑法定原则和刑事政策理性的限定约束，强调刑事政策解释方法及其解释结论合目的性“强化”合法性和合理性，体现了刑法解释论的有限使命观；那么，我国刑法学者所阐释的功能主义刑法解释论强调通过结果合目的性的功能主义“软化”刑法的刚性，则体现了功能主义刑法解释论的超级使命观。因为一旦赋予“法规范外的”刑事政策解释方法及其结论合目的性具有“软化”刑法的刚性（合法性和合理性）的使命，刑法解释必将成为无所不能的“超级变形金刚”，这是值得特别警惕和深刻反思的。通过深刻分析可以发现，我国学者在对功能主义刑法解释论的立场阐释中突出表现出以下两个倾向：

其一，在论述刑事政策解释方法对解释结论合目的性的确证功能命题时，存在某种顾此失彼的片面主义倾向。我国学者仅仅将合目的性（以追求惩治犯罪与预防犯罪的有效性为价值目标）认定为功能主义刑法解释论的“有效性”，即没有自始至终地将合法性和合理性纳入解释结论“有效性”的有机组成部分进行整全性考量。给人的突出感觉是功能主义刑法解释论的结果导向性就是“合目的性”，而合目的性就是指解释结论“有效性”的全部内容，“在立法决策不太清晰的情况下”倾向于以解释结论“合目的性”取代“有效性”，并且在此基础上“软化”了刑法解释方法对解释结论合法性和合理性的确证功能等内容。同时，我国学者在合目的性本身的内涵界定上也存在某种片面性，认为刑事政策合目的性通常在刑法立法规范上能够充分体现，这是目的论解释就可以完成的解释功能，但是“在立法决策不太清晰的情况下，刑法解释需要根据刑事政策的要求，从预防必要性的角度，权衡与斟酌不同的解释结论所可能导致的后果”。可以说，我国刑法学者将刑事政策合目的性转换成了“合预防必要性”，“合预防必要性”

---

① 关哲夫．论机能主义刑法学：机能主义刑法学的检讨．刑法论丛，2009，17（1）：256－299；周振杰．日本刑法思想史研究．北京：中国法制出版社，2013：266－273；普赫特维茨．论刑法的机能主义化．北航法律评论，2014（1）：46－61.

② 劳东燕．能动司法与功能主义的刑法解释论．法学家，2016（6）：13；赖正直．机能主义刑法理论研究．北京：中国政法大学出版社，2017：1－2；劳东燕．功能主义刑法解释论的方法与立场．政法论坛，2018，36（2）：20；张庆立．德日机能主义刑法学之体系争议与本土思考．华东政法大学学报，2018，21（3）：126；赵运锋．功能主义刑法解释论的评析与反思：与劳东燕教授商榷．江西社会科学，2018，38（2）：183；劳东燕．刑事政策与功能主义的刑法体系．中国法学，2020（1）：126；劳东燕．功能主义刑法解释的体系性控制．清华法学，2020，14（2）：22.

③ 赵运锋．功能主义刑法解释论的评析与反思：与劳东燕教授商榷．江西社会科学，2018，38（2）：183.

④ 劳东燕．能动司法与功能主义的刑法解释论．法学家，2016（6）：15.

⑤ 劳东燕．功能主义刑法解释论的方法与立场．政法论坛，2018，36（2）：10－27.

甚至主要是指“一般预防的目标设定”①。我国刑法学者主张：“刑事政策终归是以预防与控制犯罪作为自身的核心任务，并以秩序作为追求的价值目标。确切地说，本书所使用的刑事政策概念，主要是方法论意义上的，等同于合目的性考虑。如此一来，在刑法解释的领域，所谓的刑事政策与刑法体系的关系命题，在方法论上表现为如何处理合目的性与融贯性的双重要求的问题。”“功能主义并未放弃体系性思考，在方法论上也并不倡导问题性思考”，而是“强调对自身的反思性控制”，“适当整合法的系统理论的一些洞见，在此基础上进行方法论层面的加工，展开相应的体系化构建”②。前述学者的主张不仅在整体论上忽略了刑事政策合目的性的应然内涵——秩序（预防犯罪）、自由（保障人权）、公正、效率——中除秩序价值功能外的其他三项价值功能上的合目的性，而且在刑事政策预防论上还进一步将秩序价值中的特殊预防切割开而只强调一般预防（一般预防的目标设定），这是较为明显的片面主义倾向。

我国刑法学者在阐释功能主义刑法解释论时表现出片面主义倾向，根本原因在于以片面偏重结果的功能主义立场片面地阐释了刑事政策解释方法（对解释结论合目的性）的确证功能命题，从而没有全面揭示刑事政策解释方法的功能主义的应有内涵（其中包括合目的性的应有内涵）。因此，为纠正这种片面主义倾向，功能主义刑法解释论应当进行立场转向，即由偏重结果的功能主义立场转向结果与方法并重的功能主义立场，只有这样才能全面、深刻地阐释刑事政策解释方法（对解释结论合目的性）的确证功能命题的应有内涵。

其二，在论述刑法解释方法对解释结论有效性的确证功能命题时，存在某种厚此薄彼甚至矛盾的实用主义倾向。我国刑法学者在片面地阐释刑事政策解释方法（对解释结论合目的性）的确证功能命题的同时，并没有将刑法解释方法的确证功能上升为一般方法论意义上的刑法解释方法论命题。劳东燕指出：“传统刑法解释论与功能主义的刑法解释论本质上的不同之处在于，前者将自身定位为方法论，认为解释方法的功能不过是发现立法者早已做出的决定，而后者则认为刑法解释便是刑法本身，解释者也积极参与了规范的形成，其在规范意义的建构过程中的作用并不逊于立法者。”刑法解释涉及的并非认识论的问题，而是具有建构性的问题，来自主体的理解是刑法解释本身的内在组成部分。③ 在否定传统刑法解释（方法）论的前提下，我国刑法学者甚至提出了刑法解释结论决定刑法解释方法命题（解释结论决定论命题），主张“解释结论在决定解释方法的选择与适用，而不是解释方法决定着解释结论”。刑法解释结论有效性并不是通过传统刑法解释方法来确证和实现的，而是通过功能主义法学观所直接预设的刑法功能、规范刑法学之外的法社会学所预设期待的刑事政策功能来实现的④，由此直接否定了刑法解释方法的确证功能及其重要性。我国刑法学者的实用主义倾向显现出不可调和的矛盾：一方面片面地阐释（仅仅部分肯定）刑事政策解释方法（对解释结论合目的性）的确证功能命题，另一方面否定一般方法论意义上的刑法解释方法对解释结论有效性的确证功能命题。

我国刑法学者在阐释功能主义刑法解释论时所表现出的实用主义倾向，在根源上既与其坚持片面偏重结果的功能主义立场有关，更与其偏重合目的性解释方法而忽视其他解释方法的功能主义立场有关。因此，为纠正这种实用主义倾向，功能主义刑法解释论还应当进行更进一步的立场转向，即从偏重合目的性的解释方法的功能主义立场转向有效性“三性统一体”的解释方法群的功能主义立场，全面强化功能主义刑法解释论的方法论意识，重新审视、充分尊重并创新发展传统刑法解释方法对解释结论有效性的确证功能，只有这样才能在一般方法论意义上

---

① 劳东燕．功能主义刑法解释论的方法与立场．政法论坛，2018，36（2）：10－27.

② 劳东燕．功能主义的刑法解释．北京：中国人民大学出版社，2020：9.

③ 同①.

④ 劳东燕．能动司法与功能主义的刑法解释论．法学家，2016（6）：13－28，175.

全面、深刻地阐释刑法解释方法对解释结论有效性的确证功能命题。

前述问题意识的实质内核，主要是针对我国刑法学者在刑法解释方法对解释结论有效性的确证功能命题论中存在的个人倾向。但是，进一步的问题意识还在于，当下中国刑法学者的学术批评并没有完全注意到前述问题意识的实质内核，从而存在问题意识欠缺深刻性这一新问题，可以说刑法学界对我国刑法学者"个人倾向"的学术批评存在问题意识深刻性"集体失察"的问题。有的批评者指出："功能主义刑法解释观过于侧重刑法解释的功能主义，会对罪刑法定原则形成威胁，并可能蕴含破坏形式法治的风险，应当引起理论界的关注与警惕。""在回应形式法治诉求与过度解释等理论质疑时，该解释理论难以自圆其说"①，总体上"可能存在强化社会控制和弱化人权保障风险"②。这些学术批评主要是针对功能主义刑法解释论"结果"上的风险审查和批判，尽管有一定的道理，但是应当注意的是，这些批评并没有揭示出造成功能主义刑法解释论这种并不令人满意的"结果"的根本原因，因而这些批评不但缺乏应有的理论深刻性和针对性，甚至可能还出现了某种程度上的批评错位与不当的新疑问。例如，赵运锋批评劳东燕"过于侧重刑法解释的功能主义"，其中也指出作为刑法解释方法的目的解释可能存在"规范目的往往成为解读主体贯彻其意图的借口，经常通过目的限缩或目的扩张改变规范文义"③ 等问题。但是将批评聚焦于功能主义本身可能并不妥当，单纯地责难"通过目的限缩或目的扩张改变规范文义"的方法论思考并不充分。因为公允地讲，强调刑法解释结果乃至刑法解释整体的功能主义立场并没有错，功能主义刑法解释论将刑法解释结论（结果）的功能性思考纳入功能主义刑法解释论整体的功能性思考是其显著特点，这些内容恰恰是值得充分肯定的。那么，功能主义刑法解释论"错"的症结在何处呢？笔者认为，我国刑法学者所阐释的功能主义刑法解释论对于刑法解释结论乃至刑法解释整体的功能性思考没有贯彻到底，遮蔽或者"软化"了刑法解释方法的功能性思考和整全性思考，直接导致对刑法解释方法的功能性思考不充分、类型化和体系化思考不足，这可能才是隐藏于我国刑法学者相关论述中的重要缺陷。而以往的批评者就结果（作为结果的刑法解释结论）批评结果（结果的功能主义立场），其实并没有找准功能主义刑法解释论所秉持的哲学解释学"对方法的轻视"④、对刑法解释方法确证功能的"软化"这个关键问题。有的批评者表面上论及方法论问题，但是实际上死盯着目的解释（方法）而单纯地责难目的解释（方法），并没有从一般方法论意义上系统地检讨刑法解释方法对解释结论有效性的确证功能，根本无法提出系统解决问题的可行方案。需要说明的是，笔者指出刑法学界针对我国刑法学者功能主义刑法解释论学术批评问题意识上的"集体失察"，并不是说刑法学界在刑法解释方法确证功能命题论上也存在"集体失察"，而是说刑法学界没有找准我国刑法学者关于功能主义刑法解释论的理论阐释中"错"的症结之所在。应当说，这也是本部分展开刑法解释方法对解释结论有效性的确证功能命题研究的重要价值之所在。

我国刑法学者劳东燕在2020年发表的论文中针对目的解释和刑事政策解释等方法论问题以及功能主义刑法体系构建问题进行了"自我反思"，提出了新思考，指出："我国有必要改采贯通模式。借助于目的的管道，刑事政策进入刑法体系之内，对体系的构建及相关的教义学理论产生影响。将刑事政策的目的性设定与法教义学的构建相贯通，代表的是刑法体系的功能化走向。功能主义的刑法体系能够合理地解决体系的自主性与应变性之间的紧张。它使得犯罪论

---

① 赵运锋．功能主义刑法解释论的评析与反思：与劳东燕教授商榷．江西社会科学，2018，38（2）：183-191.

② 张庆立．德日机能主义刑法学之体系争议与本土思考．华东政法大学学报，2018，21（3）：126-136.

③ 同①.

④ 何卫平．西方解释学的第三次转向：从哈贝马斯到利科．中国社会科学，2019（6）：45-62，205.

的构建不再以应罚性作为主导，而以需罚性作为主导，由此而重塑犯罪阶层体系。刑法体系的功能化发展，易于对法的客观性与统一性形成冲击，并对个体自由的保障构成威胁。这样的危险根源于其方法论上的目的性思维。有必要构建一种二元性的规制框架，即通过刑法教义学的内部控制与合宪性的外部控制，来实现对功能主义刑法体系的正当性控制。”① 但是，结合我国刑法学者的“个人倾向”和“自我反思”进行综合检讨，不难发现，我国刑法学者一方面宣示某种合目的性“唯我独尊”的立场，另一方面又在反思“这样的危险根源于其方法论上的目的性思维”的基础上，主张“将刑事政策的目的性设定与法教义学的构建相贯通”和“通过刑法教义学的内部控制与合宪性的外部控制”。这种主张仍然只是部分解决了功能主义刑法解释论的立场问题，即仅解决了“刑事政策进入刑法体系之内”的法规范内的论理解释结论合理性这一“部分”，而没有彻底解决根本问题，即没有在根本上解决“法规范外的”刑事政策解释方法对合目的性的确证功能及其与有效性之间的关系论问题。换言之，偏重结果的功能主义刑法解释论所倚重的解释结论合目的性，强调的是“法规范外的”刑事政策解释合目的性及其“软化”刑法的刚性，而不是强调“刑事政策进入刑法体系之内”的法规范内的论理解释结论合理性，它们分属于“法规范外的”刑事政策解释结论合目的性与“法规范内的”论理解释结论合理性，不是同一个范畴。因此，从严格意义上讲，我国刑法学者此处的“自我反思”仅属于对“法规范内的”论理解释结论合理性的反思，而不属于对“法规范外的”刑事政策解释结论合目的性的反思。罗克辛主张的刑事政策贯通命题②，经由陈兴良等学者的引入和推介目前已成为中国刑法学共识③，对于“通过刑法教义学的内部控制与合宪性的外部控制”这种“二元性的规制框架”的见解，理论界应当说也没有太大争议。④ 在此前提下，功能主义刑法解释论需要进一步解决的根本问题是刑事政策贯通功能与“二元性的规制框架”之间复杂的关系论（立场）问题，包括刑事政策贯通功能内部的关系、“二元性的规制框架”功能内部的关系，还包括贯通功能与“二元性的规制框架”功能相互之间的关系。这些关系论（立场）问题，在功能主义刑法解释论上可以抽象出以下三个：一是刑法解释结论有效性之间的关系论问题，具体是指刑法解释结论合法性、合理性、合目的性之间的关系以及三者与有效性之间的关系论问题；二是刑法解释方法确证功能的内部关系论问题，具体是指刑法解释方法确证功能与刑法解释结论有效性的内部对应关系问题，对此前文已经指出了我国刑法学者“个人倾向”所存在的疑问，并明确提出了刑法解释方法对解释结论有效性的确证功能命题；三是刑法解释方法确证功能的外部关系论问题，具体是指（各种具体的）刑法解释方法确证功能相互之间的外部关联关系问题，对此，后文将提出并论证刑法解释方法确证功能体系化命题。

针对我国刑法学者在“自我反思”中所归纳出的新的问题意识，即刑法解释方法确证功能的外部关系论问题，为什么要提出刑法解释方法确证功能体系化命题？原因在于：我国刑法学者仍然试图“单向性”地从目的论刑法体系内（方法论上的目的性思维）寻找病因，试图“单向性”地从法规范内的论理解释方法中（通过刑法教义学的内部控制与合宪性的外部控制）寻找治病良方，在方法论上存在较为明显的“单向性”的片面主义倾向。由于“合宪性”解释方

① 劳东燕．刑事政策与功能主义的刑法体系．中国法学，2020（1）：126-148.

② 罗克辛．刑事政策与刑法体系．2版．蔡桂生，译．北京：中国人民大学出版社，2011：7；罗克辛．德国刑法学总论：第1卷．王世洲，译．北京：法律出版社，2005：132-141.

③ 陈兴良．刑法教义学与刑事政策的关系：从李斯特鸿沟到罗克辛贯通：中国语境下的展开．中外法学，2013，25（5）：974-1005.

④ 关于刑法教义学上的宪政思考和刑法解释论上的合宪性解释方法，刑法理论界均有较为充分的讨论。参见陈兴良．刑法理念导读．北京：法律出版社，2003：47-74；张明楷．宪法与刑法的循环解释．法学评论，2019，37（1）：11-27；时延安．刑法规范的合宪性解释．国家检察官学院学报，2015，23（1）：70-77，174.

法在本质上仍然属于法规范内的论理解释方法，而非法规范外的“外部控制”，没有全面观照一般方法论意义上的刑法解释方法的多维性及其确证功能体系化特点，注定是难以实现刑法解释结论有效性的。因此，本书认为，对刑法解释方法确证功能进行类型化和体系化思考，才是彻底解决刑法解释结论有效性的根本出路。

三、功能主义刑法解释学范式的方向性判断

当代中国刑法解释学的研究范式（理论范式）应当是什么？这个问题只有极少数中国刑法学者（如我国刑法学者劳东燕、赵运锋等）显性地、鲜明地提出来过。从研究范式相关性来看，中国刑法解释学关注到了传统的刑法解释学主张方法论、认识论的解释学研究范式，现代的刑法解释学主张存在论、本体论的哲学解释学研究范式，以及始于20世纪中叶的原初的功能主义刑法解释学研究范式。由于功能主义刑法解释学范式是在哲学解释学范式之后出现的，同哲学解释学范式一样秉持着“对方法的轻视”① 和反对“体系性思考”学术传统的共同立场，因此，我国有学者认为，当代中国刑法解释学的研究范式主要存在“传统刑法解释论与功能主义的刑法解释论之争”，进而主张中国引入功能主义刑法解释学范式。② 如前所述，这种学术观察结论是有一定道理的，功能主义刑法解释学及其学术批评在中国刑法学界引起了较大的学术反响。但是，照搬国外原初的功能主义刑法解释学范式，或者在强调“功能主义并未放弃体系性思考”“对自身的反思性控制”“展开相应的体系化构建”③ 的同时，仍然背离刑事政策学科学原理和法律解释学最新发展方向的功能主义刑法解释学范式，均可能存在批判性关注不够、方向性判断不准等缺陷。具体来讲，中国刑法学者一方面对于国外针对原初的功能主义刑法解释学范式的学术批评缺乏应有关注，另一方面还忽略了世界范围内诠释学、法律解释学研究范式的最新发展方向，甚至没有注意到中国本土的法律解释学范式的创新发展成果，两方面因素的叠加直接导致中国刑法解释学明显地出现了某种方向性判断失误，影响了中国语境下功能主义刑法解释论的健康发展和本土化构建，因此非常有必要进行理论归正。这种初步的学术观察所提出的问题意识非常重要，可以说，只有在充分关注并展开原初的功能主义刑法解释学范式的批判性与方向性研究之后，回归方法论、刑事政策论、司法公正论的应有立场并进行理论归正，才能正确回答当代中国刑法解释学的研究范式应当是什么的问题。

第二节 功能主义刑法解释论的当代发展

基于原初的功能主义刑法解释学范式的学术批评和方向性判断，笔者认为，当代功能主义刑法解释学范式应包含以下三个核心命题：结果与方法并重整全论、刑法解释方法确证功能体系化、司法公正相对主义。

一、功能目标限定立场：结果与方法并重整全论

功能主义刑法解释论既要坚持结果的功能主义，又要注重方法的功能主义，充分发挥刑法

① 何卫平．西方解释学的第三次转向：从哈贝马斯到利科．中国社会科学，2019（6）：46.

② 劳东燕．能动司法与功能主义的刑法解释论．法学家，2016（6）：13.

③ 劳东燕．功能主义的刑法解释．北京：中国人民大学出版社，2020：9. 笔者认为，尽管我国刑法学者在该书中强调其所主张的“功能主义并未放弃体系性思考”“对自身的反思性控制”“展开相应的体系化构建”，但是，在实质立场上，我国刑法学者所具体阐释的功能主义刑法解释论仍然部分背离了刑事政策学科学原理和法律解释学最新发展方向，仍然秉持着哲学解释学“对方法的轻视”和反对“体系性思考”的学术传统，具体理由详见本书后面所阐述的相关批评内容。

解释方法（群）对解释结论合法性、合理性和合目的性的确证功能，切实实现从偏重合目的性的功能主义立场转向整体有效性的功能主义立场。这种论断的法理基础，在于作为传统认识论、方法论的刑法解释学的刑法解释结论有效性命题以及刑法解释方法对解释结论有效性的确证功能命题。刑法解释结论有效性，是指刑法解释结论所具有的合法性、合理性、合目的性，是该“三性”所共同型构的“三性统一体”。刑法解释结论有效性的真正实现及其充分阐释，离不开刑法解释方法确证功能的充分发挥，因此，刑法解释结论有效性与刑法解释方法确证功能之间具有紧密关联性。刑法解释方法确证功能，又可以称为刑法解释方法对刑法解释结论有效性的确证功能，是指刑法解释方法所具有的确证刑法解释结论有效性（合法性、合理性、合目的性之“三性统一体”）的功能。其基本逻辑在于：首先，刑法的文义解释方法主要具有确证文义解释结论“合法性”层面有效性的基本功能，但是其并不完全具有确证合理性和合目的性的功能，因而其“单枪匹马”无法周全地确证刑法解释结论有效性；其次，（法规范内的）论理解释方法主要具有确证论理解释结论合理性的功能，但是其并不完全具有确证刑法解释结论合法性和合目的性的功能，因而其“单枪匹马”同样无法周全地确证刑法解释结论有效性；最后，（法规范外的）刑事政策解释方法主要具有“在法规范之外”确证刑事政策解释结论合目的性的功能，但是其并不完全具有确证刑法解释结论合法性与合理性的功能，因而其“单枪匹马”仍然无法周全地确证刑法解释结论有效性。质言之，刑法的文义解释方法、（法规范内的）论理解释方法和（法规范外的）刑事政策解释方法之中的任何“一种”解释方法，均仅具有单方面地确证刑法解释结论某“一种”有效性——或者是合法性，或者是合理性，或者是合目的性——的功能，但是其中任何一种刑法解释方法“单枪匹马”均不具有周全地确证刑法解释结论有效性的“多种”功能。只有当三种刑法解释方法“齐心协力地”共同发挥其各自的确证功能之时，刑法解释方法（群）的三种确证功能才能立体地、一体化地发挥出来并周全地确证刑法解释结论有效性。至于刑法解释方法（群）的功能性关联关系的具体内容，需要在刑法解释方法确证功能体系化命题中再作详论，这里仅对此命题作如下简要归纳：刑法解释方法确证功能体系化，首先需要进行文义解释，确证解释结论合法性底线基础价值和合法空间；其次需要进行论理解释和刑事政策解释，在合法性底线基础价值之上合法空间范围之内进一步求证解释结论合理性和合目的性优化价值，并在合法空间范围可包容的各种优化价值中遴选出“最优化价值”，以确保实现刑法解释结论有效性“三性统一体”。在解释过程中可以进行解释性循环，解释性循环并不否定刑法解释方法确证功能体系化。

因此，为真正实现从偏重合目的性的功能主义立场转向整体有效性的功能主义立场，必须切实做到以下三种具体立场的转向：

（一）有效性之下的合法性：必须由合法性的极端主义立场转向合法性的底线基础价值确证主义立场

如果说合理性、合目的性主要从法规范内外进行价值目的性权衡并遴选出优化价值，那么合法性就主要针对法规范本身所限定的合法性底线基础价值进行审查确证（确定合法空间）。合法性通常不是抽象的价值权衡而是具体的底线基础价值审查，其审查依据是法规范本身的形式和内容（实质内涵），包括形式合法性和实质合法性的双重审查。其中实质合法性“内容”审查必然含有实质价值判断并且与合理性和合目的性相交织，但是必须以符合形式合法性为底线基础，因此，形式合法性审查具有奠基意义。形式合法性主要通过规范文本的文义解释结论来体现。之所以首先提出合法性底线基础价值确证主义立场问题，是因为问题性思考中的后果取向性论、重置首要机能论都必须在法哲学根基上回答“合法性”这个本真问题，所以，首要关注的重点就应当是确证解释结论合法性底线基础价值和合法空间的方法论路径（合法性的底线基础价值确证方法）。

刑法的文义解释，在传统理论上又称为刑法的语义解释、语意解释、文意解释、文理解释、文法解释、语法解释、语言解释、字面解释，是指根据刑法用语的文义来阐释刑法用语含义的解释方法。刑法的文义解释方法，根据观察其相关性，还涉及刑法的平义解释、当然解释等刑法解释方法（但是王政勋等学者对此持有不同看法①）。所谓刑法的平义解释，是指刑法用语的最直白的含义的阐释。有学者认为，平义解释一般是针对法律规定中的日常用语而采用的解释方法，但是对于专门的法律术语（如“故意”“过失”等）则不宜采取平义解释方法，而只能按照刑法的解释性规定进行解释。② 所谓刑法的当然解释，是指根据刑法用语含义可以当然得出解释结论的解释方法。例如，《刑法》第 236 条规定了“二人以上轮奸的”情形，其含义当然包括“三人轮奸的”情形。有学者认为，刑法的当然解释“蕴含了在出罪时举重以明轻、在入罪时举轻以明重的当然道理”③；但是，“在入罪时举轻以明重”这种看法可能存在过于实质化、超规范化和类型模糊化的疑问，有时可能有违罪刑法定原则的要求，应当谨慎地注意审查犯罪行为定型的特别规则。应当说，刑法的平义解释方法由于客观上遗漏了“非平义”的文义解释结论而可能会提高合法性底线基础价值并缩小“合法空间”。刑法的当然解释方法既可能因为主观地“当然”解释而成为“想当然”解释，也可能因为实质化地“当然”解释而成为实质意义上的论理解释，因此，刑法的平义解释方法与当然解释方法都不宜作为刑法的文义解释结论合法性底线基础价值的确证方法，或者说，刑法的文义解释方法不宜被限定为平义解释方法与当然解释方法。

除此以外，文义解释（方法）本身还存在其他一些理论争议需要检讨。其中较为突出的理论争议是以下两种极端主义立场之间的尖锐对立：一是规范文本的字面意思限定论，认为文义解释方法只能根据刑法用语的字面意思来阐明其含义。例如，针对《刑法》第 236 条中“强奸”的刑法解释，有学者认为“奸”的字面语义只能指婚外性行为（因为有“婚内无奸”之说），因此婚内强迫性行为不属于“奸”，从而认为婚内强迫性行为不可能成立“强奸”。二是规范文本的规范目的决定论，认为文义解释方法可以根据刑法用语的规范目的来阐明其含义。例如，针对《刑法》第 263 条中“冒充军警人员抢劫”的刑法解释，有学者认为，根据该法条（规范文本）的规范目的，既包括假的军警人员冒充军警人员抢劫的情形，也包括真正的军警人员实施抢劫的情形。在前述两种极端主义立场下的文义解释中，第一种可能极端限缩了规范文本用语的文义范围，亦即存在提高合法性底线基础价值并缩小“合法空间”的问题；第二种可能极端扩张了规范文本用语的文义范围，因为其实质上是以论理解释方法（目的解释）取代了文义解释方法，因而都存在不足，需要转向合法性的底线基础价值确证主义立场。

同时，还需要关注文义解释的限度理论和语言哲学的发展。刑法解释的限度有广义和狭义之分，广义的刑法解释限度是指刑法解释的界限和程度，狭义的刑法解释限度是指刑法文义解释的界限和程度。关于刑法解释限度的理论争议，主要有以下三种学说之争：一是法文语义说（语义可能含义说、语义可能说、文义射程说），主张从法律条文的语义中寻求法文语义；二是法律逻辑含义说（犯罪定型说），主张在符合立法原意并在原有法律条文的逻辑含义内确定其含义，或者从法的犯罪定型中寻求犯罪定型；三是预测可能性说（国民预测可能性说、明显无

① 王政勋．刑法解释的语言论研究．北京：商务印书馆，2016：194.
② 张明楷．刑法学：上．5 版．北京：法律出版社，2016：39.
③ 张明楷．罪刑法定与刑法解释．北京：北京大学出版社，2009：138.

突兀感说），主张从一般人的预测可能性中寻求符合国民预测可能性的含义。[①] 争议焦点在于刑法解释是否严格遵循刑法条文的字面含义，以及如何在罪刑法定原则下确定刑法解释的边界，尤其是入罪解释的边界。笔者认为，狭义的刑法解释限度由于仅限于文义解释限度，实质上是确证解释结论合法性底线基础价值和合法空间，是刑法上罪刑法定原则和法律解释学上合法性原则的内在要求、刚性要求，因此应当主张语用论的法文语义说（可称为语用意义说），即语义和语用必须结合起来。[②] 根据语用意义说，文义解释方法应当根据刑法用语在特定语境下的语用意义来确定其含义，其含义范围通常（但并非绝对）比字面语义大、比规范目的语义小。例如，"强奸"的语用意义，在通常情况下不包括正常婚姻关系存续期间夫妻之间的强迫性行为，但是可以包含非正常婚姻关系存续期间丈夫对妻子实施的强迫性行为，这样，"强奸"的语用意义实质上超出了其字面含义（因为在字面上有"婚内无奸"之说），但是没有超出其语用意义，有利于妥当确证"强奸"解释结论合法性底线基础价值，而不至于将离婚诉讼或者分居期间"丈夫"恶意强迫同"妻子"发生性行为的情形排除在"强奸"之外。"冒充军警人员抢劫"的语用意义只能包括假的军警人员冒充军警人员实施抢劫的情形，而不能包含真正的军警人员实施抢劫的情形，这样，其语用意义小于部分学者所主张的规范目的语义，也有利于妥当确证"冒充军警人员抢劫"解释结论合法性底线基础价值，而不至于将真正的军警人员实施抢劫的情形过度实质化地解释为"冒充军警人员抢劫"。[③] 因此，合法性的底线基础价值确证主义立场应当反对合法性的极端主义（限缩或者扩张）立场，坚持语用论的文义解释方法确证解释结论合法性底线基础价值和合法空间。

关于刑法的文义解释方法的这些论述，应当说诠释了刑法的文义解释方法的确证功能类型化命题，即：刑法的文义解释方法主要具有确证刑法解释结论合法性底线基础价值的功能，但是其并不完全具有确证刑法解释结论合理性和合目的性优化价值的功能，后者有赖于刑法的（法规范内的）论理解释方法和（法规范外的）刑事政策解释方法来确证。

（二）有效性之下的合理性：必须由合理性的终结主义立场转向合理性的刑法教义学确证主义立场

罗克辛基于刑事政策贯通功能和目的理性的刑法体系，认为："正确的解释，必须永远同时符合法律的文言与法律的目的，仅仅满足其中一个标准是不够的。"[④] 可见，罗克辛并没有赋予合理性作为法律解释终结者的地位，并非简单地主张"始于文义，终于目的"，而是坚持了"始于文义，终于目的，同时符合"这样一种整全主义的解释论立场。由于罗克辛强调了刑事政策贯通功能和目的理性的刑法体系，因此可以认为罗克辛所谓"法律的目的"在实质意义上包含了法规范内的目的性（论理解释结论合理性）和法规范外的合目的性（刑事政策解释结论合目的性），从而，罗克辛主张的刑法解释"必须永远同时符合法律的文言与法律的目的"，在实质含义上等同于本书所主张的"刑法解释结论有效性必须是合法性、合理性、合目的性所共同型构的有效性'三性统一体'"这一命题。因此，基于刑法解释结论有效性"三性统一体"命题，（法规范内的）合理性的终结主义立场并不具有妥当性，而应转向（法规范内的）合理性的刑法教义学确证主义立场，即：合理性仅仅是"三性统一体"有效性中的一个要素，合理性主要通过刑法的（法规范内的）论理解释方法确证功能来获得，并且由于合理性不能代

---

① 付立庆．刑法扩大解释与类推适用的区分标准：明显突兀感说的提出及其展开//魏东．刑法解释：总第5卷．北京：法律出版社，2020：1-14.

② 王政勋．刑法解释的语言论研究．北京：商务印书馆，2016：301.

③ 张明楷．刑法学：下．5版．北京：法律出版社，2016：994.

④ 同③35.

替合法性和合目的性，因而合理性不具有单方面确证解释结论有效性的终结者意义。由此，笔者认为应当强调刑法论理解释方法“在法规范内”和刑法教义学运用的突出特点，即主张：刑法的（法规范内的）论理解释方法的突出特点，只能是根据刑法规范目的及法教义学原理来审查说明刑法规定的规范含义并确证解释结论合理性优化价值的解释方法。在功能主义刑法解释论中，刑法论理解释方法对解释结论合理性优化价值的确证功能并不是终结性的，还需要进一步发挥（法规范外的）刑事政策解释方法对解释结论合目的性优化价值的确证功能，从而全面确证刑法解释结论有效性。

（三）有效性之下的合目的性：必须由合目的性的片面主义立场转向合目的性的整全主义立场

刑法解释结论合目的性，是指刑法解释结论所具有的符合法社会学效果和刑事政策目的（价值目标）的有效性，具体包括防控犯罪价值意义上的“秩序”、保障人权价值意义上的“自由”、社会发展意义上的“效率”与社会公正意义上的“公正”四项价值目的性及其权衡整合。刑事政策原理认为，四项价值目的性的“权衡整合”首先意味着秩序、自由、效率、公正一个都不能少，缺少其中任何一个都是不可想象、不可接受的；其次意味着四项价值目的性之间的轻重权衡、位阶权衡与有效整合，并且应当将这种权衡整合作为合目的性考量的重点。由此，功能主义刑法解释论中结果的功能主义，必须强调刑法解释结论合目的性本身是秩序、自由、效率、公正四项价值目的性及其整合体（整全主义），而并不仅仅是其中某一种单项目的性（例如我国刑法学者所强调的“秩序”价值目的性①）。四项价值目的性之间存在紧张关系，因而需要进行如下权衡整合：一是“三大一小”理念，即在秩序、自由、效率、公正四项价值目的性权衡的语境下，应当坚持最大限度地保障人权（自由）、最大限度地促进社会发展（效率）、最大限度地体现相对公正（公正）、最小限度地维持必要秩序（秩序），这种“三大一小”理念是现代刑事政策的基本品格和基本理念；二是“自由优先、兼顾秩序”理念，即在自由与秩序之间价值权衡的语境下，应当强调“自由至上（人权保障至上）”而反对“秩序至上（犯罪防控至上）”；三是“公正优先、兼顾效率”理念，即在公正与效率之间价值权衡的语境下，应当强调“公正至上”而反对“效率至上”。② 在刑法实体法中，秩序与自由、秩序与公正、自由与公正、效率与公正之间的价值权衡经常出现，需要在刑法解释论上（以及刑法教义学上）予以充分关注，以防止出现某种顾此失彼式的价值判断。因此，功能主义刑法解释论中方法的功能主义，必须强调作为刑法解释方法的刑事政策解释方法——有的又称为刑法的法社会学解释方法、非法学解释方法，是指运用刑事政策学原理以及社会学方法、统计学方法、经济学方法、伦理学方法等非规范法学方法③，通过“法规范外的”说理来审查说明刑法规定的规范含义并确证解释结论合目的性的解释方法——对刑法解释结论合目的性优化价值的确证功能，包括对作为合目的性的具体内容的秩序、自由、效率、公正四项价值目的性及其整合体的功能确证。这里必须特别说明的是：刑事政策解释结论合目的性内含秩序、自由、效率、公正四项价值目的性的权衡整合，应当说立法者通常已经在立法时对该权衡整合进行了充分考量，立法文本也通常会充分反映该权衡整合，因此刑法的文义解释结论和（法规范内的）论理解释结论在通常情况下已经包含了（法规范内的）合目的性，尤其是论理解释结论合理性必然会包含（法规范内的）合目的性的实质内容。但是，由于刑法的文义解释结论主要体现了合法性底线基础价值，（法规范内的）论理解释主要体现了合理性优化价值，它们对（法规范外的）合

---

① 劳东燕．功能主义刑法解释论的方法与立场．政法论坛，2018，36（2）：20.

② 魏东．刑事政策原理．北京：中国社会科学出版社，2015：91－95.

③ 赵秉志．刑法解释研究．北京：北京大学出版社，2007：413.

目的性的体现并不是专门针对性的体现，因此才需要（法规范外的）刑事政策解释方法“在法规范之外”对合目的性优化价值进行专门确证，并依据一定刑事政策原理（如“三大一小”理念、“两个至上”理念等）来专门确证解释结论合目的性优化价值，并以此来专门确证论理解释结论合理性中的合目的性优化价值，或者适当甄别出论理解释结论合理性中部分具备合目的性优化价值的成分和部分不具备合目的性优化价值的成分，并在“剔除”不具备合目的性优化价值的成分的基础上更加精准地“遴选”确证出合目的性优化价值的成分。可以说，合目的性既在论理解释结论合理性中有所包含，是法规范内“合理性”意义上的合目的性，又在刑事政策解释结论合目的性中有专门确证，是法规范外刑事政策价值目的性优化价值权衡整合意义上的合目的性。

如果说结果的功能主义立场主要强调了对作为结果的刑法解释结论合目的性整合体的“后果考察”①，那么，方法的功能主义立场就主要强调了对作为方法的刑事政策解释方法对解释结论合目的性具体内容的确证功能与过程审查，只有将这种后果考察与方法路径审查（过程审查）放在同样重要的位置，才能真正实现功能主义刑法解释论的既定目标，这正是结果与方法并重的功能主义命题的基本内涵。但是，我国刑法学者所主张的偏重结果的功能主义刑法解释论较为明显地表现出合目的性的片面主义倾向，其与本书所主张的合目的性的整全主义立场所界定的合目的性的实质内涵相去甚远。其中最突出的表现是：我国刑法学者在合目的性范畴的学术研究中，居然将合目的性转换成“合预防必要性”乃至“一般预防的目标设定”②，从而完全排除了自由、公正、效率。这种较为明显的片面主义倾向在前面已有初步揭示，这里有必要进一步展开深刻的、专门的检讨。

我国刑法学者认为，“由于具体罪刑规范的保护目的指向的是特定的法益，刑事政策对于刑法解释的形塑，需要借助方法论意义上的法益概念来实现”③，其中提到了四种典型形式及其合目的性判断。但是问题在于，我国刑法学者在论述“刑事政策对于刑法解释的形塑”时，仅仅强调了需要借助方法论意义上的“法益”概念，而不是直接运用方法论意义上的“刑事政策”概念（刑事政策解释方法），因此出现了方法论实质内涵指向上的错位问题。“由于具体罪刑规范的保护目的指向的是特定的法益”，借助方法论意义上的“法益”概念在实质上仅是“法规范内的”论理解释方法，这与“法规范外的”（超规范的）论理解释方法（刑事政策解释方法）并非同一范畴；不仅如此，即使认为将方法论意义上的“法益”概念视为“刑事政策对于刑法解释的形塑”方法，这种方法论意义上的“法益”概念也仅仅反映了作为刑事政策合目性所内含的秩序、自由、效率、公正四项价值目的性之中的“秩序”价值目的性，而遗漏了另外三项价值目的性（自由、效率、公正），这里又出现了方法论逻辑问题，因而也很难说运用了真正意义上的（法规范外的）刑事政策解释方法，这样就注定其难以获得真正意义上的解释结论合目的性。造成这种较为明显的方法论逻辑困境的根源仍然在于，我国刑法学者在基本立场上秉持了偏重结果的功能主义，相对忽视了方法的功能主义，就必然造成对合目的性实质内涵的误解。因此，解决之道只能是由偏重结果的功能主义转向结果与方法并重的功能主义，重

---

① 姜涛．刑法解释的基本原理．北京：法律出版社，2019：72－103.

② 劳东燕．功能主义刑法解释论的方法与立场．政法论坛，2018，36（2）：21.

③ 劳东燕．功能主义刑法解释论的方法与立场．政法论坛，2018，36（2）：16. 该文列举的四种典型情形是：“其一，在罪刑规范所保护的法益不明确时，借助刑事政策的目的性考虑，可合理确定值得保护的法益的内容，由此而对相关法条的解释产生影响。”“其二，在立法指示不够清楚甚或存在矛盾的情形时，刑事政策的目的性考虑可为法益侵害程度的判断提供实质的依据，由此而对相关法条的解释产生影响。”“其三，刑事政策的目的性考虑决定不同类型的法益在刑法保护中的位阶，由此而对相关法条的解释产生影响。”“其四，在作为规范保护目的的法益的辐射范围过宽时，刑事政策的目的性考虑可用于对相关的概念做合理的限缩。”

视并充分发挥（法规范外的）刑事政策解释方法对解释结论合目的性优化价值的确证功能，这样才能切实纠正合目的性的片面实用主义倾向并转向合目的性的整全主义立场，才能真正实现刑法解释结论合目的性优化价值。

二、方法论体系化立场：刑法解释方法确证功能体系化

为契合从“体系性思考”转向“问题性思考”的需要，日本的功能主义刑法解释论整体上主张“法官决策行动论与问题性思考以及实质犯罪论互为表里”，其中“实质犯罪论”具有实质主义方法论意义。实质犯罪论，是指实质的犯罪论解释论（基于“是否值得处罚”的实质判断）、实质的两个解释标准论（刑事政策和国民的规范意识）、实质的解释路径论（判例拥护理论）等实质主义立场。① 在极端的功能主义刑法解释论者看来，只要裁判者根据刑事政策和国民的规范意识可以得出具有值得（刑法）处罚的必要性并作出司法裁判的结论，形成判例，即可以“从判例中归纳法官的实质判断，在判例的基础上建构刑法理论”②（判例拥护理论），成为实质犯罪论的基本立场。因此，功能主义刑法解释论中的实质犯罪论命题，与后果考察论、非规范解释论（规则怀疑主义）、目的导向论相关联，甚至主张超越规范解释论（超越规范有效主义）的立场，在将刑事政策作为方法论工具的表象之下“实质地”秉持了后果决定论（解释结论决定论）、目的导向决定论（目的决定论），从而“实质地”否定了解释方法论和解释方法确证功能。功能主义刑法解释论中的实质犯罪论命题，明显地呈现出过度偏重结果论乃至唯结果论、实质否定方法论的规则怀疑主义特点，与同期盛行于世的哲学解释学理论“轻视方法论”的哲学思潮相呼应。但是，随着诠释主义哲学解释学自身理论的发展，尤其是解释学第三次转向和方法论回归，功能主义刑法解释论在新的历史时期必须自觉进行“自我反省”、自我发展、自我完善，确立从偏重结果的功能主义转向结果与方法并重的功能主义的发展方向，由此才能真正确保刑法解释结论有效性。

结果与方法并重的功能主义，是在承认结果的功能主义乃至整体论的功能主义——这是既有的功能主义刑法解释论业已确证的立场——的前提下，强调必须同时坚持一般方法论意义上的“方法的功能主义”。一般方法论意义上的“方法的功能主义”是既有的功能主义刑法解释论尚未真正明确的立场。那么，为什么在坚持结果的功能主义基础上还需要强调方法的功能主义，进而主张结果与方法并重的功能主义立场？应当说，前面在论述从偏重合目的性的功能主义立场转向整体有效性的功能主义立场必须切实做到三种具体立场的转向中，已经初步论证了功能主义刑法解释论既要坚持结果的功能主义又要坚持结果与方法并重的功能主义这一根本立场问题；在此基础上，本书从诠释主义方法论视域下法律解释学和功能主义刑法解释论自身的理论发展脉络出发来展开进一步论证。

（一）法律解释学第三次转向

解释学发现，西方解释学在经历了具有哥白尼式革命性质的两次转向——从局部解释学到一般解释学，从方法论解释学到存在论解释学——之后，现在已从存在论解释学转向存在论与认识论、方法论相结合的解释学，“我们也许可以将存在论、认识论、方法论的统一和结合的道路称为解释学的第三次转向”③。法律解释学学者也持有相同的看法，认为，“西方解释学从特殊解释学（如神学解释学、法学解释学）发展到一般解释学（方法论解释学），再从方法论解释学、认识论解释学转向本体论解释学（哲学解释学），旋即又从哲学解释学的存在论、本

---

① 赖正直．机能主义刑法理论研究．北京：中国政法大学出版社，2017：127－148.

② 同①131.

③ 何卫平．西方解释学的第三次转向：从哈贝马斯到利科．中国社会科学，2019（6）：45.

体论返回解释学认识论、方法论”，“这一解释学发展轨迹背后所蕴含的规律性，对于法律解释学研究范式的确定具有十分重要的启示和借鉴意义”①。

应当说，解释学第三次转向与法律解释学研究范式“返回解释学认识论、方法论”并未完全否定本体论解释学立场，而是在承认本体论解释学的前提下强调重视方法论，真正构建一种“可以将存在论、认识论、方法论统一和结合”的（法律）解释学，从而使得方法论回归成为（法律）解释学第三次转向的重心。因此可以说，重视方法论（解释方法确证论）不仅在传统的认识论、方法论的法律解释学中获得了充分确证，而且在哲学解释学的反思和转向中也逐渐获得了充分确证。伽达默尔强调，“理解不属于主体的行为方式，而是此在本身的存在方式”，“也是一个先于理解科学的方法论及其规范和规则的问题”②，因而“反对方法”③ 或者“对方法的轻视”④ 成为哲学诠释学的必然逻辑结论。但是，在哲学解释学“反对方法”或者“对方法的轻视”观念的本体论立场上，“为了澄清自己并未陷入别人所诟病的主观主义、相对主义的泥淖，伽达默尔不得不回过头来求助于传统的理解方法论”⑤。伽达默尔的解释理论原先内在地包含读者中心论与文本中心论的冲突、消解方法论与建构新方法论的冲突，后来承认，“就人们有意识的理解活动而言，首要的以及根本的任务仍然是努力获得某种相对正确的理解，而普遍有效的方法论就是其必要的前提，诠释学的认识论意义便在于此”⑥。作为哲学解释学的集大成者，伽达默尔在后期的反思中“被迫”承认了“消解方法论与建构新方法论的冲突”以及“普遍有效的方法论就是其必要的前提”，亦承认了“普遍有效的方法论”是“努力获得某种相对正确的理解”的前提，在笔者看来，这就是确证了方法论重要性的基本立场。自伽达默尔之后，哈贝马斯和利科开启了解释学第三次转向，这一解释学转向的根本特点是“从存在论向认识论、方法论的回归”⑦。在法律解释学界，可以说，认同方法决定论已然成为某种学术共识。例如有学者指出，“以为方法论诠释学是被本体论诠释学超越了的、扬弃了的、没有生命力的旧有传统，因而只具有思想史的价值，才是对诠释学的真正误解”⑧，实际上在西方国家，本体论诠释学并不具有压倒性的优势，传统方法论的诠释学仍然受到高度重视；那种对方法的简单改革或者对方法论予以解散的做法都是欠妥的，哲学诠释学反对方法、消解方法、抛弃方法是错误的。⑨ 正是认识到这种错误，哈贝马斯和利科才提出了新的学术见解并实现了解释学第三次转向。利科“主张真理与方法是可以并存的，方法也可以对真理作出重大贡献”，强调“方法问题才是真理问题的核心”，“法律解释学返回以法律文本为中心的认识论和方法论的立场与范式，是十分重要的”⑩。

因此，功能主义刑法解释论应当认真对待（法律）解释学第三次转向，从中吸取理论创新发展的智力成果，获得理论指引力，而不能故步自封、抱残守缺。如果说那种对哲学解释学合理成分视而不见、听而不闻的态度是一种错误立场，那么，只看到哲学解释学合理面而看不到其新的发展面的态度也是一种错误立场。正如有学者所指出的：“作为一场哲学运动，西方解

① 姜福东．法律解释的范式批判．济南：山东人民出版社，2010：13.
② 加达默尔．真理与方法：哲学诠释学的基本特征：上卷．洪汉鼎，译．上海：上海译文出版社，2004：4.
③ 同①69.
④ 何卫平．西方解释学的第三次转向：从哈贝马斯到利科．中国社会科学，2019（6）：46.
⑤ 同①72.
⑥ 潘德荣．理解方法论视野中的读者与文本：加达默尔与方法论诠释学．中国社会科学，2008（2）：46.
⑦ 同④61.
⑧ 同⑥42.
⑨ 严平．走向解释学的真理：伽达默尔哲学述评．北京：东方出版社，1998：252－253.
⑩ 同①71，74－75.

释学从认识论、方法论‘上升’到本体论有其必然，同时这种必然既体现为一种进步和质的飞跃，也存在着某种矫枉过正，因此辩证的否定之否定也必然会到来，而哈贝马斯和利科恰恰处于该环节上，充当了这个角色。如果说施莱尔马赫、狄尔泰主要建立起了认识论、方法论的解释学，海德格尔、伽达默尔建立起了存在论的解释学，那么可以说，哈贝马斯、利科开始建立起由存在论向认识论、方法论返回的解释学，这是一条下降的道路，它显示了这三者统一的趋势。”“如果说解释学的三次转向体现为利科所表述的解释学的‘上升的道路’和‘下降的道路’，那么第三次转向属于‘下降的道路’。这条由哈贝马斯和利科本人所肇始的解释学的下降道路意义重大，它迈向一种更大的整合。”“而这一点不仅对西方解释学，甚至对我们今天正在建构中的中国解释学（中国诠释学）也有着重要的启示意义。”① 因此，功能主义刑法解释论应当重视并借鉴吸纳当今时代解释学在走完“上升的道路”之后又返回“下降的道路”并“迈向一种更大的整合”的道路这一理论新成果，在承认结果的功能主义乃至整体的功能主义的基础上强调方法论回归的立场，从而转向结果与方法并重的功能主义。传统认识论、方法论的法律解释学均主张一般性地承认解释方法的确证功能及其重要性，认为“几乎所有法律诠释理论都是关乎法律诠释方法论的探讨”②，“解释方法选择是否科学决定着解释结论的合理与否”③。“重要的是合理地运用解释方法，以得出刑法解释的合理结论。”④ 法律解释通过解释方法获得有效的解释结论，承认解释方法具有确证（决定）解释结论有效性的功能（确证功能）及其重要性，从而“刑法解释方法确证功能”“结果与方法并重的功能主义”应当成为功能主义刑法解释论的重要命题。

（二）功能主义刑法解释论自身的理论发展

功能主义法学观是功能主义刑法解释论的重要理论基础。功能主义法学观强调法律规范内外的功能性思考，是一种“外部”的视角，将法学研究重心聚焦于法律与外部世界的关系、法律在社会中所发挥的功能等问题。⑤ 德日机能主义刑法学（功能主义刑法学）“在世界范围内影响甚巨，但并未形成统一的体系。罗克辛主张的刑事政策的机能主义刑法学、雅科布斯构建的以规范论为基础的机能主义刑法学以及平野龙一提出的可视性的机能主义刑法学，在建构路径、刑法目的、犯罪本质、构成要件、责任本质、刑罚目的等方面都存在差异”，并且“应当看到即使在德日国内也不乏对机能主义刑法学的质疑，那种认为其可能存在强化社会控制和弱化人权保障风险的观点也日益变得有力”⑥。应当说，功能主义刑法学重视法规范内外的“功能（主义）”的思考，并不能得出功能性刑法解释论抛弃了刑法“规范”的思考和“方法论”的思考这一结论，而仅仅是强调功能主义刑法学与刑法解释论不能只关注形式主义与概念法学论的“规范”本身，还必须关注和观照刑法“规范”内外的“功能”。“规范内的功能”主要是指刑法教义学原理意义上的规范结果论功能与规范方法论功能，“规范外的功能”实质上是指法社会学与刑事政策学意义上的效果论功能（结果论功能）与方法论功能。例如，针对李斯特把刑法教义学与刑事政策加以分立与疏离的思想所形成的“李斯特鸿沟”，罗克辛所主张的目的理性刑法学理论体系与功能主义刑法学就特别强调必须在刑法学教义学之内进行刑事政策贯通的思考，提出了“罗克辛沟通”命题，即“罗克辛对李斯特鸿沟予以贯通，将刑事政策引入

---

① 何卫平．西方解释学的第三次转向：从哈贝马斯到利科．中国社会科学，2019（6）：62.

② 谢晖，陈金钊．法律：诠释与应用：法律诠释学．上海：上海译文出版社，2002：130.

③ 赵运锋．刑法实质解释的作用、适用及规制．法学论坛，2011，26（5）：119.

④ 肖中华．刑法目的解释和体系解释的具体运用．法学评论，2006（5）：11.

⑤ 马姝．论功能主义思想之于西方法社会学发展的影响．北方法学，2008（2）：34.

⑥ 张庆立．德日机能主义刑法学之体系争议与本土思考．华东政法大学学报，2018，21（3）：126.

犯罪论体系，使构成要件实质化、违法性价值化、罪责目的化”①。因此，即使不考虑功能主义刑法学在其“生发国”（德日）内所存在的质疑，也难以得出功能主义刑法学的原初意旨在于忽略方法论功能的论断，更难以得出“输入国”（我国）的学者在引介功能主义刑法解释论时所主张的“刑法解释结论决定解释方法”（命题）的论断。应当认为，功能主义刑法学重视法规范内外的“功能（主义）”，不仅强调了法规范内外功能主义的结果论审查，而且也强调了法规范内外功能主义的方法论审查。可以说，重视法规范内外的“功能（主义）”结果论审查和方法论审查的并重与有机结合，才是“应然的”功能主义刑法学的根本旨趣。

功能主义刑法解释论强调刑法解释的工具性、目的性及防御性等价值要素，刑法解释的功能性描述由原来的规范内涵揭示转向社会治理工具②，强调“刑事政策要对刑法解释产生影响，必须以方法论上实现从概念法学到利益法学及评价法学的转变为前提”③，因而在实质意义上仍然强调某种方法论意义上的（法规范外的）刑事政策解释方法确证刑法解释结论有效性的法理意蕴。

“功能”毫无疑问地应当成为功能主义刑法解释论的关键范畴。法理学认为，法律解释的功能，是指法律解释在法治实践中所具有的价值与功用，具体包括自主整合与修复功能、信息交流与沟通功能、完善与发展功能。例如，法律解释的自主性，是指法律解释过程不受外界的干扰，法律人应该自己根据法律的意义阐释法律，尽量使法律的意义具有连续性、融贯性、稳定性、可预测性并最终达到解决纠纷的目的；法律解释的恢复功能，表现为对法律与事实之间的裂缝必须经由解释弥合并迎合法治的要求，创造性解释在不仅受规范的约束而且受法律解释方法的制约时仍然属于对法律的修改（修复性司法），体现了法律解释的修复功能。④ 可以看出，法律解释学关于法律解释的功能性思考在相当意义上宣示了功能主义法学观、功能主义法律解释论的基本立场，其中旗帜鲜明地融入了目的性思考，注重解释结论的政策与社会效果，注重法律所发挥的社会功能“受法律解释方法的制约”。这对刑法解释的功能性思考具有指引作用。

遵循法理学关于法律解释的功能性思考，可以认为，刑法解释的功能，是指刑法解释在刑事法治实践中所具有的价值与功用。因此，刑法解释学中有时又将刑法解释的功能归纳为刑法解释的价值（价值目标或者价值功能），应当说其基本含义是一致的。例如徐岱认为，刑法解释有形式理性与实质理性双重价值目标，“刑法解释的功能，在于确保法律适用的透明性、有预测的可能性及对社会成员行为的可控制性，在形式合理性框架下实现实质合理性的目标”⑤。李希慧认为，刑法解释的功能是指由刑法解释自身所固有的特征决定的其可能发挥的积极作用，具体包括规范指导刑法司法功能、弥补刑法立法欠缺功能、促进刑法立法完善功能、刑法法制宣传教育功能、繁荣刑法理论功能。⑥ 李佳欣认为，刑法解释最重要的功能，是作为刑法立法到刑法适用的良性承继，做到解释立法、运用于司法，发挥其明确、安全、具体、可操作的功能。⑦ 王祖书指出，刑法“目的论解释的基本功能不是补充刑法漏洞，而是具有承载刑法价值评价的基本功能。对于刑法条文中需要补充价值的不确定概念，诸如模糊性概念、多义性

---

① 陈兴良．刑法教义学与刑事政策的关系：从李斯特鸿沟到罗克辛贯通：中国语境下的展开．中外法学，2013，25（5）：974.

② 赵运锋．功能主义刑法解释论的评析与反思：与劳东燕教授商榷．江西社会科学，2018，38（2）：184.

③ 劳东燕．功能主义刑法解释论的方法与立场．政法论坛，2018，36（2）：10.

④ 陈金钊．法律解释学：权利（权力）的张扬与方法的制约．北京：中国人民大学出版社，2011：133－141.

⑤ 徐岱．刑法解释学基础理论建构．北京：法律出版社，2010：114.

⑥ 李希慧．刑法解释论．北京：中国人民公安大学出版社，1995：54－70.

⑦ 李佳欣．刑法解释的功能性考察．当代法学，2014，28（6）：56.

概念、规范性概念以及概括性条款等，只能通过目的论解释才能获得其真正含义”。“其功能界限即在于和可能的字义界限一起标定刑法解释的边界，厘清目的论解释与类推解释的区别。”① 结合刑法解释学原理和学术界已有见解，笔者认为，基于刑法解释的功能性思考，刑法解释的功能可以类型性地概括为以下三项：一是确证刑法解释结论有效性功能，其中包括确证刑法规范文本含义及其与法律事实相对应的最终解释结论“有效性”等内容；二是推动刑法规范文本成长功能，其具体内容是通过发现真正的刑法立法漏洞以推动刑法立法的修订完善；三是促进刑法学理论知识生长功能，从而有利于繁荣整体刑法学理论知识体系。② 其中，“确证”功能所体现的功能性是司法适用，是将文本的刑法规定确证为“活的法”并直接为司法审判（以及其他司法实务部门依法办案）服务的司法功能。针对非真正的立法漏洞，因为可以通过司法填补方式以实现“活的法”这一司法任务，从而应归属于“确证”功能所涵摄的对象，因而针对非真正的立法漏洞所进行的解释性填补理应属于“确证”功能。“推动”功能所体现的功能性是立法完善，即推动文本的刑法规定更加完善，其中包括通过发现真正的立法漏洞而进行立法填补漏洞，使得文本的刑法规定更加完善。这种功能性思考和功能类型化思考，有利于明确刑法解释在解决立法漏洞问题上的功能定位，谨慎注意到了刑法解释功能“有所为”、“有所不为”以及“有不同为”之间的具体差异，即刑法解释功能在解决非真正的立法漏洞时是“有所为”的，可以通过解释性填补达至“确证”“活的法”的效果，由此避免法条主义与机械司法的功能性缺陷；但是刑法解释在解决真正的立法漏洞时应当在恪守罪刑法定原则的前提下，理性地、客观地秉持“有所不为”的功能性保守立场（但在有利于实现罪刑法定原则人权保障功能时，可以例外准许对真正的立法漏洞予以解释性填补），主张通过推动立法填补实现立法完善。“促进”功能所体现的功能性是，刑法解释有利于实现刑法理论知识增量和学术创新发展，其“反哺”包括刑法教义学和刑法解释学在内的整体刑法学理论知识体系化发展，以及刑法立法与司法的良性互动发展。厘清刑法解释功能的实质内涵及其三种类型之后，笔者认为，当我们聚焦于确证刑法解释结论有效性时，我们所讨论的刑法解释功能实质上仅限于刑法解释的“确证”功能，而非其他功能（如“推动”与“促进”功能），在此前提下我们才能够有效观察和妥当解决刑法解释结论与解释方法确证功能的关系论问题。

应当说，通过刑法解释功能“有不同为”的功能性思考，可以明确的一点是：确证刑法解释结论“有效性”功能离不开刑法解释方法。如果主张刑法解释结论决定刑法解释方法（刑法解释结论决定论），那么无异于主张刑法解释结论的“先在”性、“自我形成”与“自我决定”性，无异于主张刑法解释结论决定刑法解释结论的同语反复，这样刑法解释方法就会被作为一种点缀与装饰甚至是虚无化的观念性存在。刑法解释结论决定论与先在论，实质上消解了刑法解释的方法性、论证性和过程性，使得刑法解释结论成为无厘头的玄学结论，根本无法保证其有效性，而这是不可想象的。我国刑法学者也使用了“有效性”概念，指出：“从有效性出发，现代刑事政策有着鲜明的开放性，它必须不断根据犯罪态势、犯罪规律和政策导向、调控结果的变化进行自身的调整，这符合问题性方法的思维特点。”③ 应当说，我国刑法学者承认“有效性”与“问题性方法”之间的关联关系，只不过没有在一般方法论意义上承认刑法解释方法

---

① 王祖书．刑法目的论解释的功能界定．北方法学，2016，10（2）：64.

② 魏东．刑法解释学基石范畴的法理阐释：关于“刑法解释”的若干重要命题．法治现代化研究，2018，2（3）：116. 需要说明的是，该引文中指出：“刑法解释的功能主要是司法适用（实现刑事法治和人权保障）和司法甄别（发现真正的刑法立法漏洞并有利于完善刑事立法）。”可以认为，“司法适用”功能是指确证法律文本含义最终解释结论“有效性”功能，“司法甄别”功能是指推动法律成长和漏洞填补功能。

③ 劳东燕．能动司法与功能主义的刑法解释论．法学家，2016（6）：22.

对解释结论有效性的确证功能。真理与谬误有时仅有一步之遥，功能主义刑法解释论应当推动“有效性”与“问题性方法”之间的关联关系再向前跨越一步，将其提升为一般方法论意义上的关系论命题，明确肯定刑法解释方法对解释结论有效性的确证功能（关系），从而使得“有效性”成为一个真正可以通过方法论确证的范畴。

功能主义刑法解释方法也需要进行功能性思考，尤其是功能性的类型化与体系化思考。堪称西方法律解释方法的经典四分法——将法律解释方法分为文义解释（语义解释）、体系解释（逻辑解释）、历史解释、目的解释——早已成为德国刑法学对刑法解释方法的经典分类法，例如德国权威刑法学教科书即是如此①，我国不少学者也认可此种经典四分法。目前我国较多刑法学教材采用了刑法解释方法的二分法，即将刑法解释方法分为文义解释（方法）与论理解释（方法）②；张明楷借鉴日本学者井田良的解释方法分类法，将刑法解释方法具体分为解释技巧与解释理由两个大类（堪称某种特别的二分法）③。我国还有部分学者采用了刑法解释方法的三分法，即将刑法解释分为文理解释、法理解释和非法学解释三种④，或者将刑法解释分为文理解释、论理解释和进化解释⑤，或者分为范围性因素、内容性因素和控制性因素⑥，以及我国部分法理学者和民法学者主张对狭义的法律解释方法采用三分法（分为文义解释、论理解释、社会学解释）⑦，均可以被认为是对法律解释方法进行了某种程度上的功能性思考、类型化与体系化思考的结果。例如王利明指出，“原则上，狭义的法律解释应当从三个方面入手展开，即从确定文义可能包括的范围、探求立法目的、社会效果等考量。而这三个步骤既是法律解释的程序，也是法律解释方法运用的顺序”⑧，其阐释了法律解释方法的功能性、类型化与体系化思考的基本内容。再如陈金钊认为，法律诠释方法的功能性思考，可以将法律诠释方法的功能限定为追求客观性；法律诠释方法的类型性思考与体系化思考，可以将法律诠释方法“分为两种，这就是文义的方法（在法律文本中追寻客观性的方法）和文本外追求客观性的方法”，其中“文义解释在法学教育和法律适用过程中起着非常重要的作用”，文义诠释的具体方法包括逻辑解释、扩充解释、限制解释、借助词典的诠释方法、反对解释、当然解释、合宪性解释，而文本外追求客观性的方法包括目的诠释方法、社会学的诠释方法、在个案中进行利益衡量的方法、价值衡量和价值补充。⑨ 可以说，法律解释学和部门法解释论对法律解释方法的功能性、类型化与体系化思考正在逐步形成理论共识，从不同视角诠释了法律解释方法确证功能论的基本立场，而这是值得功能主义刑法解释论严肃关注并借鉴吸纳的智识成果。

---

① 耶赛克，魏根特．德国刑法教科书：总论．徐久生，译．北京：中国法制出版社，2001：191－195.

② 高铭暄，马克昌．刑法学．2版．北京：北京大学出版社，2005：24；贾宇．刑法学：上册：总论．北京：高等教育出版社，2019：53.

③ 张明楷．刑法学：上．5版．北京：法律出版社，2016：33－42.张明楷在该书中主张：“将解释方法中的平义解释、宣言解释、扩大解释、缩小解释、反对解释、类推解释、比附、引证解释等（条文的适用方法），称为解释技巧；将解释方法中的文理解释、体系解释、历史解释、比较解释、目的（论）解释等（解释的参照事项），称为解释理由。对一个刑法条文中的某个概念的解释，只能采用一种解释技巧，但采用哪一种解释技巧，取决于解释理由，而解释理由是可以多种多样的。”

④ 赵秉志．刑法解释研究．北京：北京大学出版社，2007：395.

⑤ 陈兴良．刑事司法研究：情节·判例·解释·裁量．北京：中国方正出版社，1996：403.

⑥ 黄茂荣．法学方法与现代民法．北京：中国政法大学出版社，2001：272－289.

⑦ 王利明．法律解释学导论：以民法为视角．2版．北京：法律出版社，2017：724－725；杨仁寿．法学方法论．北京：中国政法大学出版社，1999：98.

⑧ 王利明．法律解释学导论：以民法为视角．2版．北京：法律出版社，2017：724－725.

⑨ 谢晖，陈金钊．法律：诠释与应用：法律诠释学．上海：上海译文出版社，2002：132－143.

综上所述，刑法解释方法的功能性思考，是诠释主义方法论视域下法律解释学第三次转向和功能主义刑法学的内在要求，是基于刑法解释的功能性存在、解释方法与解释结论的功能关系存在而展开的。无论认为刑法解释结论是“自我存在（先在）”“自我形成”而被发现的，还是认为刑法解释结论是“经解释形成”而被构建的，刑法解释结论均需要通过刑法解释方法确证功能的充分发挥才能够确证（“发现”和“构建”）其有效性，正是在此意义上，证成了刑法解释方法确证功能（命题）以及结果与方法并重的功能主义刑法解释论立场。

（三）功能主义刑法解释方法体系化的应有内涵

如前所述，在反思检讨传统刑法解释方法体系化的建构路径之不足的基础上，有必要提出并论证（结果与方法并重的）功能主义刑法解释论的方法论体系化回归的两条路径转向：一是外部路径依赖，即通过外部视角审查确立刑法解释结论有效性与解释方法确证功能之间的对应关系，完成对刑法解释方法确证功能的类型化建构，实现刑法解释方法论体系化回归的宏观目标；二是内部路径贯通，即在完成刑法解释方法论体系化回归于解释论之后，在刑法解释方法功能类型化的基础上，从解释方法确证功能的“内部”视角进一步进行刑法解释方法论内部的体系化建构，彻底实现解释方法体系内的整合、循环、填补、融贯的视域融合。

第一，整合。刑法解释方法确证功能体系化并不是各种刑法解释方法的单纯的竞争择一关系，而是功能性共生融合关系。在合法性底线基础价值之上进一步求证合法空间可包容的合理性和合目的性优化价值（可包容的优化价值论），并在合法空间可包容的各种优化价值中遴选出“最优化价值”（可包容的最优化价值论），将超出合法空间的所谓优化价值排斥在外，依此规则进行解释性循环。

第二，循环。刑法解释方法确证功能体系化并不是各种刑法解释方法之间单纯的层级关系，而是可回溯的功能性循环关系。刑法解释方法可回溯的功能性循环关系并不否认刑法解释方法确证功能体系化。

第三，填补。针对“刑法立法漏洞”，刑法解释方法确证功能体系化并不是全面确认刑法解释方法的功能性绝对填补关系，而是仅确认刑法解释方法的功能性相对填补关系。相对于其他部门法针对立法漏洞的解释性填补，刑法解释的功能性填补具有相对性和更大的有限性。基于罪刑法定原则和刑法谦抑性的立场，对于真正的刑法立法漏洞，刑法解释不得作入罪（以及入重罪）方向的解释性填补，而只能进行有利于被告人出罪方向的解释性填补（单向性解释填补），这是刑法解释方法的功能性相对填补关系的基本内容。对于“非真正的”（刑法）立法漏洞，刑法解释方法的功能性填补才可以是“双向性”的解释性填补，即可以在出罪和入罪的双向性上进行解释性填补，并且应注意刑法解释的限度考量。

第四，融贯。刑法解释方法的确证功能体系化并非各种刑法解释方法的简单聚合，而是各种刑法解释方法确证功能的融贯关系。刑法解释的融贯性，是指刑法解释基于整体法秩序上的一致性和协调性要求，以协调一致的刑法解释原则、目标、立场和解释方法体系，确保刑法解释方法、过程和结论的逻辑一致性、协调性和相互证立性。

三、司法公正相对主义立场：法官决策有效性

日本的功能主义刑法解释论还包含法官决策行动论命题。法官决策行动论，是指基于功能主义的问题性思考、实质犯罪论和判例拥护理论等立场，主张法官所作出的判决是创造性的、在综合考虑法律条文和各种情况而从案件处理的各种可能性中选择作出的一种决策活动，因而这种活动不可能是形式逻辑的三段论推理与刑法理论的被动套用。法官决策行动论也是一种主

张刑法理论的作用不是“约束”而是“说服”法官，法官作为决策者居于中心、学者作为说服者居于一旁的新理论模型。[①] 法理上，法官决策行动论命题内部包含一系列理论：一是判例的立法机能论（判例立法论与法官法源论）、判例拥护理论与司法立场的法律渊源理论，其主要含义是指接受美国现实主义法学“法官造法”观点的影响，并根据日本法院用判例创造普遍适用的法律规则的实践，主张判例具有立法机能，认为能被法官适用并对法官审判有约束力或影响力的法律规则都是“活法”“现实中有效的法”“现实中妥当的法”；二是抗争处理学，是指把定罪量刑活动理解为持有不同立场观点的人之间的抗争并对之加以看待的理论，司法活动不过是在法官的主导下对犯罪化（含定罪量刑）与非犯罪化的抗争——包括立法机关、侦控机关、被告人（当事人）、被害人以及其他社会人共同参与的抗争——进行处理并作出结论的活动而已；三是国民参与司法论，由于刑法解释考虑国民的规范意识（以及刑事政策），以国民的规范意识为标准判断处罚的必要性，为了保障在刑事司法过程中贯彻国民的规范意识，最有效的办法就是让国民直接参与司法，例如日本的裁判员制度就成为国民参与司法（论）的具体方式。[②]

应当指出，法官决策行动论命题及其内含的一系列理论在德日功能主义刑法学内部存在多种阐释并受到了广泛的批评，在我国刑法学界也是如此。那么，从法哲学的角度到底应当如何评价法官决策行动论？笔者认为，这里“问题性思考”的法哲学主要涉及法官决策行动论命题的客观现象的事实判断与司法公正的价值判断，还涉及事实判断与价值判断之间的关联关系判断。就客观事实判断而言，日本、德国和我国刑法学界都在基本立场上持肯定观点，均赞同法官决策行动论，在此前提下还存在部分细节上的不同见解，例如存有绝对的法官决策行动论与相对的法官决策行动论、事实认识型的机能主义刑法理论（判例立法论）与价值判断型的机能主义刑法理论之争。就价值判断及其与事实判断之间的关联关系判断而言，目前日本、德国和我国刑法学界的学术批评业已出现，主要是从刑法解释学和刑事政策学的立场上提出了问题意识及其解决方案。但是，这些学术批评尽管部分涉及了司法公正哲学的理论研讨（如有关国民参与司法论的检讨），却没有真正聚焦于司法公正哲学的价值论检讨，而是更多地聚焦于“是不是”与“如何实现”法官决策行动（论）的实用主义论证。因此可以说，法官决策行动论如何聚焦于司法公正哲学的价值论检讨成为一个新的问题意识。

司法公正价值论是刑法解释论的重要法哲学基础，因为刑法解释论不仅要功能性地解决社会治理问题（犯罪治理问题），还要公正性地解决问题，或者说还要功能性地防止出现司法不公。为此，法官决策行动论试图通过内含的国民参与司法论（对司法公正）加以程序性地解决前述问题。平野龙一将“由什么人来从事审判”这一问题分解为适合性和信赖性两个方面：适合性是指具有怎样的资格和能力的人可以较好地完成审判工作。平野龙一认为，经过层层考验和淘汰选拔出来任命为法官的人可以说都是法律职业者中的精英，以这些人的知识和智力，从事审判工作基本上是没有问题的。信赖性是指哪些人的审判比较容易得到国民的信任。平野龙一认为，日本和德国的法官因为具有官僚性而在官僚体系之下“不同程度地具有为谋求升迁而服从上级的职业倾向”，因而“不能完全反映国民的正义感情”，并且也有可能得不到国民的信任。应对之策就是“让国民直接参与司法，也就是实行陪审或参审制度，由普通国民充当‘业余法官’，参与司法审判的过程”以缓解职业法官的官僚性质，如此，将职业法官的适合性和业余法官的信任性结合起来，就可以较好地把国民的法律意识（存在的规范）贯彻到审判中，

① 赖正直．机能主义刑法理论研究．北京：中国政法大学出版社，2017：36－37，170.

② 同①36－42，110－115，168－170，176.

实现司法的正当化和合理化。[①] 但是，适合性（通过职业法官）和信赖性（通过业余法官）在相当意义上只解决了法官决策行动论中的程序性问题（决策主体性和过程性），而没有在实质意义以及实体法意义上解决刑法解释结论的有效性问题，亦即作为刑法的实体法意义上的刑法解释论如何解决司法公正的问题却被部分忽略了，所以作为刑法的实体法意义上的司法公正性（有效性）需要进行专门弥补。

刑法解释论的司法公正价值论，在领域论上是否应该同较为笼统的法律公正论一体论，尤其是"立法公正"区分开？换言之，司法公正与立法公正到底是一体论的公正论（法律公正论一体论），还是区分司法领域与立法领域的领域公正论区分论？对此问题，当下功能主义刑法解释论者更倾向于较为笼统的法律公正论一体论，例如功能主义刑法解释论视野下的法官决策行动论、判例的立法机能论（判例立法论与法官法源论）、判例拥护理论与司法立场的法律渊源理论，均主张法官在刑法解释适用领域基于较为笼统的法律公正立场并且以立法者自居进行功能性裁判，并没有区分立法公正与司法公正。但是，这种刑法解释适用领域的"司法公正"论被抽象地置换为"法律公正"论的一体论是明显存在问题的，尤其是在存在（真正的）立法漏洞的场合要求司法者以立法者的"外部"视角作出合乎法律公正的填补性法律解释和司法裁判时，就突出地存在逾越了罪刑法定原则和"司法公正"底线的正当性问题。因为罪刑法定原则的形式侧面和实质侧面都是基于尊重既有立法所进行的司法公正裁判，特别是我国《刑法》第 3 条明确规定了在立法上"法律没有明文规定为犯罪行为的，不得定罪处刑"，禁止了法官以立法者自居、以立法公正论赋能而进行司法上犯罪化的做法，宣誓了法官必须在既有立法规范范围内进行有罪裁判的法治立场。在此意义上，法官决策行动论只能是符合现行刑法立法规定的、符合刑法司法公正价值论意义的法官决策行动有效性论（可以将其简称为"法官决策有效（性）论"），其内含的相关命题也只能是承载司法公正价值有限使命的判例拥护理论，将司法公正作为与立法公正相分离的"领域"公正价值，将较为笼统的法律公正论一体论转变为法律公正论的司法公正与立法公正二元论（法律公正论二元论），这种相对于立法公正而言的司法公正相对主义必须成为刑法解释的重要命题。基于司法公正相对主义（法律公正论二元论）的立场，功能主义刑法解释论的法官决策有效论应当注意以下四点：

其一，司法公正价值在功能主义刑法解释论中必须得到强调，相应地，立法公正价值就必须隐退幕后，"法官造法"、判例的立法机能论（判例立法论与法官法源论）就必须在司法上犯罪化的方向上被禁止（但是并没有禁止司法上非犯罪化的方向）。例如，在扫黑除恶专项斗争的部分司法判决中，权利人（行为人）所实施的暴力讨债、自力救济、职业打假等维权行为被部分法官功能性地解释为"随意殴打他人""追逐、拦截、辱骂、恐吓他人""强拿硬要或者任意损毁、占用公私财物"的行为，进而被"功能性"地认定为寻衅滋事罪并判刑。这种判决结果可能存在严重违背司法公正的问题，其背后的法理误用就可能是功能主义刑法解释论者倾向于较为笼统的法律公正论一体论所致，是裁判者以立法者自居、以立法公正论自负而忽略了司法公正论所致。从司法公正论立场来看，在我国《刑法》第 293 条明确规定了"随意殴打他人""任意损毁、占用公私财物"的情况下，法官就不能通过超越现行立法规定的、"法官造法"式的功能性解释方法进行新的立法规范构建并将维权行为判决认定为寻衅滋事罪，即使法官以立法者自居并认为将维权行为解释为寻衅滋事罪更符合"较为笼统的法律公正"。因为这里"较为笼统的法律公正"已经超越了现行法律规定下的"司法公正"，从而无法确证法官决策有效性。所以，我国有学者指出："刑事司法机关应当善待讨债、自力救济、职业打假等维

---

① 赖正直．机能主义刑法理论研究．北京：中国政法大学出版社，2017：40－42.

权行为，即使这些行为违反民法、行政法等法律的规定，存在不当、越权等情形，也不能轻易追究刑事责任。”① 这种见解是正确的，应当引起功能主义刑法解释论的重视。由此可见，与法官决策行动论命题紧密相关的判例拥护理论命题，在基本立场上秉持具有中国特色的案例指导制度，通过最高人民法院进行司法公正价值论审查，谨慎提炼出裁判要旨、法条释义和指导意义，并由最高人民法院权威发布“指导案例”供全国各级人民法院参照执行，确立一种承载司法公正价值有限使命的判例拥护理论和在基本立场上反对判例的立法机能论（判例立法论与法官法源论）。像前述维权行为被部分法官认定为寻衅滋事罪的案例，就必须在进行司法公正论价值审查的基础上否定其“判例”功能，不能据此承认“法官造法”、判例的立法机能论（判例立法论与法官法源论）的正当性，更不能作为“指导案例”由最高人民法院权威发布供全国各级人民法院参照执行。需要说明的是，在《刑法修正案（十一）》新增规定了催收非法债务罪之后，将使用暴力、威胁等方法催收非法债务的行为依法认定为催收非法债务罪，符合罪刑法定原则和刑法解释适用领域的“司法公正”论原理。

其二，基于法律公正论二元论的立场，司法公正价值观必须适当克制法律公正价值论一体论的观念冲动，功能主义刑法解释论必须合理权衡我国刑法的秩序维护机能与人权保障机能之间的紧张关系以及刑法立法公正与刑法司法公正之间的紧张关系，以最终达至某种最佳价值权衡状态。② 此种“最佳价值权衡状态”，按照现代刑法罪刑法定原则和刑法解释适用领域的“司法公正”论的要求，应当是在适当照顾刑法的一般公正、形式公正、秩序维护的前提下，尽力实现刑法的个别公正、实质公正和人权保障。③ 尤其是在我国的社会主义法治建设进入成文法典时代——民法典已颁行——之后，我国整体法规范体系所秉持的权利本位的法治立场不可偏废，正如“我国民法的本位是突出权利本位，兼采社会本位，以权利本位为主、社会本位为辅的立法思想”④ 一样，我国刑法的本位也只能是以权利本位为主、社会本位为辅的法治立场，这一法治立场和权利本位思想必须在刑法司法论、刑法解释论上获得充分贯彻。由此可以得出的结论是：法官决策行动论命题的基本立场，只能是符合现行刑法立法规定的、符合刑法解释适用领域的“司法公正”论意义上的法官决策有效论，必须反对法官以立法者自居而超越现行刑法规定进行司法决策行动。

其三，基于法律公正论二元论的立场，刑法解释适用领域的司法公正价值观必须在法官决策行动论中获得应有尊重和适当张扬，防止理论上的刑法教义学的教条主义倾向。这方面的典型例证是教唆未遂（教唆失败和无效的教唆）的法律解释适用问题。我国《刑法》第 29 条第 2 款规定：“如果被教唆的人没有犯被教唆的罪，对于教唆犯，可以从轻或者减轻处罚。”对此，我国刑法学者主要有以下三种看法：一是预备说（特殊预备犯说），认为教唆犯对被教唆人实施教唆行为同为了犯罪而寻找共同犯罪人没有本质的区别，而寻找共同犯罪人正是犯罪预备的一种表现形式。⑤《刑法》第 29 条第 2 款是对教唆未遂这种特殊预备犯的处罚规定，教唆未遂“在犯罪形态上”属于犯罪预备。⑥ 二是特殊教唆犯说，认为在这种情况下，教唆犯不构成共同犯罪，是一种特殊教唆犯，应根据其本身的犯罪事实、犯罪性质、情节和社会危害程度，从

---

① 张明楷．妥善对待维权行为 避免助长违法犯罪．中国刑事法杂志，2020（5）：3.

② 魏东．中国当下刑法解释论问题研究：以论证刑法解释的保守性为中心．北京：法律出版社，2014：123－125.

③ 魏东．刑法解释保守性命题的学术价值检讨：以当下中国刑法解释论之争为切入点//陈金钊，谢晖．法律方法：第 18 卷．济南：山东人民出版社，2015：220－236.

④ 杨立新．中国民法典精要．北京：北京大学出版社，2020：12.

⑤ 赵秉志．犯罪未遂的理论与实践．北京：中国人民大学出版社，1987：218.

⑥ 刘明祥．再释“被教唆的人没有犯被教唆的罪”：与周光权教授商榷．法学，2014（12）：116.

轻或减轻处罚。① 三是未遂说，认为在被教唆的人没有犯被教唆的罪的情况下，教唆犯由于其意志以外的原因而未得逞，应视为未遂，即教唆犯的未遂，这种情形下的教唆未遂可以被称为教唆未成未遂。② 其中，在主张未遂说的观点中，周光权认为，根据刑法客观主义限定教唆未遂的成立范围，按照共犯从属性说，《刑法》第29条第2款的解释结论应该是：当且仅当被教唆者着手实行犯罪并使法益遭受紧迫、现实的危险时，才能处罚教唆犯；相应地，教唆失败（被教唆者拒绝教唆）和无效的教唆（被教唆者尚未着手实行犯罪）不具有可罚性。③ 这种观点可以被称为教唆未遂的正犯着手说，张明楷④、江溯⑤等学者也持有大体相同的看法。对于我国《刑法》第29条第2款的处罚范围问题，笔者认为，从功能主义刑法解释论立场来看，预备说（可罚的预备说或者特殊预备犯说）、特殊教唆犯说（可罚的特殊教唆犯说）具有正当性。可以说，《刑法》第29条第2款规定了"独立教唆犯处罚原则"（又称为"特殊教唆犯处罚原则""非共犯教唆犯处罚原则""片面的教唆犯处罚原则""教唆未遂处罚原则"等），针对具体犯罪的教唆行为本身具有犯罪预备行为的性质（符合《刑法》第22条的规定），因此，教唆行为若具有预备犯的可罚性（根据教唆行为的具体内容确定，例如针对杀人和抢劫等重罪的教唆行为就具有预备犯的可罚性），即可适用《刑法》第29条第2款的规定，并且在预备犯的基础上"可以从轻或者减轻处罚"。现在已有部分学者明确主张这种观点，认为"我国《刑法》第29条第2款是关于预备犯的处罚规定"⑥，并且指出："世界各国无一例外地处罚被教唆者未实施所教唆之罪情况下具有重大法益侵害危险性的教唆行为，也从实定法的维度否定了教唆行为是必须依附于正犯的实行行为才具有可罚性的共犯行为。基于对教唆行为本身的构造分析，可以得出教唆行为是所教唆之罪的犯罪预备行为的结论。"⑦ 当然，在学界仍然有较多学者对预备说持反对立场，有的认为预备说"在我国法律上缺乏现实依据"⑧，有的认为"预备说是没有法律依据的"⑨，因此这个问题在"刑法教义学"层面上还有进一步研究的空间。

但是，在功能主义刑法解释论层面上，基于以下理由可以确证预备说的"独立教唆犯处罚原则"的正当性：第一，法官决策有效论视域下的问题性思考和后果考察论。为有效解决作为重罪预备行为的独立教唆犯的处罚和预防等司法实践问题（问题性思考），在刑法解释论上承认煽动实施恐怖活动罪（第120条之三）、教唆他人吸毒罪（第353条）、引诱卖淫罪和引诱幼女卖淫罪（第359条）等教唆型犯罪可罚性的情况下，法官在司法裁判活动中可以功能性地确认性质相当甚至更恶劣的教唆杀人等重罪的独立教唆行为（正犯尚未着手时）的可罚性，符合刑法解释论同质解释和同类解释规则的要求，具有法官决策有效论、问题性思考和后果考察论上的正当性。第二，法官决策有效论视域下的目的导向性论。刑法总则在规范指引刑法分则规定的解释适用时，通过《刑法》第29条第2款的明确规定而确认预备说的"独立教唆犯处罚原则"，符合规范目的的实质内涵和目的导向，具有目的导向性论上的正当性。根据我国《刑

---

① 马克昌．犯罪通论．武汉：武汉大学出版社，1991：570－571.

② 赵秉志．犯罪未遂的理论与实践．北京：中国人民大学出版社，1987：215－216.

③ 周光权．刑法客观主义与方法论．2版．北京：法律出版社，2020：91－92；周光权．"被教唆的人没有犯被教唆的罪"之理解：兼与刘明祥教授商榷．法学研究，2013，35（4）：189.

④ 张明楷．刑法学：上．5版．北京：法律出版社，2016：454.

⑤ 江溯．超越共犯独立性与共犯从属性之争：刑法第29条第2款的再解释．苏州大学学报（法学版），2014，1（2）：23.

⑥ 朱道华．教唆犯研究．北京：法律出版社，2014：235.

⑦ 朱道华．论教唆行为的法律本质．中国刑事法杂志，2011（2）：34－40.

⑧ 同②218－219.

⑨ 陈兴良．共同犯罪论．2版．北京：中国人民大学出版社，2006：367.

法》第 29 条的规定，刑法解释论上教唆犯可以分为以下两种具体情形进行定罪处罚：一是共犯教唆犯的处罚根据，即《刑法》第 29 条第 1 款规定："教唆他人犯罪的，应当按照他在共同犯罪中所起的作用处罚。教唆不满十八周岁的人犯罪的，应当从重处罚。"根据这一刑法规定，作为共犯的教唆犯通常应当依法予以定罪处罚，毫无疑问具有刑法解释论上的充分根据。二是非共犯教唆犯的处罚根据，即《刑法》第 29 条第 2 款规定非共犯教唆犯"可以"依法予以定罪处罚（独立教唆犯处罚原则）。例如，对于"教唆杀人"的行为，即使"被教唆的人没有犯被教唆的罪"也可以对独立教唆犯定罪处罚，这种解释结论也具有刑法解释论上的充分根据，并且也有相应的生效判决（判例拥护理论）。第三，法官决策有效论视域下的判例拥护理论。例如，发生在广西壮族自治区南宁市的连锁教唆杀人案，是一起典型的教唆未遂案。从法理上看，本案属于较为典型的无效的教唆，尽管经过层层连锁的教唆（教唆的教唆），但是最终所有被教唆者均未着手实施被教唆的罪（故意杀人行为）。对此，法院依据《刑法》第 29 条第 2 款"如果被教唆的人没有犯被教唆的罪，对于教唆犯，可以从轻或者减轻处罚"的规定，对各个层级的教唆犯依法予以定罪判刑。这是符合功能主义刑法解释论的法官决策有效论、判例拥护理论和后果考察论的解释论原理的，因为故意杀人的教唆行为具有预备犯的可罚性，可适用《刑法》第 29 条第 2 款的规定，在故意杀人罪预备犯的基础上适用"可以从轻或者减轻处罚"的规定。当然，笔者也注意到，本案对凌某四的定罪可能还有值得商榷之处，因为凌某四是本案中唯一没有实施"教唆"他人杀人行为的人，他在接受教唆后能够自我反省并及时醒悟过来切断故意杀人行为，依法不应将他认定为"教唆犯"予以定罪处罚；但是，本案对凌某四的定性处罚疑问并不影响本案依法判决其他五名被告人（无效的教唆中的"教唆犯"）定罪处罚的正当性。第四，法官决策有效论视域下的刑法理论发展论。功能主义刑法解释论的初衷就是要充分反思检讨那种"刑法理论一意孤行，只倾心于理论的精密和体系的整合"从而忽略了"刑法本身的机能，也就是刑法作为社会控制手段发挥了何种作用"的情况。从体系性思考转向问题性思考，根据问题性思考的结果，再回过头来重新审视理论和体系，旧有的体系性思考以如何建构精致的犯罪论体系为目的，而具体问题的妥当性则被置于脑后，作为对此的反省，应将重点放在问题的解决上，而不是放在搭建精致的犯罪论体系上。刑法理论的作用不是"约束"法官而是"说服"法官，能够约束法官的是立法和判例，而不是刑法理论。① 因此，基于功能主义刑法解释论立场，法官决策有效论视域下的刑法理论发展论，需要反思检讨既有理论（教唆犯的正犯着手说）本身的发展完善，而不是反过来画地为牢、刻舟求剑和自我设限。

其四，基于法律公正论二元论的立场，司法公正价值观也必须在刑事审判的庭审实质化程序正义中获得充分体现。

为此，必须改革完善人民陪审员制度、证据的庭前开示和当庭质证制度、法庭辩论机制、法官裁判说理机制，借鉴抗争处理学和国民参与司法论的合理成分，确保庭审中的控辩双方充分阐述意见，建立健全法官公开听取社会各界意见（以及社会舆论）的有效机制并畅通渠道，切实将独裁性的法官决策行动论改变为主体间互动性基础上的民主的法官决策有效论。

---

① 赖正直．机能主义刑法理论研究．北京：中国政法大学出版社，2017：21－23，37.

图书在版编目（CIP）数据

刑法解释学/魏东著. -- 北京：中国人民大学出版社，2025.1. --（21世纪高等院校法学系列精品教材）.
ISBN 978-7-300-32988-8

Ⅰ. D924.05

中国国家版本馆CIP数据核字第2024JX6880号

21世纪高等院校法学系列精品教材
刑法解释学
魏　东　著
Xingfa Jieshixue

出版发行	中国人民大学出版社		
社　　址	北京中关村大街31号	**邮政编码**	100080
电　　话	010－62511242（总编室）		010－62511770（质管部）
	010－82501766（邮购部）		010－62514148（门市部）
	010－62515195（发行公司）		010－62515275（盗版举报）
网　　址	http://www.crup.com.cn		
经　　销	新华书店		
印　　刷	北京昌联印刷有限公司		
开　　本	787 mm×1092 mm　1/16	**版　　次**	2025年1月第1版
印　　张	13.25 插页2	**印　　次**	2025年1月第1次印刷
字　　数	341 000	**定　　价**	48.00元

《　　　　　　》※任课教师调查问卷

为了能更好地为您提供优秀的教材及良好的服务，也为了进一步提高我社法学教材出版的质量，希望您能协助我们完成本次小问卷，完成后您可以在我社网站中选择与您教学相关的1本教材作为今后的备选教材，我们会及时为您邮寄送达！如果您不方便邮寄，也可以申请加入我社的**法学教师QQ群：83961183（申请时请注明法学教师）**，然后下载本问卷填写，并发往我们指定的邮箱（cruplaw@163.com）。

邮寄地址：北京市海淀区中关村大街31号中国人民大学出版社806室收

邮　　编：100080

再次感谢您在百忙中抽出时间为我们填写这份调查问卷，您的举手之劳，将使我们获益匪浅！

基本信息及联系方式：※

姓名：__________ 性别：__________ 课程：____________________

任教学校：____________________ 院系（所）：________________

邮寄地址：____________________ 邮编：____________________

电话（办公）：__________ 手机：__________ 电子邮件：____________

调查问卷：※

1. 您认为图书的哪类特性对您选用教材最有影响力？（　　）（可多选，按重要性排序）

   A. 各级规划教材、获奖教材　　B. 知名作者教材

   C. 完善的配套资源　　D. 自编教材

   E. 行政命令

2. 在教材配套资源中，您最需要哪些？（　　）（可多选，按重要性排序）

   A. 电子教案　　B. 教学案例

   C. 教学视频　　D. 配套习题、模拟试卷

3. 您对于本书的评价如何？（　　）

   A. 该书目前仍符合教学要求，表现不错将继续采用

   B. 该书的配套资源需要改进，才会继续使用

   C. 该书需要在内容或实例更新再版后才能满足我的教学，才会继续使用

   D. 该书与同类教材差距很大，不准备继续采用了

4. 从您的教学出发，谈谈对本书的改进建议：____________________

____

____

选题征集：如果您有好的选题或出版需求，欢迎您联系我们：

联系人：黄　强　宁丹丽　联系电话：010-62515955/5536

索取样书：书名：________________________________

书号：____________________________________

备注：※ 为必填项。